THEORIES OF THE
JURY SYSTEMS

陪审团法理

高一飞 著

修订版

知识产权出版社
全国百佳图书出版单位
—北京—

图书在版编目（CIP）数据

陪审团法理/高一飞著．—修订本．—北京：知识产权出版社，2022.5
ISBN 978-7-5130-7922-8

Ⅰ．①陪… Ⅱ．①高… Ⅲ．①陪审制度—法理学—研究 Ⅳ．①D916

中国版本图书馆 CIP 数据核字（2021）第 243348 号

责任编辑：庞从容　　　　　　　　责任校对：潘凤越
执行编辑：赵利肖　　　　　　　　责任印制：刘译文

陪审团法理（修订版）

高一飞　著

出版发行：	知识产权出版社 有限责任公司	网　址：	http：//www.ipph.cn
社　址：	北京市海淀区气象路 50 号院	邮　编：	100081
责编电话：	010-82000860 转 8726	责编邮箱：	pangcongrong@163.com
发行电话：	010-82000860 转 8101/8102	发行传真：	010-82000893/82005070/82000270
印　刷：	三河市国英印务有限公司	经　销：	新华书店、各大网上书店及相关专业书店
开　本：	710mm×1000mm 1/16	印　张：	21.75
版　次：	2022 年 5 月第 1 版	印　次：	2022 年 5 月第 1 次印刷
字　数：	368 千字	定　价：	98.00 元
ISBN 978-7-5130-7922-8			

出版权专有　侵权必究
如有印装质量问题，本社负责调换。

PREFACE TO THE REVISED EDITION

修订版序

一

从2005年发表第一篇关于陪审团的论文[1]至今，我观察、研究陪审团制度已近18年。2016年，本书在中国民主法制出版社出版。[2] 当时，我国已经有大量研究美国陪审团的专著出版，但没有全面研究世界各国陪审团的专著，更没有全面研究陪审团法理的专著。

初版第一章全面介绍了世界各国的陪审团，其他章节重点考察了陪审团背后的法理依据与文化背景。对陪审团的价值之争、陪审团一致裁决、陪审团废法、陪审团事实审终局性的前提下如何纠错、陪审团如何防止媒体的污染等理论问题进行了深入研究；对美国的大陪审团、俄罗斯新移植的陪审团和东亚的建议性陪审团等陪审团的特殊样态进行了观察与反思。

现在，我仍然坚持初版中的结论：中国并不适合引进陪审团，只适合混合式陪审制（即参审制）和建议性陪审团，但中国的参审制可以参考和吸取陪审团的一些经验和教训。

二

初版留下的遗憾，在这次修订版中我都试图去弥补。

一是增补了涉及陪审团法理的几个重要问题。在本书初版序言中曾有言："'陪审员的选择''陪审团指示''隔绝陪审团'等陪审团的特殊问题，在我国的研究几近空白，神化和误传的情况时有出现，还需要我们继续研究去揭开其神秘的面纱。"因此，从那时起我开始研究这几个特殊问题。本次

---

[1] 高一飞：《中美陪审制基本价值的比较——兼论我国新陪审制的出路》，《新疆社会科学》2005第5期，第79—108页。
[2] 高一飞：《上帝的声音：陪审团法理》，中国民主法制出版社2016年版。

修订增加了"社区的影子：陪审团如何选择陪审员""我们不懂法律：陪审团法律指示制度""陪审团隔离：保障独立审判的美国故事"等专章。

二是介绍了西班牙陪审团，并论证了其背后的价值权衡。传统大陆法系国家中，引进陪审团的代表性国家有两个：一个是俄罗斯，一个是西班牙。初版中只介绍了俄罗斯陪审团，2021年我完成了关于西班牙陪审团的研究，并将成果发表于《澳门法学》[1]这两个国家的陪审团都存在法官可以参与调查、要求陪审团说理、法官可以在特定情况下推翻陪审团裁决等不同于传统陪审团的特点，体现了陪审团审判中对实体公正的重视。

三是修改完善了初版中的部分内容。初版中关于陪审团的价值之争、陪审团一致裁决、美国大陪审团的研究完成得比较匆忙和粗糙，后来按照严格的学术规范要求进行了修改并公开发表[2]，此次修订中整理替换了相应章节。另外，对各章存在的疏漏进行了校正。

三

修订完成后，对陪审团法理的研究还有两个方面需要继续深入：

一方面，陪审团法理中的一些特殊问题值得研究。

关于事实问题和法律问题的区分。量刑情节方面的事实属于事实问题而不是法律问题，这在有些国家的审判中已经得到确认，即不能将提高被告最高刑罚的事实问题委托给法官决定[3]。但是，在其他情况下如何区分事实问题和法律问题，这仍然陪审团制度中的难题。

关于陪审团说理。传统陪审团一般只作抽象裁决，不需要说明裁决的理由，但传统陪审团也存在陪审团说理的先例：被众多中国学者介绍过的达德利和斯蒂芬斯同类相食案[4]中，陪审团就发布了一个冗长的裁决理由，而法官的决定就是基于这个长篇大论说理的"特别裁决"。美国肯塔基州和纽约

---

[1] 高一飞：《惩罚犯罪与保障人权的艰难平衡——西班牙对陪审团的移植与改造》，《澳门法学》2021年第6期，第138—160页。

[2] 高一飞：《陪审团的价值预设与实践障碍》，《北方法学》2018年第4期，第103—115页；高一飞：《陪审团一致裁决原则的功能》，《财经法学》2018年第6期，第114—128页；高一飞、王金建：《昨日辉煌：风雨中的美国大陪审团制度》，《重庆大学法律评论》2020年第3辑，第3—32页。

[3] Apprendi v. New Jersey, U. S. 466. 530 U. S. 466, 2000.

[4] Regina v. Dudley & Stephen [1884] 14 Q. B. D. 273 (U. K.), available at http://www.justis.com/data-coverageliclr-bqbl4040.aspx.

州的刑事诉讼规则还允许在谋杀罪中作出特别裁决,即要求陪审团说明裁决理由。[1] 欧洲人权法院在塔斯克斯案[2]中指出:法官根据客观论点进行推理,并保护辩护人的权利。但是,说明理由的义务范围因裁决的性质而异,必须根据案件的情况来确定。虽然法院没有义务对提出的每一个问题都作出详细的回答,但裁决必须清楚地显示,案件的基本问题已得到解决。此后,比利时和西班牙都通过立法要求陪审团说理。

关于陪审团参与量刑。美国陪审团在一般案件中不参加量刑,但陪审团以裁决量刑事实的名义拥有对死刑案件的量刑权。另外,在比利时陪审团制度中,陪审团与法官之间的职权配置比较特殊:陪审团独立认定犯罪,在陪审团定罪之后,陪审团与法官共同对被告人进行量刑。[3] 因此,陪审团被我国学者认为拥有定罪量刑中3/4的权力。[4]

另一方面,大陆法系国家引进陪审团的原因和其运行模式问题值得研究。

近30年来,陪审团的地位在传统上属于大陆法系的国家中有所回升。西班牙将陪审团审判纳入1978年民主宪法,并最终于1995年通过立法确立了陪审团制度;1993年,俄罗斯9个省引入了陪审团制度,2001年到2009年将该制度扩展到整个领域。[5] 欧洲人权法院在其判决书中以其特有的风格进行了学术性叙事,列出了仍然有陪审团制度的欧洲国家和地区,包括奥地利、比利时、格鲁吉亚、爱尔兰、马耳他、挪威、俄罗斯、西班牙、瑞士的日内瓦(仅指2011年1月1日废除陪审团以前)和英国。[6] 其中,2010年格鲁吉亚共和国引入了美国式陪审团,陪审团普遍需要作出一致裁决,并禁

---

[1] Rule 49.01 of the Kentucky Rule of Criminal Procedure. Commonwealth v. Durham, 57 S. W. 3d 829, 830-37 (Ky. 2001); State v. Hill, 868 A. 2d 290, 300-01 (N. J. 2005). Kate H. Nepveu, "Beyond 'Guilty' or 'Not Guilty': Giving Special Verdicts in Criminal Jury Trials", *Yale L. & Pol'y Rev.*, Vol. 21, 2003, p. 263.

[2] Taxquet v. Belgium, App. No. 926/05, (Eur. Ct. H. R., Jan. 13, 2009).

[3] Marijke Malsch, *Democracy in the Courts: Lay Participation in European Criminal Justice Systems*, Abingdon: Taylor & Francis Group, 2009, pp. 173-190.

[4] 禹得水:《比利时陪审团案件适用范围及机制》,《人民法院报》2021年12月17日,第8版。

[5] Stephen C. Thaman, "Should Criminal Juries Give Reasons for their Verdicts? The Spanish Experience and the Implications of the European Court of Human Rights Decision in Taxquet v. Belgium", *Chi. -Kent L. Rev.*, Vol. 86, 2011, pp. 613-668.

[6] Taxquet v. Belgium (GC), App. No. 926/05, (Eur. Ct. H. R., Nov. 16, 2010), §47.

止对无罪判决上诉。

中文文献对传统大陆法系国家陪审团的研究情况如下：对中国香港地区、俄罗斯的陪审团研究较多；我发表在《澳门法学》的论文是唯一研究西班牙陪审团的中文成果；对于比利时陪审团，只有禹得水博士在《人民法院报》的一篇短文[1]中有过简单介绍；几乎无人研究奥地利、格鲁吉亚、马耳他、挪威、瑞士等国家的陪审团。我国对陪审团的国别研究还存在很多空白和弱项。

以上问题，是我将来研究的方向，也期待学界同仁关注。

四

陪审团的法理值得我国陪审制的设计者借鉴。事实上，2018年4月27日通过并实施的《中华人民共和国人民陪审员法》新规定的陪审制在陪审员随机选择、大合议庭（由4名陪审员、3名法官组成）中陪审员不参加法律问题审理、对陪审员的指示等方面吸收了陪审团制度的元素。

此外，陪审团的原理和机制还有以下方面值得我国人民陪审员制度借鉴：

事实问题和法律问题如何区分。我国大合议庭中的陪审员只参加事实问题的审理，那么如何区分事实问题和法律问题？其标志是什么？《最高人民法院关于适用〈中华人民共和国人民陪审员法〉若干问题的解释》第9条要求："七人合议庭开庭前，应当制作事实认定问题清单，根据案件具体情况，区分事实认定问题与法律适用问题，对争议事实问题逐项列举，供人民陪审员在庭审时参考。事实认定问题和法律适用问题难以区分的，视为事实认定问题。"该条旨在防止法官以"属于法律问题"为名剥夺陪审员对事实的认定权。但对什么是事实问题没有给出任何解释，对于量刑情节是事实问题还是法律问题没有明确，这需要我们借鉴陪审团确定事实问题范围的经验。

陪审员没有量刑权是否合理。在中国，一个刑事案件，事实问题往往不会出错，最容易滥用自由裁量权的是法律问题——特别是量刑问题。而作为承担"促进司法公正，提升司法公信"[2]职能的人民陪审员恰恰无法参与

---

[1] 禹得水：《比利时陪审团案件适用范围及机制》，《人民法院报》2021年12月17日，第8版。

[2] 《中华人民共和国人民陪审员法》第1条。

量刑,其功能就难以得到真正发挥。在是否判处死刑问题上,陪审员的经验和情感具有特殊的作用,而现行人民陪审员制度恰恰在这个环节将其排除在外,其合理性值得探讨。要解决上述问题,也可以从陪审团制度中得到启示,比利时陪审团具有量刑权的做法值得我们思考。

如何防止通过二审使陪审团裁决权虚化。在陪审团审判中,为了维护陪审团的权威,传统陪审团制度不允许事实经两次审理。对此,俄罗斯、西班牙陪审团制度允许在极其特殊的情况下推翻陪审团的事实认定。采用参审制的法国将"人民不会犯错"的教条进行了本土化处理。其重罪案件的一审和二审都由陪审员参加审理,且被告人不能选择和放弃结构固定、有陪审员参加的重罪法庭这一审判形式。一审重罪法庭由9名陪审员和3名法官组成,上诉法庭由12名陪审员和3名法官组成(2011年8月10日的改革将一审法庭从"9+3"改为"6+3",但二审法庭的组成结构并没有改变),保障了陪审员的最终决定权。[1] 这一做法吸收了英美国家维护陪审团权威的优点,又改造了其"事实审一次性"的缺陷。陪审制必须尊重人民参与裁判的权威性,但是我国可以通过没有陪审员参加的二审改变陪审员参与作出的一审裁决,其合理性存疑。陪审团的裁决权威理念值得我们借鉴。

五

在陪审团问题的研究过程中,我得到了著名比较陪审制研究学者、圣路易斯大学法学院教授斯蒂芬·C.萨曼先生的帮助。他授权我翻译出版了他的不少论文,并提供了一些重要资料。萨曼先生曾经应孙长永教授的邀请到我当时任教的西南政法大学授课,与我有过一面之缘,现已退休在家,当我有所求助,他总是在第一时间回复我的邮件。我在此衷心感谢萨曼先生的帮助。

在长期承担大量教学科研任务之余,我完成这样一部以外国文献为主要参考资料的巨著,仅凭一个人的能力是难以想象的。在写作的过程中,我得到了我指导的数十位硕士生、博士生的无私帮助,他们帮助我查找和翻译了大量英文资料。同时,部分章节的内容以论文的形式分别与贺红强、吕阳、王金建、颜尤龙、陈人豪、冯圣轩等同学联合发表。尽管按照学术惯例,本

---

[1]《法国刑事诉讼法典》第296条规定:重罪法庭一审审理案件时,审判陪审团由9名陪审员组成,作为上诉审审理案件时,审判陪审团由12名陪审员组成。

书以个人名义出版，但涉及过去已经共同署名发表的部分文字，其著作权当然与他们共同享有。

我清楚地记得，6年前的3月16日，我伏案写作初版序言时，正值全国两会召开，我坐在西南政法大学沙坪坝校区壮志路老公寓7楼的电脑前，从书桌前的窗户一眼可以看见老西政人熟悉的烂泥湾，那里樱花初放、春笋成林，阳光撒满了我的书房。6年过去了，我已经于两年前来到南宁，开始履行与广西大学的十年之约；妻子和已满5岁的女儿潇潇已经习惯了南宁的生活，有了她们自己的朋友圈。我们一家人过着平淡而快乐的生活，享受着绿城南宁的四季如春、花果飘香。

对于生活而言，平淡才是正常的，当下的生活总是不如当年向往的精彩，最美好的一切只存在于过往的回忆中。对于法治而言，却恰恰相反，我们总是能真切地感受到它实实在在的进步。对生活，我们可以怀念"从前慢"中的简简单单；对法治，我们应当庆幸时代洪流的滚滚向前。如果在新时代全面依法治国的大江大河中，我曾经贡献过一滴水，那可能就是这本书的全部意义。

高一飞

2022年3月25日下午

于广西大学东高小区寓所

原 序

陪审制度包括两种形式：一是德国、法国、意大利等大陆法系国家现在实行的参审制，即陪审员和职业法官共同组成合议庭，共同就事实和法律问题行使一样的审理和判决的权力。中国正在进行改革的人民陪审员制度是一个不同于其他国家参审制的特例：我们将逐步实行人民陪审员不再审理法律适用问题，只参与审理事实认定问题的参审机制。这一中国特色的参审机制将来如何实施，还有待观察。二是英美法系的陪审团制度。主持审理的职业法官没有针对事实问题的裁判权，也没有对案件事实的法庭调查权；案件事实完全由来自民间的公民组成的陪审团进行审理和裁判。在刑事案件中，陪审团只对是否有罪作出裁判，在裁判有罪之后，再由职业法官进行量刑。俄罗斯陪审团是一个特例：职业法官对案件事实可以进行庭审调查即参加审理，但是职业法官没有事实问题的裁判权。

本书只研究英美法系陪审团制度，因其是英美法系国家司法传统的产物，我们也将其称作"普通法传统下的陪审团"或者"英美式陪审团"。现在，英国（北爱尔兰）、美国、加拿大、澳大利亚、新西兰五个国家仍保留着这种陪审团制度。

英美式陪审团也曾在欧洲大陆法系国家实施过。传统上，大陆法系国家一直是由专业法官来主持庭审并负责裁判，并没有陪审团制度。受启蒙思想和资产阶级革命胜利的影响，欧洲许多国家，如法国、德国、俄罗斯、西班牙等，出于对英国"平民审判"的向往和本国封建专制的厌弃，纷纷修改本国法律，确立了本国的陪审团制度；我国香港地区则是因为殖民地的原因，陪审团被强行引入，1997年香港回归后仍然保留了这一制度。现在只有三个大陆法系传统下的国家和地区保留了陪审团制度：一是我国香港地区，陪审团制度自1843年从英国移植以来，保留至今。二是西班牙，1978年西班牙制定的新宪法规定："公众可以通过陪审团审判机构参与国家的司法审判工作。"三是俄罗斯，1993年12月陪审团制度被重新写入《俄罗斯联邦宪法》，俄罗斯陪审团制度得以再次确立。

日本2009年5月开始实施的裁判员制度，也被人称作是从欧美引进的陪审团。但是，日本2004年5月通过的《裁判员参加刑事审判的法律》规定：由3名职业"裁判官"与6名从民间选出的"裁判员"组成新型合议庭来审理法律规定的重大刑事案件；简单案件也可以由1名裁判官与4名裁判员组成的合议庭审理。在这样的合议庭里，裁判员与职业裁判官的权力相同，都有法庭调查、参加合议、对定罪量刑进行表决的权力。在这一点上，日本的裁判员制度与英美式陪审团制度完全不同，而与法国、德国、意大利和我国的陪审员参审制没有本质区别。因此，从严格意见上来说，日本现行裁判员制度不能称为陪审团制度。

对陪审团制度，特别是美国陪审团审判的情况，大众媒体和学术著作进行了广泛介绍，给中国人留下了深刻印象，也让很多民众甚至于中国法律界人士心向往之，认为如果能够引进陪审团制度，可以帮助我们解决很多司法改革难题，也能让很多具体个案得到更加公正和令人信服的处理。

本书想告诉大家的结论却是正好相反：在东亚，没有正式的英美式陪审团，但存在建议性陪审，包括日本历史上的参考性陪审、韩国的咨询性陪审、我国台湾地区的人民观审。建议性陪审是学习英美式陪审的结果。和东亚其他国家一样，我国也不具备实行陪审团的条件，因为陪审团需要对抗化审判下对案件事实进行生活化处理，需要国民认同事实审一次性、宁纵不枉的实体公正理念，这些都是英美诉讼文化独有的特征。我国并不适合英美式陪审团。

本书取名为《上帝的声音：陪审团法理》，显然，其重点并非是为了介绍陪审团在各国各地区的实施情况，而是在简要描述陪审团最新发展的基础上，重点考察陪审团背后的法理根据与文化背景。对陪审团的价值之争、陪审团一致裁决、陪审团废法、陪审团事实审一次性的前提下如何纠错、陪审团如何防止媒体的污染等理论问题进行深入研究，目的是想告诉中国的读者，陪审团最初是为了公正审判，但更重要的是"为了防止政府的压迫"。这样一个英美法传统下利弊并存的司法制度，其移植是艰难的，轻言引进而忽略其根植的土壤，这种态度不科学、不严谨。

陪审团也许确实代表"上帝的声音"，但遗憾的是大多数中国人并不相信上帝。

我在对陪审团法理的研究中，尽管也给出了一些自己的结论性意见，但主要是为了引起更多学者对这些问题的关注和思考，让更多的人透过陪审团精彩而热闹的表象，冷静深思其本质和根基。

我在比较研究的基础上提出：中国不应当引进陪审团，中国只适合参审式陪审制和建议性陪审团。但囿于主题和研究精力，我并没有进一步研究中国当前的陪审制改革。尽管如此，我仍然期待这一专门对陪审团法理问题的研究，能给我国当前的陪审制改革提供资料参考和问题参照。

高一飞

2016 年 3 月 12 日

CONTENTS 目录

第一章　兴盛或衰落：当代世界各地的陪审团　　001
　　一、传统欧洲国家或地区陪审团　　004
　　二、北美国家陪审团　　008
　　三、大洋洲国家陪审团　　015
　　四、大陆法传统下的陪审团　　018
　　结　语　　022

第二章　自由的灯塔：陪审团的价值之争　　025
　　一、陪审团与人民民主　　025
　　二、陪审团与审判公正　　029
　　三、陪审团与自由人道　　032
　　四、陪审团价值实现的实践障碍　　035
　　结　语　　043

第三章　社区的影子：陪审团如何选择陪审员　　044
　　一、陪审员选择的目标　　044
　　二、陪审员任职条件　　047
　　三、预备陪审员选择程序　　051
　　四、庭审陪审员选择程序　　055
　　五、借鉴与启示　　059
　　结　语　　063

第四章	"我们不懂法律"：陪审团法律指示制度	064
	一、英美法官指示制度的形成	064
	二、英美法官指示的内容	069
	三、英美法官指示的程序	072
	四、英美法官指示错误的救济	076
	五、英美法官指示的新发展	079
	六、我国对英美法官指示的借鉴	083
	结　语	086

第五章	上帝的声音：一致裁决的功能及其局限	087
	一、陪审团一致裁决原则在英美司法史中的功能	087
	二、体现充分参与：协商民主功能及其局限	091
	三、防止多数人暴政：权利保护功能及其局限	095
	四、排除合理怀疑：发现真实功能及其局限	098
	五、代表普遍正义：实现法治功能及其局限	101
	六、对陪审团一致裁决原则功能的谨慎借鉴	103
	结　语	106

第六章	为了人民自由：美国的陪审团废法	108
	一、陪审团废法的历史是争取自由的历史	109
	二、通过法官控制陪审团废法的失败尝试	114
	三、陪审团废法制度将永远不会被废除	123
	结　语	135

第七章	众声喧哗：防止媒体报道影响陪审团审判	136
	一、英国：偏重保护陪审团独立审判	137
	二、美国：偏重保护新闻自由	145
	三、澳大利亚：偏重保护陪审团独立审判但执行较宽松	159
	四、加拿大：同等对待新闻自由和陪审团公正裁判	161
	五、互联网时代媒体影响陪审团的新特征	163
	六、互联网时代各国对媒体与司法关系规则的修正	173
	结　语	180

第八章　陪审团隔离：保障独立审判的美国故事　　182
　　一、陪审团隔离制度的历史与现状　　182
　　二、陪审团隔离制度的预设功能　　187
　　三、陪审团隔离制度的现实局限　　190
　　四、陪审团隔离制度的衍生问题　　195
　　五、评论与启示　　197

第九章　陪审团睡了：陪审团错误裁判的纠正　　201
　　一、英国：通过上诉或再审进行纠错　　201
　　二、美国：因审判无效而再次追诉与凌驾陪审团　　207
　　三、加拿大：检察机关对无罪判决有上诉权　　211
　　四、澳大利亚：上诉可以推翻陪审团裁决　　212
　　五、俄罗斯：上诉或者再审可推翻陪审团裁决　　214
　　六、陪审团并非"上帝声音最可靠的显示"　　216
　　结　语　　218

第十章　司法改革的核心：政治巨变中的俄罗斯陪审团　　220
　　一、俄罗斯陪审团的由来　　221
　　二、现行陪审团制度的立法设计　　225
　　三、俄罗斯陪审团制度的特点　　230
　　四、俄罗斯陪审团遇到的挑战　　235
　　五、对俄罗斯陪审团的前景展望　　240
　　结　语　　245

第十一章　艰难的平衡：西班牙陪审团中的公正与人权　　247
　　一、以保护人权为目的引进陪审团　　247
　　二、严格限制陪审团适用的范围和条件　　256
　　三、庭审程序对真相发现的追求　　261
　　四、裁决程序对实体公正的保障　　265
　　结　语　　273

第十二章　昨日辉煌：风雨中的美国大陪审团　　275
　　一、美国大陪审团制度的产生和发展　　276
　　二、大陪审团的种类与功能　　278
　　三、大陪审团的人员结构　　280
　　四、大陪审团的审议程序　　281
　　五、大陪审团程序的局限　　283
　　六、美国大陪审团制度面临的挑战　　288
　　结　语　　293

第十三章　非驴非马：东亚的建议性陪审团　　294
　　一、建议性陪审团是东亚的特产　　296
　　二、东亚文化为什么难以接受英美陪审团　　305
　　三、建议性陪审团在中国大陆的试验及其意义　　317
　　四、中国只适合建议性陪审团　　325
　　结　语　　326

后　记　　328

第一章

兴盛或衰落：当代世界各地的陪审团

现代意义上的陪审团制度起源于英国。1066年，诺曼底公爵（Norman Duke）统一英吉利王国后，陪审团作为一种邻里作证制度从法兰克被引入英国。陪审团最初的职能是就其知情的内容进行宣誓作证，当纠纷发生时，行政长官从当事人的邻居中挑选12名熟悉情况且值得信赖的人组成陪审团，令其宣誓后，向行政长官提供他们所知道的情况，以此作为裁判依据。当时的邻里作证制度只是作为一种行政手段来运用的，并不具备司法裁判职能。[1]

直到英王亨利二世，陪审团才开始发挥司法审判功能。1215年，英国《自由大宪章》确立了陪审团制度，规定了起诉陪审团起诉的形式以及人民享有接受与自己同等人审判的权利。1352年，爱德华三世颁布诏令，另行设立由12人组成的审判陪审团专门负责案件的审判，以与起诉陪审团相分离。审判陪审团不再承担指控被告人的职责，也不再有案件知情人的要求，陪审团依据证人证词及相关证据作出裁决，真正具有了现代意义上的司法裁判职能。英国的陪审团制度也得以最终建立。[2]

伴随着英国近代的殖民扩张，陪审团制度逐渐传播至美洲、非洲、亚洲等殖民地国家和地区，包括美国、澳大利亚、新西兰、爱尔兰、加拿大和我国的香港地区等，这些国家和地区纷纷在宪法或法律中确立了陪审团制度。

英美法系陪审团制度也曾一度冲击欧洲大陆法系国家的司法制度。传统上，大陆法系国家一直是由专业法官来主持庭审并负责裁判的，没有陪审团制度，甚至没有陪审团审判的基础。受启蒙思想和资产阶级革命胜利的影响，欧洲许多国家，如法国、德国、俄罗斯、西班牙等，出于对英国"平民

---

[1] [英]丹宁勋爵：《法律的未来》，刘庸安、张文镇译，法律出版社1999年版，第41页。
[2] 齐树浩：《英国陪审团制度的发展与改革》，载张卫平、齐树浩主编：《司法改革论评》第9辑，厦门大学出版社2009年版，第323页。

审判"的向往和本国封建专制的厌弃，纷纷修改本国法律，确立了本国的陪审团制度。

1791 年，法国召开的国民大会通过了新的刑事诉讼法典，同时引进了大陪团调查和小陪审团审判的制度。在大陪审团方面，法国的制度与英国的制度只有人数上的区别：法国的大陪审团由 8 人组成，英国的大陪审团则由 16—23 人组成。小陪审团审判的制度适用于重罪法院，法庭由 3 名法官（其中 1 人为庭长）和 12 名陪审员组成。在当时的英国，陪审团裁决必须一致同意；在法国，这一原则没有得到坚持，10∶2 的投票结果即可定罪。1941 年，法国陪审团制度最终被参审制所取代。[1]

在德国，在大革命初步成功的基础上，昙花一现的法兰克福民族议会将陪审权列为德国人的基本权利，建立陪审制成为 1848 年革命的核心要求之一。1849 年，几乎所有的州（邦国），包括普鲁士和巴伐利亚都采用了陪审制。1879 年，帝国议会在 1877 年制定的《刑事诉讼法典》《帝国法院组织法》生效施行，独立的陪审团制度在全国范围内得到正式确立。根据法律规定，可判 5 年以上监禁的重罪案件由陪审法院审理。陪审法院并不长期开庭，而是实行季审制，陪审法院由 3 名职业法官和一个 12 人组成的陪审团构成，审理除叛国罪以外的几乎所有严重刑事案件。但是，3 名法官只能就法律问题对陪审员进行指导并主持法庭审判，并没有判决权，所以，这是真正意义上的陪审团而不是陪审制。但在短短四十多年后，1924 年的《艾明格法》最终以参审制全面取代了陪审团制度。[2]

继法国、德国之后，奥地利 1850 年颁布的刑法典中的程序部分则照搬了法国的刑事诉讼法典，引进了陪审团审判制度。但是，1853 年通过并一直实施到 1874 年的刑法典，又抛弃了陪审团审判制度。而 1873 年通过并于 1874 年生效的刑事诉讼法典重申了口头辩论原则、审判公开原则，并在严重犯罪、政治犯罪以及新闻出版方面的案件中设置了陪审团审判的制度。

匈牙利的刑事诉讼法律在 1896 年以前一直处于分散的状态。1896 年 12 月 22 日制定的刑事诉讼法典则统一了这一领域的不同法律，并且在新闻出版案件和所有严重犯罪案件中都设置了陪审团审判制度。

---

[1] 易延友：《陪审团移植的成败及其启示——以法国为考察重心》，《比较法研究》2005 年第 1 期，第 93 页、第 94 页。

[2] 吴军辉：《陪审团制度在德国的移植与消亡》，《甘肃政法学院学报》2007 年第 2 期，第 115 页。

比利时在1795—1814年属于法国，因此，它也于1808年颁布了犯罪与刑罚法典，该法典确立了陪审团审判制度和公开审判原则。但是，它在1814年以后成为尼德兰的一部分，1808年的法典被修改，陪审团被废除，公开审判原则也遭到抛弃。1830年以后，比利时成为一个自治的王国，因而又回到了法国模式，恢复了陪审团审判制度。

俄罗斯陪审团由亚历山大二世在1864年进行的司法改革中被介绍到了俄国，并一直到1917年被苏联废除。陪审团制度在戈尔巴乔夫政治经济体制改革中重新开始实施，从1993年2月开始，实行了新的陪审团制度。

西班牙分别于1812年、1837年和1869年在自由主义宪法中确立了不同形式的陪审团审判制度；1872年，西班牙刑事诉讼法典也规定了陪审团审判制度。但是，1875年，西班牙陪审团遭到废弃，这个国家又回到了纠问式的诉讼模式；1882年的立法以口头辩论原则取代了书面化的诉讼程序；1888年，被废弃的陪审团审判制度得到重建，延续至今。

意大利第一部刑事诉讼法典颁布于1865年，与之同时颁布的还有司法组织法及其实施规则。1888年意大利颁布的司法组织法规定的法院组织与法国1808年法典规定的法院组织十分相似，其巡回法庭与法国的巡回法庭在设置和功能方面也是一模一样。

在瑞典，农村地区的审判由1名法官和7—9名外行法官进行审判。选拔这些外行法官由地方政府授权的委员会进行，因而陪审员几乎总是政治上的积极分子；职业法官相当于陪审团团长，并且其投票具有优于其他人的分量，除非有7名以上的陪审员不同意他的意见，否则即按他的观点决定案件的处理。在丹麦和挪威，陪审团审判制度也都得到引进。[1]

但由于文化背景和法律传统等差异，大陆法系国家的陪审团制度普遍出现"水土不服"的现象。短短几十年间，这些国家中，陪审团制度多数被废除。目前，在欧洲大陆，继续保留陪审团制度的国家只有俄罗斯和西班牙，其他一些国家，如法国和德国，则将陪审团制度改为了更适合本国国情的参审制。

在东亚地区，除具有普通法传统的中国香港外，只有日本尝试过引进陪审团制度。但相关制度的设计存有很多问题，实施效果也不理想，遭到了民众的强烈质疑。最终，日本陪审团制度在1943年被废除，只存在了短短的

---

[1] 以上大陆法系各国陪审团历史的简介引自易延友：《陪审团移植的成败及其启示——以法国为考察重心》，《比较法研究》2005年第1期，第90页、第93页。

15 年。但近年来，日本社会各界要求重建陪审团的呼声似乎很高。[1]

陪审团制度到底是不是一剂"灵丹妙药"，还能走多远，现在下结论还为时尚早，不妨先深入了解一些各国的情况。

一、传统欧洲国家或地区陪审团

（一）英格兰和威尔士陪审团

大约 1066 年，陪审团制度于"诺曼底征服"后被引入英国。陪审员最初的职责并不是裁判案件，而是负责收集当地信息，例如为"末日审判书"提供资料，之后才逐渐参与到民事或刑事案件当中以裁判者的身份出现。[2]

起初，只有了解案件真相的人才有可能被选为陪审员。18 世纪，随着陪审员中立原则的确立，先前了解案情的候选陪审员反而会被要求回避。到 19 世纪中期，陪审团审判逐渐成为普通法法院审理案件的唯一形式。直到 20 世纪初期，陪审团审判仍然在民事和刑事案件中占据主导地位。[3]

早期的陪审员履职相当困难，常常面临各种考验，有时甚至会被拘禁或罚款。直到 1670 年的布谢尔案[4]，这一状况才有所改观。当时的首席大法官认定陪审团是裁判事实的唯一机构，他们可以根据自由心证作出裁决，而不用担心意见与法官意见相左遭到惩罚。此后，陪审团一直被视为是"自由的明灯和堡垒"。陪审团作出有罪或无罪裁决无须给出任何理由，被告人不能简单地以陪审团的裁判不合理或裁决有误为由来提起上诉。

在英国，陪审团审判并不是被告人的一项宪法权利。陪审团的相关制度是由英国普通法所确立的，随时有被国会立法改变或废除的可能。但出于政治上的考虑，英国政府一直没有这样做。

---

[1] 易延友：《陪审团在衰退吗——当代英美陪审团的发展趋势解读》，《现代法学》2004 年第 3 期，第 48 页。

[2] Sally Lloyd Bostock & Cheryl Thomas, "Decline of The 'Little Parliament': Juries and Jury Reform in England and Wales", *Law & Contemporary Problems*, Vol. 62, Spring 1999, p. 25.

[3] Sally Lloyd Bostock & Cheryl Thomas, "Decline of The 'Little Parliament': Juries and Jury Reform in England and Wales", *Law & Contemporary Problems*, Vol. 62, Spring 1999, p. 25.

[4] 此案的 12 名陪审员因拒绝定辉格党威廉·佩恩与威廉·米德煽动集会罪，在没有食物、水、火、烟以及尿壶的情况下被关了两个晚上。此后他们被判处监禁并要求支付罚款。以布谢尔带头的四名陪审员拒绝支付罚款并且通过申请人身保护令状以求解除监禁。当时的首席大法官释放了他们，并明确陪审团作为裁判事实的唯一机构。

尽管英国政府最终保留了陪审团制度，但事实证明自20世纪以来，该制度在英国已经开始走下坡路。1933年，大陪审团的审查起诉职能改由治安法官来行使，大陪审团制度被架空。1948年更是陪审团制度的噩梦，首先是实行多年的民事陪审制度被废除，接着英国废除了盛行几个世纪的大陪审团制度。最后，同样是1948年，立法规定适用简易程序的案件将不再由陪审团审判，此举严重限制了陪审团审理案件的范围。[1] 不仅如此，英国社会对陪审团审理案件也颇有微词，认为陪审员选任标准低、不够专业、陪审团审判成本高昂等。

英国刑事法院的陪审团通常由12人组成。所有在18周岁至70周岁之间的，且在英国连续居住5年以上的注册选民都具有陪审员资格，可能随时被征召为陪审员。但也有很多例外的情况：一是特定的人不能担任陪审员，比如精神病人、有犯罪记录的人、在过去的十年被判过刑或有其他类似情况的人。[2] 二是因从事特定的职业可以豁免其充任陪审员，比如法官、司法行政人员（律师、警察、监狱官员和法院工作人员）、神职人员等。此外，还有一些免于提供陪审团服务的专业人员，包括国会议员、医生、护士、兽医、化学家和武装人员等。

审判开始前，法官会对候选陪审员进行筛选，将举止不当、能力不足、醉酒或明显存有偏见的陪审员排除在外，控辩双方也可以此为由提出有因回避。其中，辩方还有提出无因回避的权利。但辩方的这种无因回避权逐步被削弱，直至1998年被彻底取消。[3] 另外，英国没有候补陪审员参与审判的制度，陪审员因生病或不能继续履行职责需要退出陪审团时，不会影响审判的继续进行，但最终在场的陪审员人数不能低于9人，否则之前的审判无效。[4] 在英国，陪审团需要作出一致裁决，1967年《刑事司法法》通过后

---

[1] 据2000年的一项统计数据显示，在英格兰和威尔士，87%的案件在治安法院审理，只有13%的案件被起诉到刑事法院，这其中有9%是因为超出治安法官的权限，剩下4%是基于被告人的申请由陪审团参加审判。数据来源：http://www.uscourts.gov/judiciafactsfig-ures/table 3.5.htm，2015年10月6日访问。

[2] See Juries Act, 1974, 1 (Eng.) [as amended by the Juries Disqualification Act, 1984, 1 (Eng.)].

[3] 1988年之前，律师要求陪审员回避并不需要理由。随着时间的推移，辩方的无因回避权利逐渐被侵蚀。在1925年，辩方对陪审员提出无因回避的机会从25个减少到20个，到1949年进一步减少到了7个，在1977年这个数字被修改为3个，1998年《刑事司法法》彻底地废除了这一权利。

[4] See Juries Act, 1974, 16 (Eng.).

打破了这一局面，陪审团不再被要求必须作出一致裁决，10∶2的多数裁决被认为同样有效。[1]

几个世纪以来，英国陪审团素来以"无罪判决"而闻名世界。陪审团根据自己的内心来裁判，而不必完全听从法官的庭前指示。在某些案件中，陪审团甚至会拒绝适用他们所认为的"恶法"，以此来抗议法律的不公，这被称为"陪审团废法"。

英国的陪审制喜欢走两个极端：一方面，陪审团审判一直以来都被民众视为最古老、最神圣的权利。通过陪审这一手段，普通人的常识性的观点可以影响政府，防止其恣意妄为。[2] 另一方面，陪审团制度又经常被认为是高昂的、低效的、严重不合时宜的制度，因为它为犯罪人逃避法律追究创造了机会。而在20世纪，后一观点在英国已经占据上风。受这种主流观点的影响，英国的陪审团制度不断被侵蚀：民事案件中实际上已经废除了陪审团审判，大多数刑事案件也都不再使用陪审团，而改由非专业的治安法官来审理。

很多人提出要废除陪审团制度，理由通常是陪审团审判有利于被告人，不利于追究犯罪，但是这种理由是牵强的，也不符合英国的现实。目前，英国政府对陪审团制度没有什么兴趣，认为在某些案件中不能仅仅依靠陪审团来定罪。更讽刺的是，作为陪审团的发源地和其他国家的榜样，英格兰地区陪审团使用率却在不断下降。而同一时期，东欧国家包括俄罗斯，却都把引进陪审团审判看作是向迈向法治的一步。

英国陪审团的衰落是否会止步，我们拭目以待。至少在刑事审判中，陪审团的作用已经被证明是非常强大的。陪审团具有重大象征意义，而且仍然是非常珍贵的，因为它延续了长久以来形成的一般民众反对适用恶法、反抗专制政府、基于良心作出裁决的传统。

（二）苏格兰刑事陪审团

苏格兰刑事陪审团的发展历程与英国其他地区相似，始于1066年的"诺曼底征服"。目前，苏格兰陪审员的任职资格和选拔程序与英格兰、爱尔兰和威尔士并没有太大差别。[3]

---

[1] Juries Act, 1974, 17 (Eng.).
[2] See M. D. A. Freeman, "The Jury on Trial", *Current Legal Problems*, Vol. 34, 1981, pp. 65, 88.
[3] Peter Duff, "The Scottish Criminal Jury: A very Peculiar Institution", *Law & Contemporary Problems*, Vol. 62, Spring 1999, p. 173.

在苏格兰，只有高等法院和郡法院（普通程序）才适用陪审团审判，其他法院，如地区法院的案件则由治安法官负责审理。其中，郡法院的普通审程序管辖最高可能判处3年监禁的一审刑事案件，高等法院作为终审法院。苏格兰陪审团最早也要求一致裁决，但16世纪后，立法修改，允许陪审团作多数裁决。

还有一点，与英国其他地方不同，即苏格兰陪审团不仅可以宣告被告人有罪、无罪，还可以作出"证据不足"的裁决。裁决有罪和无罪自不需多言，各国陪审团皆是如此，但"证据不足"的裁决却很独特。就效果而言，证据不足的裁决与无罪裁决无异，被告人均可被当庭释放。不同的是，"无罪裁决"意味着被告人没有犯罪，这是对无辜者的积极回应，而"证据不足"的裁决仅仅意味着被告人的犯罪没有被确定性地证明。陪审团退庭评议前，法官必须告知陪审员有三种裁决方式可以选择，但上诉法院禁止法官对证据不足和无罪的区别予以特别说明。无论这意味着什么，毫无疑问的是，"证据不足"的裁决在苏格兰法庭是经常被使用的，每年陪审团判处的无罪案件大约三分之一是通过"证据不足"的裁判作出的。近年来，证据不足的裁判遭到了社会的非议，主要是因其逻辑上的不足。简单来说，如果能排除合理怀疑地证明案件事实，那么唯一的裁决将是有罪；反之，根据无罪推定原则就应当作出无罪裁决，而不是"证据不足"的"二等"无罪释放。[1]

正如我们所看到的那样，苏格兰刑事陪审团已经存在了很长时间，具有很强的特殊性，如使用简单的多数裁决和不合逻辑的三种裁决方式，而且在其运行过程中，苏格兰陪审制试图挑战过往人们对陪审团审判的一般看法。

（三）爱尔兰陪审团

爱尔兰陪审制自1169年盎格鲁-诺曼入侵开始，有陪审团审判传统的英国普通法逐步取代了当时爱尔兰本土的布里恩法。17世纪末，英国普通法已经在全国打下了稳固的根基，但在爱尔兰，特定的社会和环境因素决定了陪审制不会有坚实的基础。[2]

陪审团审判是爱尔兰宪法所规定的一项重要权利。但持续紧张的局势影响了这项宪法权利的落实，爱尔兰的陪审团制度也因此经历了一个动荡时期，特别是在18世纪和19世纪，暴力和宗教致使局势紧张，陪审制承受了

---

[1] Peter Duff, "The Scottish Criminal Jury: A very Peculiar Institution", *Law & Contemporary Problems*, Vol.62, Spring 1999, p.173.

[2] John D. Jackson, et al., "The Jury System in Contemporary Ireland: In the Shadow of a Troubled Past", *Law & Contemporary Problems*, Vol.62, Spring 1999, p.203.

相当大的压力。1939年，爱尔兰通过《国事罪法令》，规定特殊案件的审理由3名法官组建的特殊法庭负责。1973年北爱尔兰通过《紧急规定法案》，一系列被称为"预定罪行"的案件暂停使用陪审团审判。目前，爱尔兰共和国的民事陪审团只在诽谤、谋杀、攻击和非法监禁等案件中有所保留，而北爱尔兰民事陪审团只在诽谤索赔和法官认定的特定程序中存在，在南北交界处陪审团制度几乎完全消失。在刑事案件中，陪审团审判被严格限定在几种重要的例外情形中，轻微犯罪以及特别法庭和军事审判审理的案件则一律不使用陪审团。[1] 此外，刑事案件只要求多数一致而非全体一致进行裁判，进一步削弱了陪审团的权力。[2]

在爱尔兰共和国，陪审团使用率的下降并没有引起很大的争议。出于多种原因，陪审团制度并不适合爱尔兰的国情。对陪审团的恐吓和偏见、对国家的不信任、社区的分离、农村地区的司法管辖权，这些因素都决定了陪审团制度并不能像在英格兰和威尔士一样植根于本土的法律文化当中。即使有爱尔兰宪法的保障，依然阻止不了陪审团制度的衰落。[3]

现在看来，爱尔兰未来陪审制的前景是暗淡的，除非国家能采取积极有效的措施，使它更能适应爱尔兰刑事司法系统的发展。

二、北美国家陪审团

（一）美国刑事陪审团

早在殖民统治时期，美国人就依靠由普通民众组成的陪审团来解决民事纠纷了。[4] 从民事陪审团发展起来的美国刑事陪审团制度最早可追溯到1734年，当时殖民当局对新闻记者曾格（Zenger）的审判，被认为是"陪审团对抗政府压迫的权力的重要性给数以千计的美国人留下了深刻的印

---

[1] 1937年颁布的现行《爱尔兰共和国宪法》第五章第38条表明，除了法定轻微犯的简易审判、特别法庭审判和军事法庭审判，"任何人不得在没有陪审团参与的情况下受到任何刑事指控"。
[2] John D. Jackson, et al., "The Jury System in Contemporary Ireland: In the Shadow of a Troubled Past", *Law & Contemporary Problems*, Vol. 62, Spring 1999, p. 203.
[3] John D. Jackson, et al., "The Jury System in Contemporary Ireland: In the Shadow of a Troubled Past", *Law & Contemporary Problems*, Vol. 62, Spring 1999, p. 203.
[4] See Stephan Landsman, "The Civil Jury in America: Scenes from an Unappreciated History", *The Hastings Law Journal*, Vol. 44, 1988, p. 579.

象"[1]。该案在冲破法官的多方阻挠后，陪审团最终宣告曾格无罪并将其释放。[2]

独立战争前夕，英国政府极力避免将犯罪交由当地陪审团来审判，而将相关案件改由英国本土法院管辖。[3] 这一举动加速了美国独立战争的爆发。[4] 杰斐逊在《独立宣言》中指出，北美殖民地脱离英国殖民统治的一个重要原因在于英国"在许多案件中，剥夺我们由陪审团来审判的权利"[5]。而在《独立宣言》签署前，北美12个州就已一致同意制定一部明确规定被告人享有陪审团审判权的成文宪法，"这是唯一一个12个州宪法一致规定的权利"[6]。美国宪法第三与第六修正案在保障民众享有陪审团审判权方面发挥着重要作用，但美国社会的发展也决定了美国的陪审团制度在各个历史时期会呈现不同的状况。[7]

美国刑事陪审团制度历经两百多年的发展，已经成为一个庞大的司法系统。当初的制度基础，陪审团的选拔、组成、运作等方面都发生了重大变化，甚至影响陪审团审判的新闻媒体也要纳入陪审团制度当中。虽然美国社会要求废除陪审团的呼声很高，但不可否认，刑事陪审团制度在美国刑事司法体系中依然占据着重要位置。

在15世纪之前，英美传统上认为陪审团应由12名陪审员组成；之后，允许抗辩双方就陪审团人数进行协商，可以突破12人。1898年，美国最高法院在汤普森诉犹他州（Thompson v. Utah）案中裁定，宪法意义上的陪审团至少由12人组成。[8] 在过去30年间，有关12名陪审员的要求饱受质疑。

---

[1] John Guinther, The Jury in America 30 (1988).

[2] Albert W. Alschuler & Andrew G. Deiss, "A Brief History of the Criminal Jury in the United States", *The University of Chicgo Law Review*, Vol. 61, 1994, pp. 867, 874.

[3] See Alschuler & Deiss, supra note 8, at 875 [citing Edmund Burke, Letter to the Sheriffs of Brison, in 2 The Works of the Right Honorable Edmund Burke 189, 192 (9th ed. 1889)].

[4] See Carl Ubbelohde, *The Vice-Admiralty Courts and the American Revolution*, University of North Carolina Press, 1960, p. 209.

[5] The Declaration of Independence, para. 20.

[6] William Edward Nelson, *Americanization of the Common Law: The Impact of Legal Change on Massachusetts Society*, 1760-1830, Harvard University Press, 1975, p. 96.

[7] Nncy Jean King, "The American Criminal Jury", *Law & Contemporary Problems*, Vol. 62, Spring 1999, p. 41.

[8] Thompson v. Utah, 170 U. S. 343, 350 (1898).

1970年，在威廉姆斯诉佛罗里达州（Williams v. Florida）一案中，最高法院裁定，除死刑案件有特别要求外，只有6人组成的陪审团也符合宪法的要求。[1]

为保证陪审团的"公正性"，美国陪审团成员的确定大致要经历以下几个复杂的环节：首先，由州和联邦法院根据选民登记名单、汽车驾驶执照名单或其他总体上可以涵盖社会各阶层的公共名单制定出一份陪审员名册。其次，法院工作人员要向被召集来的陪审员发放一份调查问卷，要求其填写相关信息。最后，控辩双方根据调查问卷和询问的结果行使当事方的回避权，包括有因回避和无因回避。其中，有因回避不受次数的限制，无因回避有次数的要求，且正在逐渐减少，近年来要求废除无因回避的声音也越来越强烈。[2]

几百年来，一致裁决规则在英国曾得到严格的遵守，而这也为美国的一致裁决规则提供了典范。17世纪初，随着英国殖民活动的扩张，陪审团制度也漂洋过海来到了美国。由于对英国陪审团制度不甚熟悉，17世纪的美国曾短暂允许采用多数裁决规则。但到了18世纪，人们认为裁决必须一致，事实上在1972年以前，没有案件起诉至最高法院对刑事案件的一致裁决规则表示质疑。

18世纪，一致裁决规则在美国已成为共识。尽管美国宪法未对一致裁决规则予以规定，但联邦法院通过一系列案例明确了该规则：19世纪后期附带裁定刑事审判团裁决需一致。[3] 1946年颁布的《联邦刑事诉讼规则》第31条a款规定："裁决必须是一致作出的，它应当由陪审团在公开的法庭上递交给法官。"因此，在联邦法院，一致裁决规则的适用是明确的。1972年，美国联邦最高法院最终在约翰逊诉路易斯安那州案[4]和阿珀达卡等人诉俄勒冈州案[5]中表明了对一致裁决的立场：美国联邦宪法并没有要求州法院

---

[1] Williams v. Florida, 399 U. S. 78 (1970).

[2] Nancy Jean King, "The American Criminal Jury", *Law & Contemporary Problems*, Vol. 62, Spring 1999, p. 41.

[3] Johnson v. Louisiana, 406 U. S. 356 (oppinion of Powell, J.) (1972).

[4] 在约翰逊案中，约翰逊于1968年1月20日在家中被捕，1968年5月14日受审，陪审团由12名男性组成，定罪裁判的投票表决是9∶3。约翰逊认为不是所有的陪审员都作出了有罪判决，合理怀疑的标准没有被满足，因此上诉至最高法院。

[5] 在阿珀达卡等人案中，阿珀达卡、库伯和美登三人因各自的案件被12人组成的陪审团依次以11∶1、10∶2、11∶1的投票比例被认定为有罪。对此，三人以裁判结果违背宪法关于一致裁决的精神而向最高法院提起上诉。

系统审理的案件中陪审团必须作出一致裁决。[1]

在州法院中，一致裁决规则属于各州自由选择的范畴，联邦最高法院对这一点也是持肯定态度的，如联邦最高法院在1912年的乔丹诉马萨诸塞州的判决中就明确表示："由各州制定的法律可以规定不采用一致裁决原则，这并不违反法律的正当程序"。[2] 在此之后，路易斯安那州和俄勒冈州先后于1928年和1934年修改了各自的宪法，规定在各自的刑事审判中，除死刑案件外，陪审团可以作出非一致裁决。[3] 路易斯安那州和俄勒冈州的做法得到了联邦最高法院的认可。美国宪法第五、第六修正案在明确与保障民众享有陪审团审判的权利方面发挥着重要作用，而随着美国社会的发展，呈现出多元化的人文气息，同时双轨制的司法系统，致使其陪审团制度也因时因地而不同。有数据表明，在1971年的联邦地区法院中，被告人作有罪答辩的案件仅占全部案件的61.7%，由陪审团审理的案件占全部案件的9.6%；而到2002年，被告人作有罪答辩的案件数已经上升为全部案件的86%，由陪审团审判的案件占全部案件的比例则下降到3.4%。[4]

美国刑事陪审团产生之初的任务是摆脱英国控制、争取民族独立。独立后的美国，法治文明深入发展，关注权力的制约，注重保障个人的权利与自由，并以此为基础设计了刑事陪审团的最初形态。同时，美国也不断推进陪审制度的改革，使刑事陪审团更加注重适应美国社会的发展及司法实践的要求。不可否认，美国刑事陪审团是立足美国本土文化、适应美国法治的重要制度。在多年的发展当中，美国人在不背离宪政精神的前提下，选择对刑事陪审团作出改革而不是废除它，可谓是明智之举。[5]

（二）美国民事陪审团

民事陪审团是美国司法体系的重要组成部分，即便在今天其依旧被社会普遍认为是解决美国社会民事争端的重要手段。其实早在殖民统治时期，美

---

[1] 张鹏程：《美国陪审团的一致裁决原则：历史与当下》，《时代法学》2012年第2期，第112页。
[2] Jordan v. Massachusetts, 225U. S. 167. 176（1912）.
[3] James Kachmar, "Silencing the Minority: Permitting Nonunanious Jury Verdicts in Criminal Trials", *Pacific Law Journal*, Vol. 28, Fall 1996, p. 278.
[4] 数据来源：http://www.uscourts.gov/judiciafactsfigures/table 3.5. htm，2015年10月6日访问。
[5] Nancy Jean King, "The American Criminal Jury", *Law & Contemporary Problems*, Vol. 62, Spring 1999, p. 41.

国人就依靠由普通人组成的陪审团来解决民事纠纷。美国对民事陪审团的忠诚是早期殖民主义历史和独立战争时期制宪争论共同塑造的产物。[1]

在1970年威廉姆斯案之前，民事陪审团一直维持在12名陪审员的状态，而且也得到了最高法院的支持；但在威廉姆斯案之后，最高法院的态度发生了转变，认为除死刑案件有特别要求外，只有6人构成的陪审团也符合宪法的要求。[2]

最初，陪审员的回避以及宣誓程序由律师来主导，但律师经常会滥用这一权力。作为回应，各级法院对律师参与陪审员选拔程序进行了限制。在联邦法院，如今的民事规则授权法官本人主导整个陪审员的宣誓程序。[3]

民事陪审团审判的案件，最终可以有三种判决形式：一般判决、附有书面质询的判决和特殊判决。其中，特殊判决要求陪审员们回答一系列与案件事实有关的特别问题，然后法院运用对这些问题的回答来决定最终的法律结果。对于以上三种判决，初审法院和上诉法院都可以进行审查。[4]

民事陪审团之于美国的价值与意义毋庸讳言，但民事陪审团也须在运作中逐步完善，以更好地适应社会生活发展对其提出的要求。尽管陪审团体系面临许多质疑，但陪审团依旧是司法体系最有效和必需的组成部分。

民事陪审团在美国具有非常高的司法公信力，裁判结果易为一般民众所接受，这是它的优点，但同时它也是一个相当费时而又成本高昂的司法程序。在过去的几十年里，美国对民事陪审团制度作出了很大的修改，但基于美国宪法第七修正案的规定，它依然被置于重要位置。

（三）加拿大刑事陪审团

加拿大对英国普通法，包括陪审团审判权的沿用，是从殖民地时期开始的。除魁北克省因早先曾是法国殖民地而具有大陆法传统外，加拿大其他9个省和2个边区实行的都是英国普通法制度。[5]

在加拿大，陪审团审判权是一项宪法权利。根据1982年生效的《加拿大

---

[1] Stephan Landsman, "The Civil Jury In America", *Law & Contemporary Problems*, Vol. 62, Spring 1999, p. 285.
[2] 399 U. S. 78 (1970).
[3] See FED. R. CIV. P. 47 (a).
[4] Stephan Landsman, "The Civil Jury In America", *Law & Contemporary Problems*, Vol. 62, Spring 1999, p. 285.
[5] 参见宋英辉等：《外国刑事诉讼法》，北京大学出版社2011年版，第123页。

权利和自由宪章》第 11 条（f）的规定，如果被告人可能面临 5 年或以上的监禁刑，并且其触犯的并非军事法律方面的罪名，则可以申请陪审团审判。

加拿大将犯罪区分为三种类型：简易罪、两可罪和公诉罪。简易罪指最高可处罚 6 个月的监禁刑以及不超过 5000 美元罚款的犯罪，由地方法院的法官（通常是非职业的治安法官）进行审理。两可罪包括各种方式的人身攻击、严重欺诈、共谋、某项犯罪的从犯以及毒品犯罪，被告人享有广泛的选择权，既可以选择由地方法院或高等法院审理，也可以选择陪审团或独任法官审判。公诉罪属于较为严重的刑事案件，通常由高等法院的法官审理。高等法院审理案件时可以组成陪审团，也可以由独任法官审理。[1]

根据加拿大《刑法典》第 626 条的规定，陪审团由陪审地的 12 名加拿大公民组成。陪审员的挑选必须公正，不能偏袒控辩的其中一方。《刑法典》第 643 条规定，根据指控的严重程度不同，控辩双方都可以选择要求 4 名、12 名或 20 名候选陪审员无因回避。如果控辩任一方能够提出陪审员可能怀有偏见的证据，则可要求该陪审员回避，不过在行使有因回避权时控辩双方所能提出的问题是受到严格限制的。另外，根据《刑法典》第 638 条的规定，陪审员是否应当回避，并不由法官来决定，而是由陪审团的其他两名成员或者从陪审员名单中抽取的两人来决定的。[2] 还有一点应当注意，加拿大是没有候补陪审员参与审判的规定的，如果某位陪审员在审判过程中生病，或有其他不能履行陪审员职务的"合理原因"，他（或她）可以在任何时候宣布放弃陪审员资格。法官随后可以宣布之前的审判无效，也可以决定案件继续审理。但在后一种情况下，陪审团至少要有 10 名陪审员可以继续参与审判。[3]

加拿大陪审团不允许多数裁决，陪审团宣布有罪或无罪必须要一致裁决，在英格兰和威尔士以及美国的一些州也有这样的要求。法官对陪审团作出的裁决是否一致有任何疑问时，有权作出审查该陪审团裁定的决定。如果陪审团难以达成一致裁决，法官可以为陪审团提供一些指导，但不得强制要求该陪审团作出一致性裁决。如果法官认为该陪审团进一步评议也于事无

---

[1] Neil Vidmar, "The Canadian Criminal Jury: Searching for a Middle Ground", *Law & Contemporary Problems*, Vol. 62, Spring 1999, p. 141.
[2] 宋英辉等：《外国刑事诉讼法》，北京大学出版社 2011 年版，第 159 页。
[3] Neil Cameron, Susan Potter & Warren Young, "The New Zealand Jury", *Law & Contemporary Problems*, Vol. 62, Spring 1999, p. 103.

补，有权决定解散该陪审团重新开启审判。[1]

通常情况下，陪审团只可以作出有罪或无罪的裁决，但是有两个例外：一个是在涉及诽谤罪的情况下，法官可能会要求陪审团作出一个特别裁决；另一个是在涉及精神病案件时，如果陪审团认为被告人的行为是在精神疾病发病时实施的，不需负刑事责任，可能会作出一种特殊的裁判。

主流观点认为，当代加拿大陪审团制度可以被认为是英国和美国陪审团制度的结合。在大多数情况下，加拿大陪审团制度的立法和实践都处在英美两国的中间地带。

（四）加拿大民事陪审团

在1867年建国之前，加拿大就从英国引进了民事陪审团制度。最初，至少在安大略省，民事案件必须由陪审团进行审理。当时主要是为了制约商人主导的法院，保护民众的基本自由。不幸的是，安大略省的民事陪审团制度最后被滥用，严重影响其功能的发挥，民众质疑声不断。后安大略省于1868年对陪审团制度进行了一次全面的改革，民事案件一般来说不再由陪审团进行审判，只有在一些特殊情况下，民事诉讼的一方当事人请求由陪审团来审理时，该民事案件才会交由陪审团进行审判。[2]

当下，尽管民事陪审团在加拿大仍然有效，但其有效性在加拿大各个司法管辖区并不完全相同。加拿大最北端的魁北克省和加拿大联邦法院，都明确禁止适用民事陪审团。保持中立的省份，如阿尔伯塔省和萨斯喀彻温省，仅允许陪审团审理一些特定类型的案件，一般这些案件的诉讼标的要超过10000美元。在阿尔伯塔省，陪审团审理的案件仅限于侵权案件和诉讼标的超过10000美元的财产案件。加拿大西岸的不列颠哥伦比亚省和安大略省，尽管陪审团可对特定几类案件进行审理，但一些重要类型案件却被排除在外。[3]

可以看出，加拿大的民事陪审团在民事案件的处理上处于边缘地带，与它们的美国同行在司法程序中所扮演的核心角色没有一丝可比性。[4]

---

[1] Neil Cameron, Susan Potter & Warren Young, "The New Zealand Jury", *Law & Contemporary Problems*, Vol. 62, Spring 1999, p. 103.

[2] W. A. Bogart, "The Civil Jury In Canada", *Law & Contemporary Problems*, Vol. 62, Spring 1999, p. 305.

[3] W. A. Bogart, "The Civil Jury In Canada", *Law & Contemporary Problems*, Vol. 62, Spring 1999, p. 305.

[4] W. A. Bogart, "The Civil Jury In Canada", *Law & Contemporary Problems*, Vol. 62, Spring 1999, p. 305.

三、大洋洲国家陪审团

(一) 澳大利亚陪审团

澳大利亚在早期的发展中,审判制度与英国非常相似。

1788年1月,英国第一批船只抵达新南威尔士的悉尼,开始了英国对澳大利亚的殖民统治。之后的30多年,澳大利亚只有唯一的一个由6名军官以及1名军事法官组成的陪审团。1824年到1828年,澳大利亚地区法院开始使用12人(不包括被流放的犯人)组成的陪审团。[1] 1828年,根据英国的立法,高等法院在审理民事案件时可根据双方当事人的意愿决定是否采用陪审团来审判。1833年,由12人组成的陪审团被应用到刑事审判当中,但辩方仍有权选择由7人军事小组来审理,该权利直到1839年才被废止。19世纪末,澳大利亚各州基本上都确立了陪审团制度。[2]

在澳大利亚,法律将犯罪区分为两种类型:公诉罪和简易罪。这两种罪行的审判有着很大的差别。根据澳大利亚联邦和州法律的相关规定,公诉罪依公诉书提起,由12名陪审员组成的陪审团负责审判。简易罪则可以由警察或普通公民提起并在无陪审团的情况下,由地方行政长官或多名法官进行裁决。截至2021年,适用简易程序审判的罪行范围还在继续扩大。[3]

澳大利亚所有辖区的刑事审判陪审团均由12人组成。在维多利亚州,可以有15位陪审员参与案件审理,但是在陪审员退席进行表决前投票人数必须减至12人。[4] 如果一个或多个陪审员因疾病等理由退出陪审团,就由剩余的陪审员继续参与审判并进行评议,但一般来说参加案件审理的陪审员自始不得少于10人。[5] 对于陪审团的有罪判决,被告人可以事实或法律错误为由提起上诉。[6]

澳大利亚的陪审团制度还有一些地方值得我们关注:一是其参加陪审团

---

[1] 直到1829年,立法才作出修改,允许被流放的犯人参加陪审团。
[2] Michael Mhesterman, "Criminal Trial Juries in Australia: From Penal Colonies to a Federal Democracy", *Law & Contemporary Problems*, Vol. 62, Spring 1999, p. 69.
[3] Michael Mhesterman, "Criminal Trial Juries in Australia: From Penal Colonies to a Federal Democracy", *Law & Contemporary Problems*, Vol. 62, Spring 1999, p. 69.
[4] See Juries Act, 1967, 14A, 48A (Vict.).
[5] Under the Jury Act, 1977, 22 (N.S.W.).
[6] Michael Mhesterman, "Criminal Trial Juries in Australia: From Penal Colonies to a Federal Democracy", *Law & Contemporary Problems*, Vol. 62, Spring 1999, p. 69.

的人员不具有广泛性和代表性。目前，澳大利亚联邦和各州都是通过电脑随机从选民名册中挑选陪审员，以此来保证陪审团的公正性。但是还有很多人，比如说未取得澳大利亚国籍的移民，就没有资格登记在选民名册上，许多城市的土著居民也没有被完整地登记在册，这样一来，即使澳大利亚使用通过电脑随机挑选陪审员的方法，仍不能确保其具备社区代表性。二是担任陪审员的任职条件逐渐放宽。比如，1901年澳大利亚联邦成立时，立法规定只有具备足够财产的男性公民才可以成为陪审员，而到了20世纪70年代中期，女性被认为同样有资格参加陪审团。三是警方是审查陪审员资格的最常见的主体。通常，被警方认定不适合参与该次审判的人，将从陪审员名单中移除。[1]

近二三十年间，因不同国家移民，特别是东南亚移民的大量迁入，澳大利亚的生活文化发生了巨大的变化。不过，少量的英国因素仍然存在，且与陪审团审判保持着或多或少的联系。虽然陪审团真正的影响力在减弱，但它在澳大利亚刑事司法体系中依然维持着持久而稳固的地位。

（二）新西兰陪审团

新西兰陪审团制度最早可以追溯到殖民地时期，当时的新西兰完全照搬了英国的司法制度。

在新西兰，刑事陪审团和民事陪审团有着明显区分。根据1841年最高法院条例的相关规定，所有提起指控的案件都由陪审团审判。后来，立法对这一规定进行了修正。从1846年开始，法院的绝大部分案件都不再由陪审团来进行审判，改由专业法官或治安法官独立进行审判。至于民事陪审团，根据1841年最高法院条例的规定，民事案件的审判由一个12人组成的民事陪审团来进行。其后1862年，为应对激增的民事案件，新西兰建立了小陪审团，专门负责小额诉讼的审判。但最终在1977年，小陪审团被废除。

根据新西兰1981年《陪审团法案》的相关规定，年龄在20岁到65岁之间的登记选民，都有资格担任当地社区的陪审员并参与陪审团审判。[2] 同时，该法案还规定了担任陪审员的一些消极条件，如：与法律执行或刑事司法系统有密切联系的人[3]、已被定罪的刑事犯、被判处终身监禁的人、被判处3年及以上监禁刑的人、被处以刑事拘留的人；在过去5年里，被判处

---

[1] Michael Mhesterman, "Criminal Trial Juries in Australia: From Penal Colonies to a Federal Democracy", *Law & Contemporary Problems*, Vol. 62, Spring 1999, p. 69.
[2] See Juries Act, 1981, 6 (N.Z.).
[3] See Juries Act, 1981, 8 (N.Z.).

3个月及以上的监禁刑或者被判社区矫正刑的人,都不具备担任陪审员的资格。[1]

新西兰陪审团必须意见一致才能作出有罪或无罪的裁决,这与很多国家是一致的。在新西兰,陪审团进行决议的时间至少有4个小时。[2] 若法官认为陪审团在一定时间内不能达成一致裁决,就会解散该陪审团。在这种情况下,由检察长决定是重新审理还是停止该项诉讼。然而,如果陪审团只是单纯地认为该案达成一致存在困难,法院就会指示该陪审团再进行一次裁决。[3]

当前,新西兰的陪审团制度呈现出如下特点:第一,民事陪审团和刑事陪审团在具体应用上差别很大。在过去很长一段时间里,新西兰使用民事陪审团的情形尽管称不上罕见,但也仅仅局限于某些特殊案件。自19世纪初以来,民事陪审团主要用于审判诽谤案件、人身伤害案件以及为数不多的反政府案件。随着1972年人身伤害案件归责原则的改变,人身伤害案件大幅减少,现如今民事陪审团审理的案件每年也就一到两件。但是刑事陪审团的应用在逐渐扩张,尤其是在20世纪70年代早期,刑事陪审团审判以一种绝对数量在持续增加。第二,陪审员回避制度的特殊性。在新西兰,针对陪审员申请的回避包括有因回避和无因回避两种类型。有因回避,控辩双方都可以提出。但根据1981年《陪审团法案》第二十五章的规定,法官要对控辩双方提出异议的方式或证据的合法性进行审查。由于用以证明候选陪审员是否存在偏见的证据难以收集,有因回避的申请很少获得批准。一般来说,控方和辩方可以分别对6个候选陪审员提出无因回避。在涉及多个被告的案件中,控方最多可以对12个候选陪审员提出无因回避的异议,而辩方的每个被告人都分别享有6次无因回避的机会。由此看来,辩方可以提出异议的次数几乎是控方的两倍。第三,陪审团评议的时间有限制。1880年之前,民事陪审团基本上都能达成一致的裁决,如果他们没能在12小时内达成一致意见,该陪审团就会被解散。1898年,新西兰相关法律进行了修改,规定在该陪审团因没有作出有效判决而被解散之前,应当给予其合理的期限,而且该

---

[1] See Juries Act, 1981, 7 (N.Z.).
[2] See Crimes Act, 1961, 374 (2) (N.Z.).
[3] Neil Cameron, Susan Potter & Warren Young, "The New Zealand Jury", *Law & Contemporary Problems*, Vol. 62, Spring 1999, p. 103.

期限最少不得低于 4 小时。[1]

在新西兰以及许多其他普通法系国家,陪审团的近代史就是一段陪审团制度不断衰落的历史,尤其是民事陪审团,现在几乎已经看不见它的踪影,复苏的前景也很渺茫。在刑事领域,地方法院的陪审团审判出现了一定程度的短暂复苏,但依然摆脱不了总体衰落的命运。[2]

四、大陆法传统下的陪审团

（一）中国香港地区陪审团

陪审团制度自 1843 年从英国移植以来,经过一个半世纪的融合与发展,现已成为香港司法体系的重要组成部分。

香港陪审团主要依据《陪审员及陪审团管理条例》运行。与英美等普通法系国家相比,陪审团在香港的使用范围十分有限。香港的法院由低到高主要有裁判法院、地区法院、高等法院和终审法院四个层次,高等法院又分为原诉庭和上诉庭。在众多法院之中,只有高等法院的原诉庭使用陪审团审判,而且其处理的都是性质非常严重的刑事案件,如谋杀、强奸、抢劫等犯罪,因而在数量上是极少的。

在陪审员资格方面,香港的法律曾通过财产状况对陪审员进行限制,但这项限制最终在 1851 年被彻底废除。1947 年以前,香港的妇女也没有资格担任陪审员。[3] 香港对陪审员资格限制最主要的还是在语言能力方面,1851 年的《陪审员及陪审团管理条例》规定任何不通晓英文的人都没有资格担任陪审员。之所以有英文能力的要求是因为英国殖民者在向香港输出其法律制度时,连同其法律语言（即英文）也被带到香港。因此,一个半世纪以来香港的法院都是用英文进行审判的。直到《香港特别行政区基本法》制定后的最近几年,香港的法律才开始双语化,法庭也开始被允许使用中文进行审判。如今,根据最新的《陪审员及陪审团管理条例》的规定,香港居民担任陪审员需具备以下条件:年龄在 21 周岁至 65 周岁之间;精神健全而无任何使其不能出任陪审员的失明、失聪或其他无行为能力的情况;具有良好品

---

[1] Nell Cameron, Susan Potter & Warren Young, "The New Zealand Jury", *Law & Contemporary Problems*, Vol. 62, Spring 1999, p. 103.

[2] Nell Cameron, Susan Potter & Warren Young, "The New Zealand Jury", *Law & Contemporary Problems*, Vol. 62, Spring 1999, p. 103.

[3] 转引自郭光东:《陪审团的历史与价值》,华东政法学院 2004 年博士学位论文,第 36 页。

格；熟悉审讯时采用的语言。

最初，香港陪审团的人数是 6 人，而不是 12 人。1864 年，陪审团的人数增加到 7 人。这一人数直到 1986 年才有新变化，当时的立法机关通过法案，允许法官视个案的实际需要将陪审团人数增加到 9 人。现行的《陪审员及陪审团管理条例》第 3 条也规定："在所有民事及刑事审讯中，陪审团由 7 人组成，如有需要，法庭可以要求陪审团由 9 人组成。"[1]

陪审团一致裁决的要求最初也适用于香港，但是从 1851 年开始，香港的法院采用多数裁决规则。发展到现在，根据《陪审员及陪审团管理条例》的规定，民事审讯的裁决采纳多数裁决的规则，即使陪审团人数减少了，仍按照多数裁决的规则进行。而在刑事审判中，如果是 7 人陪审团，则要求至少 5 人作出多数裁决；如果是 9 人陪审团，则要求至少 7 人作出多数裁决。如果 7 人陪审团因故减至 6 人，则仍然要求 5 人作出多数裁决；如果 9 人陪审团因故减至 8 人，则要求不少于 7 人作出多数裁决；如果 9 人陪审团人数减至 6 人或 7 人，则要求不少于 5 人的多数裁决为陪审团裁决；当 7 人陪审团和 9 人陪审团的人数都减至 5 人时，陪审团必须作出全体一致的裁决。

作为一个移植制度，陪审团制度在香港由于缺乏深厚的历史和文化根基，实践中出现了偏差，并且与其本身的理想越来越远，陪审制度更多地成为一种摆设，它在香港司法制度中的作用仿佛已逐渐发展成为一种简单的象征，一种普通法的标志，似乎已经同理想相去甚远。1997 年 7 月 1 日香港回归中国，根据《香港特别行政区基本法》第 86 条的规定，原在香港实行的陪审制度的原则予以保留。陪审团将继续在香港的法庭上沿用，接下来的问题是如何让香港的陪审团制度体现其当初引进陪审团制度时的理想。

(二) 西班牙陪审团

西班牙历史上有多部宪法都规定了陪审团制度，比如 1812 年、1837 年和 1869 年的西班牙宪法。1872 年的《刑事诉讼法典》中有一些关于陪审团制度的规定，再后来就是 1888 年的《陪审团法》。但只有 1888 年的《陪审团法》在 1888 年到 1923 年真正实施过，在普里莫·德里维拉（Primo de Rivera）专政期间，该法被暂停实施，后又恢复。1978 年西班牙制定了新宪法，其第 125 条规定："公众可以通过陪审团审判机构参与国家的司法审判工作。"

---

[1] 转引自郭光东：《陪审团的历史与价值》，华东政法学院 2004 年博士学位论文，第 35 页。

在西班牙，陪审团审判在省一级法院进行，且只负责审理某些特定类型的案件，如公职人员利用职务实施的侵犯他人人身、荣誉、自由和安全的案件。检察官也可以在敲诈勒索、盗窃、贿赂等轻微犯罪中与被告人达成协议，由其他一审法院进行审判，从而避免陪审团法院行使管辖权。[1]

西班牙的陪审团由9名陪审员和2名候补陪审员组成。陪审员一律从选民登记表中随机抽选，至少要有20名，经过简单询问后，控辩双方可以要求某些心存偏见的陪审员回避。

被告人最后陈述前，法官要以问题清单的方式拟出有利于和不利于被告人的问题，供陪审员判断。被告人作最后陈述后，法官要对陪审员进行指导，内容包括：（1）陪审团的功能；（2）拟定判决书的内容；（3）犯罪构成的相关事项；（4）议事和表决规则；（5）最终判决的形成。其后，陪审员要进行秘密评议。如果陪审团要作出的裁决不利于被告，需要7：2多数通过；如果陪审团要作出有利于被告的裁决，只需5：4多数通过即可。陪审员只要没有对合议的内容作出实质性改变，可以修改他们的决议，改变决议不会加重被告人的刑罚。[2]

另外，在西班牙，陪审团作出裁决需要提供裁判理由。陪审团成员在裁决形成后，要提供一份简明的裁决理由，指出案件成立与否的原因和裁决所依据的证据。接到陪审团的裁决书后，法官要进行必要的审查，如有不足，就会要求陪审团作出必要的修改。在西班牙，如果法官三次发回裁决书让陪审团修改，在陪审团仍不予修改的情况下，法官可以解散陪审团，组成新的陪审团重新审理该案。如果新组成的陪审团仍不能就上一陪审团遇到的相似问题作出裁决，法官就可以要求其作无罪裁决。

（三）俄罗斯陪审团

19世纪中期，克里米亚战争失败后，沙皇亚历山大二世推行了一系列的政治、经济改革，以此来改变俄国在国际社会上被动落后的处境。其中，在司法领域，改革最大的成果就是在吸取英、法等国司法实践经验的基础上确立了陪审团制度。1864年，沙皇亚历山大二世颁布了《法院宪章》，将陪审团制度化。1917年十月革命后，布尔什维克夺取政权，废除了陪审团制度，

---

[1] Stephen C. Thaman, "Europe's New Jury Systems: The Cases of Spain and Russia", *Law & Contemporary Problems*, Vol. 62, Spring 1999, p. 233.

[2] Stephen C. Thaman, "Europe's New Jury Systems: The Cases of Spain and Russia", *Law & Contemporary Problems*, Vol. 62, Spring 1999, p. 233.

取而代之的是社会主义人民陪审员制度。1991年，俄罗斯最高苏维埃颁布了《俄罗斯联邦司法改革构想》，为陪审团制度的重建奠定了基础。1993年12月，陪审团制度被重新写入《俄罗斯联邦宪法》，俄罗斯陪审团制度得以再次确立。[1]

根据相关法律的规定，俄罗斯整个联邦层级法院的一审刑事案件，都可由陪审法庭进行审理。另外，《俄罗斯联邦宪法》第20条第2款规定："只有特别严重的犯罪才为被告人提供陪审员参加审理案件的权利。"也就是说，在俄罗斯，陪审团只负责审判最为严重的刑事案件。而且，即使案件符合陪审团审判的条件，也需要被告人自己提出申请把案件交由陪审团审理。

俄罗斯的陪审团由12名陪审员组成，均是从年满25岁并有选举权的俄罗斯公民中随机抽选产生。候选陪审员名单确定后，陪审法庭预备开庭。在预备开庭阶段，法庭书记员或助理法官应报告候选陪审员到庭的情况。如果出席审判庭的候选陪审员少于20人，则审判长应发出传唤候选陪审员到庭的指令。然后，控辩双方可以行使申请陪审员回避的权利，申请不必说明理由，各有两次机会。法定遴选程序结束后，由审判长宣布遴选结果，最终形成一个由12名陪审员组成的陪审团。[2]

俄罗斯陪审团在进行表决前，法官应给陪审团提供一份问题清单。问题清单要求列出以下三个基本问题：（1）犯罪事实是否已经得到证明；（2）犯罪行为人的身份是否得以证明；（3）被告是否有悔罪情节。首席陪审员按问题清单上的顺序将问题提出讨论，对答案进行表决并计算票数。俄罗斯陪审团制度不要求一致裁决，其中，陪审团作出有罪裁决需要7票，作出无罪、延期、从宽裁决则只需要5票。如果陪审团在2天之内没有作出决定，法官就可以把陪审员们召集到法院，查明他们对案件的理解是否存在问题。

西班牙和俄罗斯都是欧洲新兴的陪审制国家，两国本身就有大陆法系传统，因此，在陪审团制度的具体设计上仍然非常强调案件真实的发现，陪审团的权力自然会受到一定的限制，相应地，庭审法官仍然发挥着一些积极作用。

---

[1] Stephen C. Thaman, "Europe's New Jury Systems: The Cases of Spain and Russia", *Law & Contemporary Problems*, Vol. 62, Spring 1999, p. 233.

[2] Stephen C. Thaman, "Europe's New Jury Systems: The Cases of Spain and Russia", *Law & Contemporary Problems*, Vol. 62, Spring 1999, p. 233.

结　语

发端于英国的陪审团制度，历经几个世纪的变迁，深刻地影响甚至是塑造了这个世界的司法观念和司法体系，其不仅成为英美法系国家司法制度最为重要的组成部分，就连大陆法系国家也争相效仿。但进入 20 世纪以来，世界范围内陪审团制度正在整体走向消退，主要表现在以下几个方面：

一是民事陪审团制度在世界范围内几近消亡。在英国，1854 年以前陪审团审判都是普通法院唯一的审判方式。从 1854 年开始，法官可以在双方当事人都同意的情况下独任审判。到 1883 年的时候，只有诽谤、恶意中伤、恶意起诉、非法拘禁、引诱和违反婚约等案件由陪审团审判，其他案件则必须经申请才能由陪审团进行审判。1918 年以后，陪审团在除诈骗案件和以上提到的 6 种案件以外的案件中都不再适用。[1] 1948 年，英国则直接废除了民事陪审团制度。其他普通法系国家大概也是这样一种情况。目前，除了美国以及加拿大的部分州，多数国家和地区在大部分民事案件中不再使用陪审团审判，仅将陪审团审判限定在极少数特定类型的案件中。[2]

二是刑事陪审团的使用范围大幅度缩小。在刑事案件中，仍保留了陪审团审判的有英国、美国、澳大利亚、加拿大、新西兰、爱尔兰等四十多个国家，但即使是在这些保留了陪审团制度的国家，陪审团运用得也极少。2000 年的一项统计数据显示，在英格兰和威尔士，87% 的案件在治安法院审理，只有 13% 的案件被起诉到刑事法院，这其中有 9% 是因为超出治安法官的权限移交刑事法院的，剩下 4% 的案件才是因被告人的申请交由陪审团审判的。在美国，由陪审团进行审判的刑事案件数也逐年下降。有数据表明，在 1971 年的联邦地区法院中，被告人作有罪答辩的案件仅占全部案件的 61.7%，由陪审团审理的案件占全部案件的 9.6%；而到 2002 年，被告人作有罪答辩的案件数已经上升为全部案件的 86%，由陪审团审判的案件占全部案件的比例则下降到 3.4%。[3] 其他国家，如加拿大、澳大利亚等国，陪审团的使用情

---

[1] 转引自易延友：《陪审团在衰退吗——当代英美陪审团的发展趋势解读》，《现代法学》2004 年第 3 期，第 45 页。

[2] 齐树洁：《英国陪审团制度的发展与改革》，载张卫平、齐树洁主编：《司法改革论评》第 9 辑，厦门大学出版社 2009 年版，第 325 页。

[3] 数据来源：http://www.uscourts.gov/judiciafactsfigures/table 3.5.htm，2015 年 10 月 6 日访问.

况也不乐观。陪审团使用范围大幅缩小的原因在于：一是相关国家立法的修改，限制了陪审团的适用。如加拿大，早先对刑事陪审团的运用是不加限制的，陪审团在当时是刑事案件审判的唯一形式。但随着社会的发展和案件数量的增加，渐渐有了简易罪、两可罪和公诉罪的区分，只有公诉罪才必须交由陪审团审判，简易罪由治安法官审理即可，两可罪则给予被告人充分的选择权。此举无疑大大限制了陪审团在刑事案件中的使用范围。

二是辩诉交易的盛行，压缩了陪审团的使用空间。在英美等国，根据法律的规定，重罪应提交陪审团审判，但当事人和检察官往往基于案件的现实情况达成某种协议：被告人作有罪答辩，检察官相应地减少指控或提出更轻的量刑建议。而这种控辩双方达成的交易可以很轻松地获得法官的认可，从而有效地避开了陪审团审判。事实上，在英美等普通法系国家，通过辩诉交易结案的案件已然占到了全部案件的百分之九十几，留给陪审团的空间可想而知。

三是陪审团制度在本国都遭到了不同程度的批评，有些人甚至提出要废除陪审团制度。陪审团制度在各国总会有差异，但批评陪审团的声音却惊人的一致，比如陪审团审判低效、成本高昂、放纵犯罪等。

首先，陪审团审判低效。民众在评判陪审团的优劣时，很容易关注陪审团效率低的问题。前面我们提到，陪审团参与审理的案件，从陪审员的选任、陪审团的组成，一直到陪审团的评决、裁决结束，其间需要经历复杂的程序，自然耗时较长。有学者认为，陪审团审判较法官审判的时间要长，一般约长三分之一。[1] 在整个过程中，如果陪审员因故缺席或是有资格问题，则需要重新确定审判日期，影响诉讼的顺利进行。而且，每个案件中，法官都需要花费大量时间不厌其烦地给陪审团提供指导，以帮助他们理解案情和证据。此外，陪审团评议时，可能因为意见分歧过大而无法达成一致裁决，此时即形成所谓的"悬而未决的陪审团"，需要另组陪审团重新审理。要顺利完成以上程序，陪审团自然低效。

其次，陪审团审判成本高昂。使用陪审团审判，政府就要选拔一定数量的陪审员。虽然担任陪审员对普通民众来说是一项义务，但国家一般还是会给予其一定的报酬，尽管数额不多。陪审员参与审判期间，法院还要负责陪审员的伙食。如果陪审员被隔离，国家还要支付宾馆的开支，而且必须指派

---

[1] 转引自［美］史帝文·苏本、玛格瑞特（绮剑）·伍：《美国民事诉讼的真谛：从历史、文化、实务的视角》，蔡彦敏、徐卉译，法律出版社2002年版，第240页。

法院职员保护他们评议的秘密性。陪审团所有的费用都由国家负担，且费用不菲，陪审团审判自然可以谓之成本高昂。

最后，陪审团审判放纵犯罪。陪审团的成员都是普通民众，他们不能像专业法官那样对证据和法律都有精深的把握。他们是一般人，很多时候会基于良心或内心来作出裁判。相对于专业法官，陪审团更容易作出无罪裁决。事实上，陪审团审判案件的无罪率确实要远远高于专业法官审理的案件。这样过高的无罪判决率，民众自然认为陪审团放纵了犯罪，让犯罪人逍遥法外。

当然，社会上对陪审团的批评远不止如此，还有陪审员能力不足、陪审团制度不利于发现案件真实等，这里不一一论述。

在英美法系陪审团制度给人以一种正在消退的印象的同时，也有不少国家或地区却在引进或试图引进陪审团制度。比如：曾经废除过陪审团制度的俄罗斯和西班牙，现都已经重新恢复了陪审团的运行；日本虽然没有正式恢复陪审团，但其国内要求恢复的呼声很大，相信未来恢复陪审团审判的可能性比较大。

陪审团制度在某些大陆法系国家的复兴只能说明一点，那就是陪审团制度至今仍没有失去其存在的价值，它不可能走向消亡。陪审团制度是一项拥有几百年历史的制度，英美法系国家对陪审团制度进行改革是时代的需要，但并不意味着陪审团制度遭到了摒弃。事实上，作为一项宪法权利，陪审团审判的权利已深深根植于陪审团国家的司法制度和民众的心中，改革和调整只会加强该制度的生命力。

在这个世界上，只要我们对自由和民主还有渴望，对专制压迫和司法专横还有恐惧，那么陪审团制度就不会过时。陪审团制度会消退，但绝不会消失。

第二章

自由的灯塔：陪审团的价值之争

对陪审团制度，特别是美国陪审团审判的情况，大众媒体和学术著作进行了广泛介绍，给中国人留下了深刻印象，也让很多民众甚至中国法律界人士心向往之，认为如果能够引进陪审团制度，可以帮助我们解决很多司法改革难题，也能让很多具体个案得到更加公正和令人信服的处理。[1] 在鲍威尔一案中，法官认为，陪审团的设计同时涉及公民担任陪审员的政治参与或民主权利，但也涉及被告在人民陪审团中找到免受压迫权利的最佳保护方式。陪审员服务为普通公民提供了参与政府进程的宝贵机会。[2] 本章将对陪审团制度的价值在理论上的争论进行介绍，为陪审团研究提供资料综述和简单评论。

一、陪审团与人民民主

（一）陪审团审判体现了直接民主

"民主是对深深期望得到体面对待的人的回应。民主是人类出自天然本性的期望，期望人人对他们各自的命运都有发言权。"[3] 但是，在现代社会的代议制民主制度之下，不是每个人都有直接处理国家事务的机会，而陪审团制度中，陪审员作为普通公民直接参与国家审判活动，则是一种例外。在政治理论中，常见的民主模式包括：（1）直接民主或民粹主义民主；（2）代议制民主；（3）协商民主。美国陪审团的谜团之一是，它在所有三个民主模

---

[1] 这三种观点分别参见何家弘：《中国陪审制度的改革方向——以世界陪审制度的历史发展为借鉴》，《法学家》2006年第1期，第153—154页；何兵：《司法的民主化需建立陪审团制度》，http://news.sina.com.cn/pl/2012-12-02/213225712625_5.shtml，2012年12月2日；张明、崔佩玲：《我国死刑案件陪审团制度的构建》，《社会科学家》2009年第7期，第58—61页。
[2] Power v. Ohio, 499U.S. 400, 407 (1991).
[3] 刘军宁编：《民主与民主化》，商务印书馆1999年版，第42页。

式中都有一脚。按照直接民主，其从广大人民中召唤潜在的陪审员；然而，又允许诉讼当事人以各种方式淘汰看似合格的候选人来对冲其的民粹主义赌注，这又体现以代议制民主；而一致裁决的要求又迫使陪审团内部必须通过争论和协商民主来达成一致。[1] 而它最被称道的是，在现代社会直接民主形式被基本废除的情况下，保留了直接民主这种原始而重要的民主形式。

同时，陪审团被认为是人民培养民主素养的重要方式。托克维尔曾经对美国的陪审制度给予高度评价，他认为这种制度教导所有人尊重判决的事实，养成权利观念；教导人们要做事公道，每个人在陪审邻人的时候，总会想到也会轮到邻人陪审自己；教导每个人要对自己的行为负责，因为每个人都可能决定别人的命运，而别人也可能决定自己的命运。在谈到陪审制度的政治作用时，托克维尔把有陪审员参加的法庭看成是免费的学校。"这个学校向人民传授治国的艺术，培养公民的守法精神。"[2] 陪审制是一项重要的政治制度，具有独特的价值。"陪审制度以迫使人们去做与己无关的其他事情的办法去克服个人的自私自利，而这种自私自利则是社会的积垢。""经常同上层阶级最有教养和最有知识的人士接触，学习运用法律的技术，并依靠律师的帮助、法官的指点，甚至良心的责问，而使自己精通了法律。"[3]

陪审团制度通过人民分享司法审判权，以权力制约权力，保障公民自由。陪审员在达成一致意见时，其评议过程是一种典型的直接民主而不是间接民主，是参与式民主而不是代议制民主。[4] 现代民主政治的根本特征就是一切权力属于人民。但由于现代国家地域辽阔、人口众多、政治与经济相分离等原因，现代民主都是间接民主或代议制民主，即人民不直接地、经常地行使自己的权力，而是选举自己的代表直接管理国家和社会公共事务。这意味着政治权力的主体与政治权力的行使主体之间存在某种分离。这种分离可能失控——政治权力不是按照权力所有者的整体意志，而是凭着权力行使者的意志和情绪运行，以致出现政治异化——政治权力在运行中发生异变，权

---

[1] Jeffrey Abramson, "Four Models of Jury Democracy", *Chi.-Kent L. Rev.*, Vol. 90, 2015, p. 861.
[2] [法]托克维尔：《论美国的民主》（上卷），董果良译，商务印书馆1996年版，第316、317页。
[3] [法]托克维尔：《论美国的民主》（上卷），董果良译，商务印书馆1996年版，第316、317页。
[4] 郭光东：《陪审团的历史与价值》，华东政法学院2004年博士学位论文，第2页。

力的行使不利于权力所有者或者偏袒部分所有者。国家正是权力的行使者，为防止政治权力失控，需要建立各项制度或机制，以制约权力行使者，有效地保障人民的自由权。

（二）陪审团审判体现了社区伦理

鉴于陪审员的能力关乎法律的实施，他们的身份必然成为一个备受争议的话题，也就是说，在提倡法律职业化的今天，为什么让不懂法的普通人去参加专业化的审判呢？这是因为，陪审团被认为是社区的缩影和镜子，它应当包括不同年龄（成年人）、性别、职业、文化程度、种族的人。"你代表社区，可以根据你的感觉确定被告人有罪或者无罪，即使政府已经证明了事实的存在。""任何人有权从他的同伴的激情和智慧中获益。"[1] 通过陪审团审判，让法律与道德统一于陪审团的裁判之中，实现实质法治。

美国陪审团选择经历了一个只有少数人参与到具有最广泛代表性的过程：在美国，直到内战时期，联邦法院仍沿用其驻在地州的陪审员遴选程序，并且所有的州都将陪审团服务资格有效地限定在白人男性地产业主或纳税人，马萨诸塞州除外。美国内战后，国会禁止各州基于种族原因阻挠市民参与陪审团，而且在国家重建的短时期内，一些社区的非裔美国人曾参与陪审团。但是大部分南部州的非裔美国人为陪审团服务的权利仍然没有实现，他们的名字很少出现在陪审团名单上；即使是上层人士，也从来没有人选他们。1880 年开始，法院努力想要修正这一做法。其中最重要的判例是推翻了一个明令排除非裔美国人进入陪审团的案例，最高法院在斯特劳德诉西弗吉尼亚州案（Strauder v. West Virginia）中指出，非裔美国人须服从一个他所有同种族的成员都被排除的陪审团的审判，这违反了平等保护条款。[2]

1970 年，美国联邦国会制定了一套从选民名单中随机抽取陪审员的机制，让联邦法院从过去随意选拔陪审团的状态中解脱出来，并且将过去曾影响陪审团的某一特定职业排除在外。1975 年，最高法院认为第六修正案只保障那些选自一个社区的"代表性群体"的陪审团。[3] 如果被告表明人口中的一类人在陪审团召集的过程中未被充分代表，被告有权获得重新审判的机

---

[1] State v. Ragland, Supreme Court of New Jersey, 1986. 105 N. J 189, 519 A. 2d 1361.
[2] Strauder v. West Virginia, 100 U. S. 303（1879）; see also Neal v. Delaware, 103 U. S. 370（1880）.
[3] See Taylor v. Louisiana, 419 U. S. 522（1975）.

会，除非能证明这种"没有充分代表性"是因为一个更能促进州重要利益的选拔程序。"代表性群体"的概念立即被用来对抗种族歧视的陪审团选择实践。为缓和"代表性群体"与"平等保护"之间的紧张关系[1]，各州法院开始采用随机抽取程序，由计算机从候选陪审员中挑选陪审员，而不是原来的由陪审团专员自行决定。目前，美国几乎每个州法庭传召为陪审团服务的市民的名字都是通过电脑从选民登记或驾驶人的名单中随机抽取的。[2] 今天，美国的陪审员选择已经形成了比较科学的跨区（cross section）选择制度，即把一个地区分成若干陪审员选区，从每一个选区中选择相同人数组成陪审池（jury pool），以保障其随机性。

随着随机抽取机制的广泛使用，对歧视的关注不仅转移到陪审团选择程序之后的阶段，而且还出现在选择程序之前的阶段——陪审员名单本身的制作上。批评者指出，一些法院以地理区划为基础来挑选陪审员，由于这些地区长久的居住分离，法院在创建陪审名单时会有种族歧视。对陪审团中种族问题的担忧也让一些当事人、法官和立法者质疑，随机抽取和种族中立程序是否不成比例地排除了少数民族的市民。为弥补这一缺陷，美国许多州正在考虑拓展其陪审员的来源，将那些没有驾驶执照但缴纳个人所得税、接受公共援助、新近成为美国公民的人纳入陪审员候选名单中。[3]

现在，在美国，大量的法律改革使陪审团名单成为社区的代表。《平等保护条款》往往坚持一种种族和性别盲选的做法，认为陪审员的种族或性别无关紧要；为了平等保护的目的，所有人在服务能力上都是相同的，无论其人口结构如何。[4] 越来越完善的陪审团选拔程序，可以让机器从选民名单中随机抽取陪审员，使陪审团能够超越种族、经济方面的偏见，使审判公正，同时也使更多的人有机会参加到司法民主中。因此，陪审员不是精英的代表，而是所有民众的代表。由具有最广泛代表性的民众参加陪审，目的是通过司法反映立法不能及时反映和不可能反映的社区道德观念。

---

[1] See Castaneda v. Partida, 430 U. S. 482 (1977).
[2] Nancy Jean King, "The American Criminal Jury", *Law & Contemporary Problems*, Vol. 62, Spring 1999, p. 41.
[3] 61 F. 3d 119 (2d Cir. 1995); United States v. King, 134 F. 3d 1173 (2d Cir. 1998).
[4] Jeffrey Abramson, "Four Models of Jury Democracy", *Chi.-Kent L. Rev.*, Vol. 90, 2015, p. 861.

二、陪审团与审判公正

(一) 陪审团防止司法贿赂

汉密尔顿主张设置陪审制的最大理由之一就是可以防止受贿行为。相对于临时召集的陪审团,当事人应有更多时间、更好机会贿赂常设的司法官员,故与专业法官相比较,陪审团更难腐化,因为要在没有被人发现的情况下去贿赂12个陪审员很难的。[1] 随机抽签所依据的公民名单中有成千上万人,这样分散的目标的确不好贿赂。要事先贿赂,就要贿赂整个地区的公民,这完全不可能。

陪审员难以腐蚀是由陪审员的遴选程序决定的。陪审团候选人是法院辖区的选民,比如在美国,法官从选民名单中随机选择,组成具体案件陪审团,全过程均由双方律师参与,如果律师有正当理由认为某公民不宜担任本案陪审员,比如他事先熟悉案情,则可以提出回避申请,这是所谓有因回避;各方当事人还有一定名额的无因回避权。陪审员选择的随机性使陪审员没有职业法官那样屈从于腐败或存在滥用权力的动机,因为他们既不依赖于司法当局而生存,也不会因为追求职业升迁而屈从于政治干预,案件审理完毕以后就回到民间,消失在茫茫人海中,不担心政府的报复,也没有当事人所给的压力;与此同时,在特殊案件中,自案件审判开始,审判人员与世隔绝的制度性安排使审判员也独立于社会舆论;当事人双方的律师对选择陪审员过程的参与承担了与回避制度同样的使命,使陪审员独立于某种社会角色或人身关系。

即使某个陪审员被腐蚀了,在一致裁决原则下,要获得无罪判决,被腐蚀的陪审员要能够说服所有其他的陪审员。在不适用陪审团一致裁决的法域,多数裁决下,需要说服的陪审员数量就会变少。换言之,在多数裁决原则下,那些被腐蚀的陪审员可以更顺利地为行贿者开脱罪责,获致无罪判决。

英美法系陪审团制度的重要目的是通过集体决定来确保公平,从民众中挑选陪审团,使所有群体都对司法该如何运行拥有潜在的发言权。[2] 不同于

---

[1] [美]汉密尔顿等:《联邦党人文集》,程逢如等译,商务印书馆1985年版,第211页。
[2] Jeffrey Abramson, *We, the Jury: The Jury System and the Ideal of Democracy*, Harvard University Press, 2000, p. 201.

法官，普通民众与刑事司法系统没有任何联系，因此他们缺乏滥用权力的动机。[1] 尽管在实践中，由于陪审员隔离机制很少使用、而审理时间又比较长，陪审员在选出后成为贿赂的目标的情况确实可能发生，但是，和专业的法官相比，陪审员的选拔机制和连续不断的集中审理机制确实最大限度地减少了贿赂的发生。

（二）陪审团保障独立审判

陪审团的一个重要目标是防止长期在法院的专业法官在办案时受到人情、金钱、权力的影响。美国联邦最高法院怀特大法官在邓肯诉路易斯安那州案中说，"给予公民刑事制裁的权力是如此危险，以至于它不能完全交给各州的政府雇员（职业法官）。"因而，通过历史的经验教训，那些宪法的起草者们知道，防止为消灭敌人而毫无根据发起的刑事指控以及防止法官们过于对上级的意思服从是十分必要的。[2]

陪审团制度保障独立审判是由陪审团职能决定的。陪审团与法官对事实问题和法律问题分别作出裁决。在刑事案件中，有罪无罪由陪审团作出结论，而量刑则是法官的权力。不服陪审团裁决的一方当事人可以在上诉之前请求原审法院对审理中的程序性错误或支持裁决的证据缺陷作出补救，即动议重新审理或作出陪审团裁决无效的判决，实际上是法律赋予法官重新评判陪审团裁决正确与否的权力。但是，重新审理必须要有法定程序和违法理由，而法官不能将陪审员属于自由心证范围的对事实问题的不同看法作为重新审理的理由。

建立陪审团制度的初衷是"将社会的领导权掌握在人民手中"，用托马斯·杰斐逊的话来说："人民在立法机关被忽略，或者在司法机构被忽略，哪种情况更糟糕呢？如果要我来决定，我会说是后者，因为法律的实施比法律的制定更重要得多。"[3] 美国大法官怀特在邓肯诉路易斯安那州案的判决词中这样写道："从历史和经验得知，有必要防止为铲除异己而无端提出的刑事指控，有必要防止对上级权威言听计从的法官的专断。宪法的构建者们致力于缔造一个独立的司法机构，但又一再强调保护被告不受专断行为的侵害。赋予被指控者获得陪审团审判的权利，就是给予他一种无价的安全保障，以防止腐

---

[1] Duncan v. Louisiana, 391 U. S. 145, 156 (1968).
[2] See John H. Langbein, "Mixed Court and Jury Court: Could the Continental Alternative Fill the American Need?", *AM. B. FOUND. RES. J.*, 1981, pp. 195, 209.
[3] [美]汉密尔顿等：《联邦党人文集》，程逢如等译，商务印书馆1985年版，第211页。

败或者过分热忱的检察官的侵害，防止屈从、偏袒或者怪癖的法官的侵害。有关陪审团审判的条款，反映了关于国家权力运用的一个基本判断——不愿将加诸公民生命与自由的刑罚权委之于一个或者一群专业法官。"[1]

在有陪审员参与的情况下，法庭更加能抵制其他机关和个人的非法干涉，法院因陪审员对责任的分担而可能更加独立地办案。陪审团制度就是作为社会公众代表的陪审员参与诉讼活动，行使司法权。同时，陪审团审判也使责任分散，由所有民众承担审判的后果，不满审判的个人或者机关往往对参与审判的陪审员无可奈何。

（三）陪审团增加司法公信力

陪审团的一个重要机制是一致裁决。一致裁决所蕴含的司法公正原理也是其在遭受众多质疑后仍然未被美国等一些国家放弃的重要原因。一致裁决与排除合理怀疑的完美契合，使其提高裁判认可度和司法公信力的重要作用得以发挥。

当陪审团的裁决是以一致同意的姿态出现时，公众对其信任程度明显大于多数裁决的结果，这是不言而喻的。事实上，对于多数裁决中的少数派而言，他们往往很难认可最后的裁判结果，他们有时甚至会觉得自己的意见没有被认真倾听，正义并没有得到实现。"采用多数裁决规则的一个后果是，非一致裁决的陪审团不那么频繁地相互纠正有关事实的错误，因为身处少数派的人明显得出结论说，这种努力是徒劳的。"[2] 对于公众而言，其对陪审团的信任是脆弱的，多数裁决很难使公众信服。是否只要人数足够多就可以控制陪审团？那陪审团的评议质量如何保证？陪审团的多数裁判结果如何才是公正的？美国大法官波特·斯图尔特曾对多数裁决取代一致裁决的做法表示忧虑：一旦裁决是在有分歧的情况下作出的，即使在好的情况下，公众的信心也会受损；在坏的情况下，不一致的裁决将带来一场合法化的危机以及种族问题；等等。而一致裁决可以化解多数裁决带来的信任危机，一致裁决被认为是最为理想的表决方式，真正凝聚了集体的智慧，被视为是"上帝声音最可靠的显示"[3]。

尽管越来越多的人认为一致裁决规则是对陪审团的一种苛求，许多国家

---

[1] 转引自陈玉峰、张中：《司法专制主义的形成及其克服——以陪审团制度为中心》，http://www.cssm.org.cn/view.php?id=19126，2015年9月5日访问。
[2] [美] 博西格诺等：《法律之门》（第6版），邓子滨译，华夏出版社2002年版，第596页。
[3] [美] 博西格诺等：《法律之门》（第6版），邓子滨译，华夏出版社2002年版，第596页。

纷纷放弃了一致裁决，取而代之以多数裁决规则。然而一致裁决的民主原理和司法公正原理决定了其仍然是一种理想的裁决方式。大法官斯图尔特曾在约翰逊诉路易斯安那州案的反对意见中指出："陪审团一致裁决，这一要求像其他宪法性要求一样重要。它提供了简单而有效的、为几个世纪的经验和历史所认同的方法，以对抗公众的激情和偏见给正义的公正落实带来的损害。"[1] 这也许正是美国、加拿大等明知适用一致裁决困难重重，而始终没有放弃它的原因。从陪审团制度的社会功能来看，一致裁决有利于实现裁决的合法性和可接受性。

即使是在不使用一致裁决的法域，因为作出裁决的大多数是身边人，是普通公民，陪审团在增加司法公信力方面的作用也高于专业法官的审判，这是不言而喻的。

三、陪审团与自由人道

（一）通过一致裁决防止侵犯少数派的自由

陪审团制度容易导致民意审判和多数人的暴政，这一直是各国学者反对陪审制度的理由。托克维尔就在肯定陪审制度的民主作用时说，并不想夸大陪审制度的影响，因为陪审团并没有遏止"多数人的暴政"。[2] 对这个问题，历史上陪审制度的设计者不是没有考虑，他们设计了一个通过一致裁判防止多数人对少数人暴政的机制。

在多数票表决制的情况下，会出现两种不合理的情况：一方面，真理可能掌握在少数人的手里，多数人的意见可能恰恰是错误的决定；另一方面，多数票表决制意味着一部分人强迫另一部分人接受了自己并不愿意接受的决定。一致裁决能够克服这两方面的缺陷。"一致裁决规则具体表达了一种不同形式的民主理想——关键在于评议而不是表决，一致而不是分歧。投票者拉上帷幕私下表决，而陪审员们则面对面讨论他们的分歧。在选举中，数字是决定性的，这使得小的或者边缘的群体无法有效地被代表；而在陪审团中，一致裁决的做法代表了一种理想，即个人的见解不能简单地被忽视或者被投票胜出。一致性会削弱只对某些群体颇具吸引力的狭隘而偏激的论点的

---

[1] Johnson v. Louisiana, 92 S. Ct. 1620 (1972).
[2] [美] 托克维尔：《论美国的民主》（上卷），董果良译，商务印书馆1996年版，第1页。

力量，它青睐对来自不同生活背景者有说服力的一般性论点。"[1]

(二) 通过陪审团废法防止政府侵犯个人自由

陪审团废法（nullification）是指所有陪审员都认为案件事实是成立的，但由于不同意法律的规定，一致认为这是恶法，而故意作出事实不成立的裁判。这一做法在美国是被默许的——尽管美国国会在2002年否决了一个直接授权被告质疑立法缺陷的宪法修正案建议。[2]这种情况被认为违背了法制的统一，而在美国的有些州规定为不合法。印第安纳州和马里兰州的法律就规定，法官在陪审员进密室进行评议时会告诉他们："女士们、先生们，你们是本案陪审团，现在我花几分钟告诉你们的义务和责任，你们的责任是根据证据决定事实，你们是事实的法官，你们将根据听审证据，得出事实结论，作出裁决，适用我交给你们的法律，无论你是否同意这些法律。"[3]

但问题是，不同意法律而作出事实不成立的陪审员们不会承认他们是因为不同意法律而作出这一裁决的，他们彼此心照不宣，因为制度给了他们这种权力，谁也无法追究其责任或者认为他们程序违法，超出了自己的权力而不接受这一决定。无理裁判的依据是独立审判、自由心证。在陪审团制度下，案件的事实问题由陪审团独立决定，法官不能干涉。而且陪审团最终仅需作出概括性的裁决——"有罪"或"无罪"——不需要解释理由。陪审团能够开释他们确信实施了犯罪的被告人，而不用解释开释的原因，并使政府无法再次追诉被告人。[4]既然陪审团的裁决方式是无理裁决，那么，因不同意法律而作出事实不成立的陪审员们就不会说他们是因为不同意法律而作出这一裁决的。正是陪审团裁决无须说明理由的裁决方式给了陪审员废法的权力，谁也无法追究陪审员的责任，也不能认定陪审团裁决的程序违法，更不能以陪审团超出权力范围为由而不接受裁决结果。也正是陪审团裁决的这种无须说明理由才使陪审团审判成为人民自由的捍卫者。[5]陪审员"也许认为被告人不应当是罪犯，也许认为警方虐待了被告人而判其无罪，也许基于

---

[1] [美] 博西格诺等：《法律之门》（第6版），邓子滨译，华夏出版社2002年版，第599页。
[2] Joshua Dressler, *Case and Materials on Criminal Law*, Third Edition, Thomson West, 2003, p. 19.
[3] Jeffrey Abramson, *We, the Jury: The Jury System and the Ideal of Democracy*, Harvard University Press, 2000, p. 189.
[4] [美] 约书亚·德雷斯勒、艾伦·C. 迈克尔斯：《美国刑事诉讼法精解》（第二卷·刑事审判）（第4版），魏晓娜译，北京大学出版社2009年版，第278页。
[5] 高一飞：《上帝的声音：陪审团法理》，中国民主法制出版社2016年版，第98页。

对被告人的同情"[1]，但最终怎么判决则是他们的权力。

陪审团废法的价值在于通过这一做法能够避免政府借助恶法镇压人民，以克服立法的缺陷。"因为国会将是制定压迫人民立法的永远实体"，"陪审团有权防止被告免受政府的压迫"。[2] 通过陪审团废法，可以防止多数人通过的恶法的压迫。

(三) 通过参与死刑裁判体现司法人道主义

陪审制度的人道主义价值主要体现在陪审团废法和对死刑的适用上（当然也可以体现在任何犯罪的定罪量刑环节）。法国学者古斯塔夫·勒庞在看到陪审团缺陷的同时，也看到了它在体现人道主义方面独到的价值："我们应当大力维护陪审团，因为它是唯一不能由任何个人来取代的群体类型。只有它能够缓解法律的严酷性。这种对任何人一视同仁的法律，从原则上说既不考虑也不承认特殊情况。法官是冷漠无情的，他除了法律条文不理会任何事情，出于这种职业的严肃性，他对黑夜中的杀人越货者和因为贫困、因为受到诱奸者的抛弃而杀婴的可怜姑娘，会施以同样的刑罚。而陪审团会本能地感到，与逃避法网的诱奸者相比，被诱奸的姑娘罪过要小得多，对她应当宽大为怀。"[3] 这就是陪审团的特殊心理，但这种心理恰恰体现了人之常情和人道情怀。"大赦国际"认为"死刑是极端残忍、不人道而低级的刑罚，它侵犯生命权，对被冤枉的人不可补救，也从来没有证据显示它能够阻止犯罪"，是一种"公平而不正当的刑罚"。[4]

在美国的陪审制度中，虽然一般情况下陪审团只进行事实裁决，但对于是否可以判处死刑的问题上，必须由陪审团进行一致裁决。美国刑事陪审团的一个独特的任务就是决定一个罪犯是否会因其罪行而被处死。目前，美国联邦政府和大约一半的州都还保留有死刑，这些州中的大多数是由陪审团而不是法官来决定被告应否被判处死刑的。每年有 2000 到 4000 名被告被控犯有可判死刑的罪行，但仅有大约 6% 到 15% 的人被判死刑，平均每年只有

---

[1] Joshua Dressler, *Case and Materials on Criminal Law*, Third Edition, Thomson West, 2003, p. 19.
[2] United States v. Datcher, 830 F. Supp. 411 (M. D. Tenn. 1993).
[3] [法] 古斯塔夫·勒庞:《乌合之众：大众心理研究》，冯克利译，中央编译出版社 2007 年版，第 165 页。
[4] 资料来源: http://web.amnesty.org/library/Index/ENGACT500051999，2006 年 7 月 8 日访问。

250人。[1] 在美国，针对被控死刑的罪犯的审判有两个独立的阶段：一是有罪或无罪的决定，二是量刑的选择。只有在定罪阶段被告被判有罪，陪审团才能听取关于合理量刑的证据。

死刑案件的量刑阶段近乎审判，在对抗性的听证程序中，双方提出能够加重或减轻被告人刑罚的证据。控辩双方还要提出关于被告人品行的信息，在有些州，陪审员还能接触被害人方面的证据。法官指示陪审员，只有他们确信量刑情节已达到排除合理怀疑的程度，才能判被告死刑。对这些陪审员来说，决定是否判被告死刑的过程是一个考验，经常伴有困惑和折磨。[2] 而陪审员的人道之心，则是在个案中影响死刑裁决的重要因素。

四、陪审团价值实现的实践障碍

（一）陪审团成本太高且效率太低

一致裁决规则受到批评较多的理由是，在一定程度上造成了司法资源的极大浪费，贬损了效率价值。事实上，要求陪审团达成一致裁决的难度是很大的，陪审员的生活环境、教育背景、宗教信仰等方面都存在很大不同，因此无论是他们的理性判断还是感情趋向也往往大相径庭，要想这些陪审员形成统一的意见非常困难。受陪审团一致裁决机制的限制，陪审员意见不一导致产生评议僵持不下的局面是十分普遍的，众多的意见分歧往往使得陪审团的审判更加拖沓。[3] 近几年来，随着经济分析法学派的兴起，现代法治国家愈发强调司法效率，一致裁决规则也就遭到越来越多人的抨击。

英国在过去的二十年里，调整不同类别之间的刑事罪行的界限已经对陪审团审判的权利产生了较为严重的侵蚀，现在，这种趋势仍有可能继续。1977年，刑法删除了被告人造成的犯罪损害在200英镑以下的案件中选择陪审团审判的权利。1988年，《刑事司法法》通过扩大简易罪的范围来进一步扩大治安法院的权力，例如，把没有经过主人同意开走汽车和常见的攻击与殴打行为规定为简易罪。这种变革进一步地限制了陪审团审判的权利。

---

[1] Nancy Jean King, "The American Criminal Jury", *Law & Contemporary Problems*, Vol. 62, Spring 1999, p. 41.
[2] See William J. Bowers, "The Capital Jury Project: Rationale, Design, and Preview of Early Findings", *IND. L. J.*, Vol. 70, 1995, pp. 1077-85.
[3] [美] H. W. 埃尔曼：《比较法律文化》，贺卫方、高鸿钧译，清华大学出版社2002年版，第162页。

1993年,朗西曼委员会建议,一旦治安法官决定该案件适于在治安法院通过简易程序听审,被告人就不能坚持在刑事法院审理。委员会指出,被告人坚持在与治安法官意见相左的刑事法院听审的案件每年有35000件,但是很少有案件会被刑事法院审理。1997年,内政部官员奈丽认为被告人不能否决治安法官关于案件司法管辖权的决定。1998年7月,政府已经同意这些意见。[1]

如果坚持现有政策不变,司法系统需要继续投入很大一部分资源去维持刑事陪审团。法官需要花费大量的时间去审理刑事案件,上诉法院的法官还要花费相当多的时间去复查它们。如,在联邦法院系统,1994年,尽管刑事案件只占案件总数的13%,但刑事审判时间却占整个审判时间的42%,并且那些案件的大多数都是由陪审团审判的。每个法庭的陪审团的行政成本包括创建陪审团名单,模拟法官指示,陪审团准备以及陪审员的费用(一些州每天高达50美元,但在其他一些州会少一些),陪审团管理者的工资,传召陪审团和资格审查的邮件,陪审团传票的执行,陪审团教育,陪审员伙食,还有在某些情况下隔离陪审员进行审议时的成本。[2]

在美国,每个重罪案件的陪审团审判要花费2到4天的时间去完成,复杂、多名被告或死刑案件比大多数的重罪案件花费时间更长。重罪案件的陪审团选择阶段至少要一个小时,或者拖上好几天,但陪审团选择阶段似乎平均占了20%到30%的总审判时间。[3] 无因回避策略影响了陪审团选择的效率,当然,通常双方不会使用全部的无因回避次数。在波士顿的一些法庭,反对这些无因回避的行使是很常见的,而在其他地方却很少见。在控方主诉期间,控方通常会提出几个证人,包括警察或被害人。许多案子,控方还会请专家协助陪审团评价以下证据:非法物质、枪支、创伤、伤害、身体状况、指纹、DNA以及其他的法医学分析。被告可以完全不提出任何证人,转而去质疑控方证人的可信度。辩方提出证据通常比控方花费的时间要少。[4]

---

[1] Peter Duff, "The Scottish Criminal Jury: A very Peculiar Institution," *Law & Contemporary Problems*, Vol. 62, Spring 1999, p. 173.

[2] Peter Duff, "The Scottish Criminal Jury: A very Peculiar Institution", *Law & Contemporary Problems*, Vol. 62, Spring 1999, p. 173.

[3] Nancy Jean King, "The American Criminal Jury", *Law & Contemporary Problems*, Vol. 62, Spring 1999, p. 41.

[4] Stephan Landsman, "The Civil Jury in America", *Law & Contemporary Problems*, Vol. 62, Spring 1999, p. 285.

下面是一组来自美国政府网的关于美国陪审团的数字:[1]

美国每年由陪审团审理的案件大约为 154000 件（州法院 149000 件，联邦法院 5000 件）

66% 为刑事诉讼（47% 为重罪案件，19% 为轻罪案件）；

31% 为民事诉讼；

3% 为其他类别的诉讼；

陪审员每天的酬劳平均为 22 美元（约为每天人均国民收入的 25%）；

陪审团庭审时间平均为：刑事诉讼 5 天，民事诉讼 4 天；

陪审团对刑事诉讼和民事诉讼的审议时间平均为 4 小时；

在由陪审团审理的民事诉讼中原告胜诉的比例为 49%（2005 年）；

胜诉原告获得的损失赔偿额平均为 28000 美元（2005 年）；

在由陪审团审理的刑事案件中被告被判定有罪的比例为 71%；

通过辩诉交易而非陪审团庭审结案的刑事案件比例为 69%；

在陪审团审议前被驳回的刑事案件比例为 10%。

在效率方面，一致裁决影响效率的原因在于发生"陪审团僵局"的情况而导致重新组织陪审团，即使这种情况的发生比率很低。"只要有一个古怪偏见、摇摆不定、腐败的人就会导致解散整个陪审团"，这一关于陪审团的古老神示，成为经常提及的批评一致性裁决规则的理由。尽管在非一致性裁决规则条件下，陪审团评议结果没有发生显著地改变，但是评议过程已经发生了明显的变化，因而增加了时间。从美国的所谓"僵局陪审团"的情况来看，仅有大约 3% 的联邦刑事案件会在陪审团僵局的情况下终结，在各州这一比例会高一些。[2]

在不需要一致性裁决的条件下，陪审团评议的时间将会减少，这一点已得到陪审团模拟研究的支持。心理学家瑞德·哈斯提（Reid Hastie）的研究指出，陪审团评议作出一致裁决平均需要 138 分钟；在 10∶2 的规则下评议时间为 103 分钟；在 8∶4 的规则下评议时间为 75 分钟。[3] 在大多数裁决规

---

[1] 关于美国陪审团的统计数字来源于美国政府提供的资料: http://www.america.gov/st/peopleplace-chinese/2009/July/20091001145454ebyessedo5.695742e-02.html, 2009 年 7 月 1 日访问。

[2] Nancy Jean King, "The American Criminal Jury", *Law & Contemporary Problems*, Vol. 62, Spring 1999, p. 41.

[3] Reid Hastie ET A, Inside the Jury (1983), p. 88.

则下需要评议的时间减少,因为陪审团会花更少的时间纠正事实认定上的错误,并且更少请求法官对问题作出指示。[1]

对于以上理由,支持陪审团一致裁决的学者作出了回应:陪审团僵局的情况所耗费的资源,整体上是很少的,对整个案件解决系统而言,可以忽略不计:在一致性裁决规则下,仅仅1/20的陪审团评议陷于僵局,其效率已经不低。[2]

长期以来拉美法律文化的一部分就是重视"僵局陪审团",因为它代表了整个法律制度对那些坚定要求推翻多数派意见的少数人意见的尊重。[3] 多数派人的意见在1/20的"陪审团僵局"案件中,很难认为为这种僵局付出了多高的成本,我们必须坚定地坚持我们感觉上的怀疑。卡尔文(Kalven)和蔡塞尔(Zeisel)对于陪审团僵局情况的研究表明,在现实生活中很少出现仅仅是一个人或两个人使陪审团陷入僵局的。如果一两个人在最后不让步,他们很可能刚开始就已沟通好了。因此,一般情况下,只有在第一次投票中有一个大小相当的少数人派别(四或五个人),才可能出现陪审团不能作出一致决定的情况。这一事实的发现,有力地反击了保守主义者对不能作出一致决定的陪审员非理性行为的攻击。在美国,俄勒冈州摩特诺玛(Multnomah)郡废除了一致裁决,规定可以10∶2(或者11∶1)形成裁决,在此裁决规则下,"陪审团僵局"比例比全国平均率降低了近一半——2.5%的"陪审团僵局"率对全国5.6%的"陪审团僵局"率。但在计算这种减少率节约的成本上,有法学家提醒我们:所有刑事案件的一审程序中,陪审团审理的案件本来就只占很少一部分,已经占很少数量的"陪审团僵局"情况的少量减少,对整个案件解决系统的效率不会产生多大影响。[4]

(二)陪审团的代表性受到质疑

陪审团的一个重要功能就是教育市民通过担任陪审员来广泛地参与国家的民主生活。然而,大多数的美国人将不会有作为陪审员来审判的经历。每年,大约四分之一到一半,估计有两千万人没有收到邮件形式的陪审员调查

---

[1] Reid Hastie ET A, Inside the Jury (1983), p. 90.
[2] Reid Hastie ET A, Inside the Jury (1983), p. 60.
[3] Jeffrey Abramson, We, the Jury: The Jury System and the Ideal of Democracy, Harvard University Press, 2000, p. 180.
[4] Jeffrey Abramson, We, the Jury: The Jury System and the Ideal of Democracy, Harvard University Press, 2000, p. 205.

问卷，没有资格或是被免除陪审团服务义务。在所有民事的或刑事的案件中，那些出庭为陪审团服务的人也只有不到一半会成为宣誓的陪审员（正式陪审员）。一些市民在作为被告、证人、律师或法院职员时，才接触到陪审团。大部分的人只能通过其他渠道了解陪审团，通过媒体对陪审团审判的报道知晓刑事陪审团。刑事陪审团审判年复一年地持续成为报纸头版、电影票房、畅销书的材料，现在甚至能在他们自己的频道——法院 TV，收看这些审判。源源不断地戏剧化的画面——审判过程，真实的或虚构的，对大多数美国人来说，是他们了解刑事陪审团信息的唯一来源。[1]

美国政府提供的数字显示，美国法院每年向大约 3200 万人发出要求履行陪审员义务的传票，其中因无法投递被邮局退回的传票大约 400 万份；大约有 300 万人因不具备陪审员资格（非公民、非居民、重罪罪犯）而被排除；大约有 200 万人被免除陪审员义务（最近履行过陪审团义务者、从事某些职业者）；大约有 300 万人因经济困难或身体状况被免除陪审员义务；大约有 800 万人在报到日期前因庭审取消或日期改变被法院"免除"陪审员义务；大约有 300 万人在收到传票后没有向法院报到；大约有 800 万人为履行陪审员职责向法院报到；有大约 150 万人入选陪审团。在大多数州法院和联邦法院，陪审员必须具备以下资格：美国公民，是本地法院辖区的居民，年满 18 岁，具备英语口头交流能力，无法定障碍（即不曾被判定犯有重罪或无能力）。只有 29% 的美国成年人一生中曾担任过陪审员。[2]

我对以上批评的评论是，29% 的美国成年人一生中曾担任过陪审员已经充分说明了陪审团的代表性，因为这些人整体上是从自愿参加者中随机产生的，不能认为所有人或者大多数人参加了陪审团才体现其民主性和代表性，理由很简单，任何民主制度都是有局限的，如果按照批评者的观点，所有的公民中，能够成为议员（人大代表）的是极少数，我们岂不要否定整个代议制度？我们要看到的是，大多数公民虽然最终没有参加陪审团，但是他们至少有被挑选的机会。

---

[1] Jeffrey Abramson, *We, the Jury: The Jury System and the Ideal of Democracy*, Harvard University Press, 2000, p. 206.
[2] 关于美国陪审团的统计数字来源于美国政府提供的中文资料：http://www.america.gov/st/peopleplace-chinese/2009/July/20091001145454ebyessedo5.695742e-02.html，2009 年 7 月 1 日访问。

（三）审判诈骗等复杂案件的能力受到质疑

在英国，陪审团审判诈骗案件的能力，特别是复杂的欺诈诉讼，经常遭受质疑，这也是由勋爵罗斯基尔领导的诈骗诉讼调查委员会（以下简称"罗斯基尔委员会"）调查的主题，其最终报告被称为"罗斯基尔报告"。[1] 罗斯基尔委员会通过剑桥大学心理学教授的研究表明，陪审员理解复杂信息的能力，可以通过提供辅助手段，例如词汇和书面摘要或者通过提供信息化的教学用具得到显著提高。尽管如此，罗斯基尔委员会建议除由1名法官和2名业外专家所组成的欺诈审判庭以外，复杂的欺诈案件不应该由陪审团来审判。

罗斯基尔委员会的建议并没有得到实行，但还是受到广泛的讨论。继1996年马克斯韦尔案件，即陪审团无罪释放串谋诈骗公司养老金的马克斯韦尔兄弟（Kevin and Ian Maxwell）之后，关于陪审团在严重欺诈案件中的作用的讨论愈演愈烈。在经历耗资巨大的漫长调查、高调的审判之后，被告人被判无罪，其结果使罗斯基尔委员会颜面扫地，委员会中有很多人都要求废除陪审团在严重欺诈案中的审判权利，但是律师界一直反对此举。[2]

在新西兰，有人从R. 诉亚当斯（Adams）一案[3]（又叫"退出公司案"）的法官和当事人所经历的困难中得出结论，诈骗等复杂案件应当由法官而不是陪审团审判。[4] 在该案中，7名公司董事被指控犯有13项诈骗罪行。所有被告人申请由法官单独审判，该项申请也得到了法庭的同意。审判持续了6个月，英国皇室检察院提供了105个证人出庭作证。还有90个证人向法院提供了书面证言。证据产生了复杂的现实问题并且涉及民事和刑事方面的法律难题。对于像欺诈等一些复杂的案件，在新西兰还没有相关的法律规定到底是由法官单独审判还是由其他相关的特殊组织进行审判，法官独自审判需要有被告的申请。[5]

这些复杂且冗长的案件产生的问题已经引起了新西兰法律委员会和一些其他英国联邦司法机构的注意。1998年，英国政府发表的一项文件，概述了

---

[1] See Fraud Trial Comm., Report, 1986 [ROSKILL REPORT], at 5.
[2] Sally Lloyd Bostock & Cheryl Thomas, "Decline of the 'Little Parliament': Juries and Jury Reform in England and Wales", Law & Contemporary Problems, Vol. 62, Spring 1999, p. 7.
[3] [Dec. 18, 1992] High Court, Auckland Registry, T 240/91 (unreported).
[4] See New ZEALAND LAW COMM'N, at 40.
[5] Neil Cameron, Susan Potter & Warren Young, "The New Zealand Jury", Law & Contemporary Problems, Vol. 62, Spring 1999, p. 103.

在复杂案件中对陪审团审判的不同选择。[1]

理性的观点认为，诈骗案件并不属于复杂案件的唯一，而且从整体案件类别来讲，也并不是所有的诈骗案件都是复杂的案件。科学证据可能使一桩谋杀案件的证据变得复杂和难以理解，或者强奸案件中关于女性性欲的判断可能成为同意进行性行为的焦点话题。因此，仅仅通过参照犯罪类别或者审判耗时来取消陪审团对复杂问题的审判，既不可能也不可取。仅仅通过赋予法官自由裁量权就可以决定该案件由法官单独进行审判，这样容易导致法官滥用是否适用陪审团审判的权力。[2]

在美国，反对复杂案件由专业法官审判的意见很强烈，也很具有说服力：

基于很多合乎逻辑的理由可以认为，在一位法官解释了有关法律并提供指导的情况下，12个门外汉能比一位独自断案的法官更好地筛选事实证据并作出裁决。

庭审往往涉及人类行为的种种问题。例如：约会强暴（date rape）案重点通常在于性交行为是否是两相情愿，而不在于是否发生这种行为。杀人案庭审时往往有杀人的明确证据，但需要确定是早有预谋还是一时冲动所为、是否出于自卫目的以及被告是否患有精神疾病。

如果一名证人声称被告威胁行凶或声称被告制造骗局拉抬股价，我们有何理由假定法官能够比陪审团更准确地判断证人是否可信呢？

无论是由法官作出还是由陪审团作出，庭审裁决都会涉及很多文化差异问题。因此，在一起被害人和被告都是非洲裔美国人的杀人案中，是包括非洲裔美国人在内的陪审团，还是一位在白人住宅区长大的白人法官，更能理解导致被告声称他有生命危险的骂人脏话呢？[3]

（四）民事案件陪审团容易出现非理性裁判

19世纪中期以来，特别是当法官有权拒绝陪审团审判以后，在英格兰和威尔士，民事陪审团审判概率稳步下降。如今，民事案件由陪审团审判的不到1%。最高法院规定，只有在四种民事案件中才能由陪审团审判：诽谤和诋毁、

---

[1] See Home Office, Juries in Serious Fraud Trials, A Consultation Document, 1998.
[2] Neil Cameron, Susan Potter & Warren Young, "The New Zealand Jury", *Law & Contemporary Problems*, Vol. 62, Spring 1999, p. 103.
[3] [美]尼尔·维德马：《陪审团庭审——"赞成"》，载《陪审团庭审面面观》，《美国电子期刊》（e Journal USA）2009年7月号，http：//www.america.gov/mgck/publications/ejournalusa/jury_0709.html, 2009.07.01。

欺诈、恶意起诉和非法禁锢。当法院认为审判需要延长检查文件和账目的期限，或者在陪审团不方便作出科学和实地调查的情况下，陪审团审判的权利可以被剥夺，法律授予法院自由裁量权。在英格兰和威尔士，大部分的民事诉讼都是人身伤害案件，在这种情况下，陪审团不具有审判的权利。1965年的沃特诉詹姆斯案件被认为是对民事陪审团致命的打击：上诉法院认为人身伤害诉讼必须由一名专业法官审判，除非遇到特殊情况。然而，当时很少有当事人要求用陪审团进行审判，专业法官的审判更加具有可预测性。[1]

在英国，1975年，关于诽谤案件的福克斯委员会认为，在诽谤案件中，陪审团的作用应该仅限于决定赔偿责任问题，把评估伤害赔偿问题留给法官。然而，这个建议并没有被执行，上诉法院在约翰诉MGN公司一案中，通过法官对陪审团的指导，来抑制过度裁决。[2] 在对《星期日镜报》的诽谤诉讼中，陪审团判歌手埃尔顿·约翰赔偿35万英镑（7.5万英镑的补偿性损害赔偿和27.5万英镑的惩罚性赔偿），上诉法院驳回了陪审团的裁决，判决约翰总共赔偿7.5万英镑（2.5万英镑的补偿性损害赔偿和5万英镑的惩罚性赔偿）。[3]

自埃尔顿·约翰案之后，英国1996年的《诽谤法》进一步削减陪审团在诽谤案件中的作用，建立了法官独任审判的简易程序，没有陪审团，法官可以处理标的为1万英镑的诉讼请求的案件。[4]

在美国，对陪审团非理性惩罚性赔偿的批评者往往用一些典型案例来说明问题。其中，1994年的列柏克诉麦当劳公诉一案（Liebeck v. McDonald's Restaurants）[5]可谓众说纷纭。这件产品责任赔偿诉讼案的原告是一名79岁的妇女，她打翻了在一家麦当劳连锁店买的热咖啡并被烫伤。陪审团裁定给予这名妇女270万美元惩罚性赔偿，从而引发争议，有些人认为该裁决助长了因小事而任意兴讼的趋势。

不过，很多人可能并不了解陪审员在审理此案的过程中听取的证据：

---

[1] Sally Lloyd Bostock & Cheryl Thomas, "Decline of the 'Little Parliament': Juries and Jury Reform in England and Wales", *Law & Contemporary Problems*, Vol. 62, Spring 1999, p. 7.

[2] See Libel Juries Can Hear Submissions on Amount of Damages, TIMES (London), Jan. 14, 1995, at 42.

[3] See 2 All E. R. at 64.

[4] See Defamation Act, 1996, ch. 31, 8 (Eng.).

[5] Liebeck v. McDonald's Restaurants, 1994 Extra LEXIS 23 (Bernalillo County, N. M. Dist. Ct. 1994), 1995 WL360309 (Bernalillo County, N. M. Dist. Ct. 1994).

·为满足顾客口味，麦当劳卖的咖啡比该行业建议的温度高20度。

·这名妇女的阴部受到了二度到三度烫伤，必须进行大规模手术和植皮。

·麦当劳此前已收到700多件对其咖啡的投诉，但从未咨询过烫伤专家的意见。

·据说麦当劳的几位主管在庭审作证时态度傲慢，表明不愿改变他们的营销策略（但在此案判决后，麦当劳降低了咖啡的温度）。

·陪审团裁定的270万美元惩罚性赔偿仅相当于麦当劳两天的咖啡销售额，而且法官还把这笔惩罚性赔偿降到了48万美元。

但回应批评的人认为：麦当劳诉讼案还说明了陪审团庭审实际上是"法官和陪审团共同审理"，法官监督提供给陪审团听取的证据，对陪审员进行法律指导，并审查他们的裁决，然后才让它成为法庭的判决。见于报纸和网站的其他很多对刑事及民事陪审团裁决的批评意见也同样经不起推敲。陪审团可能会犯错误，就像法官和其他决策人会犯错误一样，但确凿的事实说明陪审团的整体表现极为出色。对主持庭审的美国法官的调查也表明他们中的绝大多数人大力支持陪审团制度。[1]

结　语

发端于英国的陪审团制度，历经几个世纪的变迁，深刻影响甚至是塑造了世界的司法观念和司法体系，其不仅成为英美法系国家司法制度最为重要的组成部分，就连大陆法系国家也争相效仿。而进入20世纪以来，传统英美法系国家的陪审团制度正在整体走向消退。

但是，至少在刑事审判中，陪审团的作用已经被证明是很强大的，更重要的是，陪审团具有重大、珍贵的政治价值。不仅是因为它继续行使长久以来基于良心而作出裁决的权利，最大程度上保留了司法中的道德因素，在法律和道德中间架起了直接的桥梁；而且还体现在它对于民主、公正、自由、人道价值的实现具有不可替代的作用。特别是它作为对抗恶法、反抗政府以立法的方式进行压迫的工具，本来就只需要它在少数案件中发挥作用就足够了。所以，数量上的减少，并不能说明其存在的价值降低，其伟大的象征意义永远不会磨灭。

---

[1] [美] 尼尔·维德马：《陪审团庭审——"赞成"》，载《陪审团庭审面面观》，《美国电子期刊》(e Journal USA) 2009年7月号，http://www.america.gov/mgck/publications/ejournalusa/jury_0709.html，2009年7月1日访问。

第三章

社区的影子：陪审团如何选择陪审员

在美国陪审团制度与英国现代陪审制度中，大陪审团和小陪审团的作用不同，陪审员选择方式也存在较大差异。本章只涉及英美两国小陪审团即审判陪审团成员的选择问题，在研究英美两国陪审员选择的目标、陪审员任职条件、预备陪审员选择程序、庭审陪审员选择程序的基础上，探讨英美陪审团选择制度对我国人民陪审员改革的借鉴和启示。

一、陪审员选择的目标

陪审团制度是蕴含民主、公平、自由、人权等价值的制度设计。实现上述价值，需要一个来自普通公民的、具有广泛代表性的陪审团才能实现。陪审团中的陪审员选择是陪审团运行的前提条件和组织条件，有其独特的要求和目标，归纳起来可以包括以下两个方面：

（一）受"同类人"审判的权利

人民受"同类人"审判是深入人心的一项民主思想和权利，这一普通法原则已经存在了数百年。英国法制史学家梅特兰对陪审团曾下过这样的定义："陪审团是由某个公职人员召集的，经宣誓正确回答某些问题的一群邻人。"[1] 1215年，英国《大宪章》规定了人民享有"同类人"审判的权利，明确"一个自由的人不能被囚禁……除非他的同类作出这样的判断"[2]。1776年，美国《独立宣言》指出，"获得同类人"审判是一项不可剥夺、不可或缺的

---

[1] Polloce & Maitland, *The History of English Law*, Cambridge University Press, Vol. 1, 1980, p. 138, 141.

[2] Hilary Weddell, "A Jury of Whose Peers? Eliminating Racial Discrimination in Jury Selection Procedures", *B. C. J. L. & Soc. Just.*, Vol. 33, 2013, p. 453.

权利。美国"由同类人审判"的权利已通过第六修正案而完全确立。[1]"同类人"审判是陪审团审判的一项基本原则，是每个人应有的权利。

"同类人"指的是审理案件的陪审员应当平民化，而非精英化。被告享有"同类人"审判的权利，并不意味着他要受到朋友的审判，而要受到与他有共同特征的人的审判；它为大众传递出"今天你审判邻人，也许未来某一天邻人审判自己"的信号和逻辑。[2]"同类人"审判要求陪审员选择具有广泛性，确保陪审员不被精英阶层所垄断。

"陪审团在实践中究竟如何并不重要，重要的是它在意识形态领域所取得的成就。陪审团代表着在一般意义上保障民主制度，而在特殊层面上保障刑事司法制度的合法性，它在意识形态上是各种目标和理念的混合体。"[3]陪审团是倾听上帝声音的耳朵，陪审员来源于社会普通民众，它首先是作为正义的象征而存在，也是人民群众参与国家和政府活动的法定方式。

（二）陪审团是"社区缩影"

实现公民受"同类人"审判权利的具体要求是：理想的陪审团应该是一个"社区缩影"。对于理想的陪审团，最常见的描述之一是"真正代表社区的机构"。"哪个会是审判案件最好的法庭呢？坐在法官席上的与民众没有共同语言的这些人跟那些与社区休戚与共的人相比谁才是更好的审判人？"[4]美国联邦最高法院将第六修正案表述中"公正的陪审团"的审判任务解释为要求由来自社区平均人群体的陪审团审判。[5] 学者们称陪审员为"人民的代表"。[6] 英美国家的制度设计者寄希望于陪审团能够代表社区，反映社区的一般社会观念和价值取舍，其所作裁判为普通民众普遍接受和认同。

首先，陪审员应当来自案件所发生的社区。在美国，负责审理案件的法

---

[1] Jordan Gross, "Let the Jury Fit the Crime: Increasing Native American Jury Pool Representation in Federal Districts with Indian Country Criminal Jurisdiction", *MONT. L. Rev.*, Vol. 77, 2016, pp. 281, 298.

[2] Meyer, "A New Peremptory Inclusion to Increase Representativeness and Impartiality Injury Selection", *CASE W. REs. L. Rev.*, Vol. 45, 1994, pp. 259-60.

[3] Peter Duff & Mark Findlay, "Jury Reform: Of Myths and Moral Panics", *International Journal of the Sociology of Law*, Vol. 25, 1997, pp. 363-384.

[4] Jeffrey Abramson, "Four Models of Jury Democracy", *Chi.-Kent L. Rev.*, Vol. 90, 2015, p. 861.

[5] Irvin v. Dowd, 366 U.S, 2016, pp. 722-23.

[6] Jeffrey Abramson, "Four Models of Jury Democracy", *Chi.-Kent L. Rev.*, Vol. 90, 2015, p. 861.

院一般都是犯罪行为地的法院,故在选择陪审员时原则上应考虑那些生活或工作在犯罪发生所在社区的民众,但也存在例外,美国宪法第3条第2款规定:一切刑事诉讼案件,除弹劾案之外,应当由陪审团进行审判,并且审判地点应当在犯罪案件发生地的州内。但是如果犯罪行为的发生地不止在一州之范围内的,该案的审判应当在国会以法律规定的一个地点或者几个地点进行。

其次,陪审员应当具备反映社区观念的知识、经验等能力。在18世纪,陪审团由被告所在社区居民组成,因为人们认为当地居民对邻居、社会规范、政党本身以及与争端有关的事实能够有最全面的了解[1]。在美国19世纪70年代的一系列判决中,最高法院要求预备陪审员名单(jury venires)代表"整个社区的公平横截面"[2]。1975年,泰勒诉路易斯安那州一案(Taylor v. Louisiana)中,联邦最高法院作出了一份具有里程碑意义的判决。该份判决指出,受"同类人"审判权利的"必要组成部分"是"从社区的代表性横截面中选择小陪审团"[3]。后来,将对联邦法院的这一要求扩大至对各州法院的要求[4]。当陪审团的组成人员总体上反映社区时,陪审团的裁决才被视为社区道德的合法表达,因为跨越种族、性别和阶级的陪审员聚集在一起作的裁决,体现了"分散的公正"[5]。强调分散的公正性是基于"在异质社会中,没有人是真正公正、无偏见的"[6]。美国对缺乏陪审员代表性的审判会作出程序性制裁,如果被告表明在陪审团召集的过程中未被充分代表,被告有权获得重新审判的机会,除非能证明这种"未充分代表性"是因为一个更能促进州重要利益的选拔程序[7]。因此,陪审团具有广泛性、代表性是

---

[1] Randolph N. Jonakait, *The American Jury System*, Yale University Press New Haven and London Copyright, 2003, p. 107.

[2] Duren v. Missouri, 439 U. S. 357, 370 (1979); Taylor v. Louisiana, 419 U. S. 522, 537-38 (1975); Strauder v. West Virginia, 100 U. S. 303, 306-07 (1879); Taylor. Louisiana, 419 U. S. 522 (1975).

[3] Taylor v. Louisiana, 419 U. S. 522, 528 (1975).

[4] Kenneth W. Starr, *Furies and Justice*, The Gauer Distinguished Lecture in law and Pumlac Policy, 2000, p. 9.

[5] Hiroshi Fukurai & Richard Krooth, *Race in the Jury Box: Affirmative Action in Jury Selection*, State University of New York Press, 2003, p. 133.

[6] Hilary Weddell, "A Jury of Whose Peers? Eliminating Racial Discrimination in Jury Selection Procedures", *B. C. J. L. & Soc. Just.*, Vol. 33, 2013, p. 453.

[7] Duren v. Missouri, 439 U. S. 357, (1979) 367-68.

正当程序的基本要求，也是审判具有合法性和有效性的基本条件，如果社区的大部分人被排除在陪审团之外或者陪审团缺乏社区代表性，则陪审团的裁判会因为不能反映该声音而无效。

二、陪审员任职条件

具备担任陪审员的任职条件是陪审员选择的前置条件和基本要求。英国、美国的陪审员任职条件不是一成不变的，而是与社会时代相适应的，随着司法实践和社会思想观念转变而发生改变。

（一）英国陪审员的任职条件

在英国陪审制度发展的历史中，决定谁可以担任陪审员的任职条件发生了较大的变化。英国陪审员的选择经历了主要以先验知识为主的标准到以选民名单为标准的过程。

如前所述，英国在1066年后采用"邻里证人"制度，由当地的行政长官凭借自己的主观价值评判进行陪审员选择。随着社会纠纷越来越纷繁复杂，涉及的地理范围也越来越广，邻人陪审员已无法满足案情所需要的足够多的信息，在法庭上提出其他来源的证据成为司法实践的客观需要。陪审员选择方式也顺应时代的需要而发生了改变，陪审员选择开始从跨地区中产生。[1]到了1325年，爱德华三世颁布了专门规范审判职责履行的诏令，起诉与审判职能分离，自此产生小陪审团。

虽然出现了小陪审团，但国王为了控制国家刑事审判的司法权力，按照自己个人意志定罪处罚，实际负责具体审理案件的人几乎都还是起诉陪审团的原班人马。国王从起诉陪审团中按照自己的主观意志选择出值得他信赖的、可以服务于他的陪审员，这一批陪审员是小陪审团的最主要的组成部分，然后再打着民主的旗号象征性地从起诉陪审团之外选择出少部分陪审员，共同组成小陪审团。

1688年，人民与王权之间的矛盾激化，反对王权专政的光荣革命取得成功。1689年，政府签发了《权利法案》（The Bill of Rights）。《权利法案》规定，陪审官应予以正式的方式登记并且对外公布陪审员列表，凡是审理大逆

---

[1] Seymour Wishman, *Anatomy of a Jury*, Times Books, 1986, p. 278.

罪、叛国罪的陪审员应当是自由世袭地占有人。[1] 从此，完全由国王支配选择陪审员的历史被打破。

在英国颁布《刑事司法法》以前，英国公民担任陪审员的任职条件中存在着诸多方面的限制，集中于性别、种族和财产等领域，以至于当时社会上存在很多公民由于性别、种族及财产未达到一定数额等原因而被拒之于陪审员门外。当时的法律规定，只有身为有产阶级，同时在所生活工作地区缴纳一定的税金——如在伦敦地区每年纳税金额达到三十英镑以上的人才能担任陪审员。[2] 简言之，陪审员只从缴纳规定数额税金的有产阶级的人员中选出。

随着自由、民主、公平理念的传播和社会经济不断发展，陪审员选择以财产多寡为标准已经不再能够适应新的社会环境，1972年英国政府颁布了《刑事司法法》，改变了陪审员任职资格以财产为主要标准的现象，该法第25条明确规定，选举登记册是陪审员选拔的基础。这一标准被1974年的《陪审团法》（Juries Act）吸收，《陪审团法》第3条规定，英国陪审员的选择应当严格以选民名单作为基础和依据。自此，选民名单成为英国选择陪审员的法定根据。

1974年《陪审团法》规定，只要目前已被登记为议会或地方政府选举人，年龄不低于18岁且不超过65岁，在13岁以后居住在英国至少满5年的，具备在各级法院担任陪审员的资格，并有责任参加服务。[3] 需要指出的是，1988年《刑事司法法》调整了陪审员任职条件中的年龄要求，将1974年《陪审团法》所规定"不超过六十五岁"调整为"不超过七十岁"。在2006年，英国政府对陪审员任职条件中的年龄要求再次作了调整，将担任陪审员的年龄调整为"目前已登记为议会或地方政府选举人且年龄为十八岁以上、七十六岁以下"。

在英国担任陪审员不仅需要满足上述条件，还需要同时注意避免出现以下消极条件，具体包括三个方面：第一，不符合条件的人，比如司法机构的工作人员、与司法相关的其他人员、神职人员以及精神病患者。第二，被取消资格的人，具体是指任何时候在英国被判刑，处终身监禁或五

---

[1] Jon Roland of the Constitution Society, Bill of Rights, www. constitution. org/eng/eng_bor. htm, last visited, Mar. 22, 2020.

[2] 吴大英主编：《比较法学》，中国文化书院1987年版，第330页。

[3] Juries Act, 1974, 1 (Eng.).

年以上的；在过去十年中的任何时候在英国被判处三个月或更长时间的监禁或拘留的；被拘留在监狱管理机构的人。第三，由于职业等正当原因而具备可以豁免担任陪审员义务的人，如上议院的官员、部队人员、医学和其他类似职业的人员等。对于消极条件的规定，随着社会发展和司法审判工作需求，英国政府先后发布了一系列诸如《刑事司法改革白皮书》、2003年《刑事司法法》等规范性文件予以修改，修正了规制陪审员选择的法律规范，废止了1974年《陪审团法》附表中规定的不适合作为陪审员的种类，进一步完善陪审员选择制度，不断适应时代发展和满足市民需求。此外，法院在传唤政府工作人员担任陪审员时可以使用自由裁量权，豁免或者推迟他们的陪审团服务。

（二）美国陪审员的任职条件

在美国历史的早期，大多数州只允许拥有财产并缴税的白人担任陪审员。[1] 因此，在当时，财产多寡是选择陪审员的主要标准和重要因素。直到1868年联邦宪法第十四修正案颁布后，这个问题才得到充分解决。[2] 1961年，美国佛罗里达州政府针对陪审员选择进行程序性规定，在人口超过120000的县，设置专门的陪审团委员会，由两名专员组成，由州长任命陪审员，任期两年。州长授权陪审团专员与巡回法院法官或本县法官进行会谈，并审查任何可能有助于编制陪审团名单的公共记录或文件等（例如年龄、职业、教育、居住期限等信息资料），以供专员能够利用相关信息准备陪审团名单。[3] 国会于1968年颁布了《联邦陪审员挑选及服务法案》（JSSA）。该法规定以随机方式抽取合格公民的姓名，将选民登记表用作编制联邦陪审员名单的主要来源。

随着社会的发展，以选民登记为基础的陪审员名单来源被逐渐改变。1974年《陪审团法》第二十八章要求从选民名单中随机选择公民姓名，并辅之以其他来源（如驾照持有人名单）。但在一些地区，少数种族市民不大可

---

[1] Legal Racial Discrimination in Jury Selection: A Continuing Legacy, https://eji.org/reports/illegal-racial-discrimination-in-jury-selection/, last visited, Aug. 25, 2020.
[2] Hilary Weddell, "A Jury of Whose Peers? Eliminating Racial Discrimination in Jury Selection Procedures", *B. C. J. L. & Soc. Just.*, Vol. 33, 2013, p. 453.
[3] *Odom & Perry*, "Jury Selection in Florida", *University of Florida Law Review*, Vol. 15, Spring 1963, pp. 500-526.

能被统计在选民名单上[1]，以至于造成了陪审员选择的广泛性和代表性不够充分的问题。为弥补这一缺陷，许多州正在改变其陪审员选择的标准和陪审员选任的来源，将那些没有被登记在选民名单上的但依法缴纳个人所得税、接受公共援助等的美国公民以及驾驶人名单纳入预备陪审员名单中，不断拓展预备陪审员的来源，构建动态的预备陪审员名单。

关于陪审员的具体条件，联邦法院1968年颁布的《联邦陪审员挑选及服务法案》对担任陪审员的任职条件从积极方面和消极方面作了规定。

从积极方面来看，需要同时满足以下条件：美国公民、年龄在18周岁以上、在司法区居住1年、具备圆满填写陪审员资格表格的英语水平、没有不合格的精神或身体状况、目前未被指控可判处1年以上监禁的重罪或虽被判重罪但公民权利在法律上得到恢复。[2] 从消极方面看，依据《美国法典》第1865条第2款的规定，包括以下几项：不是在美国年满18周岁的美国公民；未在司法管辖区内居住满1年；不能满足阅读、书写和理解英语且足以填写陪审员资格表的条件；不能说英语；因精神或身体虚弱而无法提供令人满意的陪审团服务；目前正在被起诉且量刑方面可能被判处1年以上监禁刑或已被宣判为重罪且暂时还尚未恢复权利。《联邦陪审团挑选及服务法案》明确了职业不兼容的情形：现役武装部队成员，专业消防和警察部门的成员，联邦和警察部门的成员以及在职的联邦、州或地方政府的公职人员不得担任陪审员。

此外，《联邦陪审团挑选及服务法案》还规定了法定豁免的理由，具体包括：70岁以上的人、在过去两年中担任联邦陪审团成员的人、担任志愿消防队员或救援队成员或救护人员的人。[3]《联邦陪审团挑选及服务法案》还允许法院以"不当困难或极度不便"为由，在预备陪审员被传唤时由法院酌情批准。以上规定是基于私人合法利益的保护与公共利益衡量和博弈下的产物，具有坚持人文关怀和以人为本的特点。

（三）两国陪审员任职条件的比较

英国和美国的司法制度和司法理念具有高度的相似性，如英国和美国陪审员任职条件中都要求年龄达18周岁以上、精神状况正常、职业不得相兼

---

[1] Nancy J. King, "Racial Jury Maundering: Cancer or Cure? A Contemporary Review of Affirmative Action in Jury Selection", *New York University Law Review*, Vol. 68, 1993, pp. 712-14.

[2] Jury Selection and Service Act, 1968.

[3] Jury Selection and Service Act, 1968.

容等规定，但也存在其他明显的区别。

担任陪审员的年龄。英国和美国对陪审员的年龄下限均规定为年满18周岁，且英国还规定了陪审员年龄上限为未满76周岁。但在美国法律中，又规定可以将年满70周岁作为陪审员法定豁免事由。英国采取闭合式的立法方式，美国采取开放式的立法方式，这两种立法方式规制年龄条件都存在不足之处。英国的立法方式虽然规定了一个具体的年龄区间范围，但随着生活水平提高和人均寿命的延长，会挫伤一批虽然已满76周岁但对担任陪审员仍有极高热情者的积极性。美国立法方式规定了年龄下限的同时又规定70周岁以上的人可以作为陪审员的法定豁免事由，更具有灵活性。

担任陪审员的居住期限。英国和美国虽均对担任陪审员的居住期限作出了规定，但是两国要求居住期限差距较大。英国要求居住满5年，美国仅要求在司法管辖区居住满1年即可，因此，英国陪审员居住期限的条件要远远严于美国。美国要求的居住期限要求过宽，不利于保障陪审员体现"社区缩影"。

英美两国在陪审员资格方面虽有差异，但总的来说，随着时代发展，两国陪审员的代表性和广泛性程度越来越高。比较而言，美国比英国的陪审员范围更加广泛。

三、预备陪审员选择程序

英美陪审员选择是一项系统工程，预备陪审员的选择是陪审员选择的第一道关卡和源头工序，它涉及陪审员信息资料的收集、预备陪审员的召集程序、不履行陪审员义务的法律后果以及庭审陪审员的遴选程序等。

（一）英国预备陪审员选择程序

英国陪审员的选择以选举登记册为基础和依据。英国《陪审团法》第3条规定，每位负责选民选举登记的官员应在其所在地区的选民登记册公布后，在切实可行的合理范围内，及时将由大法官指定的副本向负责登记预备陪审员名单的工作人员送达。在传召陪审员所需的复印件上，应注明登记官所确定的哪些人员尚未满18岁或超过75岁的情况。[1] 司法部从选民名单中选取符合条件的选民作为陪审员候选人，制作候选人名单。

从预备陪审员选择的主体来看，并不是由正在受理该案的法院来负责向

---

[1] Juries Act, 1974, 1 (Eng.).

法院所在地的居民送达传召通知书，该项工作任务由英国司法部陪审团中央传召局负责。

英国采用"一案一选"的随机抽取方式产生预备陪审员。他们在收到中央传召局所寄送的书面通知或者电子邮件后，必须填写并返回表单或者在线回复陪审团传票。在英国履行陪审团服务具有强制性，除非已经安排了假期、正在做手术、雇主会因其出庭导致业务遭受严重影响且雇主要求推迟陪审团服务而被允许。[1] 以上述理由申请延期履行陪审服务的，还需要提供相应的证据。考虑到陪审团召集过程非常耗费纸张且公民更愿意在线回复他们的陪审团传票，目前英国政府已推出一项新的线上服务（Her Majesty's Courts and Tribunals Service），以改善英格兰和威尔士的陪审员传票程序。[2] 这一新的线上服务将允许公民根据自己选择的设备在线回应其传票，改变了以往公民通过邮寄回复陪审团传票的方式。

在预备陪审员挑选技术方面，传统上是由人工挑选陪审员，1981年以后，随机从选民名册选定陪审团的工作由计算机完成。[3]

英国对拒不履行陪审义务的法律责任和惩戒措施作了相应规定，如若7日之内没有书面回复且没有按期出席法庭或者没有正当理由拒不出席法庭的居民，将会面临最高1000英镑罚款的处罚。[4] 在未以书面形式申请延期的情况下，收到召集陪审员通知的居民会合理妥善处理和安排好生活和工作，按照通知书上的指示抵达指定的法院参加陪审员选择。

（二）美国预备陪审员选择程序

美国预备陪审员名单的信息资料数据库主要由选民登记表、机动车驾驶者名单、报税单、车牌号等组成。如在新泽西州，预备陪审员的姓名应从登记的选民名单中随机选择，除此之外，还应从有执照的机动车驾驶员名单、州总收入纳税申报表以及回扣申请表名单中进行随机选择。[5] 在俄亥俄州北

---

[1] Gov. UK, Jury Service, https://www.gov.uk/jury-service, last visited, Aug. 4, 2020.

[2] Ministry of Justice, Her Majesty's Courts and Tribunals Service (HMCTS) Performance Database, https://data.gov.uk/dataset/ac451514-a44c-4b39-abde-6c4cc0123120/her-majesty-s-courts-and-tribunals-service-hmcts-performance-database, last visited, Aug. 12, 2020.

[3] Juries Act, 1974, 3 (Eng.).

[4] Gov. UK, Jury Service, https://www.gov.uk/jury-service, last visited, Aug. 4, 2020.

[5] US Courts, Plan of Implementation of the United States District Court for the District of New Jersey, www.njd.uscourts.gov, last visited, Mar. 15, 2020.

部地区，他们随机选择陪审员的来源主要是大选选民登记表、俄亥俄州汽车局司机名单以及俄亥俄州的 ID 列表。[1] 马萨诸塞州在编制全面的最新陪审员名单方面尤其成功，它的独特之处在于启动了法定的年度人口普查，用于创建主陪审员名单。[2] 此外，为了保障陪审员选择的随机性和代表性，美国预备陪审员的选择已经形成了比较科学合理的跨区选择（cross section）制度，即把一个地区人为划定为若干预备陪审员选区，从每一选区中抽出数量相等的预备陪审员。

在传唤预备陪审员参加法庭选择程序之前，预备陪审员的名字一般会从选民名单中随机抽取（by lottery），再通过审查问卷方式确定他们是否符合陪审员服务的法律资格。收到问卷的个人必须填写并寄送回法院办事员办公室，然后法院工作人员对已完成的调查表进行筛选，以确定是否有资格接受陪审团服务。

在一些法院，资格问卷和传票一起邮寄。资格问卷主要涉及一些与案件审理无关的基础性问题，比如姓名、性别、年龄、学历、居住地址、工作等。在收到答卷之后，法官会根据答卷情况进行初步筛选，对这些人能否担任本案陪审员的基本资格进行书面的形式审查。如今，联邦法院与预备陪审员之间的大多数接触都通过线上电子邮件方式进行。[3] 联邦法院正在推行国家电子陪审员计划项目（National E-juror Program）[4]，允许潜在陪审员选择通过当地法院的网站在线回复其陪审团资格问卷或传票，同时法院通过该网站传唤公民担任陪审员。

在选择预备陪审员的技术方面，19 世纪 70 年代前，选择陪审员的技术是通过专员进行人工挑选的。[5] 美国国会于 1970 年制定并颁布了一套陪审员选择机制，改变人工挑选陪审员的状况，建立从选民及其他（如前述机动

---

[1] Juries Act, 1974, 1 (Eng.).
[2] Pamela J. Wood, "Massachusetts' Leadership Role in the American Jury System", *Bos. B. J.*, Vol. 55, 2011, p. 14.
[3] United States Courts, Jury Scams, https://www.uscourts.gov/services-forms/jury-service/juror-scams, lasted visit, Mar. 15, 2020.
[4] United States Courts, Jury Service, https://www.uscourts.gov/services-forms/jury-service, lasted visit, Mar. 15, 2020.
[5] G. Thomas Munsterman, "A Brief History of State Jury Reform Efforts", *Judicature*, 1996, p. 216.

车驾驶员名单）名单中随机抽取陪审员的机制。[1]

在美国，合格公民如果无正当理由不履行陪审义务会导致各种后果或惩罚。不履行陪审义务的确切后果取决于法官是否判定其藐视法庭。对不履行陪审义务导致藐视法庭的，可处罚款（金额有时高达1000美元）、监禁（时间通常最多5天），罚款和监禁这两种处罚方式既可以择一适用，也可以同时适用。[2] 具体如何适用这些惩罚措施在具体实践中会有所不同，这取决于联邦或者各州的法律以及义务人错过陪审团义务的原因。例如，与义务人单纯不回复陪审团的传票而拒绝履行陪审义务的情况比较，如果某人故意欺骗法庭以逃避陪审团义务，处罚可能会更重。

（三）两国预备陪审员选择的比较

英国和美国选择预备陪审员程序有很多相似之处。两国都有一套对预备陪审员登记、通告、初步筛选、通知预备陪审员到法庭的程序；都将选民登记表作为选择预备陪审员的基础和依据；都采取"一案一选"的随机方式选择到庭备选的陪审员；对于回复陪审团传票的方式都开通了在线回复服务；都由计算机从选民名单和其他法定名单中挑选陪审员；对于无故不履行陪审员义务的人都有相应的处罚措施和法律后果。

两国预备陪审员选择程序中也存在着差异，主要表现在以下几个方面：

第一，负责的主体不同。在英国是由司法部陪审团中央传召局负责，在美国是由法院自行负责。英国由法院之外的专门机构负责预备陪审员选择，有利于减轻法院工作人员的办案压力，提高法院的办案效率和案件质量，同时法院工作人员只是"法律方面的专家"，对于选择陪审员这一项工作并不能够做得出色，交由法院之外的专门机构负责，让专业的人去做专业的事，更能合理充分地利用资源，优化配置资源。这样做还能体现中立性，避免法院排斥自己不喜欢的陪审员。美国由法院自行负责预备陪审员选择，无疑增加了法院工作人员的工作量，并且不利于公正选择陪审员。

第二，选择预备陪审员的基础和依据不同。在英国，选举登记册是预备陪审员选择的基础和依据；但在美国，选民登记表仅是选择预备陪审员的依据之一。在美国，机动车驾驶员名单、收入纳税申报表、回扣申请表名单及

---

[1] Carl H. Imlay, "Federal Jury Reformation: Saving a Democratic Invention", *LOY. L. A. L. REV.*, Vol. 6, 1973, p. 247.

[2] Legal Match, What Happens if you Miss Jury Duty, https://www.legalmatch.com/law-library/article/what-happens-if-you-miss-jury-dutyhtml, lasted visit, Aug. 12, 2020.

人口普查名单等作为预备陪审员选择的依据。显然，美国选择陪审员的基础和依据更为广泛和丰富。

第三，选择预备陪审员时所考虑的侧重点不同。在英国关注的是预备陪审员能否按期抵达指定的法院参加庭审陪审员遴选，尤其是陪审员的居住地与法院之间的距离是否合理。通俗来说，即解决预备陪审员"来不来"的问题。在美国关注的是预备陪审员是否符合陪审员的资格，预备陪审员是否已具有偏见，考虑预备陪审员是否能够公正、公允地处理案件等。通俗来说，即解决预备陪审员"行不行"的问题。

第四，不履行陪审义务的后果不同。在英国，对于拒绝担任陪审员、不履行陪审义务的后果是，最多处以 1000 英镑罚款，仅对违反者处以财产性质的处罚措施。而在美国，对于拒绝担任陪审员、不履行陪审义务的后果是，可处金额高达 1000 美元罚款，最长 5 天监禁，罚款和监禁两种处罚措施既可以择一适用，也可以同时适用，因此，对不履行义务者可能会处以人身性质的处罚措施。在美国拒绝担任陪审员的后果比英国更为严重。

四、庭审陪审员选择程序

庭审陪审员选择程序是陪审员选择程序中最为关键和最为精彩的环节，因此，在很多英美的影视作品中均能看到在法庭上选择庭审陪审员的镜头。英国、美国都设置了一套庭审陪审员选择程序。

（一）英国庭审陪审员选择程序

庭审陪审员选择的第一步是通知预备陪审员到法庭，这一任务也是由英国司法部陪审团中央传召局完成的。根据法院的申请，司法部陪审团中央传召局从选民名单中随机抽选出 16 位符合条件的选民作为陪审员候选人，并通知他们按照指定时间抵达指定法院参加陪审员选择。

16 名预备陪审员抵达法庭后，在法庭工作人员的指导下填写登记卡片，法庭工作人员会像洗牌一样彻底打乱已填写的登记卡片，然后再按照抽取登记卡片顺序逐一叫名，被叫到的陪审员候选人会在法庭工作人员的引领下坐到陪审员席位，则成为 12 名陪审员中的一员。[1] 在第 12 名陪审员产生后，剩下 4 名预备陪审员便可自行离开法庭。

---

[1] 胡荣、胡夏冰：《英国：陪审员选任程序及特色》，《人民法院报》2017 年 8 月 4 日，第 8 版。

为确保陪审员的公正性、中立性和超然性，诉讼双方都依法享有申请回避的权利。在英国申请陪审员回避有三种方式：第一种方式为，控方发现被选中为审理复杂案件而服务的陪审员实际上是文盲或者由于某种原因而觉得很难跟进该案的，在辩方同意的前提条件下，控方可以请求陪审员回避。这种被称为"袖手旁观"的陪审员（for the prosecution to ask a juror to Stand By），这是对没有能力的预备陪审员取消陪审员资格的一种含蓄说法，其本质仍然是有因回避。第二种方式为，有初步证据证明陪审员存在可能影响司法公正的情况，控、辩双方均可在陪审员宣誓就职之前单独提起回避申请。第三种方式为，法官行使罢免陪审员的酌处权，当法官发现陪审员体弱、阅读或听力困难时，有排除陪审员的权力。[1] 由此可见，在英国实行的是有因回避，控方或辩方申请回避时需要基于一定的事实或正当理由，否则不得对陪审员进行申请回避。值得一提的是，在英国陪审制度的历史脉络中，辩方曾享有过无因回避申请权利，但在1998年的《刑事司法法》修改后，辩方不需理由就可以影响陪审团组成的权利被废除。[2] 这样，长期存在的辩方无因回避权不再存在了。自此，英国一直实行有因回避。

在法庭审理过程中，12名陪审团成员可能因病、因事中止参加审判，人数也许会出现少于12名陪审员进行审理案件的情况，但法律规定只要陪审团的人数不低于九人，审判必须继续进行。[3] 正因为如此，英国没有候补陪审员制度。

（二）美国庭审陪审员选择程序

美国预备陪审员的数量多寡主要取决于案件的复杂性、案件的社会影响力等因素。有的法院一天需要两三百名预备陪审员到庭参加选任，有的法院一天只有几十名预备陪审员接受挑选。一旦确定预备陪审团成员身份，法官或律师就会在法庭选择时对预备陪审员进行询问。[4] 法官询问和律师询问的目的是完全不同的，法官的询问旨在使预备陪审员符合法律，律师的询问旨在促使所选择的陪审员有利于自己一方。

收到通知的预备陪审员到庭后，在法庭主持、辅助和监督下，由控辩双

---

[1] The Crown Prosecution Service, Jury Vetting, https://www.cps.gov.uk/legal-guidance/jury-vetting (2018), last visited, Mar. 19, 2020.
[2] Criminal Justice Act, 1988, 118 (Eng.).
[3] Juries Act, 1974, 16 (Eng.).
[4] Mark Bennett, Simple Rules for Better Jury Selection, Jury Expert, 2010, p. 17.

方主导，以公开方式选择出 12 名陪审员和若干名候补陪审员。在法庭选择过程中，预备陪审员不可以显示和暴露出自己的姓名，而是以标号形式进行展现。控辩双方将会尽可能利用好筛选程序（voir dire），即通过询问预备陪审员问题的方式，判断和识别陪审员的个人偏好和价值观念，排除不利于己方裁判的预备陪审员或者认为其不会公正审判的预备陪审员。如果在陪审团选择过程中发生法定错误，诉讼双方在定罪后可能会因此提起上诉。[1]

法庭选择程序由一系列具体环节组成。首先由法官向预备陪审员提出问题，预备陪审员通过举牌方式作出肯定性或者否定性回答，提问主要围绕陪审员任职条件、陪审员对该案审理的中立性和公正性、陪审员是否具备审理该案能力等方面进行，如：你是否属于居住满一定年限的本州居民；你是否与本案的当事人、诉讼参与人相识；你是否与本案有经济利益或其他利益关系等。[2] 设置这一系列问题的角度、广度和深度会与具体案件情况的特殊性、审理案件法官的经验存在紧密关系。法官的提问虽然在法庭选择环节具有重大的作用和影响，但是对预备陪审员选择起着决定性作用的是在法官提问后由控辩双方对预备陪审员提问，决定是否行使申请回避权利的环节，即控辩双方对预备陪审员具有"一票否决权"。[3] 这一过程称被为"罢免陪审员"（Jury Striking）。

理论上，根据申请回避是否具有法定理由为标准，美国的陪审员回避可以分为有因回避（challenge for cause）与无因回避（peremptory challenges）。[4] 有因回避是指由于不符合服务资格或有明确的理由怀疑陪审员的公正性时而向法官提起回避申请，不具有申请次数的限制。[5] 无因回避是指法律赋予控辩双方无须提供正当合法理由便可直接申请针对某个预备陪审员回

---

［1］ Mark Bennett, Simple Rules for Better Jury Selection, *Jury Expert*, 2010, p. 17.
［2］ Randolph N. Jonakait, *The American Jury System*, Yale University Press New Haven and London Copyright, 2003, p. 107.
［3］ Jennifer Lee Urbanski, "Protecting Jurors from Race-Based Peremptory Challenges but Forcing Criminal Defendants to Risk Biased Juries", *Pacific Law Journal*, Vol. 24, 1993, p. 1888.
［4］ Donna J. Meyer, "A New Peremptory Inclusion to Increase Representativeness and Impartiality Injury Selection", *CASE W. RES. L. REV.*, Vol. 45, 1994, p. 70.
［5］ Patricia Henley, Improving the Jury System: Peremptory Challenges, PUB. L. RES. INST, http://www.uchastings.edu/public-law/plri/spr96tex/juryper.html, last Visited, Mar. 15, 2020.

避的权利，对无因回避，法官应当予以准许。[1] 为了防止无因回避权利被滥用，无因回避申请也受到了一定次数的限制，具体的次数限制会根据案件的类型而波动。依《联邦刑事诉讼规则》的规定，"如果被指控的犯罪有可能被判处死刑的，则控辩双方都有 20 次无因回避机会。而如果被指控的犯罪可能被判处一年以上有期徒刑的，则控方至多行使 6 次无因回避权，而辩方则可以使用 10 次。当被告被指控犯有可判处罚金、一年或一年以下有期徒刑或两者兼有的罪行时，控辩双方都有权使用 3 次无因回避权"[2]。虽然无因回避在申请理由上具有很大的自由，但申请无因回避不得以种族和性别为理由。

经过激烈法庭选择之后，选定 12 位陪审员和候补陪审员组成陪审团。在章莹颖一案中，陪审员候选人共有 470 多人，最终要选出 18 人，其中 6 人为替补。[3] 依据美国《联邦刑事诉讼规则》第 24 条规定，法院可安排最多 6 名候补陪审员（一般会多选 2 至 4 名），以替代任何不能履行或被取消履行服务资格的陪审员。候补陪审员必须具备与其他陪审员相同的任职条件，适用同样方式挑选，并全程与正式陪审员一起参加案件审理。最终，在法官的主持下，陪审员经过庄严的宣誓仪式之后即可对案件进行审理。

（三）两国庭审陪审员选择的比较

比较英美两国庭审陪审员选择方式和程序，发现英国和美国存在一定的共性，主要表现在以下三个方面：

其一，程序公开。无论是英国庭审陪审员选择程序还是美国庭审陪审员选择程序，均要求庭审陪审员的选择在法庭上以公开方式进行，而不允许单独秘密地进行。

其二，法官主导程序，但始终保持中立。在英国庭审陪审员选择程序中法官或者法院的工作人员主持程序的运行，纯粹依靠庭审上的随机抽签决定；在美国庭审陪审员选择程序中法官发挥的是引导和监督作用，绝大多数情况不会主动干预，除非在诉讼双方选择陪审员过程中以种族或性别为回避理由。总体而言，法官此时只是启动和主持选择程序的运作，更多的是一个

---

[1] Sean G. Overland, *The Juror Factor: Race and Gender in America's Civil Courts*, Ebrary, Inc., 2009, p. 83.
[2] Federal Rules of Criminal Procedure, Rule 24.
[3] 《煎熬近两年！章莹颖失踪案正式开庭，律师称有利证据链正在形成》，http://xw.qq.com/cmsid/20190604A05ZD700，2020 年 3 月 16 日访问。

"默默无闻的旁观者",时刻保持中立,而非选择程序的主角。

其三,英国和美国均有对陪审员回避制度的设置。

英美两国庭审陪审员选择程序也存在着区别,具体表现如下:

其一,陪审员选择方式存在区别。英国陪审员选择的方式在于庭审上随机抽签,而美国陪审员的选择在于诉讼两造的选择;英国采用挑选确定制,美国采用的是筛选排除制。

其二,是否存在候补陪审员制度存在区别。英国没有候补陪审员制度,如果发生诸如陪审员突发重大疾病等原因不能履行陪审义务的情形,可以让其直接退出而减少庭审陪审员的人数。只要在庭审上的陪审员不少于9人,庭审必须照常进行。而美国则需要让候补陪审员顶替,候补陪审员按挑选候补陪审员的顺序替代陪审员,替代陪审员的候补陪审员与最初参加的陪审员享有同等的权利。

其三,回避制度方面存在区别。自1998年的《刑事司法法》修改后,在英国,辩方的无因回避申请权利被废止,实行的是有因回避;在美国,目前控方和辩方双方均享有无因回避申请权利。

通过比较可以发现,以上的差异各有优劣,体现了两国诉讼文化上的差异。英国陪审员选择制度对当事人自主选择"心仪"陪审员的自由作出了较大的限制,而美国由诉讼两造选择陪审员的方式能够极大地尊重和保障当事人选择"心仪"陪审员的自由。英国的做法有利于防止滥用诉讼技巧妨害司法公正,也提高了诉讼效率;美国制度虽然尊重了程序自由,防止了有偏见的陪审员进入陪审团,但是存在司法效率低、限制真相发现等问题,导致有的时候诉讼技巧决定案件的结果,不利于实体公正。

五、借鉴与启示

英美陪审员选择的法律规范及司法实践经验对我国人民陪审员选任制度的借鉴意义在于,在选择人民陪审员的过程中,如何确保实现陪审员选择的广泛性和代表性、保障当事人合法权益、提高司法权威和提升司法公信力。目前,英美陪审团选择陪审员在确保陪审员广泛性和代表性方面已具备较为成熟的经验,当然这不能成为我们全盘吸收、照抄照搬的理由。习近平总书记指出,"我们要坚持去粗取精、去伪存真,坚持以我为主、为我所用,对其中反映资本主义制度属性、价值观念的内容,对其中具有西方意识形态色彩的内容，不能照抄照搬"[1]。因此，本章对英美陪审团选择陪审员的相关规则和司法经验保持着谨慎借鉴的态度。

（一）放宽陪审员的年龄限制和学历条件

英国和美国陪审员选择的显著特征在于最大限度地保障陪审员选择的广泛性和代表性，让处于不同学历层次、不同年龄、不同职业、不同民族的人员均有平等机会参与陪审员选择，使预备陪审员名单能够代表"整个社区的公平横截面"，力求实现陪审团应该是"社区缩影"的理想状态。英国和美国对陪审员任职条件在年龄、政治属性、履行能力、有无犯罪记录、特定职业不得兼任等方面均已作出了规定，中国同样对陪审员任职条件在年龄、政治属性、有无犯罪记录、特定职业不得兼任等方面作了规定。

总体而言，中国陪审员任职条件在某些方面与英国、美国一致，同时，通过比较发现存在两个显著的区别：

一是在年龄条件设置方面，英国、美国对陪审员最低年龄均规定为18周岁，英国规定了陪审员的年龄的上限为未满76周岁，美国规定了70周岁以上的人可以将年满70周岁作为陪审员的法定豁免事由。而在中国，依据《人民陪审员法》的规定，担任陪审员的年龄条件仅要求年满28周岁，对陪审员的最高年龄上限未作出明确规定。因此，在中国，年满18周岁但未满28周岁（根据《中国共产主义青年团章程》规定，恰好是共青团员的年龄阶段）处于青春期的青年群体被排除在"社区的公平横截面"之外，与陪审员候选人应代表"整个社区的公平横截面"的要求不符。

二是在学历条件设置方面，在英国、美国的陪审员任职条件中，均未提及陪审员学历条件的要求，但美国明确规定担任陪审员需要具备相应语言的阅读与书写、沟通与表达能力。在中国，依据《人民陪审员法》的规定，担任人民陪审员原则上需要高中以上文化程度。未达到高中以上文化程度的群体被拒之门外，我国的陪审员群体没有低学历群体的"缩影"。

为了使更广泛的群众可以参与司法审判活动，提高我国选择人民陪审员的广泛性和代表性，可以在借鉴英国、美国两国有益经验的基础上，结合我国国情，从以下两个方面进行完善：

首先，降低担任陪审员的年龄，将最低年龄降低至18周岁。同时规定最

---

[1]《不断开拓当代中国马克思主义政治经济学新境界》，求是网，http://www.qstheory.cn/dukan/qs/2020-08/15/c_1126365995.htm，2020年8月15日访问。

高年龄原则上为75周岁，但对于超过最高年龄的对陪审工作有经验、有热情且能充分发挥作用，经体检认定其身体状况良好的人，可根据当地客观实际酌情调整年龄上限。通过降低最低年龄和对最高年龄作出原则性规定的方式，扩大参选人员范围，丰富参选人员类型。

其次，取消文化学历要求的限制。文化学历要求成为我国目前阻碍文化层次较低群体参选人民陪审员的障碍，取消学历限制具有合理性和科学性。

(二) 细化陪审员选择中常住人口的确认机制

在英国，选举登记册是预备陪审员选择的基础和依据；在美国，预备陪审员选择的基础和依据不仅可以是选民登记表还可以是人口普查名单，甚至机动车驾驶者名单、报税单等。根据我国《人民陪审员选任办法》第11条，人民陪审员候选人从辖区内年满28周岁的常住居民名单中随机抽选产生，常住居民名单是我国人民陪审员候选人选择的基础和依据，这一做法与英美两国类似，应当坚持。在此基础上，我们还应当细化陪审员选择中常住人口的确认机制。

我国存在广大的农村地区，外出农民工户籍仍在农村，但工作在所在乡镇地域外。根据国家统计局发布的《2019年农民工监测调查报告》显示：2019年农民工总量达到29077万人，外出农民工17425万人，其中跨省流动农民工达到7508万人。[1] 在我国城乡二元户籍制度的背景下，存在的问题是，我国城镇实行常住人口登记，农村没有常住人口登记制度。为了实现"从辖区内的常住居民名单中随机抽选"[2] 的目的，一方面要充分发挥基层群众自治制度的优势，借助农村基层组织的力量确认常年居住在本辖区内的农村居民名单，避免农村地区人民代表大会常务委员会任命在外地打工或者常住打工地的人员为当地陪审员候选人；另一个方面要充分利用城镇常住人口登记制度，将常年在外务工的农民工登记进入当地常住居民名单，让农民工有机会成为打工地城市的陪审员。

(三) 坚持以本人同意为前提确定陪审员名单

英国和美国的预备陪审员选择方式只有随机抽选一种，随机抽选的选择方式能最大程度地保证选择陪审员的公正性、广泛性和代表性，但是英国和

---

[1]《2019年农民工监测调查报告》，国家统计局网，http://www.stats.gov.cn/tjsj/zxfb/202004/t20200430_1742724.html，2020年8月15日访问。
[2]《人民陪审员法》第9条。

美国的随机抽选方式无法充分保障公民担任陪审员的自愿性和专业性。根据我国《人民陪审员法》第10条和第11条规定，我国确定了以随机抽选为主、以个人申请和组织推荐为辅的人民陪审员选任方式。因此，我国人民陪审员选择存在随机抽选、个人申请和组织推荐三种选任方式。

同时存在三种选任方式是有其合理性和科学性的。随机抽选具有高度的或然性和偶然性，但在实践中有些案件的审理需要较高的专业性，随机抽选方式不能保证在这类案件中有具备相应知识和技能的陪审员。在实际审判中有时需要具备特定专业知识和素养的人民陪审员[1]，组织推荐和个人申请方式既满足了审判需要，也保证了人民陪审员的广泛性、专业性和科学性，是对随机抽选选任方式的有益补充。

另外，我国陪审员选任充分尊重候选人的自愿性。根据《人民陪审员法》第9条及《人民陪审员选任办法》第16条规定，我国随机抽选方式需要征求候选人意见，组织推荐方式需以征得公民本人同意为前提，故我国人民陪审员的选任方式，充分尊重公民的意志，保障了公民担任陪审员的自愿性，这与英美两国将担任陪审员作为公民的强制义务的做法截然不同。

这一做法符合我国国情。在我国，群众政治意识不强，参审积极性低，拒绝担任人民陪审员的比例较高。[2] 可以想象，在我国公民参与国家事务积极性不高的文化背景下，如果不经本人自荐或者本人同意，把参加陪审作为公民强制性义务，必然导致陪审员参与审判的现实障碍。因此，我国现有的陪审员选择方式才是行得通、有效率的方式。如果照搬英美国家的方式，必然造成行不通、效率低的形式主义结果。

（四）合理确定陪审员拒不履职的惩戒对象

英国规定，对无正当理由，拒不履行陪审员义务的居民可处以1000英镑的罚款。美国规定，无正当理由，不出庭履行陪审员陪审义务的公民，构成藐视法庭的可处以最高1000美元罚款或者最长5天的监禁，或者同时适用罚款和监禁。对陪审员无故拒不履行义务的行为进行惩戒，是英美两国陪审制度的共同规则，其处罚的对象是符合陪审员条件的公民。

---

[1]《让人民陪审焕发出更大活力——司法部有关负责人详解〈人民陪审员选任办法〉》，新华网，http://www.xinhuanet.com/2018-08/26/c_1123331153.htm，2020年8月16日访问。

[2]《政解｜周强：人民陪审员缺乏相应救济保障措施》，http://news.ifeng.com/c/7fcRm2bKmDu，2020年8月16日访问。

我国《人民陪审员法》第 27 条对无正当理由拒绝履行职责的陪审员的法律后果作出了规定，具体包括在辖区范围内公开通报、构成犯罪的依法追究刑事责任、免除人民陪审员职务。但应当注意的是，我国陪审员拒绝履行义务的内容与英美两国的情况是不同的。英美两国拒不履行职责的内容是指合格人员拒绝被选为陪审员；而我国陪审员拒绝履行职责指的是在已经自愿担任候选陪审员的前提下，拒绝履行陪审员职责。

如前所述，在我国，担任陪审员要尊重公民的意愿，这是符合中国国情的。但是，《人民陪审员法》第 10 条规定，一旦"确定人民陪审员人选"，将"由基层人民法院院长提请同级人民代表大会常务委员会任命"。英美两国没有这一特殊程序。经过这一程序，人民陪审员便成为特定的公职人员，拒绝履职违背了自己的职业承诺，导致司法效率低下，妨害诉讼顺利进行，应当受到前述惩戒。

可见，我国惩戒的对象只是已经被正式任命为陪审员的人，而不包括所有符合陪审员条件的公民。这一做法，同样符合我国公民参与国家事务积极性不高的国情，如果将所有符合陪审员条件、拒不履行陪审员义务的公民都作为惩戒对象，必然形成法不责众的后果。

结　语

英国与美国由于历史、文化、政治等因素，两国陪审员选择制度存在着一些共性。然而，英国、美国在陪审员选择的任职条件、预备陪审员选择的程序、庭审陪审员选择的程序等方面又存在着各自的特色。虽然两国制度设计的目的和价值追求具有高度一致性，但又存在差异。这充分说明，即使是存在源流关系的英美两国，其陪审员选择方式也不是照搬，而是改造后的移植，可见，只要是移植，就都是经过改造的。

我国自《人民陪审员法》实施以来，也一直在探索一套符合中国国情、体现中国智慧的陪审员选择方案。吸收、借鉴他国陪审员选择是提升和完善本国陪审员选择的一个捷径。但吸收、借鉴他国经验需要理性批判的态度，反对"拿来主义"，需要坚持马克思主义批判精神认识和消化英美陪审员选择制度，可以吸收英美陪审员选择制度的有益经验为我所用；同时，我们要坚持自己的本土创新，对英美等国的类似制度，只要不符合中国国情，要不为所动，不搞盲目移植。

第四章

"我们不懂法律"：陪审团法律指示制度

在英美陪审团审判中，法官会向陪审团释明与系争案件相关的法律规则，并要求陪审团根据法官指示的法律规则作出裁决。除提供法律指示之外，英国法官比美国法官拥有更大的权限，就是简要地总结案件证据和事实，为陪审团裁决案件提供参考。尽管英国和美国在法官指示内容上有所不同，但都有一个共同目的，即协助陪审员发现案件事实真相，保障陪审员独立的事实判断权。

"陪而不审""审而不议"是我国人民陪审员制度长期存在的弊病。为了解决这一问题，2018年4月27日，全国人大常委会颁布了《人民陪审员法》，其中第20条规定了在法庭审判和评议时，"审判长应当履行与案件审判相关的指引、提示义务"，这里的"指引、提示"，简称"法律指示"。此后，司法解释对此进行了解释。中国对陪审员的法律指示制度产生的时间较短，而英美陪审团在法官指示制度方面历史悠久，发展更加完善。本章将全面介绍英美法官指示制度，以期为中国的人民陪审员法律指示制度改革和完善提供有益参考。

一、英美法官指示制度的形成

（一）法官指示在英国的兴起

法官指示的起源和陪审团历史的起源一样令人充满疑问。但是，至少有一点可以肯定的是，最初形态的陪审团并不参与案件裁判，只有当陪审团发展到参与司法审判的阶段时，法官才协助陪审团裁决案件。[1] 陪审团最初是作为案件见证人出现在审判当中的，陪审团成员都是来自案件发生地的周围邻居，又事先了解案情，他们唯一职责就是回答法官就案件真实情况所提出

---

[1] Wylie A. Aitken, "The Jury Instruction Process-Apathy or Aggressive Reform", *Marquette Law Review*, Vol. 49, 1956, pp. 137-138.

的问题，法官根据陪审团成员的回答裁决案件，这个时候并不存在法官指示。

1215年，第四次拉特兰宗教会议废止了神明裁判，提供信息咨询性质的陪审团开始转化为审查证据效力的陪审团。由于陪审团是作为神明裁断事实问题的替代物而出现的，法官对事实的认定只能求助于陪审团，法官在陪审团裁决基础上作出判决。[1] 1285年的《初审法官法》规定了法官不可以强迫陪审员判断案件事实，但陪审员可以就法律效力问题寻求法官帮助。[2] 虽然陪审员可以就法律问题向法官提问，但这并不代表法官具有指示陪审员如何适用法律的义务，面对陪审员的提问，法官可以不回答。在1314年的特克斯伯里修道院院长诉卡勒威案（Abbot of Tewkesbury v. Calewe）中，陪审团被要求裁定系争土地是"自由教役保有的封地"还是"俗界封地"。陪审团表示："我们不懂法律。"陪审团实际上想暗中提示法官协助他们作出裁决。但是，法官回答道："你们自己判断即可。"[3] 英国的法官认为自己不需要向陪审团说明什么，陪审团应当根据内心良知对案件作出裁决，这样做的目的是防止法官司法专断。

当陪审团依据良知对案件作出裁决，他们就可以不受法官约束，甚至可以不顾证据证明的事实而得出自己的结论。陪审团正是通过这样的"违法"宣布法律无效，这种现象被称为"陪审团废法"。[4] 当陪审员违背法官给出的法律指示，作出令法官不满意的裁决时，陪审员可能要受到惩罚。法官怀疑陪审员作出裁决的真实性时，可以单独审讯陪审员。不仅如此，如果败诉方认为陪审员存在腐败，首席大法官可以签发令状对案件进行重审。重新选出的陪审团对案件进行重新审理，当第二个陪审团认为第一个陪审团作出的裁决明显错误或者案件错误到可以推定陪审员存在腐败时，那么，第一个陪审团成员可能面临罚款或监禁。但是，法官仍然鼓励陪审员请求法律指示，因为当陪审员作出的裁决明显违背法官给出的法律指示时，法官会对陪审员

---

[1] 高一飞：《陪审团一致裁决原则的功能》，《财经法学》2018年第6期，第114页。
[2] Stat. 13 Edw. I. C. 30.
[3] Peter M. Tiersma, "The Rocky Road to Legal Reform Improving the Language of Jury Instructions", *Brooklyn Law Review*, Vol. 66, 2001, p. 1082（citing J. H. Baker, *An Introduction English Law History*, Oxford University Press, 1990）.
[4] 高一飞：《陪审团一致裁决原则的功能》，《财经法学》2018年第6期，第114页。

处以监禁或罚款。[1] 基于法官指示强制适用的特点，法官就可以通过惩罚陪审团成员的方式来控制陪审团。

1670年的布谢尔案可以说是陪审团制度一个重要的转折点，该案确立了陪审员不能因作出与法官意见相左的裁决而受到惩罚的先例。1670年8月14日，威廉·佩恩（William Penn）因在伦敦市中心一条公共街道上发表演讲，被控非法集会罪起诉至法院。法官简单地总结证据后，指示陪审团依据证据证明的事实作出裁决，陪审团最终作出无罪的一致裁决。但是，法官以陪审员无视证据和法官指示为由对陪审团成员进行罚款。其中的陪审团成员布谢尔因拒绝缴纳罚款而被判监禁，布谢尔向普通民事诉讼法庭提出人身保护令。首席大法官沃恩作出裁决，认为法官不能在陪审员作出裁决过程中进行威胁，更不能因作出违反法律的裁决而受到惩罚。[2] 这也是最早的"陪审团废法"的判例。

布谢尔案之后，法官转向其他途径控制陪审团，法官认为陪审团不再拥有不受限制的自由裁量权，当陪审团违背法官的法律指示、作出明显违背法律的裁决时，法院不可以惩罚陪审团成员，而是可以重新审判。[3] 布谢尔案过后，虽然仍出现过对违背法官指示的陪审员处以罚款的情况，但是法官指示逐渐不再强制适用。

（二）法官指示在美国的发展

自英格兰殖民者开始对北美大陆殖民以来，陪审团制度便被引入北美殖民地。殖民地时期的陪审团也遵循着英国陪审团的基本原则，即陪审员负责事实认定。如果陪审员根据法官作出的法律指示，作出与自己内心良知相违背的裁决，是极为荒诞的一件事。[4] 这一观点的典型代表是1735年国王诉曾格案（Crown v. John Peter Zenger）。曾格因负责编辑和出版反对时任纽约州总督威廉·科斯比的《纽约周刊》而被指控诽谤罪，法官指示陪审团只负责判断曾格是否出版了杂志，至于案件中的法律问题应当由法官决定。根据

---

[1] Theodore Plucknett, *A Concise History of the Common Law*, Liberty Fund Press, 1956, pp. 342-346.

[2] Kevin Crosby, "Bushel's Case and the Juror's Soul", *Journal of Legal History*, Vol. 33, 2012, pp. 257-258.

[3] William W. Schwarzer, "Communicating with Juries: Problems and Remedies", *California Law Review*, Vol. 69, 1981, p. 734.

[4] Albert Alschuler, "A Brief History of the Criminal Jury in the United States", *The University of Chicago Law Review*, Vol. 61, 1994, p. 906.

当时的法律，任何发表反对政府的言论，都可以构成诽谤罪，但曾格的辩护律师对陪审员说："国王权力的存在是为了保护公民个人，当权力被滥用时，陪审团没有义务遵循不公平的法律，陪审员要用眼睛去看，耳朵去听，用自己的良心去判断同胞们的生命、财产或安全。"[1] 随后，陪审团仅用了几分钟就裁决曾格无罪。曾格案并不是殖民地时期陪审团独立决定法律适用的先例，因为在整个殖民地时期的所有诽谤案几乎都被陪审团宣判无罪。[2] 陪审员有权决定法律的原因之一是人们对法官专业性的普遍不信任。直至美国建国后很长一段时间，受到专业法律训练的法官并不多，比如：新罕布什尔州独立后，高级法院的3名法官，1名是牧师，另1名是内科医生；1814年至1818年，罗得岛州最高法院的一名法官是铁匠。法官通过口头形式提出判决意见，他们没有属于自己的法律，也不知道法律是什么。[3] 法官同从普通大众遴选出来的陪审员一样不精通法律。相较法官而言，陪审团汇聚了公共智慧，比法官更能代表公平正义，更何况陪审员作出的决定容易获得公众的认同，法官往往也不会对陪审员作出法律指示。

美国陪审团与英国早期陪审团不同的是，如果陪审员违背法官给出的法律指示造成裁决明显违反法律时，陪审员并不会受到惩罚。

随着社会工业化的发展，法律纠纷变得复杂起来。人们逐渐怀疑陪审员裁判案件的依据不是法律，而是陪审员的偏见。一些州开始通过立法或司法判例要求法官对陪审员作出法律指示。[4] 1895年的斯帕夫和汉森诉美国案（Sparf and Hansen v. United States）标志着美国陪审团对法律问题的独立决定权逐渐走向衰落。斯帕夫和汉森因涉嫌杀害一名船员被以谋杀罪起诉至法院，陪审团根据法官指示的法律认定斯帕夫和汉森谋杀罪名成立。随后，两被告提出上诉，认为陪审团不需要遵从法官对法律适用的指示，法律问题应该由陪审团独立判断。联邦最高法院驳回了上诉，认为陪审团的责任是认定

---

[1] Valerie P. Hans & Neil Vidmar, The Evolution of the American Jury (excerpt from Judging the Jury), http://law2.umkc.edu/faculty/project//ftrials/juryseminar/Evolution-Jury.html.

[2] Albert Alschuler, "A Brief History of the Criminal Jury in the United States", *The University of Chicago Law Review*, Vol. 61, 1994, p. 874.

[3] [美] 罗斯科·庞德：《普通法的精神》，曹相见译，上海三联书店2016年版，第61页。

[4] William W. Schwarzer, "Communicating with Juries: Problems and Remedies", *California Law Review*, Vol. 69, 1981, p. 736.

事实，法官没有义务告诉陪审团可以独立决定法律。[1] 此案后，关于陪审团是否可以独立决定法律适用仍存在争议。但是，立法机关没有急于解决这个问题，而是将注意力转移到其他地方。虽然当时的法官指示是法官用自己的话解释法律并以口头形式作出，但立法机关要求应当对法官作出的法律指示进行书面记录，以便上诉法院审查陪审团是否遵守了法律。上诉法院通过审查案卷中记录的法律指示是否正确来审查法官是否用法律指示方式来控制陪审团或者妨害陪审团独立审判。

法官和陪审团在审判中权力范围的尝试性界分已经在 20 世纪 30 年代初步形成，一些州的立法机关开始规定，法官发出指示时，应当尊重陪审员对事实的认定。[2] 因此，法官不能强迫陪审员认定某一事实，但可以指引陪审员运用法官给的法律去认定案件事实。至此，美国法官指示已经基本形成。

律师的传统作用是协助法官向法官指示法律，一些州甚至将提供法律指示的责任转移给律师。每次审判的时候，律师都会提供冗长的法律指示，法官也会通过复杂的语言编写法律指示，目的是准确描述法律，避免自己的判决被上诉法院推翻。这样的工作不仅重复，还会占用大量时间。[3] 同一个法律问题可能会有不同的法律指示，法律指示之间的矛盾造成法律适用不统一，法官指示迫切需要改革。所以，法官开始借助律师的法律知识来解决这一问题。1935 年，洛杉矶高等法院法官威廉·帕默尔（William J. Palmer）建议成立一个委员会起草民事法官指示来统一法律适用。于是，加利福尼亚州成立了一个由律师和法官组成的委员会对上诉案件涉及的法律指示进行汇编。1938 年，委员会发布了《加利福尼亚州民事法官指示手册》，又于 1946 年推出了《加利福尼亚州刑事法官指示》。[4] 在加利福尼亚州的影响下，联邦和一些州纷纷效仿，编纂统一的刑事或民事法官指示，这些指示被称为范本指示（Pattern Jury Instructions or Model Jury Instructions）。这些范本指示都普遍存在一个问题：作为法律门外汉的陪审员仍然很难理解法官作出的这种格式

---

[1] Sparf and Hansen v. United States, 156 U. S. 51 (1895).
[2] R. J. Farley, "Instructions to Juries-Their Role of the Judicial Process", *Yale Law Journal*, Vol. 42, 1932, p. 205.
[3] Peter Tiersma, "The Rocky Road to Legal Reform：Improving the Language of Jury Instructions", *Brooklyn Law Review*, Vol. 66, 2001, p. 1083.
[4] John C. Bouck, "Pattern Jury Instructions in the Criminal Cases", *The Advocate*, Vol. 48, 1990, pp. 210-211.

化的法律指示。在往后长达数十年的时间里，学者、法官和律师对法官指示的注意力大多集中在如何通过改革法官指示来提高陪审员对法律的理解能力上。

二、英美法官指示的内容

陪审团作为对抗恶法、反抗政府以立法的方式压迫人民的工具，对于民主、公正、自由、人道价值的实现具有不可替代的作用。[1] 同时，陪审员由于专业法律素养的匮乏，很难从众多复杂的案件信息中抽丝剥茧，准确、快速地整理案件争议事实。为了保证陪审团裁决的公正，法官在实现减轻陪审团认定事实的难度的方式上，是可以对案件证据和事实发表自己的意见，还是仅能为陪审团提供法律指示？对于这个问题，英国和美国表现出两种不同的立场。

（一）英国法官评论证据和事实且指示法律

英国法官除了向陪审团提供法律指示，还会评论证据、总结事实，为陪审团裁决案件提供参考，其内容既有法律问题，也有证据问题。因此，英国的法官指示被称为"法官总结"（Judge's Summing Up），而不是美国法上所称的"法律指示"（Jury Instructions）。

18世纪中叶，英国允许重罪和叛国罪的被告人辩护律师对证人交叉询问。交叉询问需要准确记录证人的证词，以免出现证词前后不一致的情形，英国法官于是开始在庭审中对证词进行记录。随着法庭赋予辩护律师在重罪中向陪审员发言的权利，有着庭审记录习惯的法官意识到，如果不对证据进行评论，陪审员很可能被错误的信息所误导，并作出错误裁决。[2] 此时起，英国法官开始在控辩双方辩论最后陈词之后评论证据。1909年，刑事上诉法院进一步确认，法官应当对陪审团提供法律问题和事实问题的帮助。

20世纪70年代以后，刑事上诉法院重申了这一立场，认为法官必须向陪审团提交一份控辩双方证据和论点的摘要，法官不总结证据会导致程序不规范。[3] 虽然，英国法官对证据进行评论的做法，会使陪审员很快聚焦案件

---

[1] 高一飞：《陪审团的价值预设与实践障碍》，《北方法学》2018年第4期，第115页。
[2] David Wolchover, "Should Judges Sum up on the Facts?", *Criminal Law Review*, Nov. 1989, pp. 783-784.
[3] Paul Marcus, "Judges Talking to Jurors in Criminal Cases: Why U. S. Judges do it so Differently from Just about Everyone else", *Arizona Journal of International & Comparative Law*, Vol. 30, 2013, p. 11.

事实，但是，有人担忧这种权力会侵害陪审员独立决定事实部分的职责，让对被告人有偏见的法官指引陪审员作出符合法官意见的裁决。

至于这种担忧是否有实证上的支持，因为英美法律禁止披露陪审员商议的情况，所以无法查证法官指引对陪审员裁决的影响。这一禁令来源于1981年颁布的《藐视法庭法》，该法第8条规定："获取、披露或索取陪审团成员在任何有关商议过程的法律程序中所作出的陈述、表达的意见、提出的论点或投票的情况，都构成藐视法庭罪。"这一禁令的出台，阻碍了英国法官评论证据和总结事实究竟是如何影响陪审员裁决的学术研究。在《藐视法庭法》颁布之前，伦敦政治经济学院教授 W. R. 康沃尔在对模拟陪审团的研究中就指出："法官评论证据对陪审员裁决的影响力很小，因为人有一种自然的倾向，就是无视他人的看法。"[1] 无论怎样，法官评论证据早已成为英国陪审团审判的传统，法官在评论证据时要遵循"清晰、公正、不夸张"的原则。[2]

英国法官在履行总结证据和事实的职责时，做法各不相同。一些法官只是简单地宣读主要证据；一些法官努力阐明案件中的事实并将其与证据联系起来；另一些法官则间接或直接地表达自己对事实的观点。[3] 无论采取哪种做法，法官都要明确告诉陪审员可以忽略法官意见，优先考虑自己的意见。在检察长诉斯通·豪斯案（DDP v. Stone House）中，陪审团需要判断被告人骗取财产的行为是构成未遂还是预备。按照法律规定，被告人的行为是构成未遂的，初审法官将此法律告知陪审团。上议院多数法官认为，虽然依法律规定，完全可以得出被告人的行为只能构成未遂的结论，但被告人是不是构成未遂这一事实应由陪审团决定，而不能由法官告知。[4] 随后一系列的判例都表明，即使所有证据都证明了只有一种事实可以成立，在任何情况下，法官都不能明示或暗示陪审团必须接受那唯一成立的事实，绝不能够僭越陪审团决定事实的权力。

（二）美国法官只提供法律指示

早期的美国陪审团继承了英国陪审团审判惯例，法官可以评论证据、整理

---

[1] Summing up-a Judge's Perspective, http：//nicmadge. co. uk/media/Summing_ Up_ CrimLR_ . pdf.

[2] David Wolchover, "Should Judges Sum up on the Facts?", *Criminal Law Review*, Nov. 1989, p. 783.

[3] [英] 约翰·斯普莱克：《英国刑事诉讼程序》，徐美君、杨立涛译，中国人民大学出版社2006年版，第451页。

[4] *Blackstone's Criminal Practice*, Oxford University Press, 2013, p. 1813.

争议事实。但法官这项权力的改变始于北卡罗来纳州律师和法官之间的冲突，法官经常不加限制地对案件发表自己的看法，削弱了辩论在审判中的重要性，引起了律师的极度不满。律师呼吁限制法官权力的呼声愈发强烈，1795年北卡罗来纳州的法律对法官评论证据的权力进行了禁止规定："……法官在向陪审团作出指示时，不得就事实部分发表全面或充分的意见……这是陪审团的职责范围。"[1] 其他州也紧跟其后进行了类似规定。如今，美国绝大多数州都禁止法官评论证据，也不允许就事实问题指导陪审团，这一原则体现在各州的法律文件中。例如：《明尼苏达州刑事诉讼法》26.03.19（6）规定："法院必须就作出裁决所需的所有法律向陪审团作出指示，必须指示陪审团是事实的唯一法官。法院不得对证据或证人的可信度发表评论，但可以陈述当事人各自的主张。"《华盛顿州宪法》第4节第16条规定："法官不得就事实问题指示陪审团，也不得发表评论，但必须宣布法律。"

然而，联邦法院却保留了法官评论证据的权力，在美国诉费城雷丁公司一案（United States v. Philadelphia & Reading R. Co）中，美国联邦最高法院对宪法第六修正案规定的"陪审团审判"作出这样的宪法解释：为了维护司法公正的需要，法官可以解释、评论证据，甚至能够发表对案件事实的看法，但前提是将事实问题交给陪审团。[2] 但是，联邦法院对法官评论证据的权力保持一种谨慎的态度。这种态度体现在1933年奎尔西亚诉美国案（Quercia v. United States）中，初审法官看到被告人在作证时擦了擦手，并告诉陪审团说话后擦手是撒谎的表现，被告人提供的证词不可信。随后，奎尔西亚以法官不公正评论案件为由上诉至联邦最高法院。联邦最高法院对初审法官评论证据的权力认可的同时，也作出了限制，即法官不能歪曲或补充证据。联邦最高法院认为初审法官并没有客观公正地分析被告人证词，发表的意见相当于向陪审团额外提供了一份对被告人不利的证据，这等于将自己的偏见传达给陪审团。初审法官虽然向陪审团表明他们可以忽略自己的看法，但并不足以抵消之前评论被告人证词所带来的消极影响。[3] 因此，联邦最高法院推翻了有罪裁定。

与英国不同的是，美国更愿意相信法官会向陪审员施加不正当的影响，造成陪审员判断力下降，侵犯陪审员对事实问题的独立裁判权。随之而来的

---

[1] Kenneth M. Johnson, "Province of the Judge in Jury Trials", *Journal of the American Judicature Society*, Oct. 1928, p. 78.
[2] United States v. Philadelphia & Reading R. Co, 123 U. S. 113（1887）.
[3] Quercia v. United States, 289 U. S. 466（1933）.

问题是，既然法官的意见能够影响陪审员对事实问题的判断力，又如何保证面对真伪难辨的证据、有偏见的辩论意见时，陪审员的判断力不会因此下降呢？曾有美国法官、学者指出，法官给陪审员施加不利影响是没有实证数据支持的，他们主张不应当禁止法官对证据评论的权力。[1] 但这一呼声很微弱，已经销声匿迹。因为在1891年之后，大量刑事案件被允许上诉，联邦最高法院开始审查初审法官就案件事实和证据发表的评论是否实质影响案件的公正性，这一做法大大限制了初审法官的对案件证据和事实的评论权。[2] 为了避免案件被推翻，法官极不愿意评论案件证据。在今天，即使在法律上允许法官评论证据的加利福尼亚州和联邦法院，也很少有法官会评论案件证据、总结事实。法官为了避免承担侵犯陪审团事实裁判权的风险，实际上就只向法官指示法律。

三、英美法官指示的程序

传统上，英美法官通常依照不同的指示方式在结辩陈词（辩论结束的最后总结陈词）之后为法官指示法律。但是，当冗长、烦琐的法律指示在一个时间集中向陪审员展现的时候，欠缺专业法律素养的陪审员就会感觉信息量太大，这种集中时间指示的做法开始改变。

（一）法官指示的时间

1. 英国：主要为结辩陈词前、后两次

英国法官习惯在法庭总结阶段，也就是结辩陈词之后，第一次向陪审员指示法律，这个时间点与举证阶段间隔的时间较长，陪审员不能很好地利用得到的法律指示审查证据。英国首席大法官发布的《刑事审判指南》（Criminal Practice Directions）建议可以分两个时间段进行法官总结，一次是在结辩

---

[1] Harold M. Kennedy, "Comment by Federal District Judges on the Evidence in Criminal Trails", *Brooklyn Law Review*, Vol. 19, 1953; Robert O. Lukowsky, "The Constitutional Right of Litigants to have the State Trial Judge Comment upon the Evidence", *Kentucky Law Journal*, Vol. 55, 1966; Allen Hartman, "The 'Whys' and 'Why not's' of Judicial Comments on Evidence in Jury Trials", *Loyola University Law Journal*, Vol. 23, 1991.

[2] Rene Lettow Lerner, "How the Creation of Appellate Courts in England and the United States Limited Judicial Comment on Evidence to the Jury", *The Journal of the Legal Profession*, Vol. 40, 2016, pp. 219, 269.

陈词前，一次是结辩陈词后。[1] 至于在这两个时间段需要作出什么样的法律指示，应当由法官根据案件情况自由把握。法官在结辩陈词前作出的法律指示可以包括陪审团和法官的作用、职责分工，举证责任及证明标准，传闻证据规则，专家证人规则，等等。2015年《刑事诉讼规则》也作出了类似规定，其中25.14规定："法官随时都可以向陪审团提供法律指示以帮助他们审查接触到的证据。"法官在结辩陈词前作出法律指示时，应当在陪审团不在场的情况下提前和辩护人沟通协商，听取辩护人意见，还要在后续根据审判情况随时进行修订、补充。

2. 美国：法官对指示时间自由裁量

美国《联邦刑事诉讼规则》第30条规定，在举证结束时或此前合理的时间内法庭可以作出法律指示，但没有规定应当在何时提供何种指示，法官对此有较大的自由裁量权。但美国学者对法官作出法律指示时间进行的实证研究表明：如果法官在结辩陈词前作出更多的法律指示，如犯罪构成要件、消极辩护事由、证人可信度规则等，能够让陪审员集中关注案件的焦点，较好地将证据与事实联系起来，陪审团在理解法律的基础上作出的裁决也会更加公正。[2] 在实践中，美国法官法律指示的时间可以在以下阶段：

审判开始时的指示。法官会告诉陪审员必须依据法官所给出的法律来认定案件事实，法官还会向陪审团解释什么是证据、哪些陈述不是证据、举证责任、证明标准等。此外，陪审团被告知不得考虑与案件无关的信息，更不可以通过外界主动获取案件信息。这类法律指示与重要的审判程序相关，法官可以在审判过程中的任何时候向法官指示。

审判过程中的指示。陪审员在举证阶段经常会接触到与证据无关或不具有证据资格的信息材料，法官会向陪审员指示忽略这类信息材料，这类指示是警告性指示或限制性指示。在1969年著名的克里斯·曼森案中，克里斯·曼森被控实施多起谋杀。审判的当天，他在法庭上举起一张报纸让陪审员看，报纸上的标题极容易让陪审员产生有罪偏见。因为报纸的标题写着"美国总统尼克松宣称曼森有罪"，法官对陪审团发出警告性指示，指示报纸

---

[1] Criminal Practice Directions 2015 Division VI, https：//www.justice.gov.uk/courts/procedure-rules/criminal/docs/2015/crim-practice-directions-VI-trial-2015.pdf.
[2] Neil P. Cohen, "The Timing of Jury Instructions", *Tennessee Law Review*, Vol.67, 2000, pp.688-694.

不属于证据，应当忽略此信息。[1] 当一个证据具有可采性但证明目的有限时，法官也会进行警告性指示。例如控方出示被告人先前的犯罪记录等反映品格的证据时，法官会指示陪审员这些证据可以在哪些证明目的下使用，但不能证明被告人在本案中有罪。如果诉讼双方对法官所指示的法律问题仍感到困惑，可以书面请求法官进一步澄清，法官为了避免对某一法律问题过度强调，可以重复之前的指示。在审判过程中反复暂停审判，向陪审员指示这些法律问题，这固然会拖延庭审效率，但陪审员对证据和法律的理解所带来的好处远远超过了拖延庭审的担忧。

结辩陈词之前的指示。这时，陪审员就有可能得到一整套完整的法律指示，结辩陈词后也就无须指示新的法律，但是结辩陈词前的法律指示不具有终极意义，因为这类指示可能会随着审判的进展被不断地调整。结辩陈词前的指示为陪审员提供了一个基本法律决策框架，随着对法律理解能力的增加，能够帮助陪审员根据法官给出的法律更好地认定案件事实，在隔离评议阶段会花费更少的时间。[2]

结辩陈词之后的最终指示。这时，陪审团即将退庭评议，法官会向陪审员作出最终指示（Final Jury Instructions）。最终指示是法官对之前指示陪审团相关法律的重复、总结，但较为简洁。最终指示包括适用所有刑事案件的一般法律原则、本案被指控罪名的定义、犯罪构成要件等实体法内容；也包括陪审团评议规则以及其他与本案相关的法律规则，这类指示具有决定性意义，陪审员退庭后会根据最终指示作出裁决。在最终指示形成之前，法官会通知诉讼双方到场召开指示会议（Charge Conference），知晓他最终要给陪审员的法律指示。通过召开指示会议，一方面，可以澄清法律问题，以便所给的指示对陪审员裁决事实问题有实质性帮助；另一方面，可以让律师知道提供陪审团的法律指示是什么，方便对法律指示提出异议。

最终指示并不是最终的，陪审员在审议过程中就每一个问题无法达成一致意见时，陪审团会请求法官进行补充指示。当法官提供补充指示时，也会通知对方到场，提供一个辩论与异议的机会。

---

[1] Curt R. Bartol & Anne M. Bartol, *Psychology and Law*, SAGE Publications Press, 2014, p. 202.
[2] Debra L. Worthington, "What you should Know about Juror Reform Part III: Using Preliminary Jury Instructions", *The Jury Expert*, May 2007, pp. 7-8.

(二) 法官指示的方式

1. 英国采用口头方式

英国法官指示时，喜欢用自己的话解释法律并通过口头方式指示陪审团。这样的指示方式具有灵活、方便的特点，口头指示的非正式性也增加了指示出现错误的概率，因此英国自1987年开始制定自己的书面指示。

2016年，英国司法协会发布的《刑事法院资料汇编》[1]整合和修改了之前有关陪审团书面指示的内容，为法官总结提供参考。以法官如何向陪审员说明传闻证据为例，《刑事法院资料汇编》对此分为三个部分：第一部分是法律摘要，摘取了司法判例的观点和法律规定，说明什么是传闻证据，是否具有可采性；第二部分是向陪审员归纳传闻证据的相关要点，如传闻证据可采性的例外、传闻证据使用的风险等；第三部分是通过假定案件事实的方式进一步向陪审员说明如何审查传闻证据。相比美国范本指示的笼统，英国《刑事法院资料汇编》在内容上规定比较具体。英国法官不必对每一个法律指示都遵循《刑事法院资料汇编》给出的固定格式，可以根据案件的具体情况灵活运用。根据《刑事诉讼规则》25.14（4）规定，法院可以通过书面指示的方式协助陪审员。可见，英国的书面指示并不具有强制适用性，但法官通过书面的方式指示陪审员越来越普遍。

2. 美国采用书面方式

在美国，越来越多的初审法官喜欢使用范本指示，这样的好处之一就是上诉法院不太可能以法律指示未能准确描述法律为由撤销判决。因此，法官一般不会对法律作出口语化解释，而是遵循书面指示范本的样式。

美国没有全国统一强制适用的范本指示，各个州和联邦都有自己的一套或多套范本指示，指示样式也不相同。美国第九巡回法庭发布的《刑事法官指示手册》[2]把法官指示分为两个部分：第一部分是对所要指示法律问题的一般概述；第二部分是评论，通过援引司法判例观点的形式进一步澄清法律问题和提示法官在指示时应注意的事项。如法官向陪审员指示什么是直接和间接证据时，第一部分通过简短的法律语言定义直接证据和间接证据；第二部分通过判例的观点向陪审员说明如何使用间接证据，并建议法官不能就

---

[1] Judicial College, The Crown Court Compendium: Part 1, May 2016.
[2] The Ninth Circuit Jury Instructions Committee, Manual of Model Criminal Jury Instructions, 2010 Edition.

某些事实问题向陪审员指示。纽约州《刑事法官指示》[1] 对间接证据的法律指示比较简单明了，通过举例的形式说明什么是间接证据以及运用间接证据进行推论应当注意的问题。虽然，美国范本指示有的烦琐，有的简单，但法律指示的内容一般都有上诉法院判例的支持。

四、英美法官指示错误的救济

错误的法官指示有两种救济途径：一是在陪审团作出裁决之前，诉讼一方对法官指示提出异议，法官经审查认为存在错误的，重新作出法官指示，或者法官对主动发现的错误进行纠正；二是通过上诉撤销指示错误的案件。

（一）英国通过上诉撤销指示错误的案件

在英国，上诉人不需要任何理由就可以对陪审团有罪裁定提起上诉。但是，针对陪审团有罪裁定的上诉需要得到上诉法院的许可，上诉人为了保证上诉成功，往往会提出具体的理由。1995年之前，上诉理由如果满足法官错误地决定法律、审判程序严重不规范、定罪不安全或令人不满意中的任意一个，上诉法院就会进一步审查上诉理由是否足以导致有罪裁定被撤销。这些上诉理由都说明了有罪裁定存在法律错误，法律错误大多涉及法官总结内容，常见的法官总结错误主要有：（1）法律指示错误，包括未释明法律或法律解释不充分；（2）剥夺陪审团独立判断事实的权力，如法官总结的事实具有唯一性，且只能导致有罪裁定；（3）错误地陈述事实，对重要的事实表述不正确或没有表述；（4）法官对事实不公正地评论，如法官对事实的看法带有明显的偏见；（5）不公正地评论被告人品格证据，如法官将被告人之前的恶劣品行与本案的犯罪行为联系起来。[2] 如果这些错误没有出现，上诉法院就会驳回上诉。1995年修订的《刑事上诉法》确定上诉理由只有一个，即定罪不安全，定罪不安全是主观性极强的标准，法官对有罪裁定是否感到可靠，这种感觉要依靠法官的经验，而不是对证据进行严格的审查判断。[3] 上诉法院认为定罪是不安全的，就会撤销有罪裁定。有英国学者认为，这一标

---

[1] Criminal Jury Instructions & Model Colloquies, Circumstantial Evidence-Entire Case, http://www.nycourts.gov/judges/cji/1-General/CJI2d.Circumstantial_Evidence.pdf.
[2] *Blackstone's Criminal Practice*, Oxford University Press, 2013, pp. 2051-2052.
[3] *Archbold Criminal Pleading*, *Evidence and Practice*, Thomson Reuters (Legal) Limited Press, 2011, pp. 1071-1072.

准和之前的审查标准并无实质区别，只不过是大大简化而已。[1] 因为上诉法院法官最终会参照 1995 年之前的具体标准来判断什么是"定罪不安全"。

《欧洲人权公约》成为英国国内裁判的依据时，英国对撤销有罪裁定是依据定罪不安全还是依据违反公平审判，是存在着争论的。可以肯定的是，当法官总结错误所造成的审判缺陷严重违反《欧洲人权公约》第 6 条规定的公平审判权导致定罪不安全时，上诉法院才会撤销有罪裁定。例如，盗窃罪和抢劫罪最大不同在于是否使用暴力，法官没有就这一重要区别向陪审团释明，陪审团没有得到法官有效法律帮助就属于法官错误引导，这会导致陪审团的不安全定罪并被上诉法院撤销。如果出现了法官总结错误，但综合全案情况来看，该错误尚未严重侵犯被告人公平审判权时，上诉会被驳回。在肖卡特（Shokat Chenia）案中，肖卡特被控欺诈罪，他在审前阶段拒绝回答警方的问题。在庭审过程中，肖卡特却将之前被警方要求但未提及的事实作为辩护理由，陪审团在法官总结之后裁定指控罪名成立。肖卡特以法官未向陪审团释明《刑事司法与公共秩序法》第 34 条[2]为由提起上诉。上诉法院认为，虽然初审法官没有依据该法第 34 条向陪审团释明是不正确的，但法官已经就第 35 条完整地向法官指示，况且控方的所有证据都对被告人不利，陪审团没有理由相信肖卡特无罪。即使法官向法官指示了第 34 条，陪审团依然会对肖卡特作出不利推论，被告人肖卡特得到了公平审判并且定罪是安全的。[3] 上诉法院因此驳回上诉，维持原判。

（二）美国通过新指示和上诉纠正错误指示

在美国，诉讼双方可以通过"法律指示会议"提出异议来纠正错误指示。法官会考虑是否采纳异议，并向陪审员发出新的指示。因此，法律指示会议是审判的一个重要阶段，具有强制性，即使诉讼一方没有请求，法官也会召开。如北卡罗来纳州规定法律指示会议是庭审的必经程序，如果不召开法律指示会议，就构成对正当程序的违反，可以进行重新审判。法官对提出

---

[1] [英]约翰·斯普莱克：《英国刑事诉讼程序》，徐美君、杨立涛译，中国人民大学出版社 2006 年版，第 635 页。
[2] 英国《刑事司法与公共秩序法》第 34、第 35 条对被告人沉默权进行了限制，当被告人在审前阶段不告诉被警方或控方合理要求且应当提及的事实，但在庭审阶段作为其辩护理由，以及被告人被法庭要求作证，无正当理由不作证或拒绝回答法庭的问题时，法官可以指示陪审团作出对被告人不利的推论。
[3] Shokat Chenia v. Regina [2002] EWCA Crim 2345.

的异议经审查后，认为需要纠正的，可以召回陪审团给予新的指示并告诉陪审团忽略之前错误的指示。如果法官指示出现错误时，一般是由控方提请法官注意。如果法官在总结阶段没有就举证责任或证明标准的含义向陪审团充分释明，控方也没有及时提醒法官纠正错误，陪审团作出的有罪裁定就会被上诉法院撤销。辩护人为了被告人的利益，通常不会对法官总结中的错误提出异议，而是将该错误作为上诉理由以达到推翻有罪裁定的目的。

控辩双方法律指示异议的提出，既可以口头，也可以书面，法院会进行记录以便上诉法院审查。异议不能泛泛而谈，需要明确理由，如密西西比州法院指出，仅仅指出没有证据支持或错误陈述法律是不够的，理由需要具体化，如法官过度解读了证据、不符合本司法辖区的范本指示、指示与司法判例相冲突。[1] 如果在此阶段没有提出异议，拟给的法律指示就构不成根本错误。但是存在这样的例外，如果法律指示出现根本错误，未提出异议并不视为对上诉权的放弃。

另外，诉讼双方还可以在法律指示会议上提交特别指示，这类指示并非直接来自范本指示，而是当事人自己提前准备的，当范本指示不能准确描述法律时，法官会考虑向陪审团宣读特别指示。

美国上诉法院审查法官指示是否错误时，适用无害错误规则。法官作出的法律指示可能存在错误，但并不是所有的错误都会对当事人的权利造成实质性影响，换言之，只有遗漏了陪审团作出裁决所必须考虑的相关要素时，才是根本错误。[2] 这种错误属于宪法性错误，宪法性错误又可分为结构性错误和审判错误。[3] 当法官指示错误导致剥夺了当事人的权利，无法满足最低的诉讼公正，如错误的指示"证明有罪的责任由被告人承担"，这种判决会被强制性撤销。

大多法官指示错误并非必然撤销的情况，判断指示错误影响了陪审团对证据的认定，是否会对判决造成实质或重大影响，需要具体分析。例如在美

---

[1] Christine Davis, The Key to Jury Instruction Preservation: Objecting with Precision and Completeness, Feb. 14, 2017, https://www.jdsupra.com/legalnews/the-key-to-jury-instruction-37698/.

[2] Michael M. Giel, "Avoiding Fundamentally Erroneous Jury Instructions: Pointers for Counsel in Criminal Trials and Appeals", *Florida Bar Journal*, Vol. 81, 2007, p. 61.

[3] 蒋鹏飞：《美国刑事诉讼中的无害错误规则及其启示》，《国家检察官学院学报》2008年第4期，第137—138页。

国诉麦基一案（United State v. McKye）中，被告人被控证券欺诈和洗钱罪，被告人认为，法官向法官指示"所有的票据都是《证券欺诈法》规定的证券"，是错误的法律指示。[1] 上诉法院认为控方必须证明涉案票据属于有价证券，但是控方没有做到这点，这种错误指示是有害的。正是因为陪审团被错误指示，使得陪审团采纳了该证据，导致被告人被定罪，这种错误是根本错误。法官指示未能准确描述法律时，也会构成根本错误。例如在伊利诺伊州上诉法院审理的一起保险索赔案件中，初审法院依据范本指示对陪审员作出的法律指示未能反映本州的现行法律，因此该指示错误是有害错误。[2] 另外，学者认为，如果法官在陪审团定罪之前要求他们对黑人进行道德评价，容易导致定罪不准确的后果。[3]

美国学界对法官遗漏指示要素是否属于无害错误存在不同观点，但错误的法官指示侵犯了被告人获得陪审团审判的权利。[4] 从司法实践来看，法律指示不充分，并不一定构成有害错误，如上诉人认为法官给出的"什么是精神病人"的法律指示并不充分，把举证责任不当转移给了自己。但是上诉法院认为即使指示不充分，但法官指示很清楚地说明了控方必须证明被告人构成犯罪的所有要素已达到排除合理怀疑标准。[5] 因此，上诉法院认为不充分的法律指示并不构成有害错误。通常来讲，法院必须就指控罪名的基本构成要素向陪审团作出正确指示，如果犯罪的某一个基本要素在一般人看来是理所当然的，不大可能发生争议和误解，那么，没有向陪审团发出指示不是有害错误。

五、英美法官指示的新发展

（一）英国：公开陪审员对法官指示的回答情况

《欧洲人权公约》第6条规定了公平审判权，其中就要求公开判决理由。但是，英国陪审员被假定理解并遵循法官给出的指示，能够作出一个公正的

---

[1] United States v. McKye, 734 F. 3d 1104 (10th Cir. 2013).
[2] Kimberly Kanoff Berman, Drafting Jury Instructions that Win Appeals, Jun. 29, 2018, https：//marshalldennehey.com/articles/drafting-jury-instructions-win-appeals.
[3] Jody Armour, "Where Bias Lives in the Criminal Law and its Processes: How Judges and Jurors Socially Construct Black Criminals", Am. J. Crim. L., Vol. 45, 2018, p. 203.
[4] Daniel Epps, "Harmless Errors and Substantial Rights", Harv. L. Rev., Vol. 131, 2018, p. 2117.
[5] Holiday v. State, 753 So. 2d 1264 (Fla. 2000).

判决，而且，英国陪审员也不需要公开他们作出决定的理由。陪审员决定理由的不公开受到质疑，当陪审员在不理解法律或对事实作出错误认定而作出无罪裁定的情况下，上诉法院会显得无能为力。

比利时陪审团公开裁决推理过程的做法引起了英国的注意。《比利时刑事诉讼法》规定了一种"结构化裁决"模式，即主审法官根据起诉书的内容向陪审团提交一份正式的问题清单，陪审员必须对问题作出答复。因此，英国大法官罗宾·奥尔德（Robin Auld）于2001年提交了一份刑事法院审查报告，他建议法官应设计书面问题清单提供给陪审员，这些问题与案件事实相关联，在逻辑上能够导致有罪或无罪，在适当的情况下，陪审员可以在法庭上公开他们的回答。[1] 这种公开陪审员推理过程的做法被称为"裁决路线"（Route-to-verdict）公开，这种指示陪审员的模式直到2010年才被英国司法协会批准使用。[2]《刑事诉讼规则》25.14（3）（b）规定："在必要的时候，法官对陪审员提出问题并要求其在作出裁决时回答。"《刑事审判指南》对前述条款进一步明确规定，法官可以根据需要制作"裁决路线"协助陪审员认定案件事实。[3] 立法虽然没有规定法官必须采用"裁决路线"指示陪审团，但这一指示模式在提高陪审员法律的理解能力，帮助其准确认定案件事实的同时，也减少了有罪裁定被推翻的概率，受到了法官们的热烈欢迎。

除了英国，类似"裁决路线"的指示模式还被引入加拿大、新西兰等普通法系国家。[4]"裁决路线"可以通过不同的形式表现出来，如文本、要点、流程图或其他图表形式，陪审员需要对法官给出事实问题回答"是"或"否"，不同的回答会引出另一个新的事实问题或案件结论，直至陪审员作出有罪或无罪裁定。在英国，除了一些简单案件，"裁决路线"指示模式在其他案件中被法官广泛采用。法官根据案件的事实、证据以及法律预先制定出"裁决路线"中的问题，再同辩护人协商确定最终要向陪审员发问的问题。

---

[1] Robin Auld, "Review of the Criminal Courts of England and Wales", *Criminal Law Review*, 2001, pp. 537-538.
[2] Mark Coen & Jonathan Doak, "Embedding Explained Jury Verdicts in the English Criminal", *Legal Studies*, Vol. 37, 2017, p. 797.
[3] Criminal Practice Directions 2015 Division VI, https：//www.justice.gov.uk/courts/procedure-rules/criminal/docs/2015/crim-practice-directions-VI-trial-2015.pdf.
[4] Paul Marcus, "Judges Talking to Jurors in Criminal Cases：Why U.S. Judges do it so Differently from just about Everyone else", *Arizona Journal of International & Comparative Law*, Vol. 30, 2013, p. 54.

法官向陪审员发问时，还会就问题所涉及的法律和证据指示陪审团。英国《刑事法院资料汇编》以"D拿玻璃杯把W的脸砸伤"（陪审团一致认为D确实打伤了W）为例，对法官如何运用"裁决路线"指导陪审团作出裁决进行了示范（如下图），其中的罪名一指的是故意伤害，罪名二指的是过失伤害。[1]

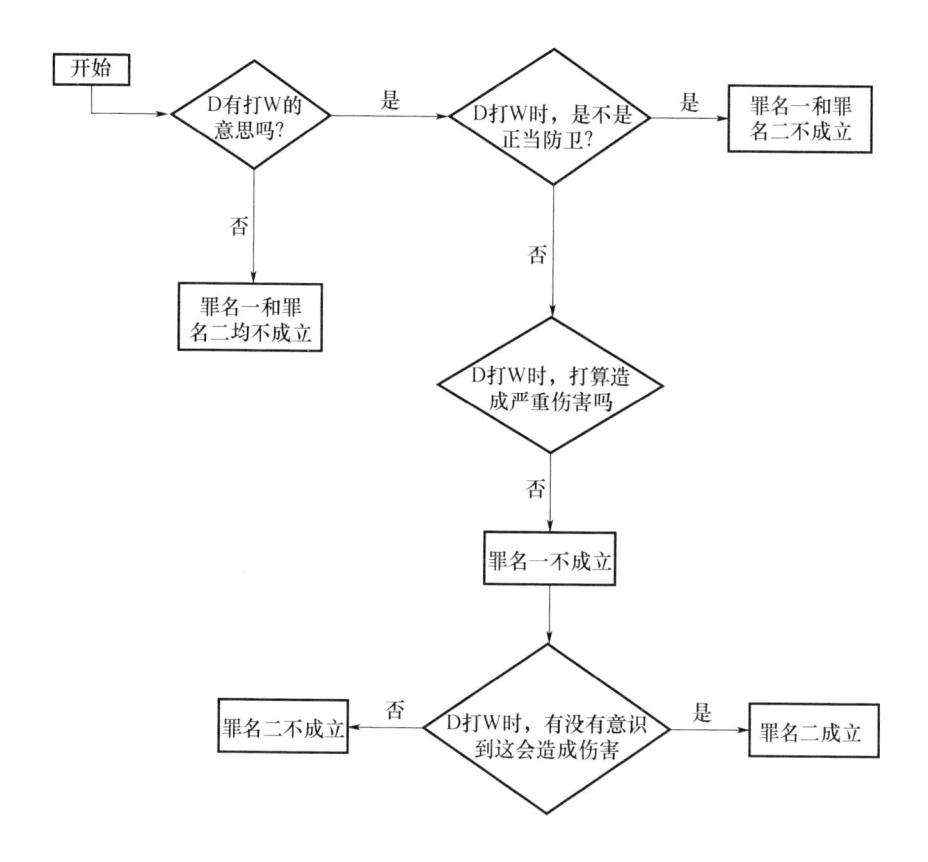

```
开始 → D有打W的意思吗？ ─是→ D打W时，是不是正当防卫？ ─是→ 罪名一和罪名二不成立
              │                      │
              否                     否
              ↓                      ↓
        罪名一和罪            D打W时，打算造
        名二均不成立           成严重伤害吗
                                    │
                                   否
                                    ↓
                              罪名一不成立
                                    │
                                    ↓
        罪名二不成立 ←否─ D打W时，有没有意识 ─是→ 罪名二成立
                          到这会造成伤害
```

（二）美国：改革范本指示和允许陪审员提问

为了提高陪审员对法律的理解能力，准确认定案件事实，美国学者对法官指示进行了大量实证研究。无论是从数量还是内容上来看，美国法官指示的研究成果远超过英国。其中的一些建议被法院采纳，对法官指示进行了改革，除了前文所述法官指示时间的改革，这些研究内容还包括以下两个方面：

一是改革范本指示语言。这些范本指示是由律师和法官组成的委员会编写

---

[1] Judicial College, The Crown Court Compendium: Part 1, May 2016.

的，充斥着大量复杂的法律术语，晦涩难懂。有14%的美国成年人（大约3000万）阅读技能处于基本水平以下，即不能处理不熟悉或复杂的信息，而且理解法官指示至少需要12年级的阅读水平。[1] 美国对陪审员的英语水平要求是能够完整地填写好陪审员资格表，并且陪审员都是非专业法律人士，因此，陪审员理解范本指示时存在困难就不足为奇了。语言简洁、通俗易懂成为改革的主要目标。例如，法律语言专家彼得·蒂尔斯马（Peter M. Tiersma）在《陪审团沟通：如何起草易理解的法官指示》一文中对范本指示可理解性的提高提出许多切实可行的建议，如使用可理解的词汇、避免复杂的语法结构、以举例子的形式解释法律术语等。[2] 马萨诸塞州最高法院研究小组在编写范本指示的时候，还吸收警方参与，因为警方经常与公众接触，比法官和律师更了解陪审员。

二是改革法律指示配套措施，允许陪审员做庭审笔记且就法官的法律指示提问。在过去，法庭不允许陪审员做庭审笔记，因为记笔记不仅费时，还会分散他们的注意力。一些实证研究表明上述担忧不仅不会出现，反而会带来很多好处，如更好地回忆证据、提高法律理解能力、准确认定案件事实等。[3] 联邦和大部分州法院就允许陪审员在审判中做笔记，但是法官要对笔记的使用作出一定的限制，应当向陪审员指示笔记不能作为证据，不能受其他陪审员笔记影响等。在庭审中，陪审员对证人证词的疑惑一旦被带到评议阶段，就可能影响证据的审查。如果允许陪审员向证人提问，就可以减少对事实的误解，对法官指示有更清晰的认识。虽然有人担忧陪审员提问会拖延庭审效率，如果提问不被允许，陪审员会误认为法官暗示该证据不重要等，但实证研究证明这种担忧不必要：陪审员会将问题以书面形式传给法官；律师会在陪审团不在场的情况下对该问题提出异议；如果法官同意提出这一问题，则由法官向证人发问。这些配套机制克服了陪审员向法官提问可能带来的问题。

尽管，美国法官指示改革取得了不少成果，但整体上进程缓慢，比如学

---

[1] Steven E. Perkel & Benjamin Perkel, "Jury Instructions: Work in Progress", *The Jury Expert*, May 2015, p. 22.

[2] Peter M. Tiersma, "Communicating with Juries: How to Draft more Understandable Jury Instructions", *National Center for State Courts*, 2006.

[3] Debra L. Worthington & Julie E. Howe, "What you should Know about Jury Reform: Part 1 Examining Juror Note-taking", *The Jury Expert*, Oct. 2006, p. 9.

者们对法官指示时间的实证研究自 20 世纪 70 年代就开始，三十年后，美国国内法院才普遍对法官指示的时间进行改革。学者认为，阻碍法官指示改革的原因有四个[1]：第一，法官指示的起草者由律师和法官组成，主要目的是避免上诉成功，推翻一审裁决，陪审员是否理解成了次要目标；第二，法律用通俗易懂的语言让普通大众理解的同时，会丧失法官权威；第三，法官们对实证研究的结论普遍持怀疑态度，因为研究者们的研究对象是模拟陪审团审判，并不是真实发生的审判，模拟的数据不代表真实；第四，各州的法官指示都符合各州法官利益，为了防止裁定被上诉推翻，各州也拒绝改变。

六、我国对英美法官指示的借鉴

我国人民陪审员制度中的七人合议庭在裁决权范围上吸纳了英美法系国家和大陆法系国家的优点。我国 2018 年《人民陪审员法》规定了人民陪审员与法官的职权划分。人民陪审员参加三人合议庭的，对事实和法律问题有决定权。七人合议庭由审判员三人和人民陪审员四人组成，在七人合议庭中，人民陪审员只对事实问题有决定权。评议和决定程序分两步走，先由审判员和人民陪审员共同对事实问题进行评议和表决，再由审判员三人对法律问题进行评议和表决。

在法官对陪审员的法律指引方面，规定了总体规则和两种具体的指示方式：

首先，立法总体上规定了法官对陪审员的法律指示义务。《人民陪审员法》第 20 条规定："审判长应当履行与案件审判相关的指引、提示义务，但不得妨碍人民陪审员对案件的独立判断。合议庭评议案件，审判长应当对本案中涉及的事实认定、证据规则、法律规定等事项及应当注意的问题，向人民陪审员进行必要的解释和说明。"总体上规定了法官应当随时进行法律指示，也特别强调了评议时应当对陪审员进行法律指示的内容。

其次，采用了大陆法系国家通常采用的问题列表制度。2019 年，《最高人民法院关于适用〈中华人民共和国人民陪审员法〉若干问题的解释》第 9 条规定："七人合议庭开庭前，应当制作事实认定问题清单，根据案件具体情况，区分事实认定问题与法律适用问题，对争议事实问题逐项列举，供人

---

[1] J. Brittany Cross, "Juror Incomprehension: Advocating for a Holistic Reform of Jury Instructions", *Kentucky Law Journal*, Vol. 98, 2009, pp. 358-363.

民陪审员在庭审时参考。事实认定问题和法律适用问题难以区分的，视为事实认定问题。"第 13 条规定："七人合议庭评议时，审判长应当归纳和介绍需要通过评议讨论决定的案件事实认定问题，并列出案件事实问题清单。人民陪审员全程参加合议庭评议，对于事实认定问题，由人民陪审员和法官在共同评议的基础上进行表决。对于法律适用问题，人民陪审员不参加表决，但可以发表意见，并记录在卷。"这两条规定了 7 人合议庭开庭前、评议时两个阶段都应当由审判长制作事实问题清单。问题列表是英国陪审团"指示范本"的升级版，也是大陆法系问题列表制度的中国化，这是用特定的书面方式，在开庭前、评议时进行的法律指示。

最后，采用了英美法系国家的法官法律指示制度。《最高人民法院关于适用〈中华人民共和国人民陪审员法〉若干问题的解释》第 11 条规定："庭审过程中，人民陪审员依法有权向诉讼参加人发问，审判长应当提示人民陪审员围绕案件争议焦点进行发问。"第 12 条规定："合议庭评议案件时，先由承办法官介绍案件涉及的相关法律、证据规则，然后由人民陪审员和法官依次发表意见，审判长最后发表意见并总结合议庭意见。"这两条规定了法官在制作和出示问题列表之外，可以在庭审过程中、评议案件时进行口头法律指示。

综上，我国人民陪审员指示制度，兼采大陆法系国家问题制度和英美法系国家法官指示制度，审判前通过问题列表方式进行指示，审判中通过口头方式进行法律指示，评议前同时向人民陪审员展示问题列表和进行口头指示。既有问题列表这样的书面指示，也有口头指示。我们已经形成了具有中国特色的人民陪审员指示制度。

我国兼采问题列表与法官指示相结合的做法，充分考虑了陪审员作为外行人对法律不理解可能带来的审判困难，这符合我国公民参与司法不够成熟的现实，值得肯定和坚持。但是，庭审中只规定"审判长应当提示人民陪审员围绕案件争议焦点进行发问"，没有规定陪审员对法律问题不清楚时是否可以指示；立法中"不得妨碍人民陪审员对案件的独立判断"的内容在立法和司法解释中并无具体保障性措施。对以上两点，我们可以借鉴英美法官指示的有益做法。

（一）增加庭审前和庭审中的口头指示

在我国，开庭前"应当制作事实认定问题清单"，没有明确规定可以再进行口头法律指示；而在庭审中，法官"应当提示人民陪审员围绕案件争议焦点进行发问",可以认为这仅仅是一个法庭指挥条款,并不包括法律指示。为了让人民陪审员在庭审前后的任何时间都有机会听到法官的法律指示,我国应当明确规定法官在庭审前、庭审中有口头法律指示的权力,当然,这也是法官的责任和义务。

首先,开庭前指示除现在已经规定的人民陪审员问题列表之外,还应当规定,针对人民陪审员就问题列表提出的问题,还可以进行口头法律指示。事实上,在实践中,人民陪审员就问题列表中不清楚的问题,一般会提出疑问,法官也会进行回答,立法应当肯定实践中这一做法。

其次,在庭审过程中,法官可以根据所审理的案件情况,就实体法和审判程序以及证据等与案件相关的法律规则,向人民陪审员作出指示。如,当辩方提出证据排除的申请时,法官应当根据《刑事诉讼法》和相关司法解释,说明"证据能力先行调查"原则的程序和制度。

对于在法庭上的法律指示,可以由法官根据人民陪审员提问情况主动作出,也可以根据人民陪审员的要求回答有关法律问题。但是,庭审中的法律指示应当在法庭公开发出,让诉讼各方都能了解,以避免法官对人民陪审员进行不当引导,影响其独立审判。

(二)对法律指示记录在案并允许异议

法官指示的受众主要有三类:陪审员、律师、上诉法院。在英美国家,陪审员需要依据法律认定独立案件事实,律师通过举证让法官向陪审员提供对自己有利的法律指示,上诉法院需要审查错误的法律指示是否对有罪裁定造成实质影响。

但是在我国,人民陪审员的立法与司法解释并不允许律师了解人民陪审员指示的内容。我国学者建议通过限定指示的内容为人民陪审员指示设定边界,保障人民陪审员独立参与审判。[1] 法官对人民陪审员的指示错误应当根据故意的指示错误、过失的指示错误和无指示的错误三种情形进行审查和评估。[2] 还有人提出,我国当前的法官指示不能进行模糊立法,而应当将法律条文和证据规则作为法官指示的内容。[3] 上述学者对法官指示责任的研究中,只是针对指示内容进行了阐述,并没有从发现法官指示错误的角度进行研究。

---

[1] 唐力:《法官释法:陪审员认定事实的制度保障》,《比较法研究》2017年第6期,第1页。
[2] 刘梅湘、孙明泽:《刑事法官指示制度研究——论中国刑事诉讼人民陪审员指示的完善》,《重庆大学学报(社会科学版)》2019年第2期,第134页。
[3] 步洋洋:《中国式陪审制度的溯源与重构》,《中国刑事法杂志》2018年第5期,第88页。

实际上，法官有很多微妙的方法对人民陪审员独立裁判进行影响，特别是法官作出口头指示时，律师有能力和动力发现、判断这样的影响。所以，我国应当学习英美国家的做法，规定：律师在场时应当公开进行法律指示；无论律师是否在场，法官指示内容都应当记录在案供律师查阅；错误的指示应当成为上诉和改判理由；对于法官故意发布错误指示，影响陪审员独立裁判的，应当承担司法责任。

结　语

我国人民陪审员指示制度与英美法官指示制度的根本区别在于，我国的人民陪审员指示兼采英美法系国家的法律指示制度和大陆法系国家的问题列表制度，周到而细致地考虑了人民陪审员不懂法带来的对公正与效率的影响。但从我国人民陪审员指示的立法内容来看，立法者对法律指示影响人民陪审员独立审判的问题没有采取必要的防范措施。究其原因，是因为我国人民陪审员制度与英美陪审团制度的根本目的和基本功能不同。

我国《人民陪审员法》第1条规定，人民陪审员参与审判的目的在于"保障公民依法参加审判活动，促进司法公正，提升司法公信"，即促进公正与公信；而英美国家的陪审团是基于"人民不会犯错"、陪审团被认为是"自由的灯塔"等理念，根本目的是"防止政府用立法的手段压迫人民"。[1] 同时，在功能上，我国人民陪审员审判的结果可以通过二审进行纠正，而英美陪审团承担"事实审一次性"的重任，上级法院不能对事实问题进行重审，只能以程序问题推翻审判并要求重审。因此，在我国，法官不当影响人民陪审员独立审判的后果是可以随时纠正的。尽管如此，我国立法中"不得妨碍人民陪审员对案件的独立判断"表明，立法者看到了人民陪审员独立审判的意义。

---

[1] 高一飞：《陪审团的价值预设与实践障碍》，《北方法学》2018年第4期，第103—115页。

第五章

上帝的声音：一致裁决的功能及其局限

11∶1、10∶2、8∶4、6∶6、3∶9、1∶11、0∶12……最终被告被宣判无罪，一名陪审员的坚持扭转了案件的结局。这是电影《十二怒汉》所讲述的故事，但对于美国司法来说却并不陌生，因为现实中这样的情节也在上演。这个故事的基础正是一致裁决原则。

"在人类迄今发明和推行的所有政治制度中，民主是弊端最少的一种。也就是说，相对而言，民主是人类迄今最好的政治制度。"[1] 选举和立法机构中的民主表决一般不可能要求取得一致的同意，最终只能根据大多数人的意见作出决定，只有承认"大多数人的统治"就是"人民的统治"，才能使"人民的统治"成为可能。[2]

陪审团一致裁决具有协商民主功能、权利保护功能、发现真实功能、实现法治功能，但这些功能是否可以实现都遭到了质疑，因而在发展中，在其发源地英国出现了衰退的情况，其他大部分有陪审团的地区都放弃了一致裁决的要求。然而，在美国司法中，联邦和大部分州的陪审团裁决仍然要求所有参与人同意，即要求一致裁决，其原因何在？在本章中，笔者将分别针对每一个功能，描述其积极倡导者的理由和质疑者提出的这一功能的局限，并提出自己的看法。

一、陪审团一致裁决原则在英美司法史中的功能

从陪审团一致裁决功能的发展历程来看，在一致裁决原则的发源地英国，一致裁决的功能是比较单一的：认为这样的裁决最接近真相，是"上帝声音最可靠的显示"。而在美国，一致裁决被认为是"被告人所享有的宪法

---

[1] 闫健编：《民主是个好东西：俞可平访谈录》，社会科学文献出版社2006年版，第1页。
[2] 刘山鹰：《试论民主的价值——以多数人统治和少数人统治的辨析为基点》，《政治学研究》2006年第1期，第25页。

上的自由权利不得被剥夺",被赋予了更多的功能,但是,这些功能也都遭到了质疑。

(一)在发源地英国的功能:发现真相

600多年来,一致裁决已经成为陪审的一个显著特征。关于一致裁决原则长期被陪审团所采用的原因,历史并没有给出明确的答案。有证据证明这一规则曾长期流行于中世纪的裁判机构中。教会非常重视裁决的一致性,认为其是实现司法正义过程中"上帝声音最可靠的显示"。[1] 在最初形成过程中,中世纪陪审团选择一致裁决还有其审判方式的原因,即陪审员选自邻近的人,他们在审判中被推定为事件的证人,这种陪审团也被称为"知情陪审团"。因此,从逻辑上来看,不一致意味着至少一方存在伪证,所以力争裁决达成一致。[2] 所以,此时的陪审团一致裁决,其主要功能是防止伪证,发现真相。

第一个文字记录的一致裁决出现在1367年英格兰法庭,12名陪审员中唯一的异议者宁死不愿放弃自己的立场,即使如此,法院仍然拒绝接受不一致的裁决。[3] 此案之后,为保证陪审员们达成一致裁决,法官拒绝在达成一致判决之前为他们提供饮食、火和蜡烛,甚至将其关在马车里随法官在各地巡回审判,[4] 希望通过肉体上的痛苦促成一致裁决尽快达成。随后,一致裁决原则在英国刑事审判中得到了普遍的遵守。

然而,英国一致裁决原则却在1967年《刑事司法法》中被修改,允许10:2的多数裁决。随后,英国1974年颁布的《陪审团法》明确规定,在刑事法院或者高等法院,下列情况中可以采用多数裁决:陪审团人数不少于11人时,有10人同意该裁决,或在10人陪审团的情况下,有9人同意该裁决。如果最终没有形成法定比例的多数人意见即陪审团形成了"僵局",陪审团将被解散,由控诉方决定是否重新审理。[5] 英国1996年的司法统计数

---

[1] J. Roland Pennock, "Majority Rule" in International Encyclopedia of the Social Sciences, Macmillan, 1968, p. 536.

[2] Apodaca v. Oregon, 406 U. S. at 407, n. 2.

[3] Jeffrey Abramson, We, the Jury: The Jury System and the Ideal of Democracy, Harvard University Press, 2000, p. 199.

[4] James Kachmar, "Silencing the Minority: Permitting Nonunanimous Jury Verdicts in Criminal Trials", Pacific Law Journal, Vol. 28, 1996, p. 277.

[5] [美]肖恩·多兰:《陪审团审判》,载[英]麦高伟,杰弗里·威尔逊主编:《英国刑事司法程序》,法律出版社2003年版,第362页。

据显示，只有20%的定罪是被告人表示不认罪之后在刑事法庭被多数裁决的。其中，部分案件由专业法官组成合议庭审判，部分案件由陪审团审判。当陪审员作出裁决时，陪审团的主席必须在公开的法庭上宣布裁决是否达成一致，如果没有达成一致，就宣布法律规定的多数裁决。[1]

英国放弃一致裁决原则，取而代之以10∶2的多数裁决规则引发了学者们强烈的抗议。有学者甚至抗议称"多数裁决的观念动摇了证明有罪必须排除合理怀疑这一英国法基础原则的根基"[2] 围绕改变多数裁决的争论，学者们提出了犯罪控制问题和被告人的正当程序权利问题，官方坚持多数裁决的理由是防止职业罪犯通过威胁或贿赂陪审团成员脱罪；也有人认为，多数裁决让极端分子的观点在陪审团决定中打折扣。然而，批判者认为，这种变化是由节省重审费用的意愿而驱动的，它还破坏了一个基本原则即认定被告人有罪必须在排除合理怀疑的基础上作出。[3]

值得注意的是，英国陪审团仍保留了一致裁决的基本内容，即陪审团应尽量达成一致裁决，只有在无法达成一致裁决的情况下才适用多数裁决原则，审理法官应该鼓励陪审团尽量达成一致裁决。在刑事法院陪审团评议的时间（根据案件的性质和复杂程度来决定合理的评议时间）不得少于2小时。此外，上诉法院颁布的诉讼指引规定，如果陪审团未能在2小时内达成一致裁决，那么应该至少将他们重新召回评议一次。最后，如果连法定比例的多数裁决都未能达成，那么陪审团就应当被解散，重新召集一个陪审团来裁决此案。

（二）在美国联邦法院的功能：保障自由权利

几百年来，一致裁决原则在英国曾得到严格的遵守，这也为美国的一致裁决原则提供了典范。17世纪初，随着英国殖民活动的扩张，陪审团制度也漂洋过海来到了美国，伴随着陪审团制度在美国的发展，一致裁决原则也在美国落地生根。一致裁决原则被美国真正接受经历了一个漫长的过程。由于

---

[1] Sally Lloyd Bostock & Cheryl Thomas, "Decline of the 'Little Parliament': Juries and Jury Reform in England and Wales", *Law & Contemporary Problems*, Vol. 62, Spring 1999, p. 7.
[2] M. D. A. Freeman, "The Jury on Trial", *Current Legal Problems*, Vol. 34, 1981, pp. 65-69.
[3] Sally Lloyd Bostock & Cheryl Thomas, "Decline of the 'Little Parliament': Juries and Jury Reform in England and Wales", *Law & Contemporary Problems*, Vol. 62, Spring 1999, p. 7.

对英国陪审团制度不熟悉，17 世纪的美国曾短暂允许采用多数裁决规则。

最起码在 17 世纪时，还有康涅狄格州、宾夕法尼亚州以及南北卡罗来纳州 4 个州在宪法中规定可以接受多数裁决。[1] 但是，学者认为，这几个州的做法显然是由于对普通法程序不熟悉所致。[2] 到了 18 世纪，人们认为裁决必须一致。19 世纪后期，刑事陪审团裁决必须一致成了陪审团裁判的明确要求。[3] 正如联邦最高法院在 1898 年所指出的，"制定宪法的明智之士和赞成这一观点（一致裁决）的人认为刑事诉讼中的生命和自由只有经 12 个陪审员的一致裁决才能得到适当的保障"[4]。1897 年，一个案件上诉到最高法院，其对民事案件一致裁决的必要性提出质疑，但最高法院回应这一质疑时指出，"（一致裁决）不需要先例来支持，在普通法中一致性是陪审团审判的独有的、本质的特征之一"[5]。

到了 19 世纪，一致裁决原则在美国已成为共识。尽管美国宪法未对一致裁决原则予以规定，但联邦法院通过一系列案例明确了该规则：1898 年汤普森诉犹他州案的判决明确"非经 12 人组成的陪审团的一致裁决，被告人所享有的宪法上的自由权利不得被剥夺"[6]；1948 年安德雷斯诉美利坚合众国案的判决明确"当适用联邦宪法第六、第七修正案进行陪审团审判时，陪审员内部必须意见一致方可作出裁决"[7]。该规则也有成文法明确规定，1946 年颁布的《联邦刑事诉讼规则》第 31 条 a 款规定："裁决必须是一致作出的，它应当由陪审团在公开的法庭上递交给法官。"因此，在联邦法院，一致裁决原则的适用是明确的。

民事陪审团和刑事陪审团在一致裁决的问题上要求是不同的。美国联邦宪法第七修正案认为所有联邦民事陪审团审判需要一致裁决是符合宪法规定

---

[1] 张鹏程：《美国陪审团的一致裁决原则：历史与当下》，《时代法学》2012 年第 2 期，第 110 页。
[2] Francis H. Heller, *The Sixth Amendment*, Kans. University of Kansas Press, 1951, pp. 16-18.
[3] Johnson v. Louisiana, 406 U. S. 356, 369 (opinion of Powell, J.) (1972).
[4] Thompson v. Utah, 170 U. S. 343, 353 (1898); Andres v. United States, 333 U. S. 740, 748-49 (1948); Patton v. United, 281 U. S. 276, 288-290 (1930); Hawaii v. Mankichi, 190 U. S. 197, 211-212 (1903); Maxwell v. Dow, 176 U. S. 581, 586 (1900).
[5] American Publishing Co. v. Fisher, 166 U. S. 464; 467-468 (1897).
[6] Thompmn v. Utah, 170 U. S. 343, 335 (1898).
[7] Andres v. United States, 333 U. S. 740, 748 (1948).

的，然而，自1937年以来《联邦民事诉讼规则》（FOD. CIV. PROC. 48）已经允许非一致裁决，即允许多数陪审员同意的裁决。另外，美国联邦宪法第七修正案不适用于州法院，联邦宪法从未要求在州民事审判中适用一致裁决，至2021年，只有17个州要求在法院一般管辖的民事案件中适用一致裁决。

虽然联邦法院仍然要求陪审团一致裁决，但联邦最高法院认为，对于各州来说，一致裁决原则属于自由选择的范畴。联邦最高法院早在1912年的乔丹诉马萨诸塞州案的判决中就明确表示："由各州制定的法律可以规定，陪审团不采用一致裁决原则，并不违反法律的正当程序。"[1] 在此之后，路易斯安那州和俄勒冈州先后于1928年和1934年修改了各自的宪法，规定在各自的刑事审判中，除死刑案件外，陪审团可以做出非一致裁决。[2]

1972年，通过来自俄勒冈州和路易斯安那州的案件，联邦最高法院裁定：宪法允许各刑事陪审团分别以10：2或9：3的差额裁决不判死刑的案件。[3]

法院认为一致性不是审判所必需的，它的终止既不会减少裁决的可靠性，证明仍需要超过压倒性多数陪审员的合理怀疑[4]，也不会减小陪审团裁决的代表性，因为持多数观点的人和持少数观点的人仍像以前一样进行审慎地商讨。[5]

当然，联邦最高法院1972年的判决并没有打开多数裁决的闸门，但是这些判决标志着一致裁决地位的下降：允许各州自主选择是否适用一致裁决。

二、体现充分参与：协商民主功能及其局限

何为民主？目前似乎并不存在一个为人们所普遍接受的民主概念，关于民主的讨论多而繁杂，"各种民主思想，犹如一片巨大的、无法穿越的灌木丛"[6]。在此，笔者不深入探讨民主的内涵，因为"民主始终代表着一种弥足珍贵的政治原则或政治理想，民主的含义始终是发展的，不要指望在一本

---

[1] Jordan v. Massachusetts, 225 U. S. 167. 176（1912）.
[2] James Kaehmar, "Silencing the Minority: Permitting Nonunanious Jury Verdicts in Criminal Trials", *Pacific Law Journal*, Vol. 28, Fall 1996, p. 278.
[3] Johnson v. Louisiana, 406 U. S. 356; Apodaca v. Oregon, 406 U. S. 404.
[4] Johnson v. Louisiana, 406 U. S. at 359-63.
[5] Apodaca v. Oregon, 406 U. S.
[6] [美]罗伯特·达尔：《论民主》，李柏光等译，商务印书馆1999年版，第43页。

政治学或法学的词典中构造民主涵义的囚笼"[1]。民主的含义难以捉摸，但是人们对现代社会民主的类型已有共识：源自古希腊的多数民主、密尔积极主张的代议民主[2]，以及新兴的远程民主、协商民主。而一致裁决原则的理论基础正与协商民主不谋而合。

协商民主是学术界对民主理论的最新发展。1980年，约瑟夫·伯塞特（Joseph Bessette）在"协商民主：共和政府中的多数原则"一文中，提出了"协商民主"（deliberative democracy）的概念[3]。伯纳德·曼宁认为，社会的生存和延续需要一种确定的正义原则和稳定的制度。因此，人们必然要面对什么样的原则是合理的，怎样的制度是合法的，从而依靠怎样的路径作出决策、解决冲突、行使权力，并保证构成社会生活的各种行为和愿望的统一这样的问题。曼宁的政治协商（political deliberation）观念包括如下内容：（1）协商，即各种观点相互比较的过程。（2）协商过程既是集体的，也是个人的，它是话语的和理性的过程。（3）政治协商和辩论以相对理性的听众为前提，协商过程是公众自己建构教育和培训的过程。（4）政治协商概念不应该排斥任何人投票和参与协商的权利，以及有效行使这种权利所必需的基本自由。（5）协商理论仅仅提供了一种不完善的、尽可能合理地作出决策的方式[4]。20世纪90年代后期，协商民主理论的研究成果开始以各种形式表现出来[5]。"合议制强调合议庭成员应当集体商量、讨论案件的处理问题。"[6]然而，在没有强制要求听取他人意见的机制下，协商会因为效率和不必要而被省略，少数人的意见被忽略。

如果说陪审团制度完美地阐释了参与民主，那么一致裁决原则无疑是协商民主的典型表现。所谓协商民主是指自由平等的公民，基于权利和理性，

---

[1] 刘山鹰：《试论民主的价值——以多数人统治和少数人统治的辨析为基点》，《政治学研究》2006年第1期，第21页。

[2] [英] J. S. 密尔：《代议制政府》，汪瑄译，商务印书馆1982年版，第55页。

[3] Joseph Bessette, "Deliberative Democracy: The Majority Principle in Republican Government", in Robert Goldwin & William Shambra, ed., *How Democratic is the Constitution?*, American Enterprise Institute, 1981, pp. 102-116.

[4] Bernard Mannin, "On Legitimacy and Political Deliberation", *Political Theory*, Vol. 15, Aug. 1987, pp. 338-368.

[5] 陈家刚：《协商民主研究在东西方的兴起与发展》，《毛泽东邓小平理论研究》2008年第7期，第71页。

[6] 左卫民等：《合议庭制度研究：兼论合议庭独立审制》，法律出版社2001年版，第12页。

在一种由民主宪法规范的权力相互制约的政治共同体中，通过对话、讨论、辩论等过程，形成合法决策的民主形式。[1] 可以将协商民主解构为两部分：一是协商的过程，二是形成集体的决策，两者缺一不可。而这也正是一致裁决的重要组成部分，值得强调的是，一致裁决原则的核心在于评议，一致性的要求使得评议充满了力量。

与案件毫无关系的公民被召集在一起决定被告有罪或无罪，他们来自不同的社会阶层、家庭背景、教育背景、职业、宗教信仰等因素都使得他们彼此之间存在着极大的差异性，因此他们对待同一事物的看法自然也不同。评议的过程事实上是将不同的群体带入一个共同的交谈，尊重他们之间的差异性，通过反复的争论，说服与被说服，消除分歧，聚集集体的智慧去追寻案件的真相和公平。因此，评议的过程要求听取少数派的意见，在协商的基础上消除分歧。如《美国律师协会陪审团标准》中对一致裁决的要求作了解释，认为这样可以保证少数派的成员在陪审团审议中同样有发言权，即多数派不能简单地拒绝听取陪审团两三个成员的意见。这种一致裁决的要求迫使陪审员要有理有据地阐明自己的观点并相互听取意见。[2] 评议的过程对集体智慧的产生有着积极的作用。亚里士多德曾指出："当这些普通人聚在一起时，比他们各自作出决定时，能够获得更多的理解：因为身处多数之中的每个人各有一份德行和谨慎，当他们聚在一起时，形成的行为方式是一个人的……一些人理解这一部分，一些人理解另一部分，这样他们便理解了全部。"[3] 充分的讨论无疑有利于每一名陪审员注意到被自己忽视的细节，从而对案件事实、证据予以全面掌握与了解，在此基础上作出的裁决也就更加理性。

这就是一致裁决原则成为另类民主的具体表现：强调仔细审议而非简单地投票，陪审员面对面的讨论他们不一致的意见。一致性的规定需要陪审员进行大量的仔细审议从而产生集体智慧。每个人都必须从其个人角度思考案件以寻求社会正义，每个人都要去游说或被说服。所以，一致裁决原则尤其是评议过程完美地阐释了协商民主。

当然，也有人对前述观点也存在质疑，认为在一致裁决有助于陪审团合

---

[1] 陈家刚：《协商民主研究在东西方的兴起与发展》，《毛泽东邓小平理论研究》2008年第7期，第73页。
[2] American Bar Association Jury Standard, aritical 17.
[3] [美]博格西诺等：《法律之门》（第6版），邓子滨译，华夏出版社2002年版，第594页。

法性的背后，存在着自相矛盾之处，即可能造成"妥协裁决"，即类似于中国对那些证据有疑问的案件本应当按"疑罪从无"处理，但实际上达成妥协而形成一个轻罪判决，从而使协商形式化，因为一致裁决可能激发陪审员慎重、中庸地行事。也就是说，通过对大家不同看法的共同推测来形成一个真正被所有人都接受的折中裁决。鲍威尔大法官就指出，一致性可能促使陪审员行为更加出于权宜之计，重新回到那种在陪审团各派之间寻找区别而且没有任何理性根据的妥协裁决。[1] 如果发生这种情况，一致性就不会促进真相的发现。[2]

另外，持相反意见者还提供了实证研究数据来说明，在多数裁决的情况下，协商的程度比一致裁决的情况下会更高。马萨诸塞州的一项研究认为，在法官给出非一致裁决的指导后，评议的风格比在一致裁决原则下更具有好斗性，因为"多数规则下的陪审团多数派采取更强有力、更盛气凌人和更有说服力的方式，他们的成员意识到，当他们的目标是达到 8 或 10 个成员时，就不必回答所有反对的论点了"[3]。

陪审团评议中协商的理想模式是在陪审团中意见向有说服力的那一方流动，即人们改变自己的观点不是出于权宜之计而是因为通过听取别人的观点，真正转变了自己的看法。当评议以这种方式进行时，一致性的达成就是智慧的结晶，而不是妥协的政治。在美国的陪审团程序当中，评议是陪审员不可忽略的重要职责，理想的一致裁决模式中，陪审员应当知道他们的任务不仅仅是投票。尽管陪审员们最初可能观点不同，但他们必须通过对话和依次说服或被说服的艺术来达成一致意见，废除一致裁决将会削弱对话的作用，这种对话是通过平民之间就自己对于正义的理解互相说服教育而进行的，这是与英美国家的自由平等的文化联系在一起的。

一致裁决原则表达了一种不同形式的民主理想——关键在于一致而不是分歧、协商而不是投票表决。

---

[1] Johnson v. Louisiana, 406 U. S. at 377 (Opinion of Powell.).
[2] Jeffrey Abramson, *We, the Jury: The Jury System and the Ideal of Democracy*, Harvard University Press, 2000, p. 198.
[3] [美] 博格西诺等:《法律之门》(第6版)，邓子滨译，华夏出版社2002年版，第596页。

三、防止多数人暴政：权利保护功能及其局限

笔者在国内学者中较早关注陪审团一致裁决的权利保护功能[1]。后来，田心则博士通过分析美国陪审团一致裁决机制原理的民主细节，强调了精巧的程序性装置的建立对于"防止多数人暴政"的重大意义。[2]

在多数票表决制的情况下，会出现两种不合理的情况：一方面真理可能掌握在少数人的手里，多数人的意见可能恰恰是错误的决定；另一方面是多数票表决制意味着一部分人强迫另一部分人接受了自己并不愿意接受的决定。而一致裁决能够克服这两方面的缺陷。"第一，强迫陪审团做出全体一致的判决，会让他们更加谨慎地考虑证据，而不会简单地认定他们原先对案件的印象就是对的；第二，即使少数人很少能说服多数人改变对于被告罪行轻重的看法，但是少数人却常会改变多数人对于被告罪行轻重的看法。"[3] 哈耶克曾经指出："我们没有理由认为多数决策具有一种更高的超个人的智慧，因为在某种意义上讲，只有自生自发的社会发展所达致的成就才可能具有这种智慧。多数决议亦绝非是生成这种超越性智慧的所在。我们甚至可以说，多数决议一定不及一些最明智人士在听取各种意见之后所作出的决定，因为多数决议往往是考虑欠充分的产物，而且一般是不能令每一个人感到完全满意的妥协之物。"[4] 也正是在这个意义上，密尔认为："假定全体人类仅仅一人执有相反意见，这时，人类要使那一人沉默并不比那一人（假定他有权力的话）要使人类沉默更为正当。"[5] 事实上，多数的意见不一定都是有益的或明智的，多数人的统治完全有可能导致多数暴政的出现。在这一方面，陪审团一致裁决的作用得以凸显。

在美国1972年阿波达卡诉俄勒冈州一案中，被告人辩称一致性对于实现第六修正案所赋予的陪审员审判权利是必要的。只有一致裁决原则才能保证

---

[1] 高一飞：《中美陪审制基本价值的比较——兼论我国新陪审制的出路》，《新疆社会科学》2005年第5期，第79—87页。
[2] 田心则：《论美国陪审团一致裁决机制的民主原理》，载卞建林主编：《诉讼法学研究》（第12卷），中国检察出版社2007年版，第164—174页。
[3] [美] 阿伦森：《社会心理学》，侯玉波等译，中国轻工业出版社2007年版，第462页。
[4] [英] 冯·哈耶克：《自由秩序原理》，邓正来译，生活·读书·新知三联书店1997年版，第135页。
[5] [英] 约翰·密尔：《论自由》，程崇华译，商务印书馆1996年版，第17页。

少数意见得以有效体现，否则只会使多数压倒少数。[1] 在阿波达卡案中，被告人主张，如果一致性被放弃，使得陪审团中的多数派能够轻易忽视或者压倒少数派，这对陪审员选择方法的改革是没有意义的。被告人的简要观点如下："尽管种族的、宗教的或者道德方面的少数派，女性、穷人、年轻人或者其他在历史上被排除的群体代表现在能够在陪审团中获得出席机会，但是允许低于一致裁决的规则使得没有得到少数派默认并事实上没有考虑他们意见的裁决可能被发布。"[2] 这说服了法院的四个大法官相信一致裁决在陪审团实现有效地代表少数观点的能力上是关键的。

1985年，加利福尼亚州陪审团商讨是否给被控谋杀一对白人夫妻的黑人定死罪时，大多数意见形成的裁决（9∶3）认为该定死罪，另外三个不同意的是三名黑人陪审员。黑人陪审员坚持其观点，陪审团建议判终身监禁。斯图尔特大法官认为，这种不一致的裁决有悖于从社会的特定地区吸收陪审员的初衷，腐蚀了社会对实现刑事正义的信心，因为它允许陪审团根据民族和阶级划分进行裁判。[3]

斯图尔特大法官坦陈他对一致裁决的支持源于对陪审员个人品德的担忧。在理想情景下，陪审员应当品德高尚，足以理智地超越群体界限仔细考虑，但"实际上陪审团存在行为不当的严重风险……陪审团有时会依据激情和偏见行事"[4]。人性的弱点使得一致裁决要求成为被数世纪的经验和历史所证明的必要的、有效地防止司法正义实现过程中产生的社会激情与偏见的方法。

但是，属于九个法官中多数派的五个大法官还是否定了需要一致性裁决的诉求，他们对陪审团的行为持更加乐观的态度，认为：即使没有一致裁决，陪审员也有对相反意见进行仔细考虑和争论的责任，每一个参加陪审团的人都经过了质询并被发现能够保持无偏见、不在意肤色、不在意种族。少数派观点可能最终被压倒，但这并不能证明多数派基于偏见而不是证据。[5] 简言之，根据法院的观点，没有理由认为在 10∶2 的裁决规则下

---

[1] Apodaca v. Oregon, 406 U. S. (1972). at 412-414.
[2] Apodaca v. Oregon, 406 U. S. (1972). at 412-414. Kurland and Casper, Landmark Briefs 71：872.
[3] Johnson v. Louisiana, 406 U. S. at 398.
[4] Johnson v. Louisiana, 406 U. S. at 398.
[5] Apodaca v. Oregon, 406 U. S. at 413-414.

少数派意见没有被讨论和听取，因此，在多数裁决的情况下，少数派意见也能够得到充分体现。[1]

另外，法庭认为，刑事陪审团的首要功能在于"防止政府压迫"。为了提供这样一种安全堡垒，陪审团便被置于被告人与政府之间，"这是由一群门外汉组成的满怀常识的法官……是社会中特定地区的代表"。从这一保护性功能出发，法庭能够"认为在被要求一致裁决的陪审团与那些被允许以10∶2或者11∶1的投票来定罪或宣判无罪的陪审团之间没有差别"[2]也是被允许的，都能实现"防止政府压迫"的目的。

道格拉斯大法官在他对约翰逊和阿波达卡一案的异议（与最终裁决中的多数派不同的意见）中担心，对一致裁决的攻击会紧接着导致废除无罪推定和排除合理怀疑的证明要求。[3] 这三项程序性权利使得陪审制度在定罪时非常谨慎。[4] 所以，他认为，一致裁决原则就如无罪推定和排除合理怀疑一样，是维护司法公正不可缺少的重要基石。

美国的实证研究也表明：通过一致裁决的机制，会出现少数意见者最终打败最初属于多数意见的情况。从1955年起，芝加哥大学开展了陪审团实验小组研究计划，要求秘密记录陪审员的商议实况，该请求得到了审判法官和律师的同意，但陪审员并不知情。1966年，芝加哥陪审团实验小组主要作家卡尔文（Harry Kalven Jr.）和汉斯（Hans Zeisel）在《美国审判》一书中发表了实验小组的许多发现：在90%的案件中，协商对最后的裁决并没有重大的影响。他们写道："无一例外，最初的投票决定了裁决的结果，真正的决定经常是在商议开始前就已经作出了。"[5]

然而，在大约10%的样本案例中，持少数意见者最终打败了最初持多数意见者。虽然反对一致裁决的人漠视这个比例（荒唐地认为这个比例是"非常罕见的例外"），但是这些案例可能是特别重要的案例。在这些案例中，一

---

[1] Johnson v. Louisiana, 406 U. S. at 398.
[2] Johnson v. Louisiana, 406 U. S. at 411.
[3] Johnson v. Louisiana, 406 U. S. at 392-394.
[4] Jeffrey Abramson, *We, the Jury: The Jury System and the Ideal of Democracy*, Harvard University Press, 2000, p. 207.
[5] Kalven & Zeisel, "The American Jury", *Law & Contemporary Problems*, Vol. 62, Spring 1999, p. 488.

致裁决是允许花长时间使合理观点去说服最初观点的原因。[1] 我们可以假设，如果这个 10% 是被少数人的坚持而修正的错误，那么，对一个司法体系而言是多么重要。实证研究还显示，多数票裁决中未投赞成票的陪审员很难认为正义得到了实现，会感觉多数派甚至没有认真倾听他们的意见。[2] 他们的意见对判决的结果是可有可无的，因而被忽视。

多数裁决作为目前最为流行的一种裁决方式，其存在的弊端和缺陷不容忽视。"多数人的暴政"是多数裁决无法回避的一个问题。尽管多数裁决方式并不必然导致"多数人的暴政"，但是历史上多数民主所导致的悲剧也足以使我们警醒：从苏格拉底的死刑判决到法国大革命沦为暴政的工具，再到希特勒通过多数选举上台所带来的大屠杀，等等。在一致裁决的情况下，"少数意见可以促使多数人通过对证据审慎的再评断、对事实严谨的再检视。（正确的）少数意见能够最终改变（可能为）错误的多数人的意见，从而使陪审团所作出的事实裁断是正当的和正义的，以维护被告人获得公正审判，以及其所享有的最根本诉讼人权"[3]。

四、排除合理怀疑：发现真实功能及其局限

根据美国第十四修正案的正当程序条款，宪法要求各州对被告人定罪应当达到排除合理怀疑的程度，并已经得到最高法院判例的确认。[4] 在约翰逊诉路易斯安那州一案[5]中，约翰逊认为其他的三个陪审员仍然存在怀疑，意味着在对他的审判中并未达到排除合理怀疑标准。

瑟古德·马歇尔和威廉·道格拉斯两位大法官属于本案裁决中的少数派，他们坚决支持刑事被告人的看法，认为一致判决和排除合理怀疑的证明之间有逻辑联系。马歇尔大法官认为，一个陪审员的怀疑就足以表明，政府未能履行其举证责任。这是因为陪审员的怀疑都具有合理性，每一个陪审员都是"自己的发言人"。在马歇尔大法官看来，当出现是否存在合理怀疑这

---

[1] Stephan Landsman, "The Civil Jury in America", *Law & Contemporary Problems*, Vol. 62, Spring 1999, p. 285.
[2] [美] 博格西诺等：《法律之门》（第6版），邓子滨译，华夏出版社 2002 年版，第 596 页。
[3] 田心则：《论美国陪审团一致裁决机制的民主原理》，载卞建林主编：《诉讼法学研究》（第 12 卷），中国检察出版社 2007 年版，第 170 页。
[4] In re Winship, 397 U. S. 358 (1970).
[5] Johnson v. Louisiana 92 S. Ct. 1620 (1972).

一问题时，判决一致性是唯一能够使持反对意见的声音得到体现的途径[1]。因为，只要有反对的声音，案件就无法形成有效判决。

道格拉斯大法官也同样地认为，在一致通过判决的条件下，排除合理怀疑的证明需要发起一段冗长而紧张的审议过程，在该过程中，每个陪审员都认真地、努力地排除其他陪审员的怀疑；而在多数判决情形中，审议过程通常会在持异议者充分论证其怀疑之前就被省去，审议过程被降低为一个微弱的"多数人的恩惠"[2]。只有在审议是以一种强烈的争论来调和所有陪审员的观点之时，排除合理怀疑的证明才能得到实现。

法院最终没有支持刑事被告人的主张，多数意见认为一致裁决是不必要的，他们认为不一致裁决与排除合理怀疑的证明标准之间不存在矛盾。有以下几条理由[3]：

第一，从逻辑上看，如果约翰逊关于一些陪审员的怀疑等同于没有达到排除合理怀疑的观点正确的话，那么对于僵局陪审团的适当的补救方法是无罪宣判而不是重新审判。这种情况下，没有达到排除合理怀疑的案件相当于证据不足，应当遵循"疑罪从无"的规则，无罪放人。

第二，在理性讨论得到尊重，少数派的意见得到充分听取，12个人中的9个人能够谨慎地、真诚地接受专业法官的指导并排除合理怀疑的情况下，应当认为案件已经达到了排除合理怀疑的程度。这是有前提的，即应当要求多数派也必须听取少数派的意见，只能在合理讨论已经结束并产生说服性的效果，也就是说当少数派继续坚持无罪宣判但却没有说服性的理由来支撑其观点之后才能进行表决。

第三，法院推定陪审员在理想模式下，少数人的质疑应当是不合理的。法院认为，如果陪审员持不同意见，而他们的意见不能说服陪审团的大多数成员，那么他们应该问问自己，自己的意见是否合理。法院在这里引用了艾伦诉联邦一案，此案赋予了法官指导处于僵局的陪审员的权力："如果绝大多数赞成判决有罪，持有不同意见的陪审员应该考虑一下他的质疑是否是合理的，毕竟这一质疑没有给那些与他同样诚实、同样理智的人留下任何印象。"[4]

---

[1] Johnson v. Louisiana, 406 U. S. at 399-403.
[2] Johnson v. Louisiana, 406 U. S. at 396（1972）.
[3] Johnson v. Louisiana, 406 U. S. 356（1972）.
[4] Allen v. United States, 164 U. S. 492, 501（1898）.

第四，一致裁决将导致非理性妥协。艾伦一案经常遭到批判，因为一致裁决会造成法官向陪审员施加压力，使陪审员仅仅为了避免案件的久拖不决而违心地作出妥协性裁决。对此，大法官鲍威尔认为，一致性规则给陪审员造成了压力，使他们妥协，"尽管这一妥协经常缺乏合理的基础"。最后，所谓的一致通过导致"并不是12个人完全同意，而是谁都不同意但全部都妥协"。[1] 因此，鲍威尔大法官将一致性造成的妥协猛烈地批判为"非理性"的妥协，它可能会不当地毁损公众眼中一致性在合法化裁决中的重要地位。

另外，实证研究也为非一致裁决的观点提供依据，认为一致裁决恰恰可能导致错误裁判。通常人们认为一致裁决原则可以降低错判的可能性，然而有学者通过构建模型的方式证明一致裁决原则不仅会提高有罪之人逃脱法律制裁的可能性，而且陪审团的规模越大，无辜的人被错判的可能性也会越大。[2] 这一观点对于一致裁决原则而言是颠覆性的，因为其触及目前一致裁决原则遭受质疑的根本原因。[3] 一方面，一致裁决原则往往容易因为个别陪审员的偏执——这种偏执可能产生于个人的理性思考，也可能源于个人偏执的性格或感情偏好——而坚持认为被告无罪，导致陪审团久久无法决断，最终致使审判无效，使得有罪之人不能及时受到法律的惩罚甚至逃脱法律制裁。另一方面，如果陪审团的规模越大，那么多数陪审员给少数陪审员造成的压迫感就越强烈，少数方就越容易放弃自己的立场。而少数方的妥协和退让会在某些情况下使无辜的人承担错判的风险。

笔者认为，一致裁决与排除合理怀疑完美契合，但并不能将一致裁决与排除合理怀疑等同。经过理性讨论的一致裁决能够说明证据达到了排除合理怀疑标准，排除合理怀疑的证明标准内在地要求陪审团作出一致裁决。"由所有陪审团作出的所有裁决都应一致的要求是基于这样一个高尚的原则：只要12名陪审员意见不一致，对被告的罪过就存有合理的怀疑。"[4] 一致裁决原则被认为是排除合理怀疑最理想的状态，而这是多数裁决无法企及的。一

---

[1] Johnson v. Louisiana, 406 U. S. at 377.
[2] Timothy Feddersen, Wolfgang Pesendorfer, Convicting the Innocent: The Inferiority of Unanimous Jury Verdicts, http://www.jstor.org/discover/10.2307/2585926?uid=3737800&uid=2129&uid=2&uid=70&uid=4&sid=2110252237003, last visited, 2013-07-10.
[3] [美]博格西诺等：《法律之门》（第6版），邓子滨译，华夏出版社2002年版，第597页。
[4] [美] H. W. 埃尔曼：《比较法律文化》，贺卫方、高鸿钧译，清华大学出版社2002年版，第162页。

致裁决要求陪审员发出同一的声音，而这依赖于陪审员对案件证据、案件事实认识的高度统一。每一个陪审员看问题的角度、思维方式、情感倾向等的差异都推动着每一个人倾听与被倾听，说服与被说服，而这对于案件事实的发现，对案件疑点的排除无疑是有利的。正是因为有"排除合理怀疑和道德上的确定性"的证明标准作为武装，陪审团的一致裁决才有了正当性和合法性，陪审团因而才能维系它在英美刑事司法中的核心地位。

笔者认为，多数裁决规则代表的仅仅是陪审团内部的意见不统一，而并不表示裁判超越了排除合理怀疑的证明标准。然而，相较于多数裁决规则，一致裁决无疑更为理想地实现了与排除合理怀疑的契合，是最理想的状态。

五、代表普遍正义：实现法治功能及其局限

法庭对一致性的争论引出了许多复杂的经验与哲学问题。尽管九个大法官对一致性有极大的分歧，但是1972年他们一致同意：陪审团的基本制度设计中，评议具有至高无上的重要性。立法者应当保持与他们的选举者的主张紧密相连，但是我们经常将陪审团隔绝，甚至阻止陪审团成员了解外界对一个案件的意见。的确，如果代表权的立法模式在陪审团背景下适用，那么，隔绝陪审团将会适得其反，我们将鼓励陪审员阅读报刊、听取公众意见以及和与此代表权相关的"选举者"交流。但是实践中，隔绝陪审团就很清楚地表明：陪审团代表其团体的方式应该与立法者代表其团体的方式有很大不同。[1] 对此，九个大法官都表示赞成。

分歧在于这一问题：对于陪审团在意见分歧之上确定一种普遍正义的能力而言，一致性是否很重要。在回答这一问题时，大法官分立为互相矛盾的两方。

一种观点认为，只有通过一致裁决才能使不同背景的人认真考虑他人的观点从而确定一种相对的普遍正义。

以民主方式组合在一起的人们是怎样超越孤立的个人而达至一种普遍的智慧呢？对一致裁决最好的拥护就是颂扬陪审团将具有不同生活经历的人们聚在一起，每个人不可避免地依据根植于他们的信仰和种族背景的价值取

---

[1] Jeffrey Abramson, *We, the Jury: The Jury System and the Ideal of Democracy*, Harvard University Press, 2000, p. 199.

向来思考，但是每个人都足够公平地去赏识其他不同背景的人在商讨中的才识。在1972年支持一致裁决的四位大法官中，没有一位对陪审员虚心商讨的能力持乐观态度。他们对一致性的看法是：歧视和偏见在陪审员中太过广泛，所以我们需要一个制度上的机制，如一致裁决，来迫使陪审团进行审议，使陪审团和其他种族、信仰、民族以及性别的不同观点之间对正义作出折中。因此，对一致性的需求是对陪审团狭隘的、歧视性的行为的一种约束：如果在陪审中多数人最终总是可以多数票战胜少数人，为什么一定要找那么多麻烦来反映少数人的观点？

在美国，致力于解决南北矛盾的政治领袖科恩（John Calhoun）赞同一致裁决的观点。他依据强制原则对多数决进行了批判，没有得到一致同意的多数决使得部分公民处于优于其他公民的地位。解决专制的途径是赋予每一个团体或利益共同体对其他公民的行为的否决权。科恩认为否决权可促使人们相互妥协、更爱国家以及达成共识。他认为，要求一致同意使得裁决具有可调和性，或者陪审员之间能够互相妥协。一致裁决的建立不仅能促使陪审团作出裁决发挥其作用，而且有利于作出更准确更公正的裁决。如果一致同意没有存在的必要，陪审团仅依多数人的意见就作出裁决，那么陪审团审判就不再是司法改革最大的成果，而将成为改革中最大的失误。在这种情况下，陪审团审判将成为污染司法公正的渠道。[1]

而另一种观点则认为，陪审团有作出公正审议的道德能力，即使在没有一致裁决之时。这些大法官认为一致裁决是无关紧要的，因为陪审员的公民道德素质已经足够让各方意见都得到倾听。无论陪审团的组成如何，陪审员拥有反映自己团体之外的其他观点的道德能力，陪审员可以倾听并考虑所有的反对意见。他们发现一致裁决的支持者认为陪审员总是特定种族的，五位法官并不认为形势如想象的那般迫切：我们应假定陪审员将被设计为公正的个体而非团体的代表，因为陪审员可以分配正义，不因肤色不同而被信任。[2]

无论实质上是否代表了正义，从效果上来看，一致裁决原则有利于提高裁判的认可度。当陪审团的裁决是以一致同意的姿态出现时，公众对其

---

[1] Jeffrey Abramson, *We, the Jury: The Jury System and the Ideal of Democracy*, Harvard University Press, 2000, p. 200.

[2] Jeffrey Abramson, *We, the Jury: The Jury System and the Ideal of Democracy*, Harvard University Press, 2000, p. 200.

的信任程度明显大于多数裁决的结果，这是不言而喻的。多数裁决很难使公众信服，是否只要人数足够多就可以控制陪审团，那陪审团的评议质量如何保证，陪审团的多数裁判结果如何就是公正的？美国大法官波特·斯图尔特曾对多数裁决取代一致裁决的公信力表示忧虑：一旦裁决是在有分歧的情况下做出的，即使在好的情况下，公众的信心也会受损，而一致裁决可以化解多数裁决带来的信任危机，一致裁决被认为是最为理想的表决方式，真正凝聚了集体的智慧，被视为"上帝声音最可靠的显示"。一致性唤起信任，公众信赖全体陪审员的一致同意将促进对真相的追求，能够最大限度地实现司法公正，因此对于一致裁决结果也就给予了更高的认可度。

六、对陪审团一致裁决原则功能的谨慎借鉴

目前实行陪审制的国家所适用的裁决规则主要有多数裁决规则（包括简单多数裁决规则和绝大多数裁决规则）和一致裁决规则。简单多数裁决规则通常是指超过半数裁决者同意即可通过的表决规则，在刑事陪审团中实施这一裁决规则的国家很少，主要代表有比利时、苏格兰。在比利时，12名陪审团之间尽管存在6∶6的分歧也可以作出无罪的裁决。在苏格兰，刑事陪审团可能以简单的8∶4作出有罪或无罪裁决。绝大多数裁决规则是目前非常流行的一种裁决规则，是指一个审判组织须经较大比例的多数成员同意才能对一个事项作出裁决的表决规则。[1] 如英格兰和威尔士（10∶2），以及澳大利亚绝大多数州（11∶1或10∶2）的审判权采用的是绝大多数裁决规则。

一致裁决，可以说是陪审团制度中最古老传统的一种裁决规则，通常也被称为一票否决制，是指对一个事项的裁决必须经过全体成员的同意方能通过，任何一票的反对都将导致裁决事项无法通过。从陪审团的起源来看，也是民意代替神的意志的表现。在埃斯库罗斯的神话剧《降福女神》（Eumenides）中，雅典娜发现谋杀案的判决超出了智慧女神本身的能力，并将她的权力下放给陪审团。1215年，在罗马拉特兰教堂（Lateran Church）召开的第四次拉特兰会议上，教会取消了作为占卜上帝旨意的程序的审判。在这个真空中，英国陪审团成长了，无论陪审团是什么，无论是过去还是将来，它都是一个表达人类认

---

[1] 姚莉：《刑事审判组织表决规则研究》，《法学研究》2009年第1期，第111页。

识正义的机构。在没有任何神的指引的情况下,陪审团寻求的是决定者人数较多这样一个数量上的安全;要求协商一致和深思熟虑,而不是简单多数进行的表决;要求在独立的法庭上进行审判,与国家隔绝,扮演上帝的角色。在这一传统中,陪审团作为在国家和被告之间设立的一个独立的机构,精确地限制权力集中在国家手中,为个人自由的事业服务。[1]

陪审团一致裁决起源于英国,但英国一致裁决原则却在1967年《刑事司法法》中被修改,这一法律规定:如果陪审团未能在2小时内达成一致裁决,可以是绝大多数人同意的裁决。美国联邦法院系统坚持要求陪审团达成一致裁决,但各州自主选择陪审团是否需要一致裁决。在司法体制上,美国实行联邦制,存在联邦和州两个法院系统,从受理案件的数量来看,州司法系统审理的案件是联邦司法系统审理案件的54倍,换言之,联邦司法系统受理的案件仅为全美法院系统受理案件的1.8%。[2] 但是,如本章开头所述,联邦法院系统仍然坚持了一致裁决原则。可以说,一致裁决原则的根基在美国并没有动摇。

尽管越来越多的人认为一致裁决原则是对陪审团的一种苛求,许多国家纷纷放弃了一致裁决,取而代之以多数裁决规则,然而一致裁决的民主原理和司法公正原理决定了其仍然是一种理想的裁决方式。大法官斯图尔特曾在约翰逊诉路易斯安那州案的反对意见中指出:"陪审团一致裁决,这一要求像其他宪法性要求一样重要,在法律与当代社会的联系中保证陪审团的作用能够得到发挥。它提供了简单而有效的为几个世纪的经验和历史所认同的方法,以对抗公众的激情和偏见给正义带来的损害。"[3]

所以,即使是对一致裁决投了反对票的鲍威尔大法官也指出,尽管公众设想的一致裁决和准确裁决之间的关联是错误的,但是毫无疑问的是,几个世纪以来,一致裁决激起了对司法裁判的信心。因此鲍威尔大法官又赞成在联邦法院审判中保留这一历史悠久的一致通过的判决的传统,甚至认为陪审团一致通过的判决与其合法性之间具有历史性的、象征意义的

---

[1] Jeffrey Abramson, "Four Models of Jury Democracy", *Chi.-Kent L. Rev.*, Vol. 90, 2015, p. 861.
[2] Administrative Office of the United States Courts, 2011 Annual Report of the Director: Judicial Business of the United States Courts, Washington, D.C., 2012.
[3] Johnson v. Louisiana 92 S. Ct. 1620 (1972).

联系。[1]

陪审团一致裁决曾经被认为是司法正义中"上帝声音最可靠的显示",这与中国人所说的天意是一致的。中国儒家思想中的天相当于西方人所说的上帝,但这仅仅是一种形而上的存在,那么天如何显现其意志呢?也即上帝如何显示其声音呢?那就是民意。"天听自我民听,天视自我民视","民之所欲,天必从之"(两句话出自《尚书·泰誓》),在中国儒家看来,除了民心民意,天从未有过其他的代表和呈现形式,儒家历史上也从未承认过此外还有别的天意表现形式。"以民意解释天意,是中国人文主义思想的第一道黎明之光,在中华文明史上意义重大。"[2] 而参与者全体的合意,是民意最彻底的体现,因为人无法与天通话、与上帝对话,除了正当审判、理性对话前提下一致裁决的方式,再也没有别的方式来发现上天或者上帝所掌握的真相与正义了。从这个意义上说,陪审团一致裁决,正是所谓天意或者上帝声音最可靠的体现。因此,在特别重大的案件中,我们可以借鉴陪审团一致裁决的做法。

在本章的第一部分就可以看到,在1972年的联邦最高法院裁决中,虽然允许各州自由选择一致裁决,但对于判死刑的案件,仍然要求一致裁决。在美国,针对被控死刑的罪犯的审判有两个独立的阶段:有罪或无罪的决定,量刑的选择。只有在定罪阶段被告被判有罪,陪审团才能听取关于合理量刑的证据。在这两个阶段,无论是联邦法院还是各州法院都要求陪审团达成一致裁决才能最终对被告人判处死刑。

我国对死刑案件的审判非常慎重,主要是通过多重审级监督、自动启动复核程序、由最高人民法院统一行使核准权等方式来体现。但在裁决的表决形式上,采用的是简单多数决定制。当一个案件的合议庭是3、5、7人时,只要过半数就可以进行裁判。这意味着一个案件只要有2/3、3/5、4/7的人同意就可以作出裁判。换句话说,在只有67%、60%或者57%的可能性的情况下就可以作出有罪并处以死刑的判决,在其他的案件里也许可以认为这是正确的判决,但对于一个人的生命而言,是非常轻率的决定。[3]

对于死刑案件,将来可以考虑发挥一致裁决的作用,无论是否有陪审员

---

[1] Johnson v. Louisiana, 406 U. S. at 369-378 (1972).
[2] 赵法生:《政治儒学的歧途——以蒋庆为例》,《探索与争鸣》2016年第4期,第47页。
[3] 高一飞:《"群众的感觉"与死刑司法中的人道关怀》,载卞建林主编:《中国诉讼法判解》(第7卷),中国人民公安大学出版社2009年版,第296页。

参加，对于死刑的判决与复核，都应当是一致裁决，如果不能作出一致裁决的，则不能判处或者核准死刑。因不能达成一致裁决而不判处或者核准死刑的，可以考虑发回重审或者直接改判成死刑以外的刑罚。

结　语

习近平总书记指出："对人类创造的有益的理论观点和学术成果，我们应该吸收借鉴，但不能把一种理论观点和学术成果当成'唯一准则'，不能企图用一种模式来改造整个世界，否则就容易滑入机械论的泥坑。一些理论观点和学术成果可以用来说明一些国家和民族的发展历程，在一定地域和历史文化中具有合理性，但如果硬要把它们套在各国各民族头上、用它们来对人类生活进行格式化，并以此为裁判，那就是荒谬的了。对国外的理论、概念、话语、方法，要有分析、有鉴别，适用的就拿来用，不适用的就不要生搬硬套。"[1] 我国是反对在中国引进陪审团的，我国不具备容忍陪审团的基本条件，因为陪审团需要在对抗化审判下对案件事实进行生活化处理，认同事实审一次性、宁纵不枉的实体公正理念，这些都是英美诉讼文化特有的特征，而东亚文化更接受"上面的人"而非其同伴来审判[2]，特殊的东亚文化决定了人们难以从内心接受陪审团审判。

"进行文明相互学习借鉴，要坚持从本国本民族实际出发，坚持取长补短、择善而从，讲求兼收并蓄，但兼收并蓄不是囫囵吞枣、莫衷一是，而是要去粗取精、去伪存真。"[3] 我们对陪审团制度不能照搬，但是，陪审团一致裁决原则在特定案件中具有独到功能：在我国还存在死刑冤案的情况下，在判处死刑时要求一致裁决，能够体现"慎杀"和对司法人权的特殊程序保障。在我国历史上，治国理念深受儒家思想影响。儒家也提出过通过绝大多数人的同意才能使用死刑的理念，如孟子提出："左右皆曰可杀，勿听……国人皆曰可杀，然后察之，见可杀焉，然后杀之。故曰国人杀之也。如此，然后可以为民父母。"[4] 可见，人民同意成了孟子认为可以处以死刑的理由，"从某种意义上说，儒家观念始终试图在现实与人文之间建立某种平衡，

---

[1]《习近平谈治国理政》（第二卷），外文出版社2017年版，第340—341页。
[2] 高一飞：《东亚文化背景下的建议性陪审团》，《财经法学》2015年第1期，第79页。
[3]《习近平在纪念孔子诞辰2565周年国际学术研讨会暨国际儒学联合会第五届会员大会开幕会上的讲话》（2014年9月24日），《人民日报》2014年09月25日，第2版。
[4]《孟子·梁惠王下》。

在死刑问题上能够明显地看出这一点"[1]。在死刑问题上，一致裁决确实可以说是"上帝的声音"的体现。因此，我国可以考虑在死刑案件中采用一致裁决制度。

---

[1] 时延安：《死刑、宪法与国家学说——论死刑废除的理论路径选择》，《环球法律评论》2017年第6期，第32页。

第六章

为了人民自由：美国的陪审团废法

在陪审团审理的刑事案件中，可能会出现这样的情况：检察官已经排除合理怀疑证明被告人违反了刑事法律，应裁决有罪，但陪审团依然裁决被告人无罪，这就是"陪审团废法"。陪审团废法的英文表述是 jury nullification，也有学者将其译作陪审团废止权[1]。关于陪审团废法目前没有明确统一的表述，根据美国达瑞尔·K. 布朗（Darryl K. Brown）教授的观点，"尽管被告人违反刑事法律这一点毫无疑问，陪审团依然判决被告人无罪，此时，就发生了陪审团废法"[2]。我国国内学者将陪审团废法概括为"陪审员虽然认为案件事实成立，但认为相关的法律规定违背公共意志，因而故意作出事实不成立的裁决，以规避法律适用"[3]。

"无陪审，便无自由"，陪审团废法在早期曾经是人民反抗政府迫害的有力武器，是自由的标志。在历史的长河里，陪审团废法曾经闪耀着灼人的光芒。然而，随着时间的推移和社会情况的变化，社会对待陪审团废法的态度也不再如往昔。法官开始警惕陪审团废法，并且通过多种手段限制陪审团废法，陪审团废法也陷入了争议的旋涡。尤其是在现代化的大背景下，美国已经不再是当年那片充满革命豪情的土地，革命激情已经褪去，本土战争已经远离，英国王室的压迫早已成为昨天的故事，民主的气息已经把这片土地浸染，陪审团废法作为自由之剑的锋芒逐渐暗淡。陪审团废法在运行过程中也出现了许多为人诟病的案例，质疑和否定的声音更加此起彼伏。此种背景下，司法领域和学术领域均对陪审团废法制度展开了热烈的讨论。陪审团废

---

[1] [美] 约书亚·德雷斯勒、艾伦·C. 迈克尔斯：《美国刑事诉讼法精解》（第二卷·刑事审判）（第4版），魏晓娜译，北京大学出版社2009年版，第278页。
[2] Darryl K. Brown, "Jury Nullification within the Rule of Law", Minn. L. Rev., Vol. 81, 1997, p. 1150.
[3] 施鹏鹏：《陪审制研究》，中国人民大学出版社2008年版，第95页。

法是否还是人民自由的守护神？陪审团废法的正当性依据为何？陪审团废法在今天究竟应当何去何从？这些都是亟须回应的问题。

一、陪审团废法的历史是争取自由的历史

法国著名的政治活动家贝尔加斯（Bergasse）认为，陪审团审判是合乎人性的，它与自由存在根深蒂固的关系。陪审团废法是陪审团发挥其保障自由作用的非常重要的手段。陪审制对自由的捍卫具体体现在如下两个方面：一方面，陪审制是反司法专权的壁垒；另一方面，陪审制还是政治自由的重要捍卫者。[1] 回首历史，陪审团废法的历史就是人民争取自由的历史。

（一）起源于反抗王室利用法院迫害批评者

陪审团废法起源于英国，该制度可以追溯到《自由大宪章》之前。[2] 英国早期的法院被称为"有良知的法院"（courts of conscience），这个时期的陪审团集法官和陪审团的角色于一身，陪审团不是按照王室制定的法律裁决案件，而是根据正义感裁决案件。在这个时期，陪审团废法是陪审团职能的应有之义。

英国第一个试图主张陪审团废法的著名案件是约翰·利尔伯恩（John Lilburne）案。[3] 1649年，陆军上校利尔伯恩因散发传单批评英国政府而被指控叛国罪。利尔伯恩呼吁，陪审团既可以判断事实，也可以裁决法律。结果，陪审团宣告利尔伯恩无罪。1653年，该案再审，利尔伯恩面临被判死刑的危险。利尔伯恩提出，如果死刑的严厉性与他的行为不相适应，则陪审团应当将其无罪释放。陪审团最终裁决利尔伯恩没有触犯应当判处死刑的罪行。

1670年判决的布谢尔案是陪审团行使废法权力的里程碑，该案最终确立了陪审团独立裁决的终审性原则，即陪审团一旦对被告人作出无罪裁决，无论是政治家还是法官，任何人都不得干涉陪审团作出"无罪"裁决。[4] 布

---

[1] 施鹏鹏：《陪审制研究》，中国人民大学出版社2008年版，第79页。
[2] Clay S. Conrad, "Jury Nullification as a Defense Strategy", *Tex. F. on C. L. & C. R*, Vol. 2, 1995, p. 4.
[3] See the Trial of Lieutenant-Colonel John Lilburne, 4 Cobbett's Complete Collection of State Trials 1270, 1320-29, 1466 (Old Bailey 1649).
[4] 万海峰：《英美陪审团制度的政治解读》，《中山大学学报（社会科学版）》2008年第4期，第163页。

谢尔案件起源于英国辉格党和保守党之间激烈的政治斗争。贵格会教徒威廉·佩恩和威廉·米德因为传道而被指控非法集会罪和扰乱和平罪。在审理结束时，法官指示陪审团做有罪判决。但由爱德华·布谢尔为首的四个陪审员却拒绝判处被告人有罪。该案的法官没有解散陪审团，要求陪审员继续评议。陪审团作出一致裁决：佩恩在集会上演讲犯有非法集会罪，但没有触犯扰乱和平罪；米德既没有触犯非法集会罪也没有触犯扰乱和平罪。

法官对这样的结果并不满意，对陪审团继续施压并威胁陪审员说："你们将被锁在密室，没有肉吃、没有水喝、没有暖气和香烟……如果上帝帮忙的话，你们可以作出有罪判决，否则你们将会被饿死。"[1] 经过两天两夜没有吃喝、没有供暖的煎熬，陪审团依然不肯屈服。经过多次合议依然没作有罪判决，法官不得不结束审判。法官将陪审员监禁，并判处罚款，以示惩罚。包括布谢尔在内的一些陪审员因拒绝支付罚款而被监禁了几个月。陪审团提交了人身保护令申请，要求释放他们。[2] 首席大法官约翰·沃恩宣布，陪审团可以用概括的判决判断所有的法律，禁止因陪审团不同意法官指示的判决结果而惩罚陪审员。

布谢尔案件之前，英国王室利用法院打击异己，限制言论自由。而陪审团通过废法的方式则不让王室的如意算盘成真。布谢尔案件是陪审团废法发挥其重要作用的案件，陪审团废法守护自由的精神随后深刻地影响了殖民地时期的美国人民。

（二）殖民地时期用于反对殖民者的暴政

在美利坚大地还被英国殖民的时期，陪审团在人民抵制英国暴政方面功不可没。在庭审中，律师们经常质疑法官指示陪审团适用的法律，律师经常倡导说，如果陪审团认为英国法律不公正，就不应当适用该法律。这一时期陪审团废法的案件以海事案件最为典型，尤其是走私案件。鉴于在走私案件中陪审团废法现象非常普遍，英国检察官不得不暂时放弃起诉走私罪。后来，英国政府重整旗鼓，在海事案件中干脆取消了被告人获得陪审团审判的权利。此举激起了英国和美国殖民地之间更大的矛盾，变成了革命的导火索之一。[3]

---

[1] Trial of Penn and Mead, 6 Cobbett's Complete Collection of State Trials at 963.
[2] Bushell's Case, (1670) 124 Eng. Rep. 1006, 1006.
[3] Robert E. Korroch & Michael J. Davidson, "Jury Nullification: A Call for Justice or an Invitation to Anarchy?", *Mil. L. Rev.*, Vol. 139, 1993, p. 134.

第一起可载入美国司法史册的陪审团废法案当属 1735 年的英总督诉约翰·彼得·曾格（John Peter Zenger）案件。[1] 1735 年，纽约的印刷商曾格因其出版的《纽约周报》批评殖民地总督而被指控犯了煽动诽谤罪。尽管该报对总督的批评属实，但当时的英国法律把公开发表对任何公共人物的书面谴责都视为是扰乱公共秩序的罪行。因此，当曾格的辩护律师安德鲁·汉密尔顿（Andrew Hamilton）在法庭上以所言属实来驳斥诽谤指控时，首席法官詹姆斯·德兰塞（James Delancey）明确指出，即便所言属实仍属于诽谤。不仅如此，该法官还声称，根据当时的法律，陪审团负责判断被告人是否有出版的行为，出版行为是否具有煽动性质以及出版行为是否具有主观故意这些法律问题都由法官判断。曾格的律师决定敦促陪审团废法，宣称"无论何种争端，陪审员均有权判断法律和事实，如果陪审员对法律没有质疑，他们应该遵从"。陪审团应当"运用自己的良心和理解，来决定同胞的生命、自由或财产"。汉密尔顿辩称，因为曾格发表的言论是真实的，所以陪审团应当判决曾格无罪。经陪审团审理，曾格被无罪开释。包括曾格在内的美国出版商将该案判决书的内容传遍了整个殖民地。

虽然曾格案没有先例的效力，但曾格案件的审判成为美国陪审团权利和言论自由的典范，结束了殖民地以煽动性诽谤罪迫害异己的历史。曾格的无罪开释是陪审团废法的结果，该案是殖民地时期的美国人民反抗暴政的典范。

而另一起直接导致美国独立战争爆发的案件归功于当时的大陪审团废法，即 1774 年的波士顿倾茶事件（Boston Tea Party）。[2] 1773 年，英国政府为倾销东印度公司的积存茶叶，通过《救济东印度公司条例》。该条例给予东印度公司到北美殖民地销售积压茶叶的专利权，免缴高额的进口关税，只征收轻微的茶税。《救济东印度公司条例》明令禁止殖民地贩卖"私茶"。东印度公司因此垄断了北美殖民地的茶叶运销，其输入的茶叶价格比"私茶"便宜百分之五十。该条例引起北美殖民地人民的极大愤怒，人们饮用的走私茶占消费量的十分之九。1773 年 11 月，7 艘大型商船浩浩荡荡开往殖民地，

---

[1] Paul Butler, "Racially Based Jury Nullification: Black Power in the Criminal Justice System", *Yale L. J.*, Vol. 105, 1995, p. 702.

[2] Ray Raphael, Debunking Boston Tea Party Myths, Originally published by American History magazine, Published Online: April 1, 2010, http://www.historynet.com/debunking-boston-tea-party-myths.htm.

其中3艘开往波士顿，其余4艘分别开往纽约、查里斯顿和费城。船还没靠岸报纸评论就充满了火药味，纽约、查里斯顿和费城三地的进口商失去了接货的勇气，数以吨计的茶叶不得不再被运回伦敦。1773年12月16日，塞缪尔·亚当斯率领60名"自由之子"化妆成印第安人潜入运往波士顿的三艘茶叶船，把船上的342箱茶叶全部倒入大海。

事件发生后，英国殖民当局大为震怒，认为这是对殖民政府的挑衅。政府一方面下令关闭波士顿港口并将战船和军队驶入殖民地，另一方面决定将倾茶事件的参与人依法处置。但由本地公民组成的波士顿大陪审团毅然废法，拒绝起诉波士顿倾茶事件的参与人。波士顿倾茶案之后，英国政府被迫通过一系列"强制法案"，以加强对马萨诸塞州的控制。这引起了北美殖民地人民的强烈反抗，并最终导致了1775年的美国独立战争。

陪审团最重要的作用之一是阻止政府的压迫，陪审团通过保护刑事被告人免受检察官或法官的武断权力，保护人民免受政府压迫。[1] 上述两个案件显示，在北美处于殖民地时期，陪审团审判对政治案件大抵持宽容态度，陪审团废法成为当时政治异端反对英王室机构及王室总督的重要工具。大陪审团及小陪审团在美国独立革命抗争中发挥了巨大的作用，陪审团废法充当了陪审制发挥反对殖民者暴政的有力武器。正是因为这段令人热血沸腾的历史，美国人民在国家独立后依然对陪审制情有独钟。

（三）美国建国后成为民权运动的守护神

美国开国之后的百年可以说是陪审团最辉煌的一段历程，也是陪审团废法蓬勃发展的时期。在美国建国之时，为反抗英国压迫和基于对政府权力的不信任，开国元勋们将陪审团及其废法权力作为保护人民自由的重要手段。在制宪时的讨论中，亚历山大·汉密尔顿指出："协定中的朋友和对手们，即使他们在其他任何事情上都没有达成一致，但至少他们都同意陪审团审判的价值；如果要说差别的话，就是前者把陪审团审判视为自由的保证，后者把它当成自由政府的守护神。"[2] 审视宪法制定者的措辞，也与这种观点相合。亚历山大·汉密尔顿、托马斯·杰斐逊、本杰明·富兰克林、约翰·亚当斯、约翰·杰伊以及其他人，不论他们属于何种党派，均认为陪审团有独立的裁断权，陪审团的作用既包括判断事实，也包括裁断法律。大量的证据

---

[1] See Batson v. Kentucky, 476 U. S. 79, 86 (1986).
[2] The Federalist No. 83 (Alexander Hamilton).

表明，当刑事法律将导致不公正的结果时，宪法制定者在第六修正案中意图确保陪审团有权拒绝适用刑事法律。宪法制定者的设想是，如果要保证第六修正案规定的陪审团审判权利，必须发挥陪审团废法的权力。[1]

1835年的美国诉巴蒂斯特案件是最早的常被引用的否定陪审团废法的先例，然而该案恰恰反证了陪审团有废法的权力。这一案件涉及海员企图抓获和贩卖黑人为奴的政治性敏感话题。[2] 大法官约瑟·斯托里（Joseph Story）主持该案审理，并认为相关的刑事法律没有涉及海员，该海员没有直接奴役黑人，也没有直接蓄奴。为防止满怀敌意的马萨诸塞州陪审团无根据的定罪，斯托里大法官发出了以下指示：被指控犯罪的人的宪法权利同样是神圣的，陪审团裁决事实，而法官适用法律。法官的责任是指示陪审团适用法律，陪审团的责任是遵守法律，也包括遵守法庭制定的规则。[3] 现代的评论家经常引用斯托里大法官这段话来批评陪审团废法，但仔细分析却发现大法官斯托里的用意并非如此。斯托里大法官并没有涉及陪审团拒绝适用刑事法律的问题，而是涉及陪审团可能在现行法律范围之外对被告人实施刑事制裁的问题。第六修正案暗含了保护陪审团判断法律的权利，斯托里大法官正确地指出：陪审团在法律之外实施刑事制裁违反了刑事被告人的正当程序权利，因此，巴蒂斯特一案的范围与陪审团是否拥有拒绝适用已有的宪法权利无关。[4]

1794年，美国最高法院在佐治亚州诉布雷斯费德案中进一步明确了陪审团有废法的权力。[5] 在该案中，首席大法官约翰·杰伊指示陪审团有权"确定有争议的法律和事实"。虽然最高法院没有进一步阐述这一权利，下级法院一致认为刑事案件陪审团有判断法律的权利。

19世纪的陪审团废法案例不胜枚举。比如当被告人被控违反《逃奴法案》时，北部的陪审团因为蔑视奴隶制而宣告被告人无罪。英格兰和美国

---

[1] Clay S. Conrad, "Jury Nullification as a Defense Strategy", *Tex. F. on C. L. & C. R.*, Vol. 2, 1995, pp. 1-2.

[2] David N. Dorfman & Chris K. Iijima, "Fictions, Fault, and Forgiveness: Jury Nullification in a New Context", *U. Mich. J. L. Reform*, Vol. 28, 1995, pp. 873-874.

[3] U. S. v Batistte, 24 F. Cas. At 1043.

[4] Andrew J. Parmenter, "Nullifying the Jury: 'The Judicial Oligarchy' Declares War on Jury Nullification", *Washburn L. J.*, Vol. 46, 2007, p. 386.

[5] Georgia v. Braisford, 3 U. S. 1 (1794).

陪审团还利用其陪审团废法的权力反对严酷地适用死刑。[1] 英国陪审团利用陪审团废法的权力迫使议会在轻罪案件中不适用死刑。同时，美国陪审团废法还是各州的立法机构开始限制对谋杀罪和叛国罪判处死刑的一个关键动因。

二、通过法官控制陪审团废法的失败尝试

陪审团废法在反抗暴政和保护自由的同时，也有潜藏的危险。如果陪审团假借废法的权力，惩罚那些与他们持有不同信仰、不同观点和不同意识形态的人，那么陪审团废法所带来的不是正义，而是另一种暴政。在司法实践中，随着陪审团废法案例的增多，在发挥正面作用的同时，陪审团废法在一些案件中也扮演了不光彩的角色。这导致法官开始警惕陪审团废法，一些法官认为陪审团废法并非反抗政府压迫的工具，更有甚者把陪审团废法当成瘟疫一样。在这样的大背景下，法官控制陪审团废法出现了。

（一）法官用矫枉过正的方式控制陪审团废法

自从 1850 年《逃奴法案》颁布以来，就有法官通过询问的方式来排除陪审团中的可能废法者。特别是在 1895 年至 1990 年这一个世纪，法官控制陪审团废法达到了高峰。为了控制陪审团废法，法官采取了各式各样的方法。概括而言，最为典型的方式有以下四种：（1）法官不对陪审团作出可以废法的指示，隐藏陪审团有废法的权力；（2）法官采取欺骗陪审员或律师的方式，将陪审员在刑事案件中拥有违反法律判决无罪的权力隐藏；（3）在评议开始之后，法官将在庭审阶段意识到有陪审团废法权力的陪审员排除出陪审团队伍；（4）逮捕或监禁倡导或参与陪审团废法的陪审员。

法官不指示陪审团可以废法，隐藏陪审团废法权是法官控制陪审团废法的方式之一。1895 年的斯帕夫（Sparf）案是美国联邦最高法院对待陪审团废法态度的转折点，联邦法院依托斯帕夫案的主张，认为刑事被告人没有权利要求法官作出陪审团废法的指示。[2] 20 世纪初，越来越多的州也效仿斯帕夫案结论，淡化陪审团既可以判断事实也可以判断法律的习惯。

斯帕夫案件的背景要追诉到 19 世纪 90 年代，那时检察机关经常将工会

---

[1] John Clark, "The Social Psychology of Jury Nullification", *Law & Psychol. Rev.*, Vol. 24, 2000, p. 44.

[2] Robert E. Korroch & Michael J. Davidson, "Jury Nullification: A Call for Justice or an Invitation to Anarchy?", *Mil. L. Rev.*, Vol. 139, 1993, p. 136.

组织者指控为企图发起劳工动乱的共犯。在审理这些劳工案件的过程中，美国陪审员越来越不愿意定罪，陪审团废法引起了法院的高度警惕。在这样的背景下斯帕夫案发生了。

在斯帕夫案中，控方以谋杀罪或误杀罪指控两名海员将另一个海员扔进海里，要求主审法官指示陪审团应判决被告人谋杀罪或过失杀人罪，法官拒绝指示。在评议时，陪审员专门询问法官他们是否可以判决过失杀人。法官虽然承认陪审团实际上有权判决过失杀人，但法官告诫说，陪审团判过失杀人是不恰当的，"陪审团应当遵循法官指示的法律"。在上诉中，最高法院审查法官拒绝指示陪审团是否错误，这种指示可能使陪审团作出包括过失杀人罪在内的较轻判决。最高法院的多数意见由哈兰大法官起草，认为法院并没有错误。[1] 哈兰不仅否认了陪审员判断法律的权利，他也否认陪审员曾经有过这种权利。哈兰警告说，如果允许陪审团无视法律，"我们的政府将不再是法治政府，而成了人治政府"。哈兰裁决说："陪审团对事实进行判断，法官对法律进行判断。"大法官贺拉斯·格雷则持不同意见，在深入、广泛地探讨了陪审团的历史后，他得出了相反的结论，即陪审团有权废法。[2] 他批判多数意见的"陪审团有权力废法，但无权利废法"不合逻辑。

在斯帕夫案中，法官拒绝指示陪审团有废法的权力，这是法官控制陪审团的典型方式。该案也反映了陪审团废法的式微和联邦最高法院对陪审团废法的担心。该案使陪审团废法的争论暂时归于沉寂，但该案既不能使陪审团停止行使废法权，也不能使陪审团废法的争论就此终结。

对陪审员封锁消息，使陪审员根本就不知道他们享有废法的权力是法官控制陪审团废法的另一种常见方式。法院很早就允许庭审法官限制庭审中讨论陪审团废法。[3] 情况还远不止如此，有的法院对陪审员封锁信息的力度更大，比如控诉试图要求陪审团废法的律师违反律师职业伦理，有的法官甚至直接宣布谈论陪审团废法是违法的。法院的思路是，在庭审中倡导陪审团废法不是宪法第一修正案政治言论自由保护的范围。[4] 法院认为让陪审员不知道他们在宪法上拥有判决无罪的权力是政府的强制性利益。

为了将陪审员在刑事案件中拥有违反法律判决无罪的权力隐藏，法官可

---

[1] Sparf v. United States, 156 U. S. 51, 101 (1895).
[2] Sparf v. United States, 156 U. S. 51, 114 (1895) (Gray, J., dissenting).
[3] See United States v. Trujillo, 714 F. 2d 102, 106 (11th Cir. 1983).
[4] See Turney v. Pugh, 400 F. 3d 1197, 1199 (9th Cir. 2005).

能对陪审员和律师进行欺骗。当法官发现陪审员有废法之虞时，法官威胁陪审团说，如果陪审员坚持己见，法官可能会将其免职或对其施以其他惩罚。即使该种威胁并没有演化成现实的危险，但陪审员可能会信以为真，以致影响其本身的判断。此时，法官对陪审团的威胁就是一种欺骗手段，意在限制陪审团废法。

1997年的一起案件是法官采用欺骗手段限制陪审团废法的最好注脚。这起案件涉及抢劫、重罪谋杀。[1] 陪审团认为被告人没有构成一级谋杀，询问法官是否可以判决被告人二级谋杀和抢劫罪。法院指示陪审团说，根据《重罪谋杀法》，如果在抢劫过程中实施了谋杀，必须判决一级谋杀。法官还对陪审员说，如果陪审员不遵守该法律的话，法官会将其免职。上诉法院对该案的意见并不一致，加州上诉法院最终支持一审法院的即席指示，认为该指示直接、准确、易于理解。上诉法院中的反对意见对一审法院的指示进行了批判，认为如果陪审员不遵守法官关于法律的指示就会对其进行制裁并不妥当。[2] 这种威胁陪审员的做法并非个案，当法官暗示陪审员可能因为裁决行为而受到制裁时，虽然这种制裁没有现实危险性，但这些指示依然具有欺骗性。

如果陪审员已经知悉他们不会因陪审团废法而遭受惩罚时，将试图废法的陪审员免职就变成了法官的常规武器。法官长期使用陪审员资格审查的方式将可能的废法者排除出陪审团队伍。在20世纪90年代陪审团大争论之后，美国法院已经允许庭审法官在审判的任何阶段使用侵害性方法进行调查，并排除可能的陪审团废法者。

最广为人知的调查陪审员的案件是1997年合众国诉托马斯一案。[3] 在该案中，许多白人陪审员认为本案难以达成一致裁决的主要原因是，黑人陪审员对被告人太过同情。法院对此事进行了调查。在对所有陪审员进行访谈的过程中，只有一个陪审员明确表示黑人陪审员破坏了评议，法院提出动议排除这位黑人陪审员。在辩方的强烈反对下，法官才允许保留该陪审员。在后面的陪审团评议过程中，一些陪审员再次注意到，这位唯一的黑人陪审员反复投无罪票。一些陪审员认为该黑人陪审员事先有预断，另外一些陪审员

---

[1] People v. Sanchez, 69 Cal. Rptr. 2d 16, 20 (Cal. Ct. App. 1997).
[2] People v. Sanchez, 69 Cal. Rptr. 2d 16, 26 (Johnson, J., dissenting).
[3] See United States v. Thomas, 116 F. 3d 606, 606 (2d Cir. 1997).

则说这些陪审员对黑人陪审员太过挑剔。法院在调查过程了解到，一些白人陪审员认为这位黑人陪审员是出于种族原因才判无罪的，也有陪审员认为这名黑人陪审员仅仅是因为证据原因才判无罪。法院认为该黑人陪审员的动机不道德，怀疑他作出无罪结论不是基于证据原因，因此，最终将该黑人陪审员排除。剩下的陪审员对该案作出了一致的有罪裁决。

因陪审团废法而将陪审员排除出陪审团是否合理？托马斯案件的上诉将这一问题呈现在我们面前。《联邦刑事诉讼规则》第23条（b）项中排除陪审员的"合理根据"传统上主要是指陪审员身体上不能履行职责，或者陪审员承认存在偏见的情形。美国第二巡回区上诉法院对"合理根据"作了扩张解释，将陪审员有意拒绝适用法律作为将陪审员排除出陪审团的"合理根据"。[1] 法院认为，当存在陪审团废法的可能时，庭审法院有义务阻止陪审团废法，因此，一审法院侵入性的调查是合理合法的。当然，第二巡回区上诉法院支持进行这些侵入性的调查并不是无条件的。法院深知，允许对陪审团评议过程进行调查可能会危及陪审团的秘密评议。只有在必要的时候才能进行此类调查。因此，在调查之前应有证据证明陪审团不定罪的原因并非因为证据。托马斯案件之后，其他巡回法院和州在评议开始之后也运用了排除陪审员的手段来阻止陪审团废法。

另外，将倡导或参与陪审团废法的陪审员逮捕或监禁是法官控制陪审团废法较为极端的做法。在1999年人民诉柯瑞荷案[2]中，因为一个陪审员向另一个陪审员倡导宣传陪审团废法，庭审法院以藐视法庭将其逮捕。庭审法院将不允许作为证据的陪审团评议作为定罪的证据，并把陪审员的政治信仰作为藐视法庭罪的判决基础，这导致科罗拉多州上诉法院分庭对该藐视法庭罪发回重审。尽管该案被发回重审，然而，庭审法院也没有宣布说，不能将对案件发表的观点作为惩罚陪审员的理由。

2006年，在另一起案件中，一个陪审员在陪审团评议中宣称她不能投有罪票，因为她要对比法官更高的权力负责，她被指控犯有伪证罪。[3] 以前做过修女和教师的卡洛·亚瑟（Carol Asher），是投无罪票的四个陪审员之一。

---

[1] See United States v. Thomas, 116 F. 3d 606, 617 (2d Cir. 1997).
[2] People v. Kriho, 996 P. 2d 158 (Colo. Ct. App. 1999).
[3] John Tiffany, Juror Nullifies Judge: Teacher Charged with Respecting Constitution, Am. Free Press, Mar. 27, 2006, available at http://www.americanfreepress.net/html/juror_nullifies_judge.html, last visited, August 1, 2012.

亚瑟对检察官是否提供了足够的有罪证据表示怀疑。爱达荷州法律要求陪审员签署书面的誓词，这一誓词表明他们将依照法官指示的法律作出裁决。同时，陪审的其他人员告知检察官说，亚瑟声称向"比法官更高的权力"负责，检察官因此指控她犯了伪证罪。虽然该指控最终被驳回，亚瑟还是被迫花费近 1.6 万美元的律师费，还面临被判多达 14 年徒刑的可能。虽然对陪审员直接进行打击的手段最为严厉，但这种手段并不常用。

随着法官控制陪审团程序的增多，对于滥用陪审团废法的现象来说，法官控制陪审团废法的确收到了一定成效。然而，陪审团废法本身难以界定，陪审团废法的滥用更难分辨，"当需要保护刑事被告人并反对政府压迫时，陪审员越来越不敢不顾法官对陪审团的指示和法院的恐吓，鼓起勇气行使废法的权力"[1]。

（二）法官控制陪审团废法损害两大宪法权利

美国司法部门通过多种方式控制陪审团废法，以应对不断升温的陪审团废法潮流。法官控制陪审团废法在一定程度上使陪审团裁决不致失控。然而，诚如战争会有损伤，法官控制陪审团废法也损及两大宪法权利：一是刑事被告人享有陪审团审判的权利；二是陪审团废法倡导者的言论自由。

首先，法官控制陪审团废法侵犯了被告人享有陪审团审判的宪法权利。作为社区良心的代表，陪审团在个案中有权决定是否定罪，这也是陪审团保护人民反对政府压迫的需要。为促进陪审团作为社区良心作用的发挥，宪法第六修正案要求刑事案件陪审团选自社区。该要求使得陪审团具有代表性，通过严格的陪审团挑选程序，陪审团可以充当反对政府压迫的角色。当庭审法官对那些被告知有权罔顾法律判决无罪的陪审员进行歧视性打击时，法官直接抑制了宪法规定的陪审团保护人民不受检察官或法官武断侵犯的权力，妨碍了阻止政府压迫的角色发挥。[2] 有鉴于此，联邦最高法院在 1968 年的一次裁决中认为，不能够因为陪审员对法官指示的法律心存顾虑而将该陪审员自动排除，因为这阻止了陪审团发挥其社区良心的功能。[3]

如果说将陪审员排除出陪审团或者对陪审员进行打击最为直接地侵犯了被告人享有陪审团审判权利的话，那么，对陪审团隐藏其拥有废法的权力则

---

[1] Andrew J. Parmenter, "Nullifying the Jury: 'The Judicial Oligarchy' Declares War on Jury Nullification", *Washburn L. J.*, Vol. 46, 2007, p. 418.

[2] Batson, 476 U. S. at 86; Duncan v. Louisiana, 391 U. S. 145, 155 (1968).

[3] Witherspoon v. Illinois, 391 U. S. 510, 519 (1968).

威胁到陪审员独立审判的权力，间接侵犯了被告人享有陪审团审判的权利。如果陪审团最终裁决被告人无罪，原因可能是多样的。如何判断无罪的结果是陪审团基于对法律的不认可而废法，还是基于证据的考虑而判无罪？如果无法明确这一界限，则法官很可能打着限制陪审团废法的名号干涉陪审团独立审判的权力，这个问题绝非杞人忧天。

1997年开始，巡回法院和州法院出现了一系列案件，法院均裁决庭审法官有职责阻止陪审团废法，即使是在评议已经开始之后，法官也可以打击意图罔顾法律的陪审员。[1] 然而，法院同时也意识到，对废法陪审员的打击可能会变成对并非罔顾法律，而是基于证据的考虑作出无罪裁决的陪审员的打击。为避免发生这种情况，法院要求法官必须查明，打击陪审员不是基于陪审员对证据的认识。如果要调查陪审团作出无罪裁决是基于证据考虑还是因为废法，势必要探究陪审团评议的过程。众所周知，陪审团评议的秘密性是现代英美陪审制度的基石，调查陪审团作出无罪裁决是否属于陪审团废法无疑需要洞悉这些秘密。如果绝大多数陪审员认为被告人有罪，只有个别陪审员认为被告人无罪，法官要求该陪审员解释其自由心证的过程，如果不能说服法官，该陪审员就会被排除出陪审团。即使该陪审员非常确信被告人是无辜的，但很少有陪审员在如此巨大的压力下还能坚持己见。这实际上是对陪审团作出合理公正裁决的一种严重威胁。

其次，法官控制陪审团废法侵犯了倡导陪审团废法者的言论自由。言论自由是美国人民高度重视的政治权利，美国宪法第一修正案明确规定了言论自由的条款。法官控制陪审团废法是否侵犯了倡导陪审团废法的言论自由？在这个问题上，美国联邦最高法院并没有得出简单的结论，而是分情况来对待的。总体来说，最高法院保护在司法过程中的言论自由。衡量是否侵犯司法过程中的言论自由的标准是明确、现实的危险。"只有当言论导致煽动性后果或对司法管理活动造成威胁，并且这种威胁是迫近的、很可能实施时，才能对言论自由进行限制。"[2]

当然，不能一概说法官限制陪审团废法是否侵犯了废法倡导者的言论自由，应该区别情况来对待。一种情况是陪审团废法倡导者在特定案件的庭审过程中力促陪审员作出无罪裁决，他们的言论自由就不被保护，在法庭中对

---

[1] See Abbell, 271 F. 3d at 1302; Symington, 195 F. 3d at 1087.
[2] See Turney v. Pugh, 400 F. 3d 1197, 1202 (9th Cir. 2005).

言论自由的适当限制是对被告人公正审判权的保护手段之一。"因为这涉及陪审团即将裁决的问题，陪审团废法倡导者的倡导行为可能会对其他陪审员产生迫近的、现实的影响，影响其他陪审员的裁判判断。"[1]另外一种情况就是陪审团废法的倡导者并没有就陪审员当前面临的问题劝导陪审团应当废法，而是在法庭之外教育、告知陪审员有一般性的废法的权力。这对司法管理活动不能产生迫近的威胁，不能对这种陪审团废法进行限制。因为一般的倡导陪审团废法并不损害被告人的权利，此时，没有其他的政府利益比陪审团废法倡导者的言论自由权利更加重要。

由上可知，法官控制陪审团废法不仅损害了刑事被告人享有陪审团审判的权利，还危及了陪审团废法倡导者的言论自由。而这两项权利恰恰是美国人民极为珍视的权利，并且在宪法里被浓墨重彩地予以强调。法官控制陪审团废法纵有诸多理由，也不应违反宪法第一修正案保护的言论自由和第六修正案保护的陪审团审判的权利。

（三）陪审团废法的倡导者主张将其写入立法

自斯帕夫案后，法官控制陪审团废法的势头不断加强。历史上，英美法系对陪审团制度的风险控制主要是事后的控制，通过法官制裁陪审员、改变判决或要求评议等手段来控制风险。但是，这实际上也使陪审团被"形式化"，法官几乎在控制风险的同时，也完全抹杀了陪审团的所有价值。因此，上述法官的直接控制措施后来几乎都被取消。[2]与此同时，陪审团废法并没有因为法官的控制而消亡，而是一直顽强地存在。

20 世纪，联邦法院和大多数州法院不允许法官指示陪审团有判断法律的权力，但也有例外。印第安纳和马里兰等少数几个州通过其州宪法规定，在刑事案件中陪审团不仅是事实的法官，也是法律的裁判者。[3]还有一些州的立法也以这样或那样的方式认可了这一权力。比如：马里兰州《权利宣言》第 23 条规定："在审判的所有刑事案件中，陪审团不仅是事实的法官，也是刑事案件中法律的裁判者，除非法官有充分的证据维持定罪。"[4]该规定明

---

[1] See Remmer v. United States, 347 U. S. 227, 229 (1954).

[2] 李昌盛：《陪审团审判的风险及控制机制》，《人民法院报》2010 年 10 月 15 日，第 8 版。

[3] Ga. Const. art. I, §1, para. 11 (a) (1998); Ind. Const. art. I, §19 (1999); Md. Code Ann., Const. §23 (LexisNexis 2003).

[4] Ga. Const. art. I, §1, para. 11 (a) (1998); Ind. Const. art. I, §19 (1999); Md. Code Ann., Const. §23 (LexisNexis 2003).

确指出，陪审团既是事实的法官，也是法律的法官。在印第安纳州，陪审团也保留了"确定法律"的权利。[1] 印第安纳州的法官在陪审员进密室进行评议时会告诉他们："女士们，先生们，你们是本案陪审员，现在我花几分钟时间告知你们的义务和责任，你们的责任是根据证据判断事实，你们是事实的法官，你们将听审证据，得出事实结论，作出裁决，适用我交给你们的法律，无论你们是否同意这些法律。"[2] 这表明，在法官控制陪审团废法最为严格的时期，依然有部分州以宪法或者其他立法的形式肯定陪审团废法。

20世纪60年代和70年代更是美国对陪审团废法争论比较激烈的一个时期。"抗议越南战争"系列案件是司法机关和公众最关注的陪审团废法案件。这些案件都有类似的情况，因反战的积极分子不服从而被政府起诉，辩方要求法院发出陪审团废法的指示被法院拒绝。

1969年的合众国诉莫伊伦案（United States v. Moylan）[3] 就是其中的一例。第四巡回法院没有回避陪审团废法问题，而是主动作出了回应。被告是九名天主教教士，他们进入马里兰州卡顿斯维尔的选拔征兵地方办事处，把征兵档案搬到旁边的停车场里，然后用自制的燃烧汽油弹将其烧毁。被告在初审法庭上并不否认上述事实，但认为他们的行为在道德上是正当的，并要求法官在给陪审团的指示中告知他们有废法权。初审法官拒绝了这一要求。当案件上诉到第四巡回法院时，法院在判决中就废法权问题作出了答复。第四巡回法院认为，刑事陪审团在美国革命后约50年里保持了他们决定法律和事实的权利。此后，法官愈来愈多地就法律作出指示。尽管如此，第四法院指出，"我们承认……陪审团有宣告无罪的无可争议的权力，即便它的裁决与法官指示的法律相左，与证据不一致……如果陪审团觉得指控被告所依据的法律不公正，或者某种紧急情况使被告的行为具有正当性，或者有任何理由影响他们的逻辑与感情，陪审团都有权宣告无罪，而法院一定要服从这一裁决"。法院不仅承认陪审团有权不顾法律与事实作出无罪裁决，而且承认这样做有时可以起到积极作用，例如曾格案就是一个例证。那么法院究竟为什么拒绝被告人的要求，不同意法官指示中谈及废法权呢？第四巡回法院认为陪审团不依法裁断案件的做法不应该鼓励，如果在给陪审团的指示中明

---

[1] Ind. Const. art. I, §19 (1999).
[2] Jeffrey Abramson, *We, the Jury: The Jury System and the Ideal of Democracy*, Harvard University Press, 2000, p. 189.
[3] United States v. Moylan, 417 F. 2d. 1002, 1006 (4th Cir. 1969).

示陪审团有废法权,"那我们就真的是在否定法治而赞成不法而治。这是不应该被允许的"[1]。由此可见,第四巡回法院依然承认陪审团拥有废法权,但不倡导陪审团废法。

越战结束以后,美国社会趋向保守。以反对大政府、税收、枪支管制和堕胎为目标的美国右翼草根阶层也提出了与反战激进分子相同的诉求,即摆脱法官对陪审团废法的控制,明确承认陪审团废法权。

1989年夏天,来自蒙大拿州的拉里·道奇(Larry Dodge)和唐·多伊格(Don Doig)在费城成立了"充分知情陪审团协会"(the Fully Informed Jury Association),要求"还权于民"。该协会认为,陪审员有权根据案件事实、减轻情节、法律的实体争议作出公正裁决。陪审员是唯一适合扮演这个角色的,因为陪审员和案件无关。该协会倡导的法官指示简述版本如下:"当政府是陪审团审判案件的一方当事人时,法院应该通知陪审员,每个陪审员有与生俱来的投票判决权,应当本着仁慈的心,根据自己的良心和正义感判决。行使这个权利包括陪审团应当考虑被告人的动机和案件的情节、损害的程度以及对法律本身的评价。没有告知陪审团将构成误审或更换陪审团审判的理由。"[2]该协会在很多州议会游说,敦促通过立法或宪法修正案要求法官告知陪审团他们有废法权。该运动在政治领域获得了很多人的支持,支持者中既有右翼草根人士,也有主张大麻合法化、环境保护、堕胎的社会团体和民权组织。该协会甚至和右翼民兵运动也有密切的关系,后者将陪审团废法视为他们反政府的弹药。2005年,朱莉·谢泼德被任命为该协会的新任主席,该协会开始了新的征程。

一些陪审团废法的倡导者孜孜不倦地将陪审团废法权直接写入法律。然而,美国国会在2002年就否决了直接授权被告人争辩立法缺陷的宪法修正案建议,该建议的内容是当所有陪审员都认为案件事实是成立的,但由于不同意法律的规定,一致认为这是恶法,而故意作出事实不成立的裁判。但这一做法在美国实际上是被默许的。[3]虽然该议案没有最终通过,但至少显示了主张陪审团摆脱法官控制的势力已经具有相当的影响力。2012年6月18日,新罕布

---

[1] 韩铁:《美国陪审团废止权的历史演变——民主与现代化的矛盾》,《美国研究》,2008年第1期,第20页。

[2] Fully Informed Jury Association, The FIJA Mission, http://www.fija.org/index.php?page=staticpage&id=1, last visited, August 19, 2012.

[3] Joshua Dressler, *Case and Materials on Criminal Law*, Thomson West, 2003, p. 19.

什尔州通过了一项法律，明确允许辩方律师告知陪审团拥有废法的权力。[1]这是陪审团废法倡导者的一次胜利，是陪审团摆脱法官控制的一个成果。

三、陪审团废法制度将永远不会被废除

陪审团废法在历史上曾经是自由之剑和民权之盾，但随着历史条件的改变也屡遭质疑和围攻。总体来说，当前媒体界和学术界对陪审团废法的高度关注使得对陪审团废法的评价毁誉参半，陪审团废法的去留似乎扑朔迷离。仔细审视陪审团废法制度的合理内核并分析反对陪审团废法的主要观点可以发现，陪审团废法虽然偶有瑕疵，但依然难掩其耀人的光彩，陪审团废法将永远不会被废除。

（一）陪审团废法制度具有内在的正当性

陪审团废法之所以在历史上气势如虹，在质疑和批判声中依然顽强地存在，是因为陪审团废法植根于陪审制度本身。正是因为陪审团废法具有内在正当性，无论法官采取何种严格的方式控制陪审团废法，陪审团废法的现象在陪审制国家始终没有消亡，并将一直存在下去。

首先，陪审团废法可以软化和矫正法律，实现个案公正并推动立法改良。罗斯科·庞德（Roscoe Pound）把陪审团废法称为法律运行过程中的一种伟大的矫正。[2] 法律本身具有局限性和滞后性，我们常常面临这样的尴尬：一项法律总体来说是正义的，但生搬硬套到某一个案件中产生的结果却是不公正的；或者某条法律规定本身就是非正义的或者不符合人民意志的；个案中被告人的行为违法但没有可责性的情况难以避免。此时面临的两难选择是，要么修改法律，要么忍受个案的不公正。法律朝令夕改不可能也不现实，那么，除了忍受个案的非正义，是否还有另外的选择？

一种观点认为，陪审团废法并无必要，因为检察官和法官都有自由裁量权，足以避免适用法律时产生不当后果。[3] 必须要承认的是，法官和检察官

---

[1] Tuccille, J. D. (June 29, 2012), New Hampshire Adopts Jury Nullification Law, Reason Magazine, http://reason.com/blog/2012/06/29/new-hampshire-adopts-jury-nullification.

[2] See Roscoe Pound, "Law in Books and Law in Action", *Am. L. Rev.*, Vol. 44, 1910, p. 18.

[3] See Richard St. John, "The Democratic and Constitutional Deficiencies of Authorized Jury Lawmaking", *Yale L. J.*, Vol. 106, 1997, pp. 2586-2587.

的自由裁量权的确可以为案件把关，也是保证个案正义的重要手段。但职业法官往往有继续任职、留任、升职的负累，并且在处理个案时可能更容易受到来自各种机构的压力。

勒尼德·汉德（Learned Hand）法官主张说，陪审团是唯一适合这种角色的。与专业法官不同，陪审员的顾虑较少，既没有职位带来的负担，受到外界压力也更少。不像法官和检察官需要对其行为作出解释，陪审员没有直接或间接解释其行为的义务，他们来自社区，又自动融合到社区之中。[1] 根据汉德法官的意见，陪审团废法的权力使法律执行的弹性加大。[2] 这种弹性通过软化现行伦理的影响来调和法律的刚性。这种宽松是有道理的，陪审团废法的拥护者主张，认定犯罪不仅仅是确定被告人实施了指控的行为，它还代表陪审团的一种判断——"社会良知"和"平民们的圣谕"——被告人应当受到源自定罪的谴责和正式惩罚。[3] 陪审团是社区的良心，能发现法律和正义之间存在差距，保证不因法律而牺牲正义。[4] 陪审团通过行使废法的权力，使社区价值融入个案的判断中。

通过陪审团审判还可以消解社会的不满。即使判决是错误的或者有争议的，陪审团的作用是让社会对有争议的判决承担责任。1999 年，谢尔曼·克拉克在《我们定罪的勇气》中提到，陪审团是一个重要的机制，通过这一机制我们的社会为对其公民的处罚负责，法院应该让陪审团明白，他们是社区的良心。[5] 2000 年，诺曼·芬克尔的著作《常识的正义、可责性、处罚》为业余的陪审员在处理棘手案件时提供了分析的范式。芬克尔将陪审团审判称为"常识正义"，并得出结论认为，业余的陪审员对案件作出的复杂、多样、恰当的回应往往比法律规定得更好。

美国历史上著名的禁酒令的废除就是陪审团废法矫正法律的一个良好的例证。1917 年美国第 65 届国会通过宪法第十八修正案规定："禁止在合众国及其管辖下的一切领土内酿造、出售和运送致醉酒类，并且不准此种酒类输

---

[1] See McCann v. Adams, 126 F. 2d 774, 776 (2d Cir. 1942).
[2] United States ex rel. McCann v. Adams, 126 F. 2d 774, 776 (2d Cir. 1942).
[3] [美] 约书亚·德雷斯勒、艾伦·C. 迈克尔斯：《美国刑事诉讼法精解》（第二卷·刑事审判）（第 4 版），魏晓娜译，北京大学出版社 2009 年版，第 278 页。
[4] Witherspoon v. Illinois, 391 U. S. 510, 519 (1968).
[5] Sherman J. Clark, "The Courage of our Convictions", *Mich. L. Rev.*, Vol. 97, 1999, pp. 2381-2382.

入或输出合众国及其管辖下的一切领土。"这一宪法禁酒令 1920 年 1 月 16 日生效,将禁酒运动推到了顶点。根据 1919 年美国国会通过的《沃尔斯特法令》规定,凡是制造、售卖及运输酒精含量超过 0.5% 的饮料均属违法;虽然自己在家喝酒不算犯法,但与朋友共饮或举行酒宴就属违法,最高可罚款 1000 美元并被监禁半年。这种规定严重背离了社会习惯,影响了人们的正常生活,执行起来面临很大的困难。在 1929 年至 1930 年的纽约,60% 与禁酒有关的案件被陪审团裁决无罪,民众通过陪审团废法表达对该法律的不满,并在司法过程中予以融通,这加快了禁酒令废除的进程。[1] 1933 年,第十八修正案被美国国会通过的第二十一修正案所废除,虽然禁酒令的废除原因有多种,但陪审团废法功不可没。

其次,陪审团一致裁决制度使得陪审团废法成为避免立法机械适用、防止多数人对少数人暴政的有效机制。陪审团一致裁决的要求和陪审团废法的权力相结合,可以促进个案正义的达成。在多数票表决制的情况下,会出现一种不合理的情况,即真理可能掌握在少数人的手里,多数人的意见可能恰恰是错误的决定。在民主社会,陪审团废法的一个重要作用恰是保护少数派免受多数派的压迫。除非民众实质上同意,否则不能对其适用具有强制性、严酷性的刑事法律。[2] 仅凭多数派的意志不能成为压迫少数派的理由,为防止民主演化成暴政,必须要有保护机制,陪审团就是一种好的保护机制。

在通过政治过程改变法律之前,陪审团废法给陪审团提供了一种消除法律刚性的方式,可以安抚少数派。换句话说,陪审团废法充当了社会制裁的解压阀,允许有异议地表达不同意见,可以表达对现有法律的反对意见。如果没有陪审团废法,不被民众接受的法律要么通过政治过程改变,要么民众被迫屈从。有了陪审团废法制度,提供了第三条道路。

比如,1991 年发生的一起帮助自杀的案件与社会伦理相关,使得法律面对艰难的选择。该案起源于杰克·科沃基恩(Jack Kevorkian)医生允许珍妮特·阿德金斯(Janet Adkins)用"自杀机"自杀。科沃基恩是美国倡导安乐死第一人,他在 20 世纪 80 年代就涉足安乐死。科沃基恩认为,"死亡并非犯罪"(Dying is not a crime)。1987 年,他开始在报纸上刊登广告,向绝症

---

[1] See John Clark, "The Social Psychology of Jury Nullification", *Law & Psychol. Rev.*, Vol. 24, 2000, p. 44.
[2] Lysander Spooner, An Essay on the Trial by Jury, 1852, at 206, available at http://www.lysanderspooner.org/TrialByJury.htm, last visited, August 1, 2012.

病患推广协助自杀服务。1989年，珍妮特·阿德金斯被诊断患有老年痴呆症，当时她的病症尚处于早期，并未开始忍受生理病痛。1990年，珍妮特·阿德金斯主动向被称为"死亡医生"的科沃基恩寻求帮助。尽管科沃基恩医生认为阿德金斯可以继续过若干年有质量的生活，但阿德金斯决定在被绝症彻底摧残之前接受安乐死。在协助安乐死的过程中，科沃基恩将自制的简易"自杀机"与病人身体相连，让病人亲自启动最后的关键步骤，即导通完成安乐死的注射药物（巴比妥酸盐和氯化钾）或化学气体（一氧化碳）。在1990年协助阿德金斯自杀后，科沃基恩因协助自杀遭到官方指控，陪审团认为将一氧化碳输入人肺的目的是减轻疼痛和痛苦，而不是意在致人死亡。因此，陪审团判决科沃基恩无罪。[1]

关于安乐死的问题一直是一个伦理、法律、医学的难题，无论持有何种观点，都无法完全说服其他观点的持有者。正如《底特律都市报》记者杰克·莱森贝里（Jack Lessenberry）所评论的那样，"无论对错，科沃基恩迫使我们关注社会中的一个重要问题：有很多活在世上的人宁肯选择死，他们活得生不如死。"在科沃基恩的支持者看来，至少他满足了那些迫切寻死者的意愿。此外，在他的激进行为之后，医生也更加重视对绝症病人的临终关怀。直到现在，就安乐死是否正当的问题我们也无法得出确定结论足以说服反对者，将此类问题交给陪审团来判断是一种明智之举。

最后，陪审团审判注入了地方价值观念，陪审团废法可以促使美国的联邦主义更加稳定。1791年通过的美国宪法第十修正案写道："本宪法未授予合众国、也未禁止各州行使的权力，保留给各州行使，或保留给各州人民行使。"美国采纳共和政体，宪法对联邦的权力多有限制。美国的开国先贤们不喜欢政府权力大而集中，他们知道政府权力可能对自由造成威胁。然而，贯穿美国的历史，我们会发现一条红线，即联邦政府在不断扩张其权力和范围。广义解读联邦权力并将第十修正案作缩限解读可以发现，美国联邦最高法院拥有至高无上的权威，最高法院权力的扩张几乎不受联邦权力的限制。州和地方政府权力的分野逐渐变成了权力分配的结果。联邦权力的扩张是否会严重影响地方权力？在司法领域又是怎样体现地方的价值观念呢？事实证明，当联邦政府将违反地方社区价值的刑事法律强加于被告人

---

[1] Aaron T. Oliver, "Jury Nullification: Should the Type of Case Matter?", *Kan. J. L. & Pub. Pol'y*, Vol. 6, 1997, p. 57.

时，陪审团是唯一的保护机制。

加利福尼亚州1996年通过的《慈善使用毒品法》就是一个好的例证。该法设置了一项有责性的例外，即严重的病人和他们的主要看护人使用大麻不算犯罪。[1] 加州人民明确表示，不能因严重的病人使用大麻而对其实施处罚。但联邦拒绝承认该法。在美国诉罗森塔尔案[2]中，根据《慈善使用毒品法》，被告人在家里种植大麻被逮捕。被告人在审判前后几次提出驳回指控的动议，均未成功。政府提出动议，要求被告人不能提出可能引起陪审团废法的证据或辩护，法官批准了政府的动议。[3] 为进一步阻止陪审团废法，法院排除了十九个明确表示支持为病人使用大麻的陪审员，指示其他陪审员应该适用指示给他们的法律。剩下的陪审员中至少有两名仍然考虑陪审团废法，其中的一个陪审员询问她的律师朋友她是否应受法官指示的约束。律师错误地告诉该陪审员，如果她违抗法官的指示就会有麻烦。第九巡回法院最终将该案发回重审，裁决说，陪审员和她的律师朋友的交流对被告人权利造成了损害，因为这种不当交流给陪审员造成一种印象，即她可能因为自己的判决而被惩罚。排除十九个陪审员以及指示陪审员应受法官指示的约束这两种方式是最有代表性的控制陪审团的程序。罗森塔尔案件的陪审团被当成了联邦政府的工具，联邦政府要求陪审员不受加州人民在《慈善使用毒品法》中明确表达意志的约束。[4] 如果罗森塔尔案件的陪审员已经被告知拥有陪审团废法的权力，陪审员本可以免除根据医师指示的治疗要求服食大麻的严重病人的刑事责任。[5] 因为陪审员具有代表性并且有无条件的无罪判决权，陪审团在刑事案件中保护社区价值，因此可以促进联邦主义不被联邦独大侵蚀。如果陪审团代表社区的良心，法院应当告知陪审团，允许将他们的良心带进陪审团。[6]

一些评论家可能会论证说，当地的陪审团推翻州或联邦法律是对法治的一种破坏。实际上，陪审团废法是一种宪法保护的权力，并没有破坏法治。相反，陪审团废法恰恰是法治的一部分，其保证当地社区不蜕变为没有意志

---

[1] Raich, 545 U. S. at 5-7; Cal. Health & Safety Code §11362.5 (West 1996).
[2] See United States v. Rosenthal, 454 F. 3d 943, 945-46 (9th Cir. 2006).
[3] See United States v. Rosenthal, 454 F. 3d 943, 946 (9th Cir. 2006).
[4] See Witherspoon v. Illinois, 391 U. S. 510, 519 (1968).
[5] See Cal. Health & Safety Code §11362.5 (West 1996).
[6] See Witherspoon v. Illinois, 391 U. S. 510, 519 (1968).

的主体，保证陪审员在危及其同胞的生命和自由的判决中有意图地注入社区价值。当具有强制性的刑事法律在地方适用但得不到地方支持时，社会动荡可能已为期不远。陪审团废法给当地社区提供了一种既不会导致动荡，也不改变州或国家法律的变通手段。

（二）应克服陪审团废法权力滥用的弊端

对陪审团废法的担心和质疑一直没有中断，陪审团废法是否会导致无序？是否会被滥用？是否会被陪审员用来表达其偏见？这些问题必须明确，否则，陪审团废法的功绩会淹没在此起彼伏的质疑声中。

第一，反对告知陪审团有权废法的一个观点是，陪审员判决被告人无罪不仅表达了他们的正义观念，还有可能表达他们的偏见。[1] 尤其是在种族主义问题极其敏感的美国，许多陪审团废法案件与种族主义密切相连，陪审团废法的批判者担心陪审团废法被种族主义者利用以表达其偏见。陪审团废法的批评者经常引用的案例是，20世纪50年代南方的陪审团不顾压倒性的证据，拒绝裁决以私刑处死黑人的白人以及谋杀民权工作者的其他罪犯有罪。

20世纪末，陪审团废法和种族关系的联系似乎更加紧密。1990年1月，美国联邦调查局对极受欢迎的黑人市长玛丽恩·贝瑞（Marion Barry）进行毒品检测后[2]，检察官指控市长贝瑞可能触犯三个罪名：一是持有可卡因的共犯，二是持有可卡因，三是因向大陪审团撒谎而犯有伪证罪。市长贝瑞在审判前宣称，起诉带有种族主义因素，他希望陪审团废法并判他无罪。虽然贝瑞最终被定了一项伪证罪，但公众普遍认为，对他持有可卡因的指控最终判决无罪，是主要由黑人组成的陪审团行使废法权的结果。

公众对陪审团废法的不满和愤怒在1992年的罗德尼·金（Rodney King）案件达到了沸点，这起案件的种族因素体现得更为明显。洛杉矶警察局的四位白人警察殴打黑人罗德尼·金时被记录下来，媒体经常播放这段录像，公众也认为这四位白人警察有罪。[3] 在陪审团宣告警察无罪后，洛杉矶爆发了骚乱。公众认为陪审团对被告人太过仁慈，媒体认为这是陪审团废法的结果。

---

[1] See United States v. Moylan, 417 F. 2d 1002, 1009 (4th Cir. 1969).
[2] Paul Butler, "Racially Based Jury Nullification: Black Power in the Criminal Justice System", *Yale L. J.*, Vol. 105, 1995, p. 683.
[3] James Alexander, "A Brief Narrative of the Case and Trial of John Peter Zenger", *Printer of the New York Weekly Journal*, Vol. 93, 1964.

黑人占绝大多数的陪审团判决辛普森无罪被称为陪审团废法史上最著名的案件。[1] 1995年的这起案件吊足了公众的胃口，在辛普森案件审理过程中，辛普森的律师约翰尼·科克伦（Johnnie Cochran）在总结辩护意见时极富煽动力，他在恳求陪审团使用废法的权力时说："你们监督着警察，你们通过判决监督着他们。你们是信息的发布者，在这个社会没有其他人可以做这个事情。他们都没有勇气，除了作为公民的个人，绝大多数人都没有勇气去做他们认为对的事情。你们是战斗中的一员，你们是前线的队员。"[2] 究竟辛普森被判无罪是因为控方的证明没有达到排除合理怀疑的程度还是陪审团废法的结果现在无从查证。媒体均高声质疑陪审团体系的危机四伏，许多批判家攻击黑人陪审团，认为黑人陪审团对警察和检察官有偏见、不信任，也有批判家认为陪审员对黑人被告人的处境太过同情。

保罗·巴特勒（Paul Butler）教授似乎走得更远，他在《基于种族原因的陪审团废法：刑事司法系统中的黑人权力》一文中提倡把基于种族因素的陪审团废法作为一种手段，解决刑事司法系统中的非裔美国人社区令人震惊的高监禁率的问题。美国纽约的布朗克斯地区出现了一种现象，即整体上来说，布朗克斯地区比纽约市的其他地区无罪判决率更高。[3] 大量无罪判决与著名的、严厉的《洛克菲勒毒品法律》有关。这些无罪判决是否是陪审团废法的案例尚不清楚。评论者常常认为，在黑人毒品犯罪中陪审团不愿意定罪，主要是因为陪审员认为大量监禁黑人男性使得该社区产生了毁坏性的后果。巴特勒认为，如果有更多的非暴力的黑人罪犯留在自己的社区，非裔美国人社区的情况会更加好转，因此他倡导黑人运用陪审团废法的权力。[4] 他号召非洲裔美国人的陪审员开释被控以无被害人和非暴力犯罪的非洲裔美国人。

巴特勒教授的文章以及司法实践中陪审团废法与种族主义的交织的现象

---

[1] See Elissa Krauss & Martha Schulman, "The Myth of Black Juror Nullification: Racism Dressed up in Jurisprudential Clothing", *Cornell J. L. & Pub. Pol'y*, Vol. 7, 1997, pp. 59-60.
[2] John T. Reed, "Penn, Zenger and O. J.: Jury Nullification-Justice or the 'Wacko Fringe's' Attempt to Further its Anti-Government Agenda?", *Duq. L. Rev.*, Vol. 34, 1996, p. 1125.
[3] Nancy S. Marder, "Juries, Drug Laws & Sentencing", *J. Gender Race & Just.*, Vol. 6, 2002, pp. 358-359.
[4] Andrew J. Parmenter, "Nullifying the Jury: 'The Judicial Oligarchy' Declares War on Jury Nullification", *Washburn L. J.*, Vol. 46, 2007, p. 402.

引发了关于种族主义和陪审团废法相互作用的系列学术讨论。安德鲁·雷波德（Andrew Leipold）在《基于种族的陪审团废法》一文中回应巴特勒教授，认为巴特勒的观点将会使种族主义合法化，并可能使非裔美国人处于更加糟糕的境地。[1]

基于种族主义行使陪审团废法是危险的，也会将陪审团制度带入万劫不复的境地，同时也会使社会陷入动荡的局面。因为如果我们同意黑人可以不顾法律，不顾证据，仅仅基于种族来裁断案件，那么其他群体同样有权以类似的理由来废法，最终的结果必然是出现法律上的无政府主义。因此，陪审员基于种族主义废法肯定是不可取的。

但是我们应当看到的是，陪审团废法的原因很多，陪审团废法和种族主义没有必然联系。历史上最常使用的攻击陪审团废法的例证是，美国南部在民权运动前，攻击黑人的白人常被判决无罪。然而，在陪审团废法指示变成历史遗迹之后，这种基于种族偏见的判决还存在了很久。这从侧面证明，陪审团废法和偏见没有必然关系。如果说在司法实践中依然存在基于种族原因而行使废法权的陪审员，主要的问题应归结为陪审团挑选程序尚存瑕疵。不能因实践中确实有基于种族原因废法的案例而完全否定陪审团废法。当然，分辨一个案例是否是基于种族原因本身就是个难题，因为陪审团废法本身很难确认。

第二，经常攻击陪审团废法的另一个理由是，陪审团废法权力使得陪审团可以不顾法律判决一个人无罪，那么陪审团也可以不顾法律而判决一个人有罪。[2] 这个观点对陪审团废法很有挑战。

为回应该种观点，必须要澄清的一个观点是，陪审团废法只包括在法律之外判被告人无罪，不包括在法律之外定罪或不顾证据定罪。法官指示陪审团可以废法时，应当告知陪审团应本着宽容之心。如果犯罪没有达到排除合理怀疑的地步，陪审员应当裁决无罪。当然，并不代表说陪审团的裁决不会出错，如果陪审团错误地将被告人定罪了，还有其他保护措施纠正这种错误。法官有权利、权力和责任推翻没有法律和证据支持的刑事定罪判决，如果庭审法官没有履行这些职责，有罪判决还可以通过上诉予以纠正。[3]

---

[1] Andrew D. Leipold, "The Dangers of Race-Based Jury Nullification: A Response to Professor Butler", *UCLA L. Rev.*, Vol. 44, 1996, p. 111.
[2] See People v. Noriega, 120 Cal. Rptr. 2d 776, 781 (Cal. Ct. App. 2002).
[3] See Jackson v. Virginia, 443 U. S. 307, 317-18 (1979).

担心陪审团会滥用废法的权力,不顾法律给被告人定罪的观点,实际上否定了陪审团制度最初的假设,即无私的、无偏见的陪审员会做正确的事情。美国之所以有陪审团,是因为宪法的制定者认为,12个普通公民可以做正确的事情。如果把全部的证据提供给12个互不认识、事先没有偏见的人来决定被告人是否有罪,这12个人作出的有罪判决就一定是正义的。陪审团的12个普通公民不仅有能力查明事实真相,而且还可以恰当地理解正义的含义。

事实上,告知陪审团有废法的权力可能会使陪审团产生更多的尊重感,陪审团会更加负责地行使作为刑事陪审团体系的重要职能。公正的陪审员对实质上有罪的人判决无罪都是基于正当的理由,陪审员也有强烈的动机将危险的被告人定罪,确保社会的秩序。[1]"如果能够确定法律没有沦为非正义的工具,即使陪审团废法制度使得一些备受谴责的被告人被无罪释放了,代价也不是太大"[2],这也是社会必须承受的一种合理代价。

第三,反对陪审团废法的另一个重要理由是陪审团废法可能会导致社会无序。[3] 法官在使用"无序"这个词时主要表达了法官害怕指示陪审团有废法的权力将会使陪审团变成一个脱离控制的机构。[4] 当陪审员的种族、伦理、社会经济背景与法官的不同时,陪审团废法是否会导致无序的问题尤其让法官担心。

但是,事实证明,陪审团废法远没有想象中那么可怕。在美国建国后的第一个世纪,那时陪审团常常被告知有权判断法律,但政府在那时却没有陷入动荡和无序,相反还展现出了生机和活力。

哈里斯·莫金在名为《陪审团审查和反对专制的革命权利》的司法评论中,比较了陪审团废法和司法审查(judicial review)。他认为陪审团废法是与司法审查对应的概念,陪审团废法是一种民粹主义者的制度,司法审查一种贵族制度。[5] 根据莫金的理论,这两种制度都是革命的必要替代品,可以阻止适用不公正的法律,而不公正的法律则可能产生反抗的权利。为何美国

---

[1] See Dougherty, 473 F. 2d at 1143 (Bazelon, C. J., dissenting).
[2] Contra Dougherty, 473 F. 2d at 1135.
[3] See United States v. Powell, 955 F. 2d 1206, 1213 (9th Cir. 1991).
[4] See United States v. Dougherty, 473 F. 2d 1113, 1134 (D. C. Cir. 1972).
[5] Harris G. Mirkin, "Judicial Review, Jury Review, & the Right of Revolution Against Despotism", *Polity*, Vol. 6, 1973, p. 55.

更加青睐陪审团废法，而大陆法系国家则视司法审查为圭臬？这一问题的答案蕴含在美国与欧洲文化的深层差异之中。欧洲大陆国家是由封建社会逐渐改造过来的，职权主义具有较高的正统地位，至今贵族代表着高尚。美国则是由被英国王室、教会残酷迫害的激进新教徒逃到北美大陆发展而来的，这些新教徒在英国就是政治地位最低下、经济上赤贫的群体，被统治者残酷迫害是他们集体的记忆，所以更加相信普通人的智慧。普通人组成的陪审团是人民直接民主的体现，陪审团的无罪裁定是至高无上的。因此，在美国，陪审团废法充当了社会稳压器的功能，而非扮演秩序破坏者的角色。

第四，有批评者还指出，陪审团废法会让陪审团在履行责任时处于良心上的矛盾困境。"在组成陪审团时，陪审员会宣誓遵守法官在法律方面的指示。如果陪审员出于对被告人的同情、缺乏对被害人的同情，或者厌恶现行法律，理解了但忽略了法律，陪审员们就违背了誓言。要求陪审员这样宣誓，同时又承认陪审团的废法权'只会让在陪审团履行责任的有良知的公民感到困惑'。"[1]

照此逻辑推演，对陪审员隐藏陪审团拥有废法权就是对陪审员最负责任的表现。然而事实并非如此，有的陪审员在不知晓陪审团废法权的前提下将被告人定罪，在定罪后才知晓他们拥有陪审团废法权，如果行使陪审团废法权本可以避免非正义，那么这些陪审员对隐藏陪审团废法权的做法会感到反感和厌恶。[2] 陪审制的基石是相信普通民众可以作出正确的判断，因此，明确告知陪审员拥有废法权并不会让陪审员困扰，反而更可以使陪审员独立地裁判案件，既裁断事实，也裁断法律。相反，如果对陪审员隐藏陪审团的废法权，在定罪之后才让其知晓陪审员原本可以废法，这才更会引起陪审员的困惑。

第五，陪审团废法的批评者还提出这样一种观点，陪审团的废法权超过了民主社会陪审团作为司法者的权限。他们认为，陪审团的行动基础是某项法律不公正的结论，从这个意义上看，陪审团废法"抛弃了我们这样的基本信念：只有我们选举的代表可以确定什么是犯罪、什么不是犯罪，而且当法

---

[1] [美] 约书亚·德雷斯勒、艾伦·C. 迈克尔斯：《美国刑事诉讼法精解》（第二卷·刑事审判）（第4版），魏晓娜译，北京大学出版社2009年版，第279页。
[2] Nancy S. Marder, "Juries, Drug Laws & Sentencing", J. Gender Race & Just., Vol. 6, 2002, p. 345.

律不公正时，只有他们有权修改法律"[1]。对于该种观点，戴维·派伯（David Pepper）在他的文章中论证说，历史上所说的判断法律的权利（right to judge the law）不包括罔顾法律的权利（the right to disregard the law）[2]，判断法律的权利包括对现行法律作出独立解读的权利，但不包括拒绝适用现行法的权利。

然而，审视历史，并非所有的案例都和派伯的结论一致。比如，殖民地陪审团著名的原因并不是因为这个时期的陪审团对现行法作出了合乎情理的解读，而是该时期的陪审团经常拒绝适用不受欢迎的法律。陪审员内在的权利和自由促使其拒绝适用现行法。制宪者的文本表述反复提醒刑事案件的陪审员根据他们自己的良心来判断法律。[3] 很明显，制宪者不仅要求陪审团解释现行法，更要求刑事陪审团判断法律，陪审团可以拒绝适用不符合正义的法律。因此，从历史角度来看，制宪者理解的刑事案件的陪审团权利包括陪审团拒绝适用法律的权利。因此，派伯的论证对于陪审团废法批评者的说服力并不强。

如果我们追溯立法权的源头和陪审制的本质，就会发现，两者之间并不矛盾。从本质上讲，立法权属于人民。而陪审制的首要价值在于政治民主价值，具体而言，陪审制是人民行使主权的重要方式。法律由人民代表制定，司法裁决应由平民代表（陪审员）作出。基于人民不会犯错的政治信条，以此种观点来批判陪审团废法是站不住脚的。

（三）特殊裁判机制使陪审团废法无法查明

陪审团使用无理裁判机制使得陪审团废法可以防止政府以立法侵犯公民自由，避免人民在面对恶法时手无寸铁。陪审团废法常与严苛的刑法、多元的伦理观念、政治斗争等复杂因素纠缠在一起，陪审团使用无理裁判机制使得陪审团废法软化法律的作用得以实现。陪审团不用直接指出和质疑现行法律的谬误，在个案中通过陪审员的投票就可以矫正不合理的法律。然而，陪审团使用无理裁决机制也恰恰是陪审团废法批评者质疑陪审团废法的主要原因之一，无理裁决使得陪审团废法更具有被滥用的危险性。

无理裁判的依据是独立审判、自由心证。在陪审团制下，案件的事实问题由陪审团独立决定，法官不能干涉。而且陪审团最终仅需作出概括性的裁

---

[1] State v. Ragland, 519 A. 2d 1351, 1369 (N. J. 1986).
[2] David A. Pepper, "Nullifying History: Modern-Day Misuse of the Right to Decide the Law", *Case W. Res. L. Rev.*, Vol. 50, 2000, pp. 616-617.
[3] United States v. Dougherty, 473 F. 2d 1113, 1132 (D. C. Cir. 1972).

决——"有罪"或"无罪",不需要解释理由。陪审团能够开释他们确信实施了犯罪的被告人,而不用解释开释的原因,并使政府无法再次追诉被告人。[1] 既然陪审团的裁决方式是无理裁决,那么,因不同意法律而作出事实不成立的陪审员们就不会说他们是因为不同意法律而作出这一裁决的。正是陪审团裁决无须说明理由的裁决方式给了陪审员废法的权力,谁也无法追究陪审员责任,也不能认定陪审团裁决的程序违法,更不能以陪审团超出权力范围为由而不接受裁决结果。也正是陪审团裁决的这种不需要说明理由才使陪审团审判成为人民自由的捍卫者。

陪审员们赞成宣告无罪的原因是多种多样的。有的是认为起诉指控的行为不是犯罪,有的认为被告人不应当受到处罚,有的认为警方出于恶意,有的认为上帝不会惩罚被告人,有的认为被害人不应受到法律保护,有的认为如果宣告无罪可以从中渔利,有的认为如果给被告人定罪自己会受到被告人或者支持被告人无罪的人的伤害,有的认为宪法规定要排除合理怀疑地证明被告人有罪必须要有指纹证据……凡此种种,不一而足。陪审团废法能够避免政府借助恶法镇压人民,克服立法的缺陷,"因为国会将是制定压迫人民立法的永远实体"[2]。

陪审团是因为废法而判决无罪还是因为真正的事实不能成立而判决无罪,是无法进行重复检验的,是无法查明的。比如,加利福尼亚州《三次打击法》(Three-Strikes)规定,任何人如果已两次被定重罪被判 25 年以上有期徒刑或无期徒刑,第三次犯罪就应被判一项重罪。盲目适用这些法律往往会导致奇怪的结果,比如一个人第三次犯罪时偷了一片比萨饼,可能会被判无期徒刑。[3] 尽管法官没有告知陪审团这是被告人的第三次案件,当陪审团认为这个案件涉及第三次打击时,可能会判被告人无罪。在旧金山和洛杉矶,陪审团拒绝将第三次犯罪定罪非常普遍。然而,究竟这种无罪判决是陪审团认为案件事实真的无须判决有罪,还是陪审团行使废法权力判决无罪的确无从考究。

---

[1] [美] 约书亚·德雷斯勒、艾伦·C. 迈克尔斯:《美国刑事诉讼法精解》(第二卷·刑事审判)(第 4 版),魏晓娜译,北京大学出版社 2009 年版,第 278 页。
[2] United States v. Datcher, 830 F. Supp. 411 (M. D. Tenn. 1993).
[3] Nancy S. Marder, "Juries, Drug Laws & Sentencing", *J. Gender Race & Just.*, Vol. 6, 2002, p. 343.

结　语

陪审团废法之所以在采行陪审团制度的国家是一个相当重要的命题,与两种制度紧密相连。一是陪审团裁决的方式,陪审团一般只作出概括性的裁决,只给出"有罪"或"无罪"的结论,不需要解释具体的理由。如果刑事案件陪审团对有罪证据充分的被告人定无罪,这属于陪审团在刑事审判中概括的定罪权范畴。无论有罪证据多么充足,专业法官都不能越俎代庖直接定罪。另一个是禁止双重危险原则。美国联邦宪法第五修正案规定:"任何人不得……因同一个犯罪遭受两次危险。"如果陪审团作出无罪裁决,政府不能因同一犯罪再次追诉被告人。所以,陪审团如果废法而判决被告人无罪,控方不能对无罪判决上诉,该结论就是最终结论,而且该结论无须释明理由。只要上述与陪审团裁决相关的两项基本制度还存在,无论有罪证据多么充分,刑事陪审团都有无条件判决被告人无罪的权力。由是观之,陪审团废法是陪审团制度内在机制的产物,具有正当性,无论质疑和批判的声音有多大,陪审团废法在陪审制国家都将存在。

回顾陪审团废法权在北美大陆近四百年的沧桑巨变,陪审团废法作为司法民主的重要形式,必须经受社会现代化的考验。尽管在过去约一个半世纪里有式微的迹象,但陪审团废法依然是人民自由的守护神。拥有废法权力的陪审团使法治的大厦虽历经风雨,但依然可以保持其稳定的基础和坚韧的结构。如果说陪审制是社会与司法之间互动的桥梁,那么,陪审团废法就是这座桥梁的一大支柱,一旦支柱垮塌,整座大厦就岌岌可危。如果美国致力于坚持陪审团制度,就必须相信陪审员;如果美国致力于成为一个民主、自由的国家,就必须相信人民。一个形象的比喻贴切地诠释了陪审团废法的价值,"如果必须被处决的话,我宁愿将自己的脖子置于刽子手的斧头之下,也不愿意置于断头台之下。因为断头台就像法律一样仅仅是一种机制,可能会有失灵的时候。刽子手就像陪审团一样,一定能作出处罚的决定。如果他们基于自己的良知不能作出定罪的决定,就不应该强迫他们这样做"[1]。

---

[1] Andrew J. Parmenter, "Nullifying the Jury:'The Judicial Oligarchy' Declares War on Jury Nullification", *Washburn L. J.*, Vol. 46, 2007, p. 429.

第七章

众声喧哗：防止媒体报道影响陪审团审判

在现代社会，强大的网络工具可以使人们轻而易举地获取信息，满足猎奇心理。在国外，有谷歌（Google）、脸书（Facebook）、推特（Twitter）等；在中国，有微博、微信等。它们使信息传播更加方便快捷，但也给如今的司法界带来了新的难题，这是在互联网普及之前司法界所不曾想到的。

现代陪审制度禁止陪审员从外界了解案情，而早期的陪审制度不像我们如今这样保守。中世纪的陪审员经常凭借他们对当事人或者对案件事实情况的了解而入选成为陪审员，这就是所谓的"知情陪审团"。但是，如今陪审制正在走向另一个极端。在互联网普及之前，信息不像今天一样能及时方便地取得，要想让陪审员与信息隔离是很容易办到的。只需要告知陪审员不同涉案人员接触，不从报纸上了解案情即可。但是，在如今，了解案情的方式不仅限于法庭上采纳的证据，互联网也为他们提供了丰富的信息，避免陪审员阅读报纸的时代已经一去不复返了。因此，在陪审团领域，互联网带来的影响可能是毁灭性的。

美国陪审制的一个重要特征就是陪审团的商议过程不对外公开。此举的原因有很多，但最主要的原因是为了排除外界干扰。如果外界知道陪审员每天都在商议些什么，那么陪审员忠实于自己判断的概率就会减小。比如，陪审员也许不会坚持自己的某种立场，会随主流意见赞成损害赔偿。因此，不公开陪审团商议过程是保护裁断具有权威性的必要手段。但是，互联网领域出现的陪审员不端行为正在亵渎这种权威性。

首先，新兴的社交网站给陪审员获取信息提供了更加便捷的渠道，但也会给陪审制带来麻烦。如陪审员用脸书同案件当事人成为好友，用谷歌地图"亲临"犯罪现场，用推特泄露商议过程信息或者对案件进行不当评论，等等。[1]

---

[1] Cheryl L. Coyle & Heather Vaughn, "Social Networking: Communication Revolution or Evolution?", *Bell Labs Tech. J.*, Vol. 13, 2008, p. 14.

脸书对于陪审制的威胁就在于，陪审员会利用它来寻找案件当事人，或者搜寻那些出现在案件资料中但出于某种考虑故意没有让陪审员知道的信息。当然，陪审员还可以用脸书与当事人进行交流。总之，在脸书上，任何陪审员不端行为都有可能发生。

其次，陪审员的不端行为还有可能致使证据规则的目的落空，污染陪审员作出裁断的基础信息。与网络有关的陪审员不端行为可能是非常危险的，因为网络上散布的信息经常是错误的或者不完整的。另外，陪审员还可能会接触到过期的、已经被纠正的网络信息。最可怕的是，有些任意妄为的陪审员甚至会利用互联网寻找法官刻意不透露给陪审员的信息。比如当事人的"前科"，法庭一般都是会向陪审员隔离此类信息的。不过，此类信息在各州的在线罪犯检索系统都是能查到的，只需用谷歌检索就可以轻松找到这些会对陪审员造成偏见的信息。

最后，陪审员还会利用网络泄露陪审员商议案件的过程，不当地泄露一些个人情感或者对案件进行评论。除了以上这些，还有其他因素导致了陪审员在网络时代的不端行为。比如，审判的时间正在变得越来越长、陪审员隔离措施越来越不常用等。如果我们还是提不出任何应对之策，这些都会导致陪审员犯错误。

西方学者将陪审团利用互联网实施的不端行为概括为五类：利用社交网络同当事人一方进行不当接触；泄露陪审团商议过程；搜索案件相关信息；在自媒体等网络上发表意见；在互联网上匿名指控和评论案件。与互联网有关的陪审员不端行为有不同的表现形式，而且也在变得越来越普遍。由于互联网在家庭的普及以及与移动设备的结合，类似的问题会出现得越来越多，也会越来越严峻。[1]

一、英国：偏重保护陪审团独立审判

英国一向以其司法独立、司法制度的优秀而自豪，因此对于新闻自由可能造成的舆论裁判后果，是从"后果挽救"的角度来着手的。[2] 这种措施有三大类：一是事先的报道限制；二是蔑视法庭罪责；三是作为上诉理由。

---

[1] Cheryl L. Coyle & Heather Vaughn, "Social Networking: Communication Revolution or Evolution?", *Bell Labs Tech. J.*, Vol. 13, 2008, p. 14.
[2] 陈新民：《新闻自由与司法独立——一个比较法制上的观察与分析》，《台大法学论丛》2000年第3期，第89—134页。

与美国逐渐不再事先限制媒体的做法不同，英国在司法是否可以直接限制媒体的问题上，采取了与美国截然不同的态度[1]，更加偏重保护陪审团独立审判。

（一）要求媒体对某些案件的报道予以推迟

对于司法报道的限制方法，除包括根本就不公开审理某些案件以外，法院还可通过发布命令要求媒体对某些案件的报道予以推迟[2]。这一内容主要体现在1981年《藐视法庭法》第49章第4条第2款。这一部分规定如下：

"关于正在进行的诉讼程序或任何其他处于未决或迫近状态下的诉讼程序，当似乎有必要采取措施以避免对相关司法程序造成损害的时候，法院可以命令，在其认为有必要的一段时间之内，推迟对相关诉讼程序或诉讼程序某一部分所作的报道。"

由此，可以看出，对报道的限制必须符合以下条件：（1）此类推迟必须以法院令的形式作出，仅靠司法请求是不够的。[3]（2）损害的风险必须针对的是正在进行的诉讼程序或其他迫近的或未决的诉讼程序。这里"迫近"一词的含义仍然不清晰，其对本部分规定的适用造成了困难。这虽然与普通法下故意藐视法庭罪规定的适用情况十分类似，但此处的风险必须是针对具体的诉讼程序而言的，而非针对泛指的司法利益。（3）相关损害风险必须是实质性的，即此类风险不得是轻微的。[4]（4）法院令着眼于推迟针对整个诉讼程序或其一部分所作的报道。这并非无限期地推迟，相关延迟期间必须是法院认为为了避免损害的实质性风险而必需的。（5）相关法院令的颁布必须是必要的。根据《藐视法庭法》第49章第10条的上下文语境，上议院认为，"必要的"一词比"非常需要的""便利的""有利的""有用的"这些词汇的含义更为深刻。[5]

---

[1] 以下关于英国司法报道限制的内容，参考的资料是［英］萨莉·斯皮尔伯利：《媒体法》，周文译，武汉大学出版社2004年版，第353—364页。

[2] ［英］萨莉·斯皮尔伯利：《媒体法》，周文译，武汉大学出版社2004年版，第353—354页。

[3] AG v. Leveller Magazine (1979) AC 440, p. 473.

[4] AG v. English (1982) 2A11ER, p. 903.

[5] Rean Inquiry under Company Securities (Insider Dealing) Act 1985 (1988) AC 660, per Lord Griffiths, p. 704.

(二) 禁止公开相关人员的姓名或其他事项

英国1981年《蔑视法庭法》第49章第11条规定："法院进行诉讼期间，在法院（其有权力这样做）要求对相关人员的姓名或其他事项予以保密的任何场合下，只要法院认为它这样做是必要的，就可以发出指令，要求禁止对与相关诉讼有关的姓名或事项予以公开。"

此部分规定对法院在民事或刑事审判过程中禁止向公众公开某种类型信息的权力进行了承认，此类信息包括证人的身份。只有当诉讼程序中有必要为了制止公开相关资料而这样做的时候，法院才可以禁止对相关资料予以公开，而且不允许法院禁止公开在审判期间公众能够接触到的资料。[1]

对此，英国与美国的做法又有所不同。首先，英国人喜欢批评美国的司法系统没有保证审判的公正性。人们不禁要问，那英国的司法系统在处理法庭公正与媒体自由方面是不是技高一筹呢？透过英国法律系统中的蔑视法庭罪可以看出其处理这一问题的方法与美国截然不同。在英国，对案件进行像O.J.辛普森案件那样的报道是闻所未闻的，英国人觉得美国媒体对刑事案件的报道过于泛滥，他们认为美国那些允许对刑事案件进行报道的法律规定其实是万恶之源。

其次，英国的法庭知道不受管束的媒体报道会带来潜在的威胁，如刑事被告人的供述、被告人的犯罪前科等，都被认为是典型的容易产生偏见的信息。英国法庭一般会倾向于在有媒体报道威胁或干涉刑事审判的时候中止审判进行。[2] 甚至曾经有过一个判例，法官因为推定一篇发表于审前十个月的文章会造成有偏见的影响而撤销了对被告的刑事指控。[3] 如果根据证据规则某些证据没有向法庭提交，但陪审员却因为媒体的报道而知道了这些证据，那么英国法庭就会认为公正性被打了折扣。[4] 很明显，在这一点上美国法庭的态度是，审判前接触到法庭不予采纳的证据并不必然导致偏见产生。[5]

还有，当认识到法庭外的信息会污染陪审团作出裁断这种可能性之后，

---

[1] R v. Arundel Justices exp Westminster Press (1985) 2ALLER 390. 在该案中，据认为，当被告人的姓名在诉讼程序中被自由使用时，法院不能禁止其姓名的公布。
[2] See Damian Paul Carney, "The Accused, the Jury and the Media", *New L. J.*, Vol. 145, 1995, p. 12.
[3] See Paul & Pearce, "Publicity and the Press", *New L. J.*, Vol. 147, 1997, p. 1089.
[4] See Regina v. Evening Standard Co., Q. B. 578 (1954).
[5] See Murphy v. Florida, 421 U. S. 794, 799 (1975).

英国司法部门可以有以下两个选择以保护司法的公正性：控制陪审团或者限制信息的传播。与美国这种通过控制陪审团来达到控制偏见产生的做法不同，英国人选择了后者，也就是说，对传媒报道刑事案件的能力作了严苛的限制。因此，美国用来控制陪审团的一些手段在英国就显得没有必要了。在英国，没有陪审员资格审查程序（voir dire），也没有陪审员隔离（sequestered），而且改变审判地点的做法也不存在。笔者认为，英国对媒体的控制有些过于严格，也许他们采用美国对陪审团进行控制从而保护被告权利的办法会避免对言论自由进行不必要的限制。

以上两种命令中，当法院根据《藐视法庭法》第49章第4条第2款或第11条颁发命令的时候，它必须保留相关命令的永久记录。此类命令必须通过准确的术语加以公式化，精确地规定其适用范围，并在适当的情况下，标有该命令失效的时间和作出该命令的具体目的。通常情况下，法院应该通知新闻界，告知命令已经作出，法院工作人员应该随时准备就特定情况对任何询问予以回答，媒体有责任不违反相关命令，并在有疑问时承担被询问的责任。[1]

另外，还有许多法律包含针对法庭诉讼程序报道的特定问题的限制性规定。因此，很难对此类法律进行全面的考察。常见的限制有：

1. 性犯罪被害人的匿名问题。不能在与民事和刑事诉讼有关的报道中指明下列各种性犯罪被害人的身份[2]：强奸（包括对男性的强奸）[3]，强奸未遂，帮助、教唆或共同强奸或强奸未遂，引诱强奸，共谋强奸，行窃时故意强奸。类似的限制还适用于各种其他类型的性犯罪行为，包括鸡奸和下流的攻击。[4]这些限制的信息不仅适用于被害人的身份信息，也适用于可能导致辨认出被害人身份的资料。此种对身份认定的禁止是强制性的，不需要通过法院令对之加以执行。从上述犯罪的被害人或其他人对相关行为进行指控之时，此类限制性规定就开始适用。在被害人的一生中，此类限制性规定持续有效，且适用于整个联合王国。[5]

在以下三种情况下，匿名可以解除：一是当法官确信，相关限制性规定

---

〔1〕［英］萨莉·斯皮尔伯利：《媒体法》，周文译，武汉大学出版社2004年版，第355页。
〔2〕1967年《防治性犯罪法（修正案）》中作了规定。
〔3〕1994年《刑事司法和公共秩序法》。
〔4〕1992年《防治性犯罪法（修正案）》。
〔5〕1999年《青少年司法和刑事证据法》被1988年《刑事司法法》所修正。

对审判报道造成了实质性和不合理的限制,而为了公共利益有必要改变这一状态时,法官可以解除被害人的匿名。[1]二是当被告人申请证人出庭的时候,如果法官确信,被害人的匿名可能对被告人的辩护产生实质性的损害,或者可能使被告人遭受实质性的不公正,法官也可以解除匿名。三是如果确属自愿同意的话,被害人也可以放弃其匿名的权利。

除了上述成文法规定,由新闻控诉委员会制定的从业守则还规定,除非存在足够的合法性以及根据法律相关被害人自愿要求这样做,否则报纸不应该公开可能导致揭示性攻击被害人身份的资料。

2. 与拘留有关的听审。1980年《治安法院法》的第8节对在治安法院里进行的、与可起诉犯罪的初审有关的报道内容进行了限制。比如,在与拘留有关的预审程序中就可以进行此种限制。

3. 在民事诉讼程序中对儿童和青少年的情况进行报道限制。1933年《儿童和青少年法》第39节规定:法院可以作出报道的指令,但报纸不得将相关儿童或青少年的照片或包括该儿童或青少年的照片予以公开刊登。当相关诉讼涉及儿童或青少年时,无论该儿童或青少年是原告人(还是被告人),或者其与提起诉讼的人有关,或者其是该案中的证人,与相关诉讼程序有关的报道都不得披露该儿童或青少年的姓名、地址或者学校,相关报道也不能将一些可能导致辨认出该儿童或青少年身份的细节公开。

4. 刑事诉讼程序中限制对青少年当事人的报道。1999年《青少年司法和刑事证据法》第44节规定:在刑事侦查阶段,"犯罪所涉及未满18周岁的任何人,如果相关公开行为可能导致公众认为其涉嫌相关犯罪,与该人有关的任何事项就都不应被包括在公开出版物中"[2]。如果在进行相关诉讼时该人年满18周岁,则可以停止适用此类性质的规定。这一限制只适用于侦查阶段,一旦对相关犯罪的指控进入刑事诉讼阶段,第44节所规定的限制性条款就将停止适用。在此阶段,1999年《青少年司法和刑事证据法》第45节能够使法院解除施加在与未满18周岁人员有关的刑事诉讼报道上的限制。

1999年《青少年司法和刑事证据法》第45节适用于在刑事诉讼开始后与未满18周岁的人有关的报道(但该法并没有对此类诉讼的起始点进行定义)。第45节的限制性规定适用于与被指控违反英格兰、威尔士或北爱尔兰

---

[1] 1967年《防治性犯罪法(修正案)》第4节第3款。
[2] 1999年《青少年司法和刑事证据法》第44节第2款。

法律的犯罪有关的刑事诉讼。[1]在此类诉讼程序期间，于相关人员未满18周岁的情况下，如果相关报道有可能导致公众认为该人与相关诉讼有关，法院可以发出指令，命令相关报道不得包括与该人所涉诉讼程序有关的任何事项。[2]需要指出的是，该第45节的规定并不具有强制性，并且为了适用第45节的条款，所提及的"与相关诉讼有关的人员"包括相关诉讼程序所指向的人，或与相关诉讼程序有关的人，或诉讼程序中的证人。

5. 对易受胁迫和攻击的人员报道的限制。1999年《青少年司法和刑事证据法》规定，当易受胁迫或攻击的人提交证据时，不论证人的年龄为何，都可以对相关报道施加限制。当法院发布涉及任何证人的"报道指令"的时候，该法第46节就此还进一步规定了对报道的限制措施。相关报道指令可以规定，在证人的整个生命期间，可能致使公众辨认出其是诉讼程序中的证人的相关信息不能在任何出版物中公开。[3]

（三）英国防止媒体影响陪审团的实践

英国在审判前和审判中对媒体影响陪审团的实践操作与美国明显不同。因为美国的新闻自由受到保护，所以法庭需要容忍媒体的大肆宣传。与此相反，英国为了保护被告人免受外部因素对陪审团决策的影响，采取的是限制新闻自由的方法，新闻媒体在审判结束后被禁止报道审判的过程。

在英国20世纪90年代的几个案件中，可以发现预审宣传已经影响到审判的公平性。比如在R.诉麦卡恩案中，因审判法官没有排除在案件的最后阶段陪审团听到的突然宣传的信息，上诉法庭推翻了所谓的爱尔兰恐怖主义分子定罪。[4]在陪审团退庭进行评议之前，当时的北爱尔兰国务卿和上议院大法官丹宁勋爵都发表了广泛的评论暗示，被告人所表现的沉默就很可能是有罪的表现。[5]上诉法院认为，在电视采访中发表的言论将会影响审判的公正性，这是陪审团所无法克服的。[6]再比如，在1995年的一起案件中，一个肥皂剧的明星和她的合法丈夫在他们停在高速公路出口的车里进行口交而被

---

[1] 1999年《青少年司法和刑事证据法》第45节第1款。
[2] 1999年《青少年司法和刑事证据法》第45节第3款。
[3] 1999年《青少年司法和刑事证据法》第46节第6款。
[4] See R. v. McCann, 92 Crim. App. 239 (Eng. C. A. 1991).
[5] David Corker & Michael Levi, "Pre-trial Publicity and its Treatment in the English Courts", CRIM. L. REV., 1996, p. 622.
[6] 2 Crim. App. at 253.

逮捕之后，一些报纸报道了这个男人的前科和涉及警察的细节。法院因此发布了中止审理的命令。在决定中止诉讼时，审判法官说："在这个案件中，我毫不怀疑大规模的媒体宣传是不公平的、令人愤慨的。"[1]

根据1981年《藐视法庭法》的规定，在审判之前和审判的过程中，对有偏见的媒体宣传以两种主要的方法进行处理：禁止发表有偏见的文章或者被起诉。而且，同时禁止披露任何有关陪审团商议的信息。[2]

一种是对媒体提出起诉的方法。根据《藐视法庭法》的规定，对媒体提出的起诉要想成功，要求该文章或者广播产生了实质性的偏见。法官对偏见性言论的处理具有极大的自由裁量权。因很少出现因审前宣传而中止诉讼的情况，所以陪审团会根据法官的指示避免偏见的产生。

另一种处理陪审团偏见的方法是排除陪审员接触预审宣传，但这是不常见的。谢泼德诉麦克斯维尔案（Sheppard v. Maxwell）[3]中潜在的陪审员由于他们在媒体上听到或读到有关案件的信息而被排除，法官还下令禁止编辑发布一些有偏见的文章。此外，麦克斯维尔还获准运用民意调查证据来对抗对他不利的偏见。当麦克斯维尔因为偏见的预审宣传而申请中止诉讼时，三个盖洛普民意调查作为证据提交给法官菲利普斯，他最后同意排除接触预审宣传的陪审员。[4]

相较于英格兰和威尔士，苏格兰司法部对审判前和审判中的任何潜在的不利宣称持有一种更加严厉的处理态度，体现了对司法独立审判的偏重保护。虽然这一态度是由立法决定的，但是首先可用于评价普通法的态度。有一个例子就足以证明苏格兰总是采用严格的方法。[5] 在穆尔诉英国广播公司案件中，英国广播公司播出了一个更新的节目，是有关在格拉斯哥的巴利尼

---

[1] 2 Crim. App. at 253.
[2] Sally Lloyd Bostock & Cheryl Thomas, "Decline of the 'Little Parliament': Juries and Jury Reform in England and Wales", *Law & Contemporary Problems*, Vol. 62, Spring 1999, p. 7.
[3] Sheppard v. Maxwell, 384 U. S333 (1996).
[4] Sally Lloyd Bostock & Cheryl Thomas, "Decline of the 'Little Parliament': Juries and Jury Reform in England and Wales", *Law & Contemporary Problems*, Vol. 62, Spring 1999, p. 7.
[5] Peter Duff, "The Scottish Criminal Jury: A very Peculiar Institution", *Law & Contemporary Problems*, Vol. 62, Spring 1999, p. 173.

监狱发生的狱警殴打战俘的事情。[1] 这期节目报道了一个监狱医生的观点，即个人特殊的伤势与他被警卫殴打的情形是相符的。由于三名被告的申请，高等法院禁止播放这一节目。被指控者或控方也可以申请阻止媒体报道，这不仅仅为了他们自己的案件，而且还为了其他类似案件中公正审判的权利。[2]

1981 年，英国的藐视法庭罪使得无过错的出版发行也成为一种犯罪，这项立法涵盖了苏格兰、英格兰和威尔士，但是正如阿里斯泰尔·伯宁顿所言，"在苏格兰的应用是完全不同于英格兰的，以至于难以相信这两个地区是在实行相同的法律规定"。[3] 即在苏格兰，对媒体的言论自由有更加严厉的限制，法律偏重保护司法公正，主要表现在三个方面：

第一，相比在英国与其职位对应的人来说，苏格兰高级法律官员苏格兰检察总长更有可能在遇到有偏见的宣称时采取行动。

第二，苏格兰法院解释法律更加宽松，意味着在苏格兰指控藐视法庭罪是非常容易的。

第三，在苏格兰被指控者可能会根据法案自己提起私人诉讼，而在英格兰此类诉讼必须由总检察长提起或者同意。[4]

综上所述，依据普通法上的藐视法庭罪，英国法庭有权"阻止或者惩罚一切企图扰乱、危害或者滥用司法的行为"。[5] 此外，法庭还可以限制媒体公布诉讼程序中出现的人名。[6] 例如，法院时常利用该法"在被告被定罪之前，禁止媒体公布刑事被告的姓名以及与刑事被告有关的信息"。有趣的是，尽管会对侦查不利，1981 年的《藐视法庭法》居然还可以禁止公布逃犯的姓名和照片。另外，违反该规定的后果是严重的：依据该法，审级较高的法院可以处以无上限罚款同时处以高达两年的刑期。[7] 因此，在判定某行为是否构成违反该法时，法院必须要考量该出版行为所带来的损害是否严重，

---

[1] 1997 S. L. T 425 (H. C. J.).

[2] Peter Duff, "The Scottish Criminal Jury: A very Peculiar Institution", *Law & Contemporary Problems*, Vol. 62, Spring 1999, p. 173.

[3] Alistair J. Bonnington, "Press and Prejudice", *New L. J.*, Vol. 145, 1995, p. 1623.

[4] Peter Duff, "The Scottish Criminal Jury: A very Peculiar Institution", *Law & Contemporary Problems*, Vol. 62, Spring 1999, p. 173.

[5] Sunday Times v. United Kingdom, 30 Eur. Ct. H. R. (ser. A) at 14-15 (1979).

[6] Contempt of Court Act, § 11.

[7] See Contempt of Court Act, 1981, ch. 49, § 14.

并且是否是即刻显现出来[1]、行为发生的时间、引起陪审员注意的可能性、对陪审员可能造成的影响，以及陪审员是否遵循法庭发出的旨在矫正之前陪审员接触的偏见性信息的指示。另外，由于在英国并没有对陪审员候选人进行询问以了解其所接触的偏见性信息的诉讼程序，一旦刑事审判公正受到了媒体报道的威胁，该审判就必须中止。审判中止后的下一步可能就是对记者提起藐视法庭罪的控诉。当然，藐视法庭罪的罪名最终不一定会成立。

二、美国：偏重保护新闻自由

像其他一些使用陪审团审判的国家一样，在美国，陪审员关于案件的看法同样可能会受到媒体报道的影响。另外，这种影响可能威胁到陪审团的公正性和其决定的合理性。陪审员的曝光对判决来说是致命的。法官和律师通常会非常谨慎，尽量选择那些事先没有听说过案情的陪审员，同时在审判期间避免他们和公众接触。[2] 在美国，之所以对媒体更为担忧，大概就是因为媒体巨大的潜在影响力。不像其他国家的法律，在美国，只有在"紧迫的政府利益需要"的情况下才禁止媒体报道，并且应"狭义地解释这种利益"。美国法律并没有在审判之前或之中通过限制对案情的报道来控制公众对陪审员的影响。宪法保障媒体采访审判的过程，而且媒体可以自由地对它们获取的信息予以报道。[3]

美国更加偏重保护媒体自由，所以在审判程序的严格考验之下，要确保远离未经审查的信息的是陪审员和法官，而不是媒体。陪审团选拔希望能够适当地筛选那些候选陪审员，即法官可以命令到其他地方进行审判。法院希望选中的陪审员在审判期间能够遵循法庭的指示，而不是去关注媒体的报道或其他与案件相关的讨论，违反规定的陪审员要被解除。在某些情况下，法庭可以不让媒体，甚至是当事人双方知晓陪审员的姓名和住址。陪审员对和当事人、证人、当事人一方的支持者，或记者接触很有顾虑，法院的行为正

---

[1] See Attorney-General v. Guardian Newspapers Ltd., 7 Ent. & Media L. Rep. 904, 913 (Q. B. Div' l Ct. 1999).
[2] Nancy Jean King, "The American Criminal Jury", *Law & Contemporary Problems*, Vol. 62, Spring 1999, p. 41.
[3] Press Enterprise Co. v. Superior Court, 478 U. S. 1, 13-14 (1986); Globe Newspaper v. Superior Court, 457 U. S. 596, 606-07 (1982); Richmond Newspapers, Inc. v. Virginia, 448 U. S. 55 (1980).

是为了消除这一顾虑。[1]

甚至是在审判之后，言论自由还会持续影响法官控制陪审员的能力。如，法官不能发布禁令阻止陪审员接触媒体成员，也不能阻止其向媒体透露想法。[2] 但在多数情况下，庭审之后，法庭可以禁止媒体接触那些犹豫不决的陪审员，禁止他们透露关于案件看法的信息。[3]

(一) 媒体进入司法审判的权利逐渐形成

媒体逐步拥有进入司法审判各阶段权利的演变历程如下：

最高法院第一次处理媒体是否有权进入司法审判各阶段的问题是在甘尼特公司诉德帕斯卡尔案（Gannett v. De Pasquale）[4]中。在本案中，被告面临着二级谋杀的指控，他提出动议将媒体和公众从审前证据排除会议中驱除出去。法官在预审（preliminary hearing）中认为，如果公开该审前会议，将存在"合理的可能性"给被告的权利带来损害。最后，法官认定被告接受公正审判的权利高于媒体和公众存在于审判公开中的利益。[5] 接着，最高法院发出了调卷令（certiorari），最高法院判决的撰写人斯图尔特（stuart）大法官写道："公开此会议的危险性是非常明显的"，因为"审前证据排除会议的目的就是确保那些不可信和非法获得的证据不会出现在陪审团面前，而在这个阶段将证据排除出去"。[6] 最后，法庭在判决附带意见中认为"本案中初审法官的行为符合上诉人在第一和第十四修正案下所可能享有的权利"[7]。

甘尼特案中，法院的意见分歧是很大的，9位大法官给出了5种意见，他们在权衡第六和第一修正案的权利问题上给出了三个标准。当时多数意见认为，如果"存在合理的可能性"表明进行审前会议（pre-trial hearing）会对被告的权利造成损害，那么初审法院法官可以不公开。[8] 而鲍威尔法官则只要求被告证明"公开有可能会损害判决的公正性"即可提出动议阻止公开。另外，布莱克门大法官在反对意见中认为要想动议被批准，那么被告应

---

[1] Nancy Jean King, "The American Criminal Jury", *Law & Contemporary Problems*, Vol. 62, Spring 1999, p. 41.
[2] See Marcy Strauss, "Juror Journalism", *Yale L. & Pol'y Rev.*, Vol. 12, 1994, p. 389.
[3] See United States v. Cleveland, 128 F. 3d 267 (5th Cir. 1997).
[4] Gannett Co. V. De Pasquale, 443 U. S. 368 (1979).
[5] Gannett Co. V. De Pasquale, 443 U. S. 368, 376 (1979) (Stewart, J.).
[6] Gannett Co. V. De Pasquale, 443 U. S. at 378.
[7] Gannett Co. V. De Pasquale, 443 U. S. at 392.
[8] Gannett Co. V. De Pasquale, 443 U. S. at 392-393.

当证明"存在很大可能性,其接受公正判决的权利会遭受难以弥补的损害"。布莱克门法官的意见是三种意见中给被告负担最重的,他写道:"初审法院的逻辑起点应该是第六修正案要求审前证据排除会议应当公开,只有在被告履行了其证明责任,满足了不公开必要性的严格要求之后方能获得允许。"[1]

但就在甘尼特案判决不到一年的时间里,最高法院就开始向布莱克门法官在甘尼特案中提出的反对意见靠拢了[2],认为宪法第一修正案暗含了媒体和公众接触审判的权利,这就是1980年的里查蒙德报纸公司诉弗吉尼亚州(Richmond Newspaper, Inc. v. Virginia)[3]一案。法院纵观刑事审判的历史得出结论:"从前后连贯、毫不自相矛盾的历史中,出于经得起历史和现在考验的原因,我们不得不得出结论,对公开的要求天然地存在于我们的司法制度之中。"因此,法院判定:"如无事实认定显示存在压倒一切的利益,刑事审判必须对公众开放。"

在里查蒙德一案中,初审法官既没有给出不公开审判的理由,也没有尝试是否有限制性更小的方法可以保障被告接受公开审判的权利,同时也没有承认根据宪法第一修正案公众和媒体是否有参加审判的权利,因此,法院认为初审法院采用的不公开审判是违宪的。[4] 但是法院却很谨慎地指出,宪法第一修正案的权利不是绝对的,如果"可以认定有压倒一切的利益存在",初审法院法官可以"依据公正司法的需要,对审判的公开施加一定的限制"。[5]

就像甘尼特案一样,里查蒙德一案中的意见分歧也很大[6],判决缺乏清晰性。虽然法院很清楚地指出宪法暗含了对刑事审判公开的要求,但是"没有法官能描述出怎样一种事实认定才能够有'压倒一切的利益存在',以至于可以对抗宪法对公开审判的要求"。

接下来,在1984年新闻企业案Ⅰ(Press-Enterprise Co. v. Superior Court)[7]中,最高法院将其在1980年里查蒙德一案中的判决扩展到了公众

---

[1] Gannett v. De Pasquale, 443 U. S. 368.
[2] See supra note 89 and accompanying text.
[3] Richmond Newspapers, Inc. v. Virginia, 448 U. S. 555 (1980).
[4] Richmond Newspapers, Inc. v. Virginia, 448 U. S. at 563.
[5] Richmond Newspapers, Inc. v. Virginia, 448 U. S. at 581.
[6] Richmond Newspapers, Inc. v. Virginia, 448 U. S. at 559.
[7] Press-Enterprise Co. v. Superior Court, 464 U. S. 501 (1984) at 503-04.

依据宪法第一修正案有权参加到陪审员资格审查程序中。[1] 法院认为"从16世纪开始，陪审员就是公开选取的"。执笔大法官伯格在判决中写道："公开强化了刑事判决根本的公正性以及表面的公正性，而这一点对于公众信仰法律是非常重要的"，另外，"让受害人和公众确信被告将在公正、公开的情况下选取的陪审员前对自己的行为负责"，会对社会起到"治疗和修复作用"。

同里查蒙德案一样，新闻企业案Ⅰ一案中法院也承认公开的权利不是绝对的，不公开审也是允许的。但是，法院写道："不公开……应当是极个别的情况，只有在有原因表明它压倒公开性的价值时才行。"[2] 事实上，法院在案件的推理中，用一个"尽可能小的"要求便严格地限制了不公开令的采用："公开的要求只有在存在压倒一切的利益时才能被忽视，而这种压倒一切的利益是有事实认定作为其依据的，该事实认定当表明不公开对实现更高的价值是必要的，而且这种不公开的范围尽可能小地以实现这种利益为限。这种利益要具体说明是什么利益，而它所依据的事实认定则也要足够具体，以便二审法院能判定初审法院的不公开审是否恰当。"[3]

这样一来，法院离内布拉斯加新闻协会案（Nebraska Press Association v. Stuart）中的反对意见就更近了。[4] 里查蒙德一案要求要存在"压倒一切的利益"使不公开合理化，而新闻企业案Ⅰ则进一步要求初审法院采用的不公开范围应当是"尽可能小的"。[5]

由于在陪审员资格审查程序中，陪审员的身份依惯例都是会被泄露的，因此，内布拉斯加新闻协会案和新闻企业案Ⅰ两案的判决就给了媒体一个强烈的暗示，即媒体有权报道陪审员的身份。由于媒体有权利进入确立陪审员的程序，那么初审法院要想阻止媒体公布陪审员身份，就不得不满足1976年内布拉斯加新闻协会案中的苛刻要求。

在1982年至1984年，先后共有5个巡回法院认定宪法第一修正案一定程度上将公众的权利扩展至审前会议。在1986年新闻企业案Ⅱ（Press-

---

[1] Press-Enterprise Co. v. Superior Court, 464 U. S. at 508-510.
[2] Press-Enterprise Co. v. Superior Court, 464 U. S. at 509.
[3] Press-Enterprise Co. v. Superior Court, 464 U. S. at 509.
[4] Nebraska Press Association v. Stuart, 247 U. S. 539（1976）.
[5] Press-Enterprise Co. v. Superior Court, 464 U. S. at 510.

Enterprise Co. v. Superior Court of California）[1] 中，最高法院也加入了这个队伍，在确定宪法第一修正案是否赋予以及什么情况下赋予公众旁听刑事审判的权利的问题上，第一次明确地采纳了从之前的案例中发展起来的二分支标准：历史与经验。此外，法庭还认为预审可以不公开，但前提条件是："（1）存在很大的可能性，被告接受公正审判的权利会因公开审判而受到侵害，而不公开审则可以避免此侵害；（2）其他的合理替代方式都不能充分保护被告接受公众审判的权利。"[2] 此案确立的"很大可能性"标准清楚地阐释了什么才是新闻企业案Ⅰ中确立的"压倒一切的利益"标准。

法院第一修正案和第六修正案之间相互权衡的发展历程，是一个法院不断向着媒体有权进入刑事审判、报道审判信息方向倾斜的过程。谢泼德一案的判决仍然是有约束力的判决，即法院最终必须保障被告的第六修正案权利。但是，法院在这个演变的过程中已经逐渐扫清了公开审的障碍，其立场已经变为：在不影响第六修正案的情况下，尽可能地迁就第一修正案。由此，美国媒体逐步确立了进入司法审判的权利。

（二）法院对媒体的"缄口令"逐渐衰落

公民需要知道实施司法程序的效力，如审判是否公正，是得到迅速处理，还是受到拖延以致造成侵害。然而，一般人没有时间去地方法院旁听审判，也没有时间连续多个小时收看有线电视转播的某些审判。他们是从早报、晚间电视或广播等新闻报道中获得消息的。如果禁止新闻界旁听审判，那它就不能提供这一"对民治至关重要"的讯息。但是，如何兼顾公平审判的需要呢？如果罪大恶极、地方民情高涨，或者过度的舆论会影响挑选组成公正的陪审团，那么是否应该把新闻界排除在法庭之外？根据最高法院的裁决，回答是否定的。首席大法官沃伦·伯格认为："预先制约言论与出版是对第一修正案所保护的权利的最严重的侵犯。"法官拥有各种各样处理这类情况的办法，包括对被告和原告律师的禁令、改变开庭地点，或者将陪审员隔离等[3]，但是，法官对媒体发布的"缄口令"正呈现出逐步衰落的趋势。

---

[1] Press-Enterprise Co. v. Superior Court, 478 U. S. 1 (1986).
[2] Press-Enterprise Co. v. Superior Court, 478 U. S. at 14.
[3] James C. Goodale：《第一条修正案与新闻出版自由》，《交流》2001 年第 2、3 期合刊，http：//www.usembassy-china.org.cn/jiaoliu/jl02&0301/amend.html，2001。

1. 1966年谢泼德案：媒体报道司法的权利受到限制

先是在谢泼德诉麦克斯维尔案中，最高法院指责地方法院在审判时存在"新闻媒体的报道方式导致公众产生偏见"的情况，并认为法院的基本错误在于：第一，缺乏对审判公共舆论的控制；第二，法官本来可以隔离证人而没有隔离；第三，法庭没有禁止新闻界从警方、证人和双方的律师那里获得线索、信息和流言蜚语；第四，更重要的是，法庭没有禁止那些泄露了资料的律师、双方当事人、证人或者法院的工作人员发表任何庭外的言论。不适当地发表了没有在司法程序中提交的资料的媒体记者本应当受到警告。通过这种方式，谢泼德不受干扰的公正审判的权利才能够得到更好的保护，且不会削减新闻媒体的权利。

最高法院将该案发回地方法院审理，并附带指令：除非州法院可以在合理的时间内再一次证实对谢泼德的指控，否则应颁布释放谢泼德的令状和命令。在受到谋杀指控和12年的牢狱生活之后，谢泼德获得了新的审判，并被无罪释放。该案的判决书明确："律师和新闻界在信息方面的配合，会影响刑事审判的公正性，不仅应该受到规制，而且应该受到责备和法庭纪律的处罚"，此案裁决的形成，为对媒体进行司法报道的事前限制与事后惩罚提供了合宪性基础。

最高法院在该案中认为，"充斥于社会中的媒体报道有着固有的伤害，初审法官未能保护被告免于遭受这种伤害。"媒体在法庭的出现，使得审判变得"喧闹而混乱"。由于该案审判过程中，"不公正而有偏见的评论随处可见"，最高法院认为初审法院应当运用手中的权力控制法庭，从而保护谢泼德的宪法第六修正案权利。法庭接着写道："考虑到现代媒体的无孔不入，以及有偏见的报道对陪审员留下的难以磨灭的印迹，初审法院应当采取有力措施确保在第一和第六修正案的权衡中不会导致对被告不利的结果……当然，一般情况下没有什么会阻止媒体报道法庭上发生的事情。但是一旦存在合理可能性的偏见报道会妨碍公正判决的实现，法庭应当在这种可能性减弱之后再继续审理或者转移审判地点……法庭理当采用必要的步骤防止审判程序受到外界干涉所带来的不公正。"[1]

由此，法院认定，只要存在媒体的参与会导致"外界干涉带来的不公正"的"合理可能性"，被告的第六修正案权利就高于媒体的第一修正案权

---

[1] Sheppard v. Maxwell, 384 U. S. at 362-63 (emphasis added).

利。虽然法院没有明说是否对媒体报道陪审员身份的权利进行限制，但是法院却认为，"法庭具有的广泛权力足以充分地阻止对被告的第六修正案权利进行侵害"[1]。这种权力可以合理地理解为包括对陪审员身份进行保密，只要有助于为公正审判的实现创造条件。

谢泼德案的重要性体现在法庭明确地表示，媒体报道刑事审判的权利在任何情况下都不能践踏被告接受公正审判的权利。法庭从而建立了第六修正案高于第一修正案的等级秩序。

2. 对"缄口令"的事前限制与对媒体的事后惩罚

尽管上述谢泼德案并没有要求法院发布缄口令，但缄口令却是普通法上早已有之的做法。由于谢泼德案中法官对媒体影响司法的指责，联邦最高法院出台了《莱尔登报告》（Leyden Report），许多州也出台了相关的文件。这些举措是为了解决司法系统和新闻界之间广泛存在的冲突。当法官命令新闻记者不要报道相关的信息时，首要的问题便是这些命令是否必须被遵守，其次是这些命令在宪法上是否有效。同时，《莱尔登报告》建议编辑者也可以因其所发表的东西而受到惩罚。

传统上，法官有相当大的权力，只要这些言论有可能妨碍司法管理，就有权惩罚那些庭外言论。但是，这个被称为"合理趋向检验法"的理论在奈诉合众国案中被抛弃，该案要求这种庭外言论必须是在离法庭比较近的地方做出的。而且，法官的权力在伯瑞兹诉加利福尼亚案中受到了更加严格的限制[2]。工人领袖亨利·伯瑞兹和《洛杉矶时报》在一个案件未审结时批判了法官和司法程序。法院在这个案件和后来的一些案件中宣布：只有当庭外评论造成了产生不公正审判的"明显和现实的危险"时，才可以指控这些庭外评论为藐视法庭。

在1972年的合众国诉迪金森案[3]中，迪金森故意拒绝服从联邦地方法院，认为该命令存在宪法性缺陷。联邦上诉法院认为，"在这个案例的具体情况中，他应该受到惩罚"，"人们无权争论法官命令的正确性并决定是否随意地违反它。法院的命令必须被遵守，直到他们又被以命令的形式否定或搁置……迪金森故意拒绝服从在司法程序上进一步诉讼这一法庭命令，会直接

---

[1] Estes v. Texas, 381 U.S. 532 (1965).
[2] 转引自［美］唐纳德·M. 吉尔摩等：《美国大众传播法：判例评析》，梁宁等译，清华大学出版社2002年版，第358页。
[3] United States v. Dickinson, 1 Med. L. Rptr. 1338, 465 F, 2d 496 (5th Cir. 1972).

影响司法机构履行其义务和职责的能力"。[1] 诉讼被发回到联邦地方法院法官的手里，他再次判决记者有罪并且维持了对他们300美元的罚款处罚。上诉法庭也第二次确认了该判决。

3. 1976年内布拉斯加新闻协会案："缄口令"本身应无效

美国宪法第一修正案给予了媒体广泛的言论自由和出版自由，但实现出版自由的一个关键前提就是要有收集新闻的自由。出版自由只有在媒体能接触到有可报道性的信息的前提下才能体现出其价值。最高法院曾经说过："如果不对新闻的获取进行保护，出版自由就只是一个空壳。"[2] 但是，同任何一种权利一样，媒体收集信息的权利并非不受任何限制。

最高法院曾经在判决中写道："当传媒旁听审判的时候，他们享有的权利同普通的公众没有任何区别。"[3] 因此，最高法院明确肯定了媒体有权收集、报道其掌握的信息。同时，法院也有义务保护宪法第六修正案赋予刑事被告免受过度的媒体曝光和审前信息泄露所带来的不利影响的权利。就是在这样的大背景下，法院不得不在刑事审判中处理第六和第一宪法修正案之间的紧张关系。总体来说，二者的斗争是在两个战场展开的：一是预先限制（政府限制媒体报道其掌握的审判信息）；二是进入司法程序后的限制。

为了使法院能"安静"地行使审判权，各州法院可以颁布"事先禁止令"（Prior Restraint），可以下令禁止媒体进入法庭，禁止携带照相、录像及录音设备进入，也可以下令不准媒体报道任何就该案可能造成误导的消息。这种被称为"缄口令"（gag order或gagging rule）的制度，在1976年因违反宪法第一修正案而被废弃。

1976年，联邦最高法院公布了内布拉斯加新闻协会案[4]判决。首席大法官伯格代表法庭陈述意见：在所有这些案子中，产生的威胁在于，对言论和出版的事先禁止是对第一修正案的权利的最严重的损害。如果我们说在信息发表以后对其进行刑事或民事制裁是"从负面影响了"言论自由，那么事先禁止发表就是"冻结了"言论自由，至少在当时是这样。

在内布拉斯加新闻协会案中，法院首次分析了预先限制对被告接受公正

---

[1] 转引自［美］唐纳德·M. 吉尔摩等：《美国大众传播法：判例评析》，梁宁等译，清华大学出版社2002年版，第358页。

[2] Branzburg v. Hayes, 408 U. S. 665, 681 (1972).

[3] Estes v. Texas, 381 U. S. 532, 584 (1965) (Warren, J., concurring).

[4] Nebraska Press Association v. Stuart, 247 U. S. 539 (1976).

审判权的保护问题，最高法院认为"审前曝光，哪怕是无处不在的反面报道，也并不必然导致不公正的审判"，同时"对言论和出版的预先限制是对宪法第一修正案所保护的权利最严重的侵害"。

在此案中，被告被提起多项刑事指控，初审法院和二审法院均下达了"缄口令"，要求推迟公布被告的供述、供认还有其他与该被告有关的证据，直到陪审团人选选定为止。而这些事实其实已经在初步听证时已经被法院公开采纳为证据了。最高法院认定该缄口令是对宪法第一修正案所保护的权利的侵害，并对预先限制固有的危险发出了警告："预先限制，就定义本身而言，是一种即时有效并且不可推翻的约束手段，如果说公布出版行为可能会产生刑事或者民事责任，给言论自由降温，那么预先限制就是直接封冻，至少对于预先限制令有效的期间而言是这样。如果预先限制的对象是新闻报道和时事评论，那么所造成的损害将会尤其巨大。"[1]

如上文所述，在内布拉斯加新闻协会案之前的谢泼德案中，法院认定第六修正案所保护的权利应当优先于第一修正案。然而，内布拉斯加新闻协会案没有选择继承谢泼德案的做法，在这条路上进一步走下去，而是选择努力调和第一修正案和第六修正案之间的矛盾。因此，法院最后认定，预先限制只有在最极端的情况下才能使用。

此外，法院还要求初审法院在禁止媒体报道一切其掌握的信息之前，应当考虑其他的保护措施。比如，改变审判地、延期审理、严格的陪审员资格审查程序、陪审员隔离或者向陪审团作出明确的指示（陪审员有义务只能依据法庭所采证据作出裁断）等。

最高法院在内布拉斯加新闻协会案中所确定的标准可以说是极端严格的。它要求必须有证据表明，"如果不采取限制，那么更大规模的媒体报道将歪曲那些将来可能被抽中成为陪审员的看法，以至于找不到12个能遵照法庭指示履行陪审员义务的陪审员，而只依据法庭采纳的证据做出裁断"[2]。此标准一经确立，阻止媒体公布手上掌握的信息几乎就是不可能的了，尤其在曼努埃尔·诺列加（Manuel Noriega）[3]、奥利弗·诺斯

---

[1] [美] 唐纳德·M. 吉尔摩等：《美国大众传播法：判例评析》，梁宁等译，清华大学出版社2002年版，第365—367页。
[2] Nebraska Press Association v. Stuart, 427 U. S. 539 (1976).
[3] United States v. Noriega, No. 88-0079-CR (S. D. Fla.).

(Oliver North)[1]以及约翰·欣克利（John Hinckley）[2]这些臭名昭著的案件出现之后，更是不可能了。因为在这些案件中，法庭成功地找到了符合要求的公正的陪审员。

尽管内布拉斯加新闻协会案中并没有涉及采用预先限制防止陪审员身份泄露的做法，但是案件判决已经带来了影响：如果陪审员的住址和姓名公开在法庭上宣读，那么这进入了公共信息领域。除非遇到极端不寻常的情况，新闻媒体可以公布陪审员的身份而不受任何限制。

谢泼德一案要求法院控制刑事审判，阻止新闻媒体干涉被告接受公正审判的权利，内布拉斯加新闻协会案却将预先限制这一法院对付媒体的工具剔除出工具箱。该案中，法院推翻一个限制言论自由的命令，该命令是为了确保刑事被告的宪法第六修正案规定的受到公正审判的权利。为了保证"防止进行事先禁止……"法庭建立了一个复杂的检验标准，该标准要求证明"在案件中需要进行事先禁止的程度"：（1）审前的公共舆论是否会损害被告受到公正审判的权利以及损害的程度；（2）是否存在其他的措施可以减轻舆论的影响；（3）对言论自由进行事先禁止是否会有效地阻止损害的发生。很显然，在谢泼德案中，1985年11月13日法院发布的命令无法通过"内布拉斯加新闻协会案"中确立的检验标准。

布伦南大法官、斯图尔特大法官和米歇尔大法官在他们完全一致的意见中称，对新闻界所发出的限制言论自由的命令都是违反宪法的。布伦南提倡建立一个这样的原则：根据第一修正案的规定，限制言论自由的命令本身就是无效的。

在内布拉斯加新闻协会案中，最高法院已经澄清了下面的观点：当一方当事人寻求对新闻界进行事先禁止时，不仅应该证明发表信息的行为会对神圣的权利造成损害，而且还要证明事先禁止的手段是有效的，以及没有其他的手段可以使用。法院的结论是，发给新闻界的明显无效的禁止性命令可以违反，且不用担心受到惩罚。[3]

美国很早就对媒体可能对司法造成的干扰表示了关切。联邦最高法院霍姆斯大法官在1907年的一个判决中提到，在美国的司法体制中，被告唯有依

---

[1] United States v. North, Crim. No. 88-088-02.
[2] United States v. Hinckley, Crim. No. 81-306 (D. D. C. June 21, 1982).
[3] [美]唐纳德·M. 吉尔摩等：《美国大众传播法：判例评析》，梁宁等译，清华大学出版社2002年版，第362页。

证据以及在公开审理辩论后,才可以定罪,绝对不能受到法庭外的任何影响,不论是私人的议论还是出版品。[1]

然而,当宪法第一修正案所保障的新闻报道权与宪法第六修正案所保护的被告接受公正审判权发生利益冲突时,多数法官不赞成绝对禁止对新闻媒体进行一切事前约束。在美国的司法实践中,法院可以通过颁发"媒体缄口令"的方式来要求新闻媒体不得对某一案件的某些内容进行报道,但是必须具备前面所说的四个严格的条件。由此可见,美国法院对事前发布禁止报道命令的条件是非常严格的。如果实际上事前禁止媒体报道不能保障受指控者的权利,那么法院对媒体发出的"媒体缄口令"就要失去效力。

值得我们注意的是,尽管有人认为被称为"缄口令"的制度已经在1976 年被联邦最高法院以违反宪法第一修正案为由(认为它"冻结了言论自由")而废弃[2],但事实上,美国法院以"媒体缄口令"的方式进行事前限制的做法在实践中仍然存在。只是总体来说并不主张进行事前限制,而且这种"缄口令"的方式正逐步失去效力。因为即使有了缄口令这一事前限制,媒体也可以通过诉讼得到救济。

(三)通过法院的自我约束防止媒体影响司法

在著名的谢泼德诉麦克斯维尔案[3]中,克拉克法官列出了审判法院为了确保公正应该考虑的9种措施:(1)通过对时间、地点和行为方式的限制来控制新闻界在法庭上的行为;(2)将证人与新闻界隔离;(3)防止信息从当事人和警方泄露出去;(4)警告记者注意他们的报道的潜在偏向性和准确性;(5)控制,甚至是禁止双方当事人和他们的律师向新闻界发表庭外言论(未经法庭允许而发表的言论);(6)直到大家的好奇心减弱时才继续审理案件;(7)将案件移送新闻界的关注程度比较弱的地区审理;(8)隔离陪审团,阻止他们与新闻界接触;(9)如果上述的所有措施都失败了,进行一次新的审理。

另外,传统的救济方式是不直接采用针对新闻界的行动。其中一种是警告陪审团成员,进行一个深入的预审程序,以确保在陪审席上坐着的陪审员

---

[1] 陈新民:《新闻自由与司法独立——一个比较法制上的观察与分析》,《台大法学论丛》2000 年第 3 期,第 89—134 页。
[2] [美]唐纳德·M. 吉尔摩等:《美国大众传播法:判例评析》,梁宁等译,清华大学出版社 2002 年版,第 366 页。
[3] Sheppard v. Maxwell, 384 U. S. 333 (1966).

在审前并未得出被告有罪或者无罪的结论,这也是通常的做法。以上9种克拉克法官所建议的审判法院应该考虑的方法,有些并没有实践意义[1]。

1. 依辩方动议变更审判地。防止媒体倾向性宣传的一种可能是变更审判地,即将案件转移到倾向性宣传不会发生的另一个地区。变更审判地的"公正审判"理念的基础在于,宣传报道已经污染了预备陪审员,以至于在起诉所在的辖区,根本无法组成一个公正无偏的陪审团。

在格罗皮诉威斯康星州一案（Croppi v. Wisconsin）[2]中,最高法院废除了一项禁止轻罪案件变更审判地的法律,其裁定的内容为:"根据宪法,被告人必须有机会表示在他的案件中需要变更审判地。"最高法院有关宪法上要求变更审判地的最新判决是里多诉路易斯安那州案（Rideau v. Louisiana）[3]。被告变更审判地的申请被拒绝了,他被定罪并被判处死刑。最高法院认为:"该教区的人们已反复并完全地接触了里多个人详细供认他后来被指控的各种罪行的场面,在这之后拒绝被告变更审判地的申请是一种对法律的正当程序的否定。"上诉法院根据"滥用裁量权"的审查标准,来审查对变更审判地的否决,而对这种滥用的裁决是相对稀少的。[4]

2. 无辩方动议而变更审判地。在对抗倾向性宣传上,辩方不会一成不变地追求变更审判地。实际上,在一些情况下,辩方会坚持其他的应对措施并坚决反对变更审判。大概有12个州的转移条款授予了法官这种权利,而其他几个州认可以法官授权变审判地的权利,如果此时根据审判地条款,则在此地区无法获得一场公正的审判。[5]

3. 陪审团召集令的变更。一小部分州的法律允许为"公正审判"而变更陪审团召集令。这一程序中,审判仍然在最初审判地的司法行政区进行,但陪审团则从另一个司法行政区选任。变更陪审团召集令被看作是变更审判地的替代措施。有时候选择这种替代措施需要一个附加的决定因素,即它要比变更审判地更经济（因为公正无偏的陪审团通常要被隔离,因此就产生需要

---

[1] [美]唐纳德·M. 吉尔摩等:《美国大众传播法:判例评析》,梁宁等译,清华大学出版社2002年版,第355—358页。

[2] Croppi v. Wisconsin, 400 U. S. 505, 91 S. Ct. 490, 27 L. Ed. 2d 571 (1971).

[3] Rideau v. Louisiana, 373 U. S. 723, 83 S. Ct. 1471, 10 L. Ed. 2d 663 (1963).

[4] [美]拉费弗等:《刑事诉讼法》,卞建林等译,中国政法大学出版社2003年版,第1183—1185页。

[5] [美]拉费弗等:《刑事诉讼法》,卞建林等译,中国政法大学出版社2003年版,第1185页。

负担旅费和住宿费的考虑）。除上面的要求以外，在变更审判地和变更陪审团召集令之间进行选择一般取决于审判法院的自由裁量权。当然，需要考虑的一个因素是，即使陪审团是从另一个行政区选任的，但本地区表现出的一种"充满感情的氛围"可能会影响审判的公正性。[1]

4. 诉讼延期。如果问题由于一些在开始审判前夕发生的事件或泄露的消息所引起的话，当这种敌对情绪会在合理期限内逐渐减弱时，诉讼延期是一个有效的措施。在谢泼德诉麦克维尔案中最高法院认为，"短暂的诉讼延期会减弱法官选举所引起的问题"[2]。由于倾向性宣传报道而允许诉讼延期并不是经常性的，通常只有在特别情况下才会发生。因为即使被告自愿放弃其迅速审判的权利，迅速审判的社会利益依然存在。[3]

5. 分别审理。在被告人为多数的审判中，对个别被告的宣传可能会对审判中与其站在一方的其他被告造成伤害。在这种情况下，允许分开审理是一种恰当的救济措施。然而，在就宣传报道对预先甄选的影响进行评估之前，审判法院通常不会准许分别审理，而且上诉法院不会对未能分别审理作出推翻，除非预先甄选使陪审团成员受到"实际的偏见性影响"。[4]

6. 陪审团选任。另一种克服审前宣传不利影响的途径是：通过预先甄选辨别出那些受过宣传影响的预备陪审员，并通过回避程序免除那部分人中由于审前宣传而真正产生了偏见的人的陪审员资格。

美国律师协会《对〈公正审判和新闻自由的刑事司法标准集注（第二版）〉的评论》中引用了三个"各不相同但又紧密关联的因素"，要求在相信预先甄选能有效地筛选出偏见时保持"谨慎"："（1）未完全理解审前宣传影响预备陪审员思维过程的途径；（2）在相当多的预备陪审员中存在一种倾向，即忽视接触倾向性宣传的严重程度并夸大自己保持公正的能力；（3）尤其是在潜意识层面上，对律师和主审法官识别偏见的能力的不断担忧，即使是在预备陪审员表现得非常坦率的时候。"

在姆明诉弗吉尼亚州案（Mu'Min v. Virginia）[5] 中，最高法院将上述自由裁量权授予审判法院的负担予以了考虑。最后的结果是5∶4，基于多数意

---

[1]［美］拉费弗等：《刑事诉讼法》，卞建林等译，中国政法大学出版社2003年版，第1185页。
[2] Sheppard v. Maxwell, 384 U.S. 333 (1966).
[3]［美］拉费弗等：《刑事诉讼法》，卞建林等译，中国政法大学出版社2003年版，第1186页。
[4]［美］拉费弗等：《刑事诉讼法》，卞建林等译，中国政法大学出版社2003年版，第1187页。
[5] Mu'Min v. Virginia, 500 U.S. 415, 111 S. Ct. 1899, 114 L. Ed. 2d 493 (1991).

见的裁决显而易见是局限于当时的特殊情况的。法院至少应当探究，陪审团是否已经听说了这个案件，以及与案件的接触是否已经影响了陪审员对案件的认识。[1]

7. 警告或隔离陪审员。在审判期间隔离陪审员，直到作出裁决或解散陪审员，以防止陪审员在此期间接近媒体，这可以被认为是一项解决措施。除非到了公众的情感受到了法庭气氛影响的程度，隔离陪审员看起来是一个防止陪审员受到案件恶名影响的有效途径，但这是一项耗资巨大的保护措施。因此，虽然最高法院承认隔离是一项主审法官必须予以考虑的救济措施，但它并不必然地比其他措施更优越，以至于法官必须要选择它。[2]

8. 免除陪审员。如果陪审员故意违反法庭关于不要阅读、收听或收看与该案相关的媒体报道的警告，可以免除其陪审员资格。[3]

9. 如果上述的所有措施都失败了，则进行一次新的审理。在美国历史上，因媒体对陪审团的污染而导致上诉并发回重审的案件很多。如埃斯蒂斯案[4]和谢泼德案[5]，都是以媒体报道影响公正审判而发回重审并成功导致无因回避的著名案件。

此外，还有美国学者从学术上建议可以采用的3种防止媒体审判的方法：一是设立审理公众高度关注案件的专门法院，由受过专门训练的法官来审理受过污染的案件；二是谢泼德－姆明方法，即结合谢泼德案和姆明案中"向庭审参与人发布缄口令"与"陪审员预先甄选"的两种方法；三是被告人匿名制度，即借鉴民事诉讼中已经实行了20多年的做法，在公众关注的案件中，允许被告人在整个庭审程序中匿名参审。[6]

媒体表达的民众激情容易情绪化，使司法不能理性地进行裁判，司法要主动通过自我约束的措施达到避免受民众激情影响的目的。从美国的情况来

---

[1] [美]拉费弗等：《刑事诉讼法》，卞建林等译，中国政法大学出版社2003年版，第1187—1192页。

[2] [美]拉费弗等：《刑事诉讼法》，卞建林等译，中国政法大学出版社2003年版，第1192—1193页。

[3] [美]拉费弗等：《刑事诉讼法》，卞建林等译，中国政法大学出版社2003年版，第1193页。

[4] Estes v. Texas, 381 U. S. 532 (1965).

[5] Sheppard v. Maxwell, 384 U. S. 333 (1966).

[6] 卞建林、焦洪昌：《传媒与司法》，中国人民公安大学出版社2006年版，第188—193页。

看，其并未采用"司法限制媒体"，而是采用"司法避免媒体的影响"来防止媒体对司法的不良影响的。在"司法避免媒体的影响"过程中，司法不是通过对媒体的特别限制来实现，而是通过程序的自律和程序无效两种机制来实现的。这样的做法，使司法公正和新闻自由两种价值达到了最佳的平衡，而不是通过牺牲一种利益来保护另一种利益。

三、澳大利亚：偏重保护陪审团独立审判但执行较宽松

澳大利亚重视案件的公开、公正审判，并有相关法律加以规定。澳大利亚法院承认"公平审判"权利的做法源于普通法及宪法，要求任何陪审团成员都要秉持公正，但却从未给"公正"这一概念下明确的定义。为了解决公正审判、公开公正与言论自由之间的矛盾，澳大利亚法律作了综合的规定，可以概括如下：当媒体号召的言论自由与公正审判冲突时，判决的公正仍处于第一位。用于保障审判公正的公开审判原则虽然有可能改变，但报道自由会对某些特定类型判决的公正造成威胁，所以，公开审判原则本身更为重要。需要出台一些具体的法律政策来真正落实这种方法。[1]

对干预司法公正的媒体将采取刑事制裁进行威慑。在所谓的干预司法原则下，这属于藐视法庭法律规定的一部分，如果媒体（或他人）刊登的报道没有合理依据，且意图对正在进行审判案件的陪审员造成误导，影响判决的公正性，那么将受到刑事制裁。判断这种倾向是否存在时，应该关注陪审员能否根据从媒体那里看到、读到或听到的东西作出严谨的判断，并忠于法庭上的证据。此外，媒体的辩护人可以有两种重要的免罪理由：一是表明"公开公正"原则，使得带有偏见的材料成为对法律诉讼公正准确报道的重要组成部分；二是公众对于言论自由、信息传播的关注度超过材料所引发的偏见本身。

作为辅助策略，法律还对具体的预防规定了有限的适用条件。当有明确理由时，法院可以授予禁止令禁止刊发带有明显偏见的材料，否则就被视为藐视法庭罪。[2] 法院或审查机关在合理授权的情况下，可以明令禁止或推迟

---

[1] Michael Chesterman, "Criminal Trial Juries in Australia: From Penal Colonies to a Federal Democracy", *Law & Contemporary Problems*, Vol. 62, Spring 1999, p. 69.
[2] See John Fairfax Publications Pty. Ltd. v. Doe, (1995) 37 N. S. W. L. R. 81, 84 (N. S. W. Ct. App.).

报道关于正在进行的对诉讼案件有偏见的材料。[1]

另外，还有一些影响陪审团组成的措施[2]，主要包括：（1）审判开始前，陪审团的选择会被推迟，直到影响未来陪审团的宣传得以平息。（2）主审法官会简单地询问陪审团以确定陪审员是否看到舆论，如果他们有可能受到影响并影响判决结果，那么主审法官会要求相关陪审员退席。（3）律师在开庭时有充分的证据提出个别陪审员受到了舆论的影响，可以请求解除其职务。（4）法庭可以责令对两个或两个以上的同案被告人分别审判。（5）如果舆论发生在审判期间，作出审判结果前可以解散陪审团，重新审判。（6）审判地点移至未受偏见报道覆盖或传播范围较小的地区。（7）在澳大利亚四个行政辖区[3]、联邦宪法所规定的罪行范围内，被告人必须进行陪审审判。在其他辖区，被告人可以选择由职业法官自行作出裁决。（8）在特殊情况下，有罪判决可能会以舆论偏见改变判决结果为由而被搁置，对被告将进行延期诉讼。

跟英国法律相同，澳大利亚法律主要以藐视法庭的威慑作用来扼制媒体舆论对审判造成的偏见影响。审判法官对于舆论对陪审团的影响常常表示担忧，但是依照审判法官的经验，陪审团的诚信和判断力，再加上法官提醒忽略舆论影响，他们相信审判结果的公正性。因此，对于审判法官而言，他们拥有很大的灵活性。

与美国法院相比，澳大利亚法官对于废止已经宣判的结果、改变审判时间和地点等方法所引起的开支、延期或者不便常常给予很大关注。因为澳大利亚法院不愿意让国家、被告人及证人遭受这些损失。

因此，澳大利亚对媒体影响陪审团进行限制的特点与英国相似，主要采用追究藐视法庭的责任，但是在执行上却比较宽松，对陪审员的诚信和判断力有信心；也没有采取美国的一系列的隔离防护性质的措施。它的主要方法是通过陪审团组成机制来防止舆论影响。

---

[1] But the evidence of prejudice must be strong. See Friedrich v. Herald & Wkly. Times Ltd., (1990) V. R. 995 (Vict. Sup. Ct.).

[2] Michael Chesterman, "Criminal Trial Juries in Australia: From Penal Colonies to a Federal Democracy", *Law & Contemporary Problems*, Vol. 62, Spring 1999, p. 69.

[3] New South Wales, South Australia, Western Australia, and Australian Capital Territory.

四、加拿大：同等对待新闻自由和陪审团公正裁判

加拿大法律系统试图维护新闻自由和公平审判价值之间的微妙平衡。这种平衡是司法为防止审前公开而对大众媒体作出的控制。在英国，为规范这些法庭诉讼程序，颁布了严厉的《蔑视法庭法》，强调了在新闻自由之上的公平审判的价值；在美国，内布拉斯加新闻协会诉斯图尔特案以及其他相关案件的出现，则强调了在公平审判之上的新闻自由的价值。相比之下，加拿大对两种相互竞争的价值试图做出平衡，同等对待。

《加拿大宪法》第11章（d）项保证被告人拥有"除非由独立和公正的法庭通过公平和公开的审判证明被告人有罪，否则推定该被告人无罪"的权利，第2章（b）项规定了"媒体和其他传播媒介的自由"。《加拿大刑法》还明确规定了进行公开审判的权利。[1]《加拿大刑法》第486章规定：如果对该项刑事诉讼程序的全部或者是部分的公开，涉及公共道德、秩序的维护或者是司法的行政管理的利益，法官有权对此公开或者报道作出禁止性的裁定。[2] 两部法律的规定在司法公开问题上出现了明显的矛盾，而且《加拿大刑法》这些章节实质上是对《加拿大宪法》第一节的妥协。此外，《加拿大刑法》第539章第（1）项规定，除非该项指控解除或者该项审判结束，否则被告人有权申请对诉讼内容不公开的禁令。该项请求必须得到授权而且法官对此没有自由裁量权。

此外，还有两种其他方法对审前的偏见进行控制。首先，相机是不允许带到加拿大法庭上的。其次，《加拿大刑法》第649章规定，禁止陪审员披露他所作出的裁决以及与该裁决相关的事实。否则，他将会被处以最高可达6个月监禁刑以及最低可达5000美元罚款的简易罪行。[3]

但是这种在公平审判与新闻自由之间进行平衡，在面临皇家委员会的调查和大众新闻媒体的饱和时遇到了一些艰难的挑战。如今，要想找到对广泛报道的案件一无所知的12名陪审员显然是不现实的，公正并不能等同于对所有案件事实的无知。为了能够获得对案件的公正审判，法官必须找到这样的陪审员：他们虽然在此前熟知案件，但是却能摆脱任何先前形成的对此案

---

[1] See Criminal Code, R. S. C., ch. C-46, 486 (1985) (Can.).
[2] See Criminal Code, R. S. C., ch. C-46, 486 (1985) (Can.).
[3] See Criminal Code, R. S. C., ch. C-46, 649 (1985) (Can.).

的意见，依照无罪推定的原则，以及仅仅依照案件审判时的证据对被告人是否有罪作出判断，以此来充分履行他们的职责。[1]

潜在陪审员的偏见可以分为四种类型：[2]

第一种是基于利益关系的偏见，这种偏见有时也被称为"显化的"或者"明显的"偏见，包括该陪审员的存在可能对审判结果产生直接的利害关系，或者至少他的存在对某一方来说是不公平的。

第二种偏见是当陪审员在对具体案件的审判过程中持有某种态度或者信念，这种态度或者信念可能会使陪审员在评断被告有罪或者无罪而生成一种不公的思想时，就会存在一种特定的偏见。这些态度和信念可能产生于陪审员对案件的个人认识、大众媒体的宣传，或者是社区成员之间的对案件的非正式的讨论和传闻之中。

第三种偏见是普通偏见，这种偏见通常基于对案件的信念或者态度的转变，或者是案件参与人本身所有的偏见，如：陪审员预先存在的信念，被告人、受害人或者原告的中规中矩的习惯，罪犯本身所具有的令人产生偏见的形象，这样的情况会使陪审员作出不公正的裁定。种族或民族偏见是一个公认的最古老形式的偏见。

第四种偏见是从众性偏见，即当陪审员认为审判结果会与社区的利益息息相关时，那么，他就会依照对社区的感情的影响而不是依照案件的证据所形成的公正的个人评断作出某项裁决。

在R. 诉帕克斯案[3]中，安大略上诉法院（随后最高法庭拒绝了该上诉[4]）对偏见的概念作出了最为精确的界定：偏见是态度和行为的组合，它指的是该人具有一定的先入为主的偏好，而且尽管法院设置了相关的审判保障措施以防止对这些偏见的依赖，但是他依然允许那些能够影响其判决的偏见存在。有偏见的陪审员基于其所存在的偏见，会在诉讼过程中偏爱或者歧视某一方当事人。[5]

---

[1] Michael Chesterman, "Criminal Trial Juries in Australia: From Penal Colonies to a Federal Democracy", *Law & Contemporary Problems*, Vol. 62, Spring 1999, p. 69.
[2] See Neil Vidmar, "Pretrial Prejudice in Canada: A Comparative Perspective on the Criminal Jury", *Judicature*, Vol. 79, 1996, p. 252.
[3] [1993] 24 C. R. 4th 81 (Ont. C. A.).
[4] [1994] 1 S. C. R. x (Can.).
[5] Parks [1993] 24 C. R. 4th at 93.

《加拿大刑法》和判例法规定了许多对陪审员的偏见和不公行为的救济性措施。除延期审理的救济性措施之外，还有司法指令（Judicial Instructions）、无因回避（Peremptory Challenges）、有因回避（Challenges for Cause）、改变审判地点（Changes of Venue）以及由法官进行单独审判（Trial by Judge Alone）（不使用陪审团）的救济性措施。[1]

1. 司法指令。即由审判法官对陪审员进行司法指导，促使陪审员依照法律履行他们的职责。

2. 无因回避和靠边站（Stand-Asides）程序。在普通法基本原理的传统之下，无因回避依然是加拿大法律的一部分。当陪审员在审判案件过程中，公然表现出对案件的冷漠时，被告人基于怀疑，却没有足够的理由用有因回避来排除该陪审员时，无因回避就发挥了它应有的价值。

3. 有因回避。一般来说，就是向陪审员提出问题。通常这些问题都是以书面形式提出并提前由法官作出批准，这些问题必须能够直接反映陪审员的状态。法官根据陪审员回答问题的情况决定其是否回避。

4. 改变审判地点。《加拿大刑法》规定，如果被告或检察官认为改变审判地点是"为了维护正义审判的最后的权宜之计"，可以申请改变管辖地。加拿大法院系统则认为这是一个比无因回避还要极端的救济性措施。

5. 法官独立审判。对于那些包括谋杀在内的某些犯罪，《加拿大刑法》规定必须由法官和陪审团进行审理。但是在被告和检控机关同意的情况下，允许法官单独审判。

五、互联网时代媒体影响陪审团的新特征

互联网时代下媒体报道与陪审团审判的关系出现了一些新的特征，这一点在几年前就已经引起了学界的讨论。2007年9月，美国杜克大学召开了一场题为"公共舆论下的法院——媒体报道下案件审理的实践与伦理"的会议。[2] 在为期两天的会议过程中，来自跨学科领域的与会者——新闻记者、律师、法官和学者们齐聚一堂，对一个案件引起公众和媒体的关注后所可能经常出现的各种复杂的、与宪法冲突的、道德的、实践的问题进行了

---

[1] Neil Vidmar, "The Canadian Criminal Jury: Searching for a Middle Ground", *Law & Contemporary Problems*, Vol. 62, Spring 1999, p. 141.

[2] 会议计划、与会者信息以及会议程序，见 http://www.law.duke.edu/conference/2007/publicopinion。

一番审视。与会者被分成8个专家组，其中7个专家组扮演一个备受关注的案件所涉及的一系列特定的角色，而剩下的那个专家组则进行比较法分析。[1] 杜克大学的著名杂志《法律与当代问题》2008年秋季号的"媒体审判的实践与伦理"[2] 专辑收录了这次会议的11篇文章，在世界媒体与司法研究领域引起了广泛的影响。在前述会议上，学者们注意到了新兴媒体出现后非传统媒体与传统媒体之间的差别，以及新兴媒体的出现给审判带来的新问题。

（一）司法系统受到媒体更大的影响

库克（Cook）曾对传统媒体的特征作此定义："这些新闻媒体尽管采用的是不同的技术手段，但对观众（听众、读者）的组织方式是类似的，对信息来源的处理方式、报道的形式和内容也非常类似。"[3] 在这些媒体渠道的内部结构中，最为重要的相似点表现在记者和编辑的关系上。因为记者将他们搜寻到的故事交给那些原本就对最终形成的报道有固定期待的编辑进行处理，所以他们写出的故事就会趋于类似。特别要指出的是，在对庭审程序进行报道的过程中，记者们喜欢搜寻在纠纷中有明确的支持者和反对者的那些故事。[4] 这尤其会对法庭听证的报道产生不利影响，但是对于了解案件而言，程序本身才是重要的。记者和编辑们依赖于他们的同行和同事——也就是媒体组织——来帮助他们判断什么样的新闻是有价值的。

互联网时代，新媒体呈现出与传统媒体不同的新特点。K. C. 约翰逊教授根据库克的分析制作了一个传统媒体与非传统媒体特点的对比表：

---

[1] Kathryn Webb Bradley, "Introduction", *Law & Contemporary Problems*, Vol. 71, Autumn 2008, p. 1.
[2] "The Practice and Ethics of Trying Cases in the Media", *Law & Contemporary Problems*, Vol. 71, No. 4, Autumn 2008.
[3] Timothy E. Cook, *Governing with the News: The News Media as a Political Institution* (Studies in Communication, Media, and Public Opinion), University of Chicago Press, 2nd Revised edition, 2005, pp. 64, 71-78.
[4] Timothy E. Cook, *Governing with the News: The News Media as a Political Institution* (Studies in Communication, Media, and Public Opinion), University of Chicago Press, 2nd Revised edition, 2005, p. 90.

类型	组织结构	对文章本身的限制	对人力信息来源的依赖程度	对新闻的定义	与读者的关系
传统媒体	编辑-记者型组织结构	有既存文体风格,对文章的长短和叙事手法都有相当的要求	人力信息来源严重影响新闻周期	对"新闻"的定义已经被大家约定俗成;记者和编辑们指望着他们的同行对"新闻"下定义	与读者间是一种观察者与被观察者的关系
非传统媒体	很少有编辑组织结构;由读者对新闻内容进行检查并发现错误	在文体风格上要求的很少	在新闻的内容和设定安排上对人力信息来源的依赖都很少	很少要求满足典型的新闻价值标准	与读者之间是争论探讨的关系

K.C. 约翰逊教授认为:在传统媒体报道向网络报道发展的早期,二者之间并没有太大的差别。既存的媒体渠道"重新利用"了那些出现在新闻报纸或广播中的内容,以相当固定的方式重复了同样的故事。尤其是博客等日益与网络相连的新媒体渠道,有许多非传统媒体的特点。然而,这种区分是不固定的,虽然传统媒体持续将博客的特点整合到自己网站,但许多博客仍然日渐变得为大家所接受。从总体上讲,网络报道等新兴媒体在很大程度上还是有别于传统媒体的,因为它仍然缺乏库克所描述的那种组织结构。[1]

博客等互联网新兴媒体的出现,给司法系统带来了积极和消极意义上的两方面影响。有的学者首先看到了新媒体的积极意义,认为至少在一些案件中,非传统媒体已经非常明显地实现了媒体在法律程序报道中的预期目标,增加了公众对这些法律程序的认知。非传统媒体的大量涌现有可能使公众对信息可靠性产生怀疑,但是它可以起到教育公民的积极作用,甚至可能让他们成为确保司法公正的积极参与者。[2]

---

[1] K. C. Johnson, "The Duke Lacrosse Case and the Blogosphere", *Law & Contemporary Problems*, Vol. 71, Autumn 2008, p. 155.
[2] Marcy Wheeler: "How Non-institutionalized Media Change the Relationship between the Public and Media Coverage of Trials", *Law & Contemporary Problems*, Vol. 71, 2008, p. 135.

有的学者则看到了相反的一面，他们认为：1954年的谢泼德案件中，不管是在熨烫衣物、做饭、缝补还是在吃东西，母亲总是在听着收音机。她跟俄亥俄州沃帕科内塔市西部小镇里的许多人一样，都会因为听到案件调查有了新的惊人进展而吃惊得一动不动。不可否认的是，科技正在影响法院和媒体的现状。科技产生影响的方式是多种多样的。例如，杜克大学曲棍球队员涉嫌强奸一案中，对于妇女而言，开庭审理该案的那一周，美国变成了一个比较危险的地方，因为全国的许多报纸和电视台都在其头版、网站和电视荧幕上曝光了原告的长相和姓名[1]，这显然不利于对受害人隐私权的保护。

另外，"市民记者"或博客的出现也给法院带来了多方面的问题。主流记者往往会受公认的道德准则的指导，然而，由于宪法第一修正案有效地禁止政府对记者的任何许可（即新闻记者资格不需要政府的许可）行为，因此，遵守这些道德准则必须绝对是出于自愿。简言之，因为违反道德规范而产生的唯一惩罚就是市场的惩罚。主流媒体不会曝光被强奸受害者姓名的部分原因往往是出于道德。[2] 如今，科技已经改变了人们生活的方方面面，司法系统也无法将对其影响越来越大的媒体拒之门外[3]，最终导致新媒体时代下，司法系统越来越受到媒体报道的影响。

无论新兴媒体所产生的积极意义和消极意义如何，不可否认的是，这些媒体对司法系统的影响程度正在日益加深。在过去，我们往往认为电视媒体是影响力强大的媒体。法庭电视台（Court TV）是美国的特产，也是法庭报道领域的里程碑。法庭电视以及它对辛普森案件刑事审判的4小时滚动播出的报道，人们对热点案件的疯狂关注，再结合广告在媒体报道背后的利益驱动，导致媒体越来越出格，最后异化为一种对法庭的不尊重。

之后互联网的出现，使得媒体对法庭的影响远远超过电视实时。博客和推特把案件的最新进展以肥皂剧的方式在互联网上实时更新，好让那些有大把时间的读者不错过任何一个环节。针对安然（Enron）财务造假一案，当

---

[1] Myron Pitts, "Naming Rape Victim a Dangerous Precedent", Fayetteville Observer, April 15, 2007, available at http://www.fayobserver.com/article?id=259809.

[2] Gary A. Hengstler, "Sheppard v. Maxwell Revisited-Do the Traditional Rules Work for Nontraditional Media?", *Law & Contemporary Problems*, Vol. 71, Autumn 2008, p. 171.

[3] Gary A. Hengstler, "Sheppard v. Maxwell Revisited-Do the Traditional Rules Work for Nontraditional Media?", *Law & Contemporary Problems*, Vol. 71, Autumn 2008, p. 171.

地媒体进行了前所未有的透明化报道，公开了审判中的所有动议、大陪审团起诉书、律师辩护意见书、法庭令，但还是敌不过博客每日更新吸引读者的眼球。[1] 读者给记者发来了大量的电子邮件，询问一些细枝末节的信息，有的是想了解法律问题，但是大部分是想要了解一些更"软"的消息，比如说陪审员的反应或者证人的反应。在安然丑闻案中，法官决定不公开审前会议，因为，根据该案律师的说法，法官很担心媒体的大规模报道，特别是网上的报道。联邦地区法院法官肯·贺依特（Ken Hoyt）说，审前会议的不公开是必要的，因为这确保了公正的审判。[2]

反观中国的情况，博客和微信等新兴互联网媒体的出现使案件情况的传播速度更快，司法系统同时也受到了较大程度的影响。多起重大刑事冤假错案根据疑罪从无原则得到纠正。福建省高级人民法院依法审理念斌投放危险物质案，以"事实不清、证据不足"宣告念斌无罪。内蒙古自治区高级人民法院依法再审呼格吉勒图故意杀人、流氓罪一案，改判呼格吉勒图无罪。其中网民的作用最不可忽视。以呼格吉勒图案（以下简称"呼格案"）为例，新华社内蒙古分社高级记者汤计曾撰文讲述自己写出5篇内参推动此案进展的前因后果，此案引起新华社《瞭望》新闻周刊的关注并对此进行报道，从而使此案迅速成为国内众多媒体关注的焦点。但呼格案与赵志红案仍在原地踏步，因仅有赵志红口供没有物证。有观点认为："不能认定赵志红是'4·9'案件的真凶，也就不存在呼格吉勒图的错判问题。"[3] 真正能够形成强大舆论压力的是网络发达以后，特别是微博、微信用户出现后，网民的围观使长期以来消极对待、拖延的司法机关重审此案并最终宣告呼格吉勒图无罪。这个结果的出现，尽管受到了党的十八大以来依法治国大环境的影响，但网民的监督也发挥了极其重要的作用。当然，如果以上的正当监督变成了网上传播谣言、侮辱诽谤他人等违法、有害言论，其可能产生的负面作用也会是惊人的。

---

[1] Generally Postings to Enron: Trial watch, Houston Chron., available at http://blogs.chron.com/enrontrialwatch/archives/ask_mary/index.html (last posting Oct. 24 2006) (last visited June 7, 2009).

[2] Mary Flood, "Transcripts Nothing to Write Home About, Houston Chron.", Oct. 22, 2003, at 11.

[3] 新华社记者5篇内参助呼格吉勒图翻案，http://news.xinhuanet.com/local/2014-12/16/c_127306786.htm，2014年12月16日。

（二）媒体编辑"把关人"的作用大大降低

当今世界，传统媒体和受众正在发生变化，从事此类信息工作的专业人员把目前的趋势称为"自媒体"（或称"自主媒体"、"自我媒体"、We Media）的兴起。"自媒体"是位于弗吉尼亚州雷斯顿（Reston）的美国新闻学会（American Press Institute）下属的媒体中心于2002年创造的用语，指的是人们可以在全球任何地方从无数来源摄取信息，从而得以参与制作对社会产生影响的新闻和信息。这一新兴的新闻制作和传播程序使互联网上的社会群体能够制作、分析新闻和信息，并向不受地理限制、通过现代科技连接在一起的公众进行传播。[1] 信息技术的创新将人类推入一个民主媒体的时代，几乎人人可以随时获得新闻和信息，同时又成为新闻的创作者和撰稿人，此种现象导致新闻以非传统的方式传播，甚至可以迅速传播到全球。尽管新闻参与者未参加过新闻培训，缺乏技能，但是互联网本身发挥了编辑的作用，且这种具有编辑功能的判断往往是在事后而不是在事前，通常也并不被当作重要的环节。在这一信息生态系统中，人们不断地相互通报、传播、纠正新闻。一条报道不再因截稿期限或发稿期限而被限定，而是成为一个有机体，在传播过程中通过多种媒体形式不断变化。

《公民权利与政治权利国际公约》第19条规定："人人有自由发表意见的权利；此项权利包括寻求、接受和传递各种消息和思想的自由，而不论国界，也不论口头的、书写的、印刷的、采取艺术形式的，或通过他所选择的任何其他媒介。"尽管国际公约强调言论自由不应当存在形式上的差别，但是在公民社会，简单的人际传播与现代复杂的大众传播在与国家权力的关系上存在不同的属性。

"以博客传播为例，以个人为主体，以相对清晰的身份定义面向他人、依托独立的个人主页空间展开交往互动并借助链接和引用通告（Trackback）等技术特质建立文本关联和社区人际关系，或自主采集新闻、自拍 DV 等可以成为'草根记者'，或记录心情、叙写游记等实现某一圈内交流，或转帖、被转帖等实现群体互动。这种传播方式同时具备大众传播、人际传播和群体传播的性质，通过参与公共信息的生产和流通过程，重构媒介空间的信息格局和消解权威机构的信息控制势力。而传统的'他媒体'（官媒体）或为政府代言，有义

---

[1]［美］戴尔·佩斯金、安德鲁·纳齐森：《新兴媒体重新构建全球化社会》，http://us-info.org/media/NewMedia_gb.htm，美国参考要闻，2006年5月3日。

务接受审查。"[1] 这其中,媒体编辑充当着"把关人"的角色。

在如今自媒体不断涌现的时代,媒体编辑的这种"把关人"作用正在不断减小。自媒体传播网络信息的审查方式多为事后审查,查处不良信息不及时,加之信息量很大,给信息把关带来一定难度。网络媒体编辑和管理人员的把关主要有两个方法:一是通过执法政策进行关键词过滤的事前把关;二是不良信息发出以后的事后审查与删帖。媒体编辑或者管理人员虽然可以通过删帖对微博、微信的有害信息进行处理,但是,由于发布的主体众多、内容数量庞大,对内容进行一一审查需要一定的时间,而在这段时间里,有害信息必然形成不良影响。同时,由于网络信息量过大,网络语言表达方式特殊,如可以用替代性的简写或者字母表达特定意思,这种方式下把关作用大大降低了。

(三) 因发帖人采用假名而加大了媒体查处难度

博客主和其他人之所以采用假名,最常见的原因就是,人们在有关政治的博客上用假名写博客或者发表评论可以保护他们的生活或是他们的雇主。有学者认为是否允许匿名的理由与记者使用匿名消息来源类似,并引用了斯图尔特大法官在布郎兹伯格诉哈耶斯案[2]中对记者使用匿名消息来源提出抗辩所引用的理由[3]:一名官僚机构的成员可能会害怕他的上司、他的同事、一个蔑视多数意见而持有不同意见的政见者。这些人手中都可能掌握着可供曝光的信息,但是他们可能都愿意只是私下谈谈——或者是出于过度的谨慎或者是出于担心报复或因为非正统言论而受谴责。[4] 因此,在网络上大量存在使用网名、昵称等现象。

虽然使用网络假名意味着稳定的网络身份,通过一定的渠道可以追责,但对假名的过度容忍确实会存在某些风险,给查处带来很大困难。尽管多数规模较大的网络媒体都有内部的言论审查,攻击性的言论会被删除,如果必要的话该网站还会将发表此评论的人屏蔽,但是用假名发帖的人还是可能会使用一些暴力性或充满憎恨的言语。尽管博客通常都会知道以假名发表评论的人的真实身份,但还是会有一些以假名发表评论的人可能因为无法追查其

---

[1] 代玉梅:《自媒体的传播学解读》,《新闻与传播研究》2011年第5期,第4—11页。
[2] Branzburg v. Hayes, 408 U. S. 665 (1972).
[3] Marcy Wheeler: "How Non-institutionalized Media Change the Relationship between the Public and Media Coverage of Trials", Law & Contemporary Problems, Vol. 71, 2008, p. 135.
[4] 参见 Branzburg v. Hayes, 408 U. S. 665 (1972)。

真实身份而得不到恰当的审查。[1]

用网名发表言论的人，可以用表面上中立的普通人的身份实现本人或者委托人的利益；但是，如果试图去揭开其真实身份的话，又有可能威胁到争议之外的公民受保护的言论自由，并且可能会抑制公众进行评论。这是一个利弊共生的问题，世界各国虽然采用了删帖和过滤的方法，对违法犯罪者也可以查证真实身份，但基于言论自由的考虑，一般没有授权网站管理人员或者执法人员直接揭发发帖人的真实身份。这给网络言论的治理、涉事媒体的查处带来了极大的困难。

（四）对言论自由的标准不断提高

以英国为例，由于来自欧洲人权法院的压力，英国法院不得不开始逐渐平衡公正审判与言论自由二者之间的紧张关系。

1981年《藐视法庭法》的立法目的是弱化之前普通法上藐视法庭罪的严苛性，但法律实施的结果没有完全达到这个目的。法律实务证明，《藐视法庭法》有时候可能会同之前的普通法一样既严苛又没有效果。我们很清楚，《藐视法庭法》的目的是要阻止大规模偏见性信息的传播，通俗地来说就是阻止美国式的"媒体审判"，但是批评者认为该法对"藐视"的定义过于宽泛，公共事务的范围十分模糊，没有实用性。有权机关被该法赋予了广泛的自由裁量权，这增加了出版人的不确定性，增加了任意执法的危险。

与美国相比较来观察英国的《藐视法庭法》，它对媒体自由进行了不必要和不明智的限制。虽然媒体有可能会干涉法庭审判，损害被告接受公正审判的权利，但是媒体也在保护这些权利上扮演着重要的角色。英国的《藐视法庭法》限制了媒体发挥个人权利保护中的卫士角色，因此很可能使它本来要追寻的价值打折扣。英国对公正审判的追求值得称赞，但是《藐视法庭法》这样严苛的手段也许不是明智之举。

作为欧洲理事会（Council of Europe）的成员之一，英国在欧洲法院的管辖范围之内。欧洲法院的任务就是保护《人权和基本自由欧洲公约》（European Convention of Human Rights and Fundamental Freedoms，ECHR，以下简称《欧洲人权公约》）下的权利，其中当然包括第6条规定的接受公正审判权以

---

[1] Marcy Wheele, "How Non-institutionalized Media Change the Relationship between the Public and Media Coverage of Trials", *Law & Contemporanry Problems*, Vol. 71, 2008, p. 135.

及第 10 条规定的言论自由权。但该公约第 10 条所规定的言论自由是明显受到限制的，要负责任地行使该项权利，并且有可能受到"法律规定的，民主社会中合理存在的各种程序、条件、处罚的限制"[1]。

在英国，虽然言论自由会受到一定的限制，但在民事领域的言论自由所覆盖的范围仍然很大，地位依然不减。这是言论自由标准提升的其中一个表现。在一场著名的围绕撒立多胺（thalidomide）的民事诉讼中，英国普通法上的藐视法庭罪被欧洲人权法院判定违反了《欧洲人权公约》第 10 条。撒立多胺是一种曾经用于孕妇镇静的药物，在该诉讼中，此药品被诉称会导致新生儿的畸形。[2]

英国政府在这场诉讼中禁止公布有关该诉讼的一篇文章。英国政府为自己辩称，其普通法上的藐视法庭规则在言论自由和审判公正之间找到了一个正确的平衡点。然而，欧洲人权法院却认为英国政府提起的藐视法庭的诉讼（United Kingdom v. Sunday Times）[3] 是违背《欧洲人权公约》第 10 条第 2 款的，因为本案中言论自由的重要性明显超过了其可能给撒立多胺这场诉讼带来的偏见性影响。[4] 依据《欧洲人权公约》，虽然言论自由要受很多限制，但这些限制都必须做"限缩解释"，以求给予言论自由尽可能广的范围。欧洲人权法院在《星期日泰晤士报》（The Sunday Times）一案中的分歧其实是很大的，最后只是以 11∶9 的微弱多数认定英国违反了《欧洲人权公约》第 10 条。[5] 但是，值得注意的是，如果本案不仅仅是民事诉讼，撒立多胺的营销商还将面临刑事惩罚，那么本案中天平也许就会向接受公正审判的权利倾斜。也就是说，在刑事案件中，可以对言论自由作更多的限制。

在言论自由与公正审判的平衡中，言论自由地位正在提高的另一个表现是，从言论自由中派生出了"互联网上的言论自由"或者"互联网自由"这一新型的人权。

2007 年 2 月 15 日至 16 日，联合国教科文组织在巴黎举行电子媒体与新闻自由国际研讨会，这有助于在全球进一步促进新闻自由。教科文组织言明

---

[1] ECHR art. 10, § 2.
[2] Sunday Times v. United Kingdom, 30 Eur. Ct. H. R. (ser. A.) at 42 (1979).
[3] Sunday Times v. United Kingdom, 30 Eur. Ct. H. R. (ser. A.) (1979).
[4] Sunday Times v. United Kingdom, 30 Eur. Ct. H. R. (ser. A.) at 41 (stressing need of families of thalidomide victims to have access to all relevant facts).
[5] Sunday Times v. United Kingdom, 30 Eur. Ct. H. R., at 45.

新闻自由是基本人权，促进新闻自由是该组织的使命之一。在这次会议上，各国代表对互联网、移动电话、卫星电视等电子媒体的出现与促进新闻自由的关系进行了深入探讨，并提出了新的看法。[1] 2010 年，"互联网自由"的概念开始出现在美国政府的电子期刊上，"各国不仅对互联网自由的含义存在分歧，也对实践中如何实现这一自由持不同看法。实现互联网自由的困难之一是，支持互联网自由的人们使用同一词语表述多种含义。可以把自由视为很强的个人主义属性，只要用户不直接损害他人，他们就可以随意自由行使。自由能够保护我们不受国家、公司和彼此的干涉。它可以决定我们有上网的权利或是有上网的机会。因此，互联网自由是一个从属词，它在不同场景中有不同含义"[2]。互联网带来了言论自由的更大空间："随着能够使用网络技术的人数激增，互联网为丰富公众论坛、揭露权力滥用、推动公民行动带来了更多机会。它在民主国家和在传统广播和印刷媒体受限制的国家都扩大了自由表达的空间。"

在这方面中国并没有落后于美国。2010 年 6 月 8 日，中国政府发布《中国互联网状况》白皮书，"中国政府鼓励和支持发展网络新闻传播事业，为人们提供了丰富的新闻信息，同时依法保障公民在互联网上的言论自由，保障公众的知情权、参与权、表达权和监督权"[3]，并提出了"互联网上的言论自由"的概念，可以简称为"互联网自由"。针对有些国家的指责，中国外交部发言人指出："中国的互联网自由、开放、有序。中国有近 7 亿网民，也有像百度、腾讯、阿里巴巴这样的大型互联网企业，互联网为中国经济和社会发展提供了蓬勃动力。同时，中国作为主权国家，对互联网依法进行管理完全是正当的，目的是维护公民和企业的公平合法权益，确保互联网既属于每个人，也属于所有人。"[4] 互联网自由的兴起也意味着对言论自由的要求上升到了一个更高的标准。

---

[1] 联合国教科文组织：《教科文组织寄望电子媒体促进新闻自由》，http：//www. un. org/chinese/News/fullstorynews. asp? newsID=7313，2007 年 10 月 25 日。
[2] 美国国务院：《界定互联网自由》，《电子期刊》2010 年第 6 期，第 3 页，http：//www. america. gov/e-exchange_ internet. html，2010 年 1 月 16 日。
[3] 中国国务院新闻办公室：《中国互联网状况》，2010 年 6 月 8 日。
[4] 外交部：《外交部回应互联网依法管理：中国互联网自由开放有序》，http：//news. xinhuanet. com/newmedia/2015-04/17/c_ 134158934. htm，2015 年 4 月 17 日访问。

六、互联网时代各国对媒体与司法关系规则的修正

新媒体时代，虽然像英国这样的国家并没有直接废除缄口令制度，但是在其他媒体与司法关系规则的具体内容上正在悄然发生变化。[1]

（一）微博直播庭审开始兴起和发展

英美国家允许微博庭审直播的基本法理并非来自允许录音录像，而是来自英美法传统上允许旁听人员用纸和笔记录——在英国法院和美国联邦法院都允许旁听人员进行法庭速写与素描，这是允许在法庭带纸笔记录的一种形式。参与法庭的权利包括记录当事人在法庭上发言的权利，这不仅适用于公众，亦适用于记者，虽然法官有时也试图阻止人们在公开的法庭上做笔记。[2] 而电脑记录，仅仅是现代技术条件下，用纸笔记录的替代性方法。允许在记录的当时发表在网站，就变成了微博直播。英国称其为"社交媒体实时文字报道庭审情况"，强调其并非录音录像报道，也说明了这种文字报道与传统文字报道的不同：一是使用了社交媒体，二是实时发表。

法庭上电子设备的使用，美国总是走在前面。美国最早在法庭使用微博是2007年，堪萨斯州的报纸记者在州法庭上使用推特报道一起银行家谋杀案的审判，但是他并没有获得法官的准许。2009年1月，爱荷华州联邦法官麦克·班尼特（Mark Bennett）允许一名《塞达拉皮兹宪报》的记者通过博客报道一起税务欺诈案的审判，但规定了一个条件，就是她要背朝法庭而坐，法官解释说这是为了将她打字的干扰减少到最小。班尼特法官说，司法部门的透明度是欠缺的，允许媒体从不同角度报道案件的审理，至少可以部分地完善这一不足。2009年3月，美国佛罗里达州南区地方法院法官福迪瑞克·莫雷纳（Federico Moreno）用一项行政命令回应了《棕榈滩邮报》的请求，该命令说虽然记者不能从法庭内发布实时网页更新（手机在法庭上是禁止使用的），但他们可以自由地去外面的大厅这样做。2009年5月，美国地方法院法官托马斯·马丁（Thomas Marten）给记者西尔维斯特（Sylvester）发出了在审理过程中直接发布推特实时更新的许可令，标志着记者在法庭上使用微博正式获得了美国地方法院法官的认可。现在，在个别全国性著名的案件

---

[1] 高一飞：《从录音直播到微博直播——兼谈薄熙来案庭审直播的意义》，《新闻记者》2013年第10期。
[2] 怀效锋主编：《法院与媒体》，法律出版社2006年版，第318页。

中，由于政治人物和名人涉案会引发推特热潮，联邦法官对此似乎也是持开放和许可的态度。因此，现在在美国，无论是州法院系统还是名义上禁止庭审直播的联邦法院系统，实际上都可以经过法官的许可或者默许而让记者使用微博进行庭审直播。[1]

英国1925年《刑事司法法》第41条禁止电视录播法院的诉讼过程，但这一情况在最近两年发生了变化。2010年12月20日，英格兰及威尔士的首席大法官（Lord Judge）签发了《关于在英格兰及威尔士的法庭内适用推特等社交媒体实时文字报道庭审情况的临时性指导意见》，2011年2月3日，英国最高法院也制定了《在法庭内使用推特等实时文字通信的指导意见》，此后，2011年5月4日，英格兰及威尔士的首席大法官签发了新的《关于在法庭内使用推特等社交媒体实时文字公正准确报道庭审情况的指导意见》。法院认为记者和法律评论员由于受过良好的训练，可直接对庭审进行实时报道。普通民众则需要通过向法院提出正式的书面申请或非正式的口头申请，在得到法官的批准后方可使用社交媒体进行实时文字报道。[2]

在我国，2021年3月1日起实施的《最高人民法院关于适用〈中华人民共和国刑事诉讼法〉的解释》第306条规定，"法庭审理过程中，诉讼参与人、旁听人员应当遵守以下纪律……不得对庭审活动进行录音、录像、摄影，或者通过发送邮件、博客、微博客等方式传播庭审情况，但经人民法院许可的新闻记者除外"。其规定与英国的规定基本相同，但是步子比英国要小一些。因为在英国，记者不需要批准也可以微博转播庭审情况，而且其他旁听公民经过允许也可以微博转播庭审情况。

（二）英国、美国联邦法院禁止电视直播的传统正在被颠覆

英国1925年《刑事司法法》第41条禁止电视录播法院的诉讼过程，否则就会招致藐视法庭罪的指控。这是一项在司法实践中一直严格遵守的禁令，对于任何案件都不例外。1977年，英国广播公司在拍摄一部农村生活纪录片时，希望加上教堂内宗教法庭的庭审情况，尽管当事人同意，但法官拒绝。2000年，在审判涉嫌洛克比空难爆炸案的两个利比亚人时，英国广播公

---

[1] Ahnalese Rushmann, "Courtroom Coverage in 140 Characters", *The News Media & The Law*, Vol. 33, Spring 2009, p. 28.
[2] Judiciary of England and Wales, Guidance on live text based communication by court, http：//www.judiciary.gov.uk/Resources/JCO/Documents/Guidance/ltbc-guidance-dec-2011.pdf, 2012-4-9.

司提出拍摄庭审过程的要求未获批准，之后要求通过在法庭外向全球控制站录播庭审情况的媒介获取信息，亦遭到拒绝。[1] 事实上，真正的庭审直播录播在英国是不存在的，只有在案件审判结束后，传媒才可以通过"重新改编的戏剧"的形式重现庭审过程。

美国联邦法院系统采取了与各州完全相反的做法，联邦法庭对法庭录音录像一直持抗拒的态度。1946年《联邦刑事诉讼规则》明确禁止刑事诉讼中进行电子媒体报道。在1954年谢泼德杀妻一案中，由于担心媒体的影响，美国联邦最高法院禁止电视录播，而仅仅将作为档案和史料用的资料在案件裁决之后的很长一段时间之后予以公布。[2] 1965年，最高法院在埃斯特斯（Estes）诉得克萨斯州案中，认为电视播报使该案充斥着滑稽气氛，判决原审判无效，因为被告的正当法律程序权利被剥夺。

以上的传统做法长期受到质疑，于是改革实验应运而生。

在英国，1992年8月5日制定了苏格兰法院庭审录音录像的基本指导规则。[3] 该基本指导规则为苏格兰庭审录音录像构建了基本的规则体系。第一，庭审录音录像仅适用于上诉法院中。第二，庭审录音录像必须经过严格的审批程序。只有在庭审录音录像不会对司法正常的管理秩序产生不利影响时方可被采用。第三，一审程序中不允许录音录像。第四，庭审可以电视（包括纪录片）的形式进行报道。根据这一规则，2000年洛克比空难爆炸案在英国法院租用的荷兰一个小岛依据苏格兰的法律进行审判（为了防止媒体和民众的干扰）。在该案一审程序中，英国广播公司申请拍摄庭审过程被拒绝。

2004年11月15日，关于是否应当允许电视摄像机进入英格兰及威尔士法院的问题，英国皇室法院颁布了《有关英格兰及威尔士上诉法院庭审录音录像试验（草案）》[4]，英国宪法事务部开始向公众广泛地征询意见。2005年6月，宪法事务部公布了英格兰及威尔士关于庭审录音录像咨询意见的结

---

[1] 卞建林、焦洪昌：《传媒与司法》，中国人民公安大学出版社2006年版，第225页。
[2] Gary A. Hengstler, The Media' Role in Changing the Face of U. S. Courts, http://usinfo. state. gov/journals/itdhr/0503/ijde/hengstler. htm, 2003. 05.
[3] Department for Constitutional Affairs, Broadcasting Courts: Consultation Paper, http://www. publications. parliament. uk/pa/ld200304/ldbills/030/2004030. htm, 2012-7-10.
[4] Department for Constitutional Affairs, Broadcasting Courts: Consultation Paper, http://www. publications. parliament. uk/pa/ld200304/ldbills/030/2004030. htm, 2012-7-10.

果，结果显示多数人反对庭审录音录像，从而导致该计划被暂时搁置。[1] 但2011年9月，英国司法大臣肯·克拉克（Ken Clarke）宣布摄像机将被允许进入上诉法院，尽管只能对法官的宣判程序进行拍摄。

2012年4月，在苏格兰爱丁堡高等法院审理的大卫·戈洛伊（David Gilroy）案件中，法官允许对案件的宣判过程进行摄像，并允许在电视节目中播出。然而，拍摄的阶段仅限于宣判过程，拍摄的镜头也仅限于法官、书记员和法庭司务。该段摄像在播出之前还经过了法院的严格审查。这表明在苏格兰，庭审录音录像的限制是十分严格的。在英格兰和威尔士，呼吁庭审录音录像的呼声很高，许多法官、律师、媒体、学者都积极呼吁进一步开放法庭。2012年5月9日，英国女王在新一届议会的开幕仪式上发表了精彩的演讲，认可了上述改革。[2] 2012年5月10日，英国司法部公布了《关于允许特定审判程序录音录像的建议》。该建议指出英国计划改变现行立法禁止庭审录音录像的现状，将在规定的条件下允许庭审录音录像。[3]

在美国，1988年10月，联邦最高法院首席大法官伦奎斯特（Rehnquist）设立了关于庭审现场直播的专门委员会。1990年9月12日，这也是已有45个州允许摄影机进入所属法庭的时候，司法会议许可在联邦法院实施一项限制宽松、为期3年的实验计划。1991年7月1日，这项为期3年的试验项目，在8个法院实施。该试验计划只适用于民事程序。在实验进行的前两年，法庭摄影机出现在147件案子中，多数是民权案件与个人侵权案件。实验的结论是："由我们各项访调所得出关于此摄录的结果显示，电子媒体工作人员一般来说会遵守计划的规则，而且他们的在场并不会干扰法院程序、影响程序相关人，或者损及司法运作。"[4] 这句话已

---

[1] Ministry of Justice, Proposals to Allow the Broadcasting, Filming, and Recording of Selected Court Proceedings, http://www.justice.gov.uk/publications/policy/moj/proposals-for-broadcasting-selected-court-proceedings, 2012-7-10.

[2] Cabinet Office, The Queen's Speech 2012-briefing Notes, https://update.cabinetoffice.gov.uk/resource-library/queens-speech-2012-background-briefing-notes, 2012-7-9.

[3] Ministry of Justice, Proposals to Allow the Broadcasting, Filming, and Recording of Selected Court Proceedings, http://www.justice.gov.uk/publications/policy/moj/proposals-for-broadcasting-selected-court-proceedings, 2012-7-10.

[4] Federal Judicial Center, *Electronic Media Coverage of Federal Civil Proceedings—An Evaluation of the Pilot Program in Six District Courts and Two Courts of Appeals*, Wash. D. C., 1994, p. 43.

变成许多支持法庭摄录人士的论理依据。

（三）司法对媒体的缄口令成了"无用的原则"

在英国，尽管1981年《藐视法庭法》规定的法院对媒体事先限制的"司法缄口令"条款，大大限制了有关司法诉讼的言论，但这一规则既不能在司法诉讼开始前[1]或在上诉程序启动前[2]阻止具有潜在煽动性的材料的曝光，也不能阻止在英国可读到的外国报纸散布这些受限的信息。《藐视法庭法》既无法在诉讼开始之前也无法在诉讼开始之后阻止媒体进行可能的煽动性报道，更无法先发制人地禁止登载有敏感信息的国外杂志在英国销售。此后，"司法缄口令"条款便逐渐丧失了其应当发挥的作用。

1997年12月，英国发生的一场闹剧似的事件恰好能够说明这一问题。内阁大臣杰克·斯特劳（Jack Straw）年满17岁的儿子威廉（William）因涉嫌毒品犯罪而被捕提起指控，英国检察总长（attorney general）申请了缄口令，禁止媒体公布他以及他儿子的姓名。其实在英国，他们的名字和身份已经家喻户晓了，在网络上传播的信息以及在英国销售的外国报纸都对这个事件做了报道，但是英国媒体却都被禁止报道该消息。斯特劳一案清楚地说明了"电子通信正在架空《藐视法庭法》"，法律没有能跟上电脑和卫星通信进步的脚步。就像在对杀人魔罗斯玛丽·韦斯特（Rosemary West）的审判中，法庭禁止媒体报道韦斯特羁押审（决定是否羁押的程序性审判）的缄口令轻而易举地被互联网上的报道架空了。[3]

由于英国缺乏像美国一样的筛选程序（筛选出可能被媒体偏见信息污染的陪审员），仅仅靠《藐视法庭法》不能保证公正的审判。当然，美国虽然有这样的程序，但是却没能有效地利用这样的程序。[4]

架空媒体报道缄口令的不仅仅是网络，境外出版物也会架空该缄口令。

---

[1] 参见1981年《藐视法庭法》第49章第2 V（3）。比如，只要一名疑犯未被正式指控，报纸就可发表该疑犯先前犯罪记录等不能作为证据的细节。
[2] 参见《禁止藐视法庭法案》第2节（详细描述了诉讼进行期的时间）。
[3] Marcel Berlins, "Law: What's in a Name?", *Guardian*, Vol. 6, 1998, p. 17, available in 1998 WL 3072376; Steve Doughty, The Ruling that has Split the Legal World in Two, Daily Mail, Jan. 2, 1998, at 4, available in Lexis, News Library, Mail file; Patrick Wintour, et al., Named, but not Shamed, Observer, Jan. 4, 1998, at 15, available in 1998 WL 6623658.
[4] Brian Cathcart, Reporting Restrictions have been Lifted-By the Internet, Independent, Feb. 19, 1995, Parts I. A, I. B. 2.

比如，英国政府禁止出版英国特工处（军情五处）前特工写的一本解密录——《间谍捕手》(Spy Catcher)。[1] 随后，这一行为被欧洲法院认定为违反了《欧洲人权公约》第10条。法院认为虽然最初英国政府的禁止行为的合理性在于维护国家安全，但是一旦此书在美国出版，全世界都知道了这本书的内容，英国政府就再也没有理由禁止此书的发行。[2] 有位美国学者在一篇关于美国第一修正案的文章中以《间谍捕手》为例，提出了"无实效"原则，即政府禁止言论自由的行为必须是有实际效果的。[3] 按照这种分析思路，英国《藐视法庭法》就变得越来越让人质疑了，因为国际出版和网络传媒完全可以忽视《藐视法庭法》这样一部法律的存在。另外，像在南特案（Knights case）中的情形一样，《藐视法庭法》的限制范围还没有宽泛到可以限制所有导致偏见产生的信息传播。[4]

类似的担忧也促使加拿大法院开始放弃对出版禁令的依赖。1993年，安大略法院对一起轰动一时的谋杀案发布了禁止令。但是，由于美国记者采访了审判，加拿大人通过使用电子媒体轻而易举地绕过了禁令："加拿禁止通过纸质媒报道案件，但霍莫尔卡（Homolka）案件的实践表明，人们可以在虚拟世界中得到信息，警察尝试关闭电子媒体报道的努力是徒劳的，要禁止在互联网上发生的讨论，被证明是不可能的……"加拿大出版禁令遇到的最大问题是，"很多加拿大人可以进入美国媒体"。因此，1994年，加拿大最高法院开始限制出版禁止令的使用，加拿大最高法院的一份判决指出："在这个全球电子化的年代，通过出版禁令防止陪审员偏见的实质作用在减弱。"[5]

综上所述，在电子化的年代，除非让所有人禁声——而这在逻辑上是不可能的，在经验上也没有这样的立法先例，否则，单独对媒体的发表和评论

---

[1] Observer v. United Kingdom, 216 Eur. Ct. H. R. (ser. A) at 39 (1991).
[2] Loretta S. Yuan, "Gag Orders and the Ultimate Sanction", Loyola of Los Angeles, Entertainment Law Journal, Symposium: International Rights of Publicity, 1998, p. 629.
[3] Eric B. Easton, "Closing the Barn Door After the Genie is out of the Bag: Recognizing a 'Futility Principle' in First Amendment Jurisprudence", DePaul L. Rev., Vol. 45, 1995, p. 35.
[4] Eric B. Easton, "Closing the Barn Door After the Genie is out of the Bag: Recognizing a 'Futility Principle' in First Amendment Jurisprudence", DePaul L. Rev., Vol. 45, 1995, p. 35.
[5] Dagenais v. Canadian Broad. Corp. 1994 120 D. L. R. 4th 12, 44 (Can.).

行为进行事先限制是不必要的，也没有任何意义。因而，司法通过"缄口令"对媒体进行事先限制，是一条"无用的原则"。互联网时代的传播特征也促使像英国这样在媒体与司法关系上持保守立场的国家开始反思和改革原有的规则。

（四）英国已经明确废止缄口令的部分内容

英国一向以其司法独立而自豪，司法对媒体可以发布缄口令是其独特的制度，新闻自由可能造成的舆论裁判后果，是从"后果挽救"的角度来着手的。[1] 对司法报道的限制当然包括根本就不公开审理某些案件，除此以外，法院还可以发布命令要求媒体对某些案件的报道予以推迟——推迟到审判中或者审判结束以后。[2] 这一内容主要体现在1981年《藐视法庭法》第4节第2款，即"法院可以命令，在其认为有必要的一段时间之内，推迟对相关诉讼程序或诉讼程序某一部分所作的报道"。第11节还规定，法院在进行诉讼期间，还可以"要求禁止对与相关诉讼有关的姓名或事项予以公开"。

另外，1999年《青少年司法和刑事证据法》第44节第2款规定，在刑事侦查阶段，"只要所定义的犯罪所涉及的任何人未满18周岁，如果相关公开行为可能导致公众认为其涉嫌相关犯罪，与该人有关的任何事项就都不应被包括在任何公开出版物中"[3]。可见，在审判阶段，不论是在青少年法庭还是在普通法院，都禁止报道青少年的姓名。

从以上介绍可以看出，传统上，英国法院可以在诉讼期间（包括侦查、起诉和审判）发布推迟报道的命令，不允许媒体公开某些案件的全部情况或部分情况（当然包括涉罪人员姓名），即使在允许报道的情况下，也会要求"对相关人员的姓名或其他事项予以保密"。

但是，我们注意到，英国上述的传统做法在2010年前后也受到了挑战，开始出现松动的迹象，主要表现在：

第一，行业自律协会提出了新的规则。2009年，由英国司法研究委员会、英国报业协会、英国编辑协会、泰晤士报业集团共同发布的行业自律协

---

[1] 陈新民：《新闻自由与司法独立——一个比较法制上的观察与分析》，《台大法学论丛》2000年第3期，第89—134页。
[2] [英]萨莉·斯皮尔伯利：《媒体法》，周文译，武汉大学出版社2004年版，第353—354页。
[3] 高一飞：《媒体与司法关系研究》，中国人民公安大学出版社2010年版，第43页。

定《刑事法庭报道限制》中用几个条文简要地进行了总结[1]："不得允许当事人在案件的公开开庭审理中隐藏信息"（第0.2.2条）。"不得对案件的有关合理报道发布永久或临时限制令，亦不得禁止媒体公开有关姓名、地址或其他可能与诉讼有关的信息"（第0.2.3条）。该条认为犯罪嫌疑人和被告人的信息是案件的基本内容，应当允许公开报道。

第二，英国最高法院的正式判例给出了新的做法。通过2010年1月27日《卫报》新闻传媒有限公司诉穆罕默德·艾哈迈德·贾巴尔案（Guardian News and Media Ltd. v. Mohammed Jabar Ahmed）[2] 的判决，英国最高法院撤销了涉及该案恐怖犯罪嫌疑人的"姓名保密令"的要求，该名单中涉及许多伊斯兰教信徒。大法官罗杰（Rodge）负责撰写此次判决，阐述各参审法官的一致意见，认为：匿名将会违背新闻规律而威胁新闻媒体的生存；没有真实姓名的审判报道将是不知所云的"不知来源的审判"；简单地隐藏嫌疑人的身份，将使案件神秘化而给犯罪的社区留下阴影；嫌疑人自己为了实现自己的权利可以公开自己的姓名，但为了逃避公众的监督却要求隐匿其姓名，"掩藏在匿名的保护之下"，这种不对等的做法也是不公平的。

可见，英国历史上曾经要求媒体对涉罪人员进行匿名报道的做法正在被司法公开的新要求所抛弃，对青少年以外的人的匿名报道，事实上已经不存在了。[3]

结　语

1985年，世界法学家协会以解释《公民权利与政治权利国际公约》为目的，通过了《关于媒体与司法独立关系的马德里准则》，它对媒体与司法的关系是这样定位的：

"媒体自由是表达自由的一部分，是民主社会实行法治的基础。法官的责任是承认和实现言论自由，适用法律时作有利于言论自由的解释。只有根据《公民权利与政治权利国际公约》明示授权才能对媒体自由予以限制。"
"规则只是规定了言论自由的最低标准，它并不妨碍更高标准的确立。"

---

[1] 这里参考了已经发表的中文版本，参见林娜：《英国刑事法院案件报道指南》，《人民法院报》2013年11月29日，第5、第7、第8版。
[2] Guardian News and Media Ltd. v. Mohammed Jabar Ahmed, [2010] UKSC 1, [2010] 2 WLR 325.
[3] 高一飞：《论媒体报道涉罪人员姓名的规则》，《现代法学》2015年第2期，第121页。

"表达自由（包括媒体自由）是每一个宣称是民主社会的必不可少的基础。媒体的权利和责任是收集和调查公共信息，对司法管理加以评论。包括在不妨害无罪推定原则的前提下，对审理前、审理中和审理后的案件加以评论。""评论司法的权利不能受到任何特别的限制。"

这两段话显示，媒体报道和评论司法不受任何特别的限制，即只能给媒体报道和评论社会其他事务时以同样的限制，如不能煽动违法犯罪、不能侮辱诽谤他人等。理由是言论自由是"民主社会实行法治的基础"，是其他民主自由和一切权利的前提，司法独立固然重要，但它低于言论自由的权利，当二者不能兼顾时，言论自由优先。如前所述，司法限制媒体已经成了无用的原则。所以，司法限制媒体，既不正当，也不可行。在此前提下，陪审团与媒体报道的关系可以整体上概括为一句话：司法不能对媒体作特别的限制，陪审团只能通过自我的程序完善达到防止舆论审判的目的，本书下一章就将讲述这样一个自我程序完善的美国故事。

第八章

陪审团隔离：保障独立审判的美国故事

1215年英国《自由大宪章》确立了陪审团制度，在历经几个世纪的发展后，陪审团制度在世界各地开枝散叶同时也出现了较大的不同。美国的陪审团制度在英国对美洲的殖民扩张中得以建立和发展。经过两百多年的发展，当初的制度基础，陪审团的选拔、组成、运作等方面都发生了重大变化。一个显著的区别就是在面对蓬勃发展的新闻媒体行业时，美国创造性地建立了陪审团隔离（sequestered jury）制度，用以隔绝媒体报道、社会舆论等外部因素对于陪审团裁决的影响。陪审团隔离制度是一个在中国学术界无人介绍的冷知识，本章将对这一古老而奇特的制度进行介绍和评析，并期待给中国司法制度带来一些有益的启示。

一、陪审团隔离制度的历史与现状

陪审团隔离制度可以追溯到18世纪，历经两百余年的发展，陪审团隔离制度自身也发生了许多变化。其变化的特点是：从最初所有案件都要求隔离陪审团，发展到后来的陪审团隔离的有限适用。其基本方法是对陪审团与外界进行物理上的隔离。

（一）陪审团隔离的历史沿革

在加州大学伯克利分校的班克罗夫特图书馆，收藏着一幅史上第一个被隔离的陪审团，也就是帕蒂·赫斯特陪审团[1]的画像。该陪审团作为"波士顿大屠杀"案的陪审团，于1770年被隔离。在当时，一旦陪审团宣誓就职，在作出裁决之前就不能被分开，由于案情的复杂、相关先例以及法律规定的缺失，该陪审团被隔离了8天。在"波士顿大屠杀"案的审判过程中，

---

[1] The Bancroft Library, Patty Hearst Jury: First Sequestered Jury in History of U.S. San Francisco Federal Court, https://calisphere.org/item/ark:/28722/bk000602j1b/, last visited, Feb. 18, 2020.

陪审团成员在审理期间被禁止与自己的亲人、朋友接触，最终裁决 8 名士兵中 6 名士兵无罪，2 名士兵犯过失杀人罪。[1] 这被认为是陪审团制度的正式建立。在早期由陪审团审理的案件中，无论是刑事案件还是民事案件，所有的审判都对陪审团进行了隔离，借此来保障陪审团认定事实的客观性和准确性。同时，因为早期案件情况通常比较简单，陪审团往往在一天之内就能对案件事实作出裁决。在这种短期的隔离中，陪审团隔离制度的问题并没有完全暴露出来，更未得到重视。

在注意到陪审团隔离的负面效果之后，各州和联邦政府逐渐缩小了陪审团隔离制度的适用范围。在民事案件中，完全取消了陪审团隔离制度的适用，它在刑事案件中的适用范围也受到了进一步的限制。[2] 在 1819 年一个案例中[3]，法院没有强制适用陪审团隔离制度，而是让陪审团在正常的社区环境中进行案件审判，强制隔离陪审团的原则被突破。在这一阶段初期，虽然法律强制规定隔离所有的陪审团，但是在实际操作中，由法官裁量决定是否适用陪审团隔离，即使是在某些可能被判处死刑以及其他严重的暴力犯罪的案件中。[4] 到了 20 世纪初，陪审团制度有了新发展。陪审团成员不再局限于案件管辖地区，从案件管辖区外筛选陪审员成为可能，改变审判地点成为陪审团隔离的替代性措施。到 20 世纪中叶，大多数法官都将隔离陪审团作为一种非常规的手段，而不是必须遵守的规定。[5] 正如一位法官写道：陪审团的隔离问题日益受到重视和关注，刑事审判历时很长以及隔离陪审团所需要的住房和生活需要等昂贵代价，加剧了现代陪审团隔离观念从古老的"隔离陪审团是确保案件裁决正确的前提"观念中淡出。[6] 这意味着司法观念发生了一个重要转变，法官不再认为隔离陪审团是保证案件公正处理的前提。

---

[1] Boston Massacre Historical Society, The Boston Massacre Trial, http：//www. boston-massacre. net/trial/index. htm, last visited, Feb. 19, 2020.

[2] James P. Levine, "The Impact of Sequestration on Juries", *Judicature*, Vol. 79, 1996, p. 266.

[3] Marcy Strauss, "Sequestration", *American Journal of Criminal Law*, Vol. 24, 1996, p. 71.

[4] Marcy Strauss, "Sequestration", *American Journal of Criminal Law*, Vol. 24, 1996, p. 71.

[5] Nancy J. King, "Juror Delinquency in Criminal Trails in America, 1796-1996", *Michigan Law Review*, Vol. 94, 1996, p. 2673.

[6] State v. Pontery, 117 A. 2d 473 (N. J. 1955).

总体来说，民事案件中完全禁止陪审团隔离制度的适用，这是因为民事案件仅是当事人之间民事权利义务的纠纷，并不值得通过隔离陪审团的方式来认定案件的事实。在刑事案件审判中，法官一般也不会采取隔离陪审团的措施，除非媒体报道过于严重，出于保护公共利益的需要，法官才会下令隔离陪审团。[1] 陪审团隔离的有限适用成为主流的观念。

（二）陪审团隔离的基本要求

根据美国国家法律网站的定义，陪审团隔离是指对陪审团的整体隔离，以避免意外或者故意对陪审团的污染。[2] 为了保护陪审团不受外界因素的影响，通常在隔离陪审团的决定作出之后，陪审团成员将被聚集在一起，他们的饮食起居由法院来统一安排。在具体的实施过程中，联邦和各州都有自己的规则，但内容相差无几，在此，我们以联邦陪审团隔离规则[3]为例来加以说明。在隔离期间，法院会发给每一个陪审员每日50美元的薪酬，在隔离10日之后，每日薪酬增加为60美元。在隔离期间，陪审团成员不能与外界联系，必须遵守下列规则：（1）陪审员不得在陪审室使用手机；（2）陪审团审议期间使用洗手间时必须有法院人员陪同；（3）陪审团必须与法院人员一起乘坐公共汽车往返法院；（4）陪审员必须在经过法院人员监督的情况下入住经批准的酒店；（5）陪审员必须在经批准的餐厅内用餐，并接受法院人员的监督；（6）陪审员不得阅读报道案件的报纸或者互联网信息；（7）陪审员不得收看报道案件情况的电视节目；（8）陪审员之间不得讨论案件情况。

陪审团隔离的时间一般比较短，早期的陪审团隔离时间通常不会超过1天，也就是所谓的"一日审"。随着社会的进步和发展，日益复杂的案件导致陪审团隔离的时间不断延长，远远超过初期隔离的期限。在被称为"世纪审判"的辛普森案件中，陪审团被隔离了265天[4]，超越查尔斯·曼森

---

[1] Bruce Tomas, Jury Sequestered in Trial of Former Dallas Cop who Shot Black Man in his Home, https：//www.msn.com/en-us/news/us/jury-sequestered-in-trial-of-former-dallas-cop-who-shot-black-man-in-his-home/ar-AAHIyZa, last visited, Feb. 18, 2020.

[2] US League, Definitions of Sequestration, https：//definitions.uslegal.com/s/sequestration, last visited, Feb. 18, 2020.

[3] United States Courts, Juror Pay, https：//www.uscourts.gov/services-forms/jury-service/juror-pay, last visited, Feb. 18, 2020.

[4] Thomas MacMillan, How the Psychological Toll of Isolation might be Affecting Bill Cosby Jurors, https：//www.thecut.com/2017/06/sequestered-jury-psychological-toll-cosby-trial.html, last visited, Feb. 18, 2020.

（Charles Manson）案 8 个半月隔离时间[1]，成为历史上隔离陪审团时间最长的案件。

（三）陪审团隔离适用的程序和比例

陪审团隔离的决定程序存在两种情况：一种是由法官根据情况决定，另一种是法律规定必须隔离陪审团。具体来说，第一种是所有案件都由法官裁量决定是否隔离陪审团。在联邦和大部分州是这么规定的。如肯塔基州[2]，如果要将陪审团隔离，必须由法院作出指示，因为法律没有规定哪些情况必须隔离陪审团。同时，大部分州都规定，隔离陪审团是一个非同寻常的补救手段，如新泽西州[3]规定：在法院指示陪审团之前，任何刑事诉讼或者民事诉讼中不得隔离陪审团，除非法院发现有特殊情况，如为了保护陪审员的人身安全，或者为了公正裁判需要。俄亥俄州[4]、田纳西州[5]、北卡罗来纳州[6]也有类似规定。

第二种是死刑或者特殊案件由法律规定一律隔离陪审团。如：佐治亚州[7]、路易斯安那州[8]规定，死刑案件一律隔离陪审团。爱达荷州[9]规定仅在被告被指控一级谋杀罪时，才强制隔离陪审团。纽约州则经历了一个变革的过程，在1995年之前，规定在任何由陪审团审判的刑事犯罪案件当中，审议阶段必须对陪审团实施隔离；在重罪案件中，审议和审判阶段都必须隔离陪审团。[10] 同时，纽约州也是最后一个在所有重罪案件中都适用陪审团隔离的州。在1995年6月份修改法律后，纽约州也采取了与其他州相同的灵活政策，进一步限制了强制隔离陪审团的案件范围，仅在最严重的暴力犯罪案件中强制隔离陪审团。

---

[1] Alene Tchekmedyian, Charles Manson Hospitalized in Bakersfield; prison officials says he's still alive, https://www.latimes.com/local/lanow/la-me-charles-manson-hospitalized-20171115-story.html, last visited, Feb. 18, 2020.
[2] KY. REV. STAR. ANN § 29A. 310 (Michie 1992).
[3] N. J. R. GEN. App. p. 1: 8-6.
[4] OHIO R. CRIM. P. 24 (G).
[5] TEEN. CODE ANN. § 40-18-116 (1990).
[6] State v. Wilson, 322 NC 117 (1988).
[7] GA. CODE. ANN § 15-12-142 (Michie 1994).
[8] LA. CODE. CRIM. P. ANN art. 791 (West 1981 & Supp. 1996).
[9] IDAHO CODE § 19-2126 (1987).
[10] James P. Levine, "The Impact of Sequestration on Juries", *Judicature*, Vol. 79, 1996, p. 267.

陪审团制度是美国诉讼制度的基石，但是近年来，陪审团审判的案件逐年递减，甚至被一些学者称为"消失的陪审团"。美国民事案件中适用陪审团的比例为2%，在刑事案件中适用的比例为3%。[1] 而陪审团隔离制度的适用比例更低，民事案件中禁止隔离陪审团；刑事案件方面，由于美国司法系统的复杂性，难以找到年度的全国统计数字。纽约州1994年隔离陪审团1400个，占所有刑事案件的比例不足1%。纽约州是美国各州中陪审团隔离制度适用频率最高的州。[2] 可以推断，其他地区的隔离比例远低于1%。尽管如此，在可能判处死刑的案件以及被指控一级谋杀的案件中适用更加严格、更加独立的陪审团事实认定程序，这既符合程序正义的要求，也对保护被告接受公平审判的权利具有十分重要的现实意义。

（四）违反陪审团隔离的程序性后果

违反陪审团隔离的程序性后果体现在，如果因为没有满足被告人隔离陪审团的要求而导致审判不公，被告人可以因此提出上诉，要求上诉法院认定原审无效。审判无效的案件应当重新组成陪审团进行一次新的审理。

在研究隔离是否具有单独否定判决有效性的问题时，笔者发现了几个有意思的案例。在1995年《纽约州刑事诉讼规则》之前，就已经存在强制隔离陪审团的情形。在1990年的卡农案[3]中，初审法院在审判时未按法律规定强制隔离该案件的陪审团，在陪审团作出有罪裁决后，被告提起上诉。上诉法院裁定初审未隔离陪审团，违反法定程序，判决初审无效，应当重审；并认为，虽然被告并没有在审判时提出反对初审法院未隔离陪审团的做法，但是这并不妨碍对于本案的重审。

1991年发生在纽约州的韦伯案[4]中，初审时辩护人与控方在庭审过程中，讨论了如果陪审团未在下午4：50之前作出裁决，是否允许陪审团成员回家休息的问题。讨论达成一致，辩护律师及被告韦伯都允许陪审员在上述情况下回家休息，并明确表示同意放弃《纽约州刑事诉讼规则》第310条第10款隔离陪审团的权利。第二天，陪审团裁定被告有罪，被告立即提起上

---

[1] Thomas H. Cohen, Felony Defendants in Large Urban Counties, 2006, Working Paper for Bureau of Justice Statistics, May 2010, NCJ 228944.
[2] James P. Levine, "The Impact of Sequestration on Juries", *Judicature*, Vol. 79, 1996, p. 267.
[3] People v. Coons, 75 N. Y. 2d 796 (1990).
[4] People v. Webb, 78 N. Y. 2d 335 (1991).

诉，声称初审法院允许其放弃强制隔离陪审团权利是错误的。上诉法院认为，在该案中，法官对于案件的处置属于法院自由裁量权的范围之内，并没有表现出对于被告的偏见；而且未隔离是无法逆转的，本案中没有强制隔离陪审团符合联邦对于该问题的认识。因此，上诉法院维持了有罪判决。

由此可以看出，即使在规定强制隔离陪审团的地区，未隔离陪审团也不会必然导致"审判无效"。纽约州的案例明确了一点，即陪审团隔离制度是一项法律规范，并不是"反映被告的一项既定的普通法权利"[1]。如果要重新审判，那么必须满足一定的条件，如严重损害司法公正或者造成了对被告的偏见，这一条件是否满足由法院进行判断。

二、陪审团隔离制度的预设功能

虽然陪审团隔离制度在美国适用的频率逐渐下降，但不可否认该制度曾为司法公正作出贡献。陪审团制度的创立就是为了公正审判，法官认定的案件完全由普通公民组成的陪审团进行裁决，陪审团对于案件事实的一致裁决也被教会认为是"上帝声音最可靠的显示"[2]。

（一）阻却偏见性报道

"根据证据决定事实，你们是事实的法官，你们将听审证据，得出事实结论，作出裁决"[3]，这是对陪审团责任的描述。但陪审员是普通人，可能受到媒体的影响，这就是所谓媒体审判。[4] 美国宪法第一修正案明确了新闻媒体报道的自由。随着新闻媒体行业的不断更新发展，公民获得信息的途径获得了极大地丰富。从口口相传，到通过书刊、报纸，再到通过互联网，公众接触到越来越多的之前不可能了解到的信息。如果陪审员在日常生活中了解到了案件的有关信息，特别是当陪审员知悉了带有偏见性的误导信息时，那么极有可能会导致媒体审判。

美国很早就对媒体可能对司法造成的干扰表示了关注，联邦最高法院霍

---

[1] People v. Webb, 78 N. Y. 2d 335 339-340 (1991).
[2] J. Roland Pennock, *Majority Rule*, *International Encyclopedia of the Social Sciences*, Macmillan, 1968, p. 536.
[3] Jeffrey Abramson, *We, the Jury: The Jury System and the Ideal of Democracy*, Harvard University Press, 2000, p. 189.
[4] 高一飞·华迪·莫汉森：《审前报道对美国刑事审判的影响》，《社会科学战线》2007年第5期，第221—226页。

姆斯大法官在 1907 年的一个判决中提到，在美国的司法体制中，唯有依证据以及公开审判辩论后，才可以对被告定罪，绝对不能受到法庭外的任何影响，而不论是私人的议论还是出版品。[1] 但新闻报道却无孔不入，例如在辛普森案中，案件在全美国的传播速度远远超过人们的想象。据统计，从 1994 年到 1997 年，关于案件的新闻报道多达 2237 条。[2] 甚至电视台都在直播对于辛普森的追捕，几乎找不到对案件情况一无所知的人。[3] 即使在选择出合适的陪审员并要求他们拒绝接触外界信息之后，在审判阶段对于案件的新闻报道也很有可能被陪审员所知晓，媒体报道必然会对陪审员的独立判断产生影响。

美国宪法第六修正案确立了被告有接受公正审判的权利，这就要求陪审员必须在没有外界因素干扰的情况下，依据案件的证据材料，独立地作出对案件事实的裁决。陪审团隔离成为破解媒体审判的一种"笨办法"，建成了防止陪审员接触外界信息的物理屏障。陪审团隔离制度在独立审判与新闻自由之间的冲突中扮演了一个调和者的角色。

（二）防止亲友和民众的影响和干扰

由于陪审员是从普通的居民中选出的，一旦被选为陪审员，就意味着陪审员原有的正常生活遭到了破坏。对于社会影响较小的案件来说，审理周期较短，对陪审员的正常生活冲击较小；而对于社会影响巨大的案件来说，审理周期可能长达数周甚至数月，那么陪审员就不可避免会接受来自家人和朋友的询问、干扰。

在没有陪审员隔离的情况下，陪审员每日回家，与其接触的亲友会传达对案件的看法。举例来说，一个陪审员的配偶对于案件事实的看法、对于死刑的态度、种族歧视或者是宗教偏见；都会传达给陪审员本人。[4] 又如，在一起案件中，7 位陪审员在休庭时，收到了来自民众的纸条，上面写着"发现这些几内亚母狗有罪。你们不要为了害怕判决之后的压力而改变自己的认

---

[1] 陈新民：《新闻自由与司法独立——一个比较法制上的观察与分析》，《台大法学论丛》2000 年第 3 期，第 89—134 页。

[2] Alan M. Dershowitz, *America on Trial: Inside the Legal Battles that Transformed our Nation*, Grand Central Publishing, 2004, p. 607.

[3] Marcy Strauss, "Sequestration", *American can Journal of Criminal Law*, Vol. 24, 1996, p. 109.

[4] Nancy King, "Nameless Justice: The Case for the Routine Use of Anonymous Juries in Criminal Trials", *Vanderbilt University Law Review*, Vol. 49, 1996, pp. 123, 127.

定"。毋庸置疑，陪审团隔离制度在一定程度上减轻了来自亲友和社会的压力和干扰，有利于陪审员对案件作出理性、客观的判断。

（三）保证陪审员的人身安全

在极端情况下，与案件有利害关系的人可能会采取威胁、恐吓等手段来干扰陪审员的独立判断。这种情况在日常生活中真实存在。例如，在涉及黑手党头目的一些案件中，出于安全的考虑，许多陪审团被隔离。

1985年发生的一个案件，由于案件被告的特殊身份，为了保护陪审员人身安全，法院下令隔离陪审团。[1] 这也是法官首次出于担心陪审员人身安全而隔离陪审团。在联邦警察被指控殴打罗德尼·金的案件中，州法院陪审团在宣布被告警察无罪时，局势十分紧张，1993年联邦法院重审此案时，联邦法官担心联邦陪审员的人身安全，陪审员因此被隔离了57天。[2] 在隔离陪审团的审判中，陪审员获得安全环境，可以在没有顾忌的情况下进行审判；在审判之后，因为要求一致裁决，责任分散在12名陪审员的身上，一般也不用担心事后报复。

由此可以看出，陪审员在某些特定的案件中，可能会面临非常严重的人身威胁。这种类似好莱坞影片中的桥段在日常生活中也在上演。完全有理由认为，在陪审员自身安全得不到保障的情况下，其作出的裁决是难以符合内心确信的。陪审团隔离较好地解决了这个问题。

（四）通过形式正义增强司法公信力

保障司法公正是陪审团隔离制度得以存在最重要的价值。美国宪法第六修正案确立了被告接受公正审判的权利，即在任何情况下，被告都应当受到相同的审判待遇。在由陪审团审理的案件中，陪审团负责案件事实的审理，法官负责案件量刑的确定。为了确保被告受到相同的审判待遇，陪审团在认定案件事实时，应当保持相同的理性和客观。

陪审团隔离制度消除了审前报道、外界压力等对司法公正的干扰，一定程度上消除了被告和社会公众对司法不公的担忧，保证了陪审团独立进行审判，这对于实现"看得见的正义"具有一定的积极作用。"作为一个自认为法律制度高度完善的国家，在辛普森案件审判完成后，我们凭什么说审判实

---

[1] United States v. Thomas, 757 F. 2d 1359, 1365 (2d Cir. 1985).
[2] Stephanie Simon & Ralph Frammolino, Despite Perks, Sequestration is a Gilded Cage, Jurors Say, https://www.latimes.com/archives/la-xpm-1995-01-15-mn-20300-story.html, last visited, Feb. 18, 2020.

现了最大可能的公平公正？如果没有陪审团隔离制度，我们似乎无法做出回答。"[1] 尽管陪审团隔离并不能保证司法裁判结果的绝对公正，但是至少其保证了裁判具有一个公正的基础和外观，增强了裁决的社会认可度，让被告和社会公众在案件中感受到司法的公正。

三、陪审团隔离制度的现实局限

陪审团隔离制度的建立初衷是隔绝外界偏见性报道，保障陪审团根据法庭上出示的证据进行内心确信，作出独立、公正的裁决。但在现实中，陪审团隔离对公正审判的预设功能并没有以全部实现，而是存在很多局限。

（一）孤独心境下的仓促审判

在由陪审团审理的案件当中，一旦被决定隔离，在漫无终点的隔离期间内，陪审团为了早日从隔离中解放出来，有可能仓促决定，不利于司法公正的实现。

隔离就其本质而言，是对于陪审员个人权利的一种减损，那么加快审判进程就可能会变成陪审员用来摆脱隔离状态的重要方法。在辛普森案件中，陪审员在经过265天的隔离之后，精神状态和判断能力已经与正常人有些不同。在面对案件多达45000多页的笔录和1000多张照片的证据材料时，陪审团仅仅在4个小时之内就完成了对于案件事实的认定。[2] 陪审员的效率令人震惊。该案的一个陪审员迈克尔·诺克斯在接受《纽约时报》采访时称："在这种隔离的情况下，我认为每个人都渴望得出结论。"[3] 陪审团成员毕竟是来源于公民群体的普通公民，在被隔离接近9个月之后想与亲人团聚的迫切心情可以理解。但是这与设立陪审团隔离制度的本意就相去甚远。

正如一位记者在评论中指出："许多律师和社会科学家认为，马拉松式

---

[1] Marcy Strauss, "Sequestration", *American Journal of Criminal Law*, Vol. 24, 1996, p. 104.

[2] Marcy Strauss, "Sequestration", *American Journal of Criminal Law*, Vol. 24, 1996, p. 112.

[3] Thomas MacMillan, How the Psychological Toll of Isolation might be Affecting Bill Cosby Jurors, https：//www.thecut.com/2017/06/sequestered-jury-psychological-toll-cosby-trial.html, last visited, Feb. 18, 2020.

隔离的痛苦将导致陪审员审议的速度过快……隔离的目的甚至就是裁决本身。"[1] 在电影《十二怒汉》中，其中一名陪审员将他的投票由有罪转化为无罪，以加快判决形成，因为他不想错过一场棒球比赛。尽管这种轻率的行为可能并不常见，但是这也从一个方面反映了陪审员急于从严肃的隔离场合中脱离出来。经过长时间的隔离之后，陪审员迫切回家的愿望可能与做一个正直的陪审员的愿望一样急切。[2] 动机不纯的仓促判决，可能会扭曲正常的陪审团审议过程，破坏审判过程的完整性，导致案件草率处理，甚至出现错案。

(二) 亲密关系下的附和决定

在相对密闭的环境中，相同身份的陪审员们往往更容易产生亲密的朋友关系。即使是在对于案件证据、事实的认定上存在严重分歧的陪审员之间，他们的关系也会如此。而且陪审团审判的特殊要求即"一致裁决"又不允许陪审员们不顾他人的意见而作出多数裁判，这也加深了他们之间的亲密关系。

陪审团"一致裁决"要求12名陪审员要么全部同意有罪，要么全部同意无罪，如果达不成一致意见则解散陪审团，另组陪审团进行审判。这一制度起源于英国，但英国一致裁决原则却在1967年《刑事司法法》中被修改，这一法律规定：如果陪审团未能在2小时内达成一致裁决，可以是绝大多数人同意的裁决。美国联邦法院系统坚持要求陪审团达成一致裁决，但各州根据自己的情况选择是否规定陪审团一致裁决。[3] 一致裁决使被隔离的陪审团产生了一系列复杂的心理变化，也产生了陪审团内部复杂的社会关系。从美国的所谓"僵局陪审团"的情况来看，有大约3%的联邦刑事案件会在陪审团僵局的情况下终结，而在各州这一比例会高一些。[4] 绝大多数案件在大家的协商与说服过程中形成一致裁判，而这个过程，就是陪审员之间亲密关系形成的过程。

陪审团寻求的是决定者人数较多这样一个数量上的安全；要求协商一致

---

[1] James P. Levine, "The Impsct of Sequestration on Juries", *Judicature*, Vol. 79, 1996, p. 270.
[2] Marcy Strauss, "Juror Journalism", *Yale Law & Policy Review*, Vol. 12, 1994, p. 389.
[3] 高一飞：《陪审团一致裁决原则的功能》，《财经法学》2018年第6期，第114—128页。
[4] Nancy Jean King, "The American Criminal Jury", *Law & Contemporary Problems*, Vol. 62, Spring 1999, p. 41.

和深思熟虑达成一致裁决；要求在独立的法庭上进行审判，与国家隔绝，扮演上帝的角色。[1] 一致裁决的要求在美国电影《十二怒汉》、俄罗斯翻拍版《十二怒汉》、中国电影《十二公民》中都有展现。

在陪审员之间的亲密关系形成后，大多数陪审员可能会更倾向于认可其他陪审员的意见，而忽略掉自己对于案件事实的独立分析和认识。隔离催生了一种在彼此之间潜在的利益关系：聚居在一起的陪审员相互陪同，会感慨他们艰辛的陪审员经历，以及抱怨与法院之间沟通的不足；当陪审员之间相互熟悉之后，特定陪审员的偏见可能会影响其他陪审员；隔离状态下产生的交流欲望，还可能使他们忽略文化背景差异而加强沟通。一起案件结束之后，陪审员之间已经成为一个"家庭"。[2] 虽然不能确定陪审员之间的亲密关系在多大程度上破坏了陪审员的独立审判，但是这种关系对陪审员独立判断的影响是必然存在的。

总的来说，隔离期间的陪审团成员会因为在一起的经历而相互熟悉，这有利于促使陪审团达成一致裁决。但是这种熟悉也是一把双刃剑，它有可能导致附和判决，成为司法公正的潜在威胁。

(三) 异常心理下的情绪化裁决

鉴于隔离期间的特殊规定，陪审员往往会感觉遭到了不公平的对待，这种不公平的来源便是控辩双方。陪审员很可能将怒气发泄在控辩双方中的某一方的身上。

一项纽约州的比较研究表明，隔离陪审员的定罪率比非隔离陪审员的定罪率高出16%。[3] 在约翰·欣克利（John Hinckley）刺杀罗纳德·里根（Ronald Reagan）一案中，一位陪审员认为约翰·欣克利有罪，但是其他陪审员坚持认为无罪，最终该陪审员改变意见，案件达成一致裁决，认为被告约翰·欣克利精神失常，作出了无罪裁决。这位陪审员说道："我迫于压力

---

[1] Jeffrey Abramson, "Four Models of Jury Democracy", *Chi.-Kent L. Rev.*, Vol. 90, 2015, p. 861.

[2] Andrew L. Yarrow, Jury Renders Mixed Verdict in Atticn Case, https://www.nytimes.com/1992/02/05/nyregion/jury-renders-mixed-verdict-in-attica-case.html?searchResultPosition=5, last visited, Feb. 18, 2020.

[3] C. Winick & A. Smith, "Post-Trial Sequestered Juries Tilt Toward Guilty Verdicts", *New York Law Journal*, 1986, December 12, p. 1.

而改变自己的意见,我整夜都在颤抖,我必须离开那里。"[1] 在隔离这种高压的环境之下,陪审员很容易产生对于原告或者被告的偏向,而作出与内心确信相反的判断。

这种情绪性裁决是有利于被告人,还是有利于控诉方?学术界有不同的看法。许多律师坚称隔离陪审团有利于控方,原因在于陪审团会认为,让他们饱受隔离之苦的罪魁祸首是被告人,从而在案件事实的认定过程中,更倾向于认定被告人有罪。[2] 如有人认为:"至少在陪审员的心中,正是被告人的错误使他远离家人、工作和熟悉的社区环境。"[3] 相反的观点则认为,隔离陪审团是被告的福音,因为陪审员会认为自己目前的遭遇是由于国家下令将陪审团隔离,毕竟是国家权力直接作出的隔离决定。[4] 因此,也可能在认定案件事实的时候会对控方提出更高的要求,从而认定被告人无罪。

在情绪化裁判中,不同的陪审员可能存在不同的倾向。但是无论陪审员如何倾向,这都不是我们希望看见的。法院隔离陪审团是期望陪审员能够完全公正、客观、中立地对案件事实进行裁决,而那存在对某一方的偏向。

(四)隔离前或者配偶探访中的信息污染

在美国,宪法第一修正案所保障的新闻报道权与宪法第六修正案所保护的被告接受公正审判权发生利益冲突时,多数法官不赞成绝对禁止对新闻媒体进行一切事前约束。在美国的司法传统中,法院可以通过颁发"媒体禁言令"(Gag Order)来要求新闻媒体不得对某一案件的某些内容进行报道。但是,"媒体禁言令"在1976年遭到联邦最高法院以违反宪法第一修正案为由而废弃。[5] 更重要的是,在自媒体时代,一旦发生重要案件,自媒体通过手机就可以对案件进行自由地报道和评论。[6] 陪审团是进入审判阶段才选出

---

[1] Reporter, 2 Jurors Assert that Pressure Forced them to Alter Votes, https://www.nytimes.com/1982/06/23/us/2-jurors-assert-that-pressure-forced-them-to-alter-votes.html?searchResultPosition=1, last visited, Feb. 18, 2020.
[2] C. Winick & A. Smith, "Post-Trail Sequestered Juries Tilt Toward Guilty Verdict", *New York Law Journal*, Dec. 12, 1995, p. 1.
[3] Marcy Strauss, "Sequestrain", *American Journal of Criminal Law*, Vol. 24, 1996, p. 115.
[4] Marcy Strauss, "Sequestrain", *American Journal of Criminal Law*, Vol. 24, 1996, p. 115.
[5] [美]唐纳德·M.吉尔摩等:《美国大众传播法:判例评析》(第6版)(上册),梁宁等译,清华大学出版社2002年版,第366页。
[6] 高一飞:《互联网时代的媒体与司法关系》,《中外法学》2016年第2期,第492页。

的，而案件经过了侦查、起诉等漫长的诉讼阶段，在这一段时间内，作为网民的陪审员候选人一般对案件已经作了了解。可以说，在今天，要选出一个没有看过审前报道的陪审团几乎是不可能的。因此，陪审团隔离的作用是有限的，因为它只能隔离成为陪审员以后这段审判时间的媒体信息，但是，审前报道的影响以及对陪审员内心的污染已经无法挽回。

除了审前媒体报道的影响，在陪审团隔离期间，陪审员也有机会接触外面的信息，其中重要方式就是配偶探访中的配偶信息交流。为了解决陪审团隔离措施对于陪审员人身自由的过度强制问题，所有的法院都允许陪审员隔离期间，在特定的短暂时间内与自己的配偶正常接触。这种规定被称为"配偶访问（conjugal visit）制度"，被隔离的陪审员的伴侣在可监管的前提下进行私密会见，期间他们可以有性行为。配偶访问通常每周进行一次，一般来说在每周日的下午，但是在某些隔离时间特别长的案件当中，为了保证陪审员正常的心理状态，配偶访问次数可以增加到每周两次。[1] 辛普森案件便是如此。在辛普森案件中，部分陪审员在配偶访问期间接触到了新闻媒体报道的"福尔曼录像带"，在当时，这一电视台广泛播放的内容并没有提交法庭，陪审员是不被允许接触这类物品的。[2] 配偶访问制度的存在表明陪审团隔离制度并不是绝对完全隔绝了媒体新闻报道，仍然存在陪审员接触媒体报道的潜在可能。然而，作为对陪审员最低限度的人权保障，每周一到两次的配偶访问又是必要的，这就给了陪审员间接了解媒体报道和受到社会影响的机会。

综上，在担任陪审员之前通过媒体报道对所审理案件的了解，以及配偶探访中的信息交流，导致被隔离的陪审团实际上可能被媒体和其他舆论污染，隔离的作用因而被消减。

（五）法院限制正当程序以减轻管理负担

一般来说，采用陪审团审判的案件数量较少，采用隔离陪审团审判的案件数量更是少之又少，但是一旦陪审团被隔离，法院就将承担起相对于普通案件更大的责任，同时也要付出更多的人力、财力。隔离时间越长，投入的人力、财力就越多，法院也会通过相关的方法来加速审判的进行。

为了减少法院在陪审团隔离中管理上的负担，法官在庭审中会尽其所

---

[1] Keith W. Hogg, "Runaway Jurors: Independent Juror Research in the Independent Age", *Western Journal of Legal Studies*, Jan. 21, 2019, p. A121.

[2] Keith W. Hogg, "Runaway Jurors: Independent Juror Research in the Independent Age", *Western Journal of Legal Studies*, Jan. 21, 2019, p. A121.

能，如通过限制证人人数或限制律师陈述等方法来加速案件的审判。[1] 因为过于冗长的审判过程不仅会耗尽陪审员的耐心，对法院管理或法官精力也是一种极大的挑战。无论是好是坏，面对陪审团隔离的案件，法院都极有可能利用其掌握的所有方法来最大限度地缩短案件审理的期限。[2] 法院和法官对正当程序、辩方权利的限制，必然影响案件的公正审判。这样一来，隔离陪审团就不能成为促进司法公正实现的措施，反而会造成司法审判过程的扭曲，破坏司法审判的完整性和公正性，对司法公正造成难以弥补的伤害。

四、陪审团隔离制度的衍生问题

除了上方提到的公正目标实现上的局限，陪审团隔离还存在其他方面的现实困难：

（一）耗费巨大的诉讼成本

在决定隔离一个陪审团之后，国家至少要负担12名陪审员以及2名以上预备陪审员（或称为"候补陪审员""替补陪审员"）的相关经济成本，包括住宿、饮食、交通以及陪审员薪酬等必要费用。设立预备陪审员的目的是：当有1名陪审员出于某种原因从陪审团中被剔除，就会有1名预备陪审员加入陪审团。当所有预备陪审员都进入陪审团但仍然无法组成一个完整的事实认定团体时，一切程序甚至还会被推倒重来，这是更加严重的财务成本消耗。

在隔离时间较短的案件中，费用一般还可以接受，但是在像辛普森案件这样的隔离时间长达265天的案件中，费用十分高昂。据统计，辛普森案件隔离陪审团总花费超过300万美元。[3] 在隔离时间没那么长的其他案件中，也存在花费不菲的情况，例如在罗德尼·金（Rodney King）案的隔离过程中，57天的隔离花费高达204055美元。[4] 纽约州作为隔离陪审团最频繁的

---

[1] Commonwealth v. Hayes, 414 A. 2d 318, 348 (1980).
[2] Marcy Strauss, "Sequestration", *American Journal of Criminal Law*, Vol. 24, 1996, p. 116.
[3] William Brown, James Duane & Benson Fraser, "Media Coverage and Public Opinion of the O. J. Simpson Trial: Implications for the Criminal Justice System", *Communication Law and Policy*, Vol. 2, 1997, p. 263.
[4] Stephanie Simon & Ralph Frammolino, Despite Perks, Sequestration is a Gilded Cage, Jurors Say, https://www.latimes.com/archives/la-xpm-1995-01-15-mn-20300-story.html, last visited, Feb. 18, 2020.

地区，1994 年强制隔离陪审团的花费超过 400 万美元。[1] 应当注意的是，以上数字并非案件诉讼的全部费用，而是仅指陪审团隔离这一项费用，这在当时可以说是一个十分庞大的数字。因此，沉重的财务负担成为限制陪审团隔离制度的一个合理理由。

（二）影响陪审员正常生活

一旦决定隔离，陪审员就将从原来生活的环境中搬离，进入另外一种完全陌生，甚至与外界彻底隔绝的环境。而且这段时间是不确定的，时间越长，对陪审员造成的影响就越大。在隔离的环境中，陪审员将无法与亲人、朋友见面，可能错过婚礼、孩子出世或父母病重等对人生具有特别意义的事情，甚至有陪审员因此离婚。在被隔离期间，陪审员的个人生活完全暴露在摄像头之下，与外界的通信受到监听和筛选，甚至在卫生间也有法院的官员监督。在这种情况下，几乎没有任何隐私可言，个人权利遭到极为严重的损害。

许多被隔离的陪审员在回顾案件审判过程时，都认为那是一段"极其糟糕的经历，像地狱一般"[2]。在查尔斯·曼森案的审判中，一位在审判期间被隔离了 8 个半月的陪审员说道："我就像一个犯人，没有任何的权利。"[3] 另一位陪审员在审判过程结束后离婚，并把离婚归因于陪审团的隔离决定。[4] 在雷蒙德·多诺万（Raymond Donovan）的受贿案审判中，一位陪审员因隔离时所遭受的压力而精神恍惚，在隔离结束几天后就被解雇。[5] 因此，隔离这种非常规的措施将会严重地打乱陪审员的日常生活，甚至在极端情况下会严重改变陪审员的人生轨迹。

虽然陪审员所承受的压力可能并非全部来自隔离本身，但是，隔离加剧了陪审员心理状况的恶化，这是不容置疑的。这种伤害不仅充斥在整个隔离过程中，还波及陪审员结束审判之后的日常生活。同时，这不仅是心理上的

---

[1] Marcy Strauss, "Sequestration", *American Journal of Criminal Law*, Vol. 24, 1996, p. 106.

[2] Marcy Strauss, "Sequestration", *American Journal of Criminal Law*, Vol. 24, 1996, p. 107.

[3] James E. Kelley, "Addressing Juror Stress: A Trial Judge's Perspective", *Drake University Law Review*, Vol. 43, 1994, p. 96.

[4] James E. Kelley, "Addressing Juror Stress: A Trial Judge's Perspective", *Drake University Law Review*, Vol. 43, 1994, p. 97.

[5] Marcy Strauss, "Sequestration", *American Journal of Criminal Law*, Vol. 24, 1996, p. 109.

伤害，还包括物质上的损失。

（三）导致陪审员心理问题

隔离的环境造成了压抑的氛围，这对有些陪审员来说是难以忍受的。禁止同外界交流所带来的孤独和无助，都在不断刺激陪审员本就紧张不安的神经。同时，基于被采取隔离措施的案件的特殊性，陪审员们往往需要接触毛骨悚然的事实细节、情绪激动的证词以及难以理解的法律术语。因此，隔离期间越长，对陪审员影响越大。

在纽约州的一个案件中，陪审团在经历 4 个月的长时间隔离后，经过多次审议仍然得不出确定的裁决，于是他们恼怒地要求会见法官，要求解除隔离，法官最后裁定解散陪审团。[1] 有研究表明，在孤立的环境下被迫与陌生人共同生活的人有时会感到沮丧，并富有攻击性。在纽约发生的另一个案例中，一名陪审员因受不了长期隔离所产生的心理压力，在夜间尝试逃离隔离场所。他利用床单连接成绳索从隔离宾馆二楼跳出，后来在第二天被法院工作人员发现。[2] 在辛普森案中，陪审员特雷西·肯尼迪（Tracy Kennedy）在被隔离 2 个月之后，因为违反伊藤法官的一项命令而被责令退出陪审团，在这几个月后她试图通过服用药物自杀。[3] 该案中的其他陪审员也都表示被隔离的经历不堪回首，他们的生活也都或多或少受到了影响。

不难看出，隔离陪审团所创造的封闭环境在一定程度上只能保证陪审员身体上的安全，但隔离陪审团的措施对陪审员的心理健康造成了严重威胁。

五、评论与启示

纵观整个陪审团隔离制度的发展历程，不难发现，隔离制度在应对偏见性报道、保护陪审员人身安全等方面，具有不可替代的积极作用。但是不能否认，隔离制度存在自身的功能局限和负面作用。只有在经过对影响案件审

---

[1] Raymond Hernandez, Westchester Trial Illustrate the Burdens of Jury Service, https://www.nytimes.com/1994/12/19/nyregion/westchester-trial-illustrates-the-burdens-of-jury-service.html? searchResultPosition=1, last visited, Feb. 18, 2020.
[2] Robbie Manhas, "Responding to Independent Juror Research in the Internet Age: Positive Rules, Negative Rules, and Outside Mechanisms", *Michigan Law Review*, Vol. 112, 2014, p. 816.
[3] Linda Deutsch, "Simpson Jurors Get Guarded Maps", *Beacon Journal*, Jan. 19, 1995, p. A5.

判的各种因素的综合考量之后,才能适用陪审团隔离制度。

陪审团制度的设计是以陪审员具备基本理性为基础的,既然选择将案件交由陪审团来审判,那么就应当相信陪审员能够公平公正地认定案件事实,能够理性对待外界因素的影响。在陪审团独立审判的问题上,不仅要靠技术和细节处理为独立裁判创造客观条件,更多地要靠陪审员作为公民代表的理性和良心。同时在技术方面也不应当固守古老的做法,要对传统进行改革和完善。

在隔离过程中探索使隔离更加人性化的措施,保障陪审员的正常需求,这样才能让这一古老而特有的制度扬长避短,发挥其积极的作用。如2017年发生在纽约州的一个案例中,法官注意到了陪审员的不良情绪,为了防止陪审员的不良情绪干扰审判过程,在隔离的22天里,法官组织陪审员去打保龄球和购物,还组织所有陪审员去看了电影《第二次世界大战》和《孤独的游侠》。[1] 隔离并不意味着陪审员只能待在法院和宾馆两个地方。根据笔者在美国陪审团审判现场的观察和采访,在陪审员被隔离的过程中,除了在宾馆播放与新闻报道无关的、不属于电视台节目的电影电视节目(特别是冗长的肥皂剧),由法官组织的与外界无联系的、隔离状况下的购物和文体活动,能够让枯燥的隔离生活丰富一些。这种灵活的隔离措施值得推广。

本章除对陪审团隔离制度自身的优势、局限进行分析并提出评论之外,还对新闻自由、司法公正等人类社会重要价值的意义、边界和实现机制展开了探寻,具体来说包括以下几个方面:

第一,知情权是基本人权,但也不是绝对的。在现代社会,知情权是人类社会最基本的权利之一。国际非政府组织"第十九条组织"[2] 在《公众知情权:信息权立法的原则》中提出:"信息是民主的氧气……坏的政府靠秘密来生存,它允许低效率、浪费和腐败发展。正如诺贝尔经济学

---

[1] Thomas MacMillan, How the Psychological Toll of Isolation might be Affecting Bill Cosby Jurors, https://www.thecut.com/2017/06/sequestered-jury-psychological-toll-cosby-trial.html, last visited, Feb. 18, 2020.

[2] 第十九条组织是一个致力于保护和提高表达自由水平的民间国际组织,该组织因主张符合《世界人权宣言》第19条"为表达自由"而得名。该组织通过系统和平的工作在世界范围内维护公民的言论自由,其所制定的为维护言论自由的相关原则和规定,为世界大多数国家接受和借鉴。

奖得主阿玛蒂亚·森所观察到的，在政府民主和媒体相对自由的国家里，没有严重的饥荒。"[1] 但是，公民知情权也存在有限的例外。当然，这种例外应当用清晰和详细的语言规定下来，并满足三个严格的标准：合法目的确认、严重损害平衡、公共利益高于一切。[2] 在陪审团隔离期间，陪审员获取所有新闻信息的权利都被暂时牺牲，目的是维护司法的独立与公正。同时，这种隔离是短暂的，在隔离结束以后，陪审员可以再获取这些信息。因为隔离针对的是少数人，这些人信息获取权的暂时中断并不会影响社会上其他人的信息自由，其他人仍然可以行使对国家公权力的监督权。因此，在这种情况下，知情权的牺牲是必要的、相对较小的，符合平衡标准和公共利益。

第二，现代社会，通过物理方法实现信息绝对隔离是不可能的。在1966年著名的谢泼德案[3]中，克拉克法官列出了审判法院为了确保公正应该考虑的9种措施：（1）通过对时间、地点和行为方式的限制来控制新闻界在法庭上的行为；（2）将证人与新闻界隔离；（3）防止信息从当事人和警方泄露出去；（4）警告记者注意他们的报道的潜在偏向性和准确性；（5）限制甚至禁止双方当事人和他们的律师向新闻界发表庭外言论（即未经法庭允许而发表的言论）；（6）直到大家的好奇心减弱时才继续审理案件；（7）将案件移送新闻界的关注程度比较弱的地区审理；（8）隔离陪审团，阻止他们与新闻界接触；（9）如果上述的所有措施都失败了，进行一次新的审理。[4] 以上9种方法都是为了防止媒体审判，但有些并没有实际意义。正如前文所述，陪审员隔离可能抵消审前报道的影响。美国法院认识到了单一措施的局限，为此，还采取了包括上述9种措施在内的其他措施。如果上述的所有措施都失败了，媒体的影响导致了不公正审判，上诉法院就可能认定一审裁判无效，要求案件重新审理。在美国历史上，有过因媒体污染陪审团而导致重审的案

---

[1] 第十九条组织：《公众知情权：信息权立法的原则》，https://www.article19.org/data/files/medialibrary/38117/a19-FOI-principles-original---chinese.pdf，2020年2月19日访问。

[2] Sheppard v. Maxwell, 384 U. S. 333 (1966).

[3] Sheppard v. Maxwell, 384 U. S. 333 (1966).

[4] [美]唐纳德·M. 吉尔摩等：《美国大众传播法：判例评析》（第6版）（上册），梁宁等译，清华大学出版社2002年版，第355—358页。

件，如埃斯蒂斯案[1]和谢泼德案[2]。这些补救性措施也充分说明，通过物理方法实现陪审团与媒体信息的绝对隔离是不可能的。因此，任何一种以牺牲言论自由和知情权为代价的规则都应当谨慎和有限。

第三，正当程序要求司法程序设计精密、重视细节，是需要付出成本的。在英美国家的审判中，对案件事实的裁判只能是一次性的，除非因程序违法导致程序无效而需要更新程序，进行一次"新的审判"。[3] 这种一不小心就可能导致程序无效、推倒重来的做法，对程序具有很高的要求。在陪审团审判中，陪审员接触了媒体、内心被舆论左右，都可能导致程序无效，这也是产生陪审团隔离制度的重要原因。而在隔离过程中，陪审员住的宾馆、看的电视、与外界的通信联络、与配偶的周末见面都成了法院管理中需要考虑的细节。陪审制被认为是英国人发明的"精密之作"和"经典之作"。[4] 陪审团隔离这一看似细节的程序，隐含着各种价值的平衡，在一个程序正义观念淡薄的社会，观察和品味这一具有戏剧色彩的特殊程序，可以反思我们现在诉讼程序中粗糙，甚至粗暴的规定，为实现程序的正当化提供参考。虽然陪审团隔离是花费成本的，但这种发生在少数案件中的制度同样需要保留，这是正当程序必要的代价。

---

[1] Estes v. Texas, 381 U. S. 532 (1965).
[2] Sheppard v. Maxwell, 384 U. S. 333 (1966).
[3] 高一飞：《东亚文化背景下的建议性陪审团》，《财经法学》2015 年第 1 期，第 97 页。
[4] 施鹏鹏：《法国参审制：历史、制度与特色》，《东方法学》2011 年第 2 期，第 120 页。

第九章

陪审团睡了：陪审团错误裁判的纠正

陪审团具有广泛的代表性，推行一致裁决（或者绝大多数裁决）。严密而精细的审理程序，使陪审团体现了最大可能的审判公正，特别是一致裁决的要求，使陪审团被认为是"上帝声音最可靠的显示"。然而，人毕竟不是上帝，再科学严密的陪审团机制设计也可能出错。为此，有陪审团的各国都设计了一套纠错机制。

一、英国：通过上诉或再审进行纠错

在1907年之前的英国，被以起诉书定罪的人是没有上诉的一般权利的，但是审判法官可依自由裁量将法律问题保留到"案件预备的皇室法院"解决。1907年《刑事上诉法》创立了刑事上诉法院，取代了"案件预备的皇室法院"。之后，刑事上诉法院又被1966年《刑事上诉法》废止，它的管辖权被转移到了上诉法院刑事庭。刑事庭的许多法庭可以同时开庭，当决定对定罪的上诉时，法庭必须由至少三名法官组成。同样适用的还有申请批准从上诉法院上诉到上议院时，当对关于某人不适合答辩的裁决或者因精神失常而被判无罪的裁决进行上诉时，对刑罚的上诉可以由两名法官决定。[1]

（一）对定罪提起上诉后重新召集陪审团

1968年《刑事上诉法》第2条第（1）项规定了针对定罪提起上诉的决定的法律框架，称上诉法院"应当允许对定罪提起上诉，如果他们认为定罪是不安全的；并且……在其他任何情况下都应当驳回上诉"。这一新的简化的检验标准由1995年《刑事上诉法》引入，在此之前，上诉法院必须考虑定罪是否安全或令人满意、法官是否对法律问题作出了错误决定，或者在审判过程中是否存在实质性不规范行为。很明显，立法用意是简化措辞，但实

---

[1] [英]斯普莱克：《英国刑事诉讼程序》，徐美君、杨立涛译，中国人民大学出版社2006年版，第593—611页。

际上不应当有任何变化。其实新的检验标准仍然是对老的检验标准的诠释。尽管法官有相反的附带意见，但正如一些评论者预期的那样，对"不安全"一词的限制性理解在实践中仍然没有得到普遍的青睐。

如果审判没有法律错误，上诉法院会极不情愿地维持之前的定罪。因此这类错误也就形成了大多数上诉论辩的基础。在提出的上诉理由中最常见的是法官总结中的错误，即错误地定义犯罪的要件、未能给陪审团留下一个有证据作为基础的辩护、未能就证明的责任和（或）标准给出适当的指引等。另外，还有经常会出现的审判中的程序性错误。有时候上诉人会将为他辩护的律师在皇室法院所出现的错误作为上诉依据。传统上，上诉法院极不情愿接受这一论点。

如果上诉法院认定定罪"不安全"，他必须允许上诉，并取消对上诉人的定罪，除非法院同时命令对被告人进行重审。取消定罪的效果是皇室法院被指令宣告无罪以代替有罪，之后上诉人就会受到如同陪审团认定他无罪一样的对待。在决定是否应当进行重审时，有时候必须考虑的一个问题是：对原始审判和上诉的报道可能对将来陪审团存在潜在的影响。新的起诉书通常针对的是与原来的起诉书中所宣称的完全相同的罪行，但法院可以命令陪审团根据新的裁决方法对第一审中原本被定罪的罪行重新作出裁决。

在上诉法院面临的大多数案件中，它依赖于1995年《刑事上诉法》第2条所赋予的权力，并根据案件的情况取消或维持一项定罪。而且法院还有一项独立于制定法的、从古老的判例中被皇室法院继承下来的权力，即取消定罪并签发重新召集陪审员的令状。签发此令状的效果实际上等同于命令重审。

如果一名上诉人在皇室法院就两项或两项以上罪状和所有定罪提起上诉，上诉法院可以就其中的一些而非全部罪状允许上诉。一旦上诉被处理，上诉人就被剥夺了就同一事项提起二次上诉的权利。即使是第二次上诉中提出的观点与第一次完全不同，也同样如此。这种将上诉人限于一次上诉的权利，在有几项上诉理由时可能会产生一个奇怪的不规则现象：上诉法院会为了节省时间，只允许基于一种理由的上诉，而对其他理由的论争不予听审。皇室检察官仍然可以将上诉法院已经受理的上诉再次上诉至上议院。

（二）特定犯罪被宣告无罪后因发现新证据而再审

英国议会于2003年对已有800年历史的普通法原则——禁止双重危险原则——进行了修正。2003年11月21日，女王伊丽莎白二世签署了《刑事司法法》。

　　两件引起公众高度关注的凶杀案引燃了改革的导火线。第一起案件的被害人是一名年轻妇女，名叫朱丽叶·郝格。1990年，郝格的尸体在其寓所的浴室下被发现，谋杀手段十分残忍。政府指控比利·邓洛普是杀人凶手。邓洛普在两次审判中都作证宣誓无罪，两次审判都因陪审团僵局而告终。在第二次审判之后，法庭将邓洛普无罪释放，从而使再次审理此罪行变得不可能。之后，当邓洛普因另一起故意伤害罪而被判入监后，他承认了谋杀朱丽叶·郝格的事实。因此，他被指控犯伪证罪，他对两起伪证罪的指控都作了有罪答辩，被判6年监禁。郝格的母亲在听说邓洛普在酒吧里得意地谈论他杀害郝格之后，开始她的"寻求正义"之路，郝格母亲的运动获得了英国国民的大力支持。英国警方在《刑事司法法》提交审议时就表示："该法如果能够通过，我们就会重新调查此案，将邓洛普绳之以法。"

　　另一起推动改革步伐的案件是史蒂芬·劳伦斯谋杀案。劳伦斯是一个年轻黑人，放学回家等候公车时，在毫无挑衅的情形下，被五六个白人青年攻击并杀害，胸部、背部和胳膊多处受到刺伤。但是，由于证据不足，皇家检察署两次决定不起诉。1995年4月，死者家属对3名白人嫌疑人提起自诉，但是被法官宣告无罪。此后，死者家属到处申诉，社会各界对此案的处理表示不满。迫于舆论压力，内政大政于1997年7月决定建立一个由麦克弗森爵士主持的专门委员会对此案进行调查。1999年2月，麦克弗森爵士向内政部提交了《调查报告》，该报告对"绝对禁止重复追诉"的法律规定提出了质疑，并建议："应当考虑在无罪判决之后提出新的可靠证据时赋予上诉法院许可重新追诉的权力。"于是，英国在2003年年底通过了《刑事司法法》，对禁止双重危险原则作了重大修改。[1]

　　英国2003年《刑事司法法》在坚持禁止双重危险这一基本原则的前提下，进行了一定的调整。根据该法第75条的规定，可以对英格兰和威尔士经正式审判程序而被宣告无罪的特定犯罪进行再审。[2] 英国2003年《刑事司法法》第75条规定的"特定犯罪"涉及侵犯人身罪、性犯罪、毒品犯罪、刑事损害犯罪和战争、恐怖犯罪、共同犯罪6个方面，共29个罪名。

---

〔1〕　转引自李昌盛：《禁止双重危险原则在英国的发展》，《人民检察》2006年第23期，第54—57页。
〔2〕　《英国2003年〈刑事审判法〉及其释义》，孙长永等译，法律出版社2005年版，第75—76页。

再审申请的提出必须要有"符合条件的令人信服的新证据"。再审的程序包括：（1）申请。再审的起诉人可以向上诉法院申请撤销无罪判决并指令再审，但是只有一次申请机会，而且必须经过检察长的书面许可。（2）裁定。上诉法院认为申请人提供的证据符合法定条件，而且根据案件的全部情况，符合正义的要求时，可以作出撤销无罪判决并指令再审的裁定；否则应当驳回申请。裁定的作出必须通过听审的方式，在听审时，受无罪判决人有权到场，并有权由律师代理。上诉法院在听审中有权命令提交任何对于作出裁定所必要的文件和物品，有权命令证人到庭接受询问和反询问。对于上诉法院作出的裁定，受无罪判决人和起诉人均可向上议院提出上诉。（3）审理。经过上诉法院裁定再审的案件，应当根据由上诉法院指示所提交的正式起诉书进行。除非上诉法院另行许可，否则，应当在提交起诉书后2个月内举行"罪状否认程序"。到期没有进行该程序，且上诉法院也没有批准延期的，原审被告人可以申请上诉法院撤销批准再审的裁定，并且恢复原无罪判决。再审中原则上仍需以口头形式提供证据，但是法律另有规定或证人无法到庭的除外。[1]

（三）苏格兰：陪审团的判决有悖常理及陪审员有偏见

1. 判决有悖常理是常见的成功推翻陪审团裁决的理由

在普通程序中有权对定罪提出上诉源于1926年《刑事上诉法》[2]规定的三种提起上诉的理由。前两个理由非常概括，即法院作出的"法律问题上的错误决定"和"司法不公的情形"。而第三个理由比较具体，表述为"陪审团的裁决……不合理或者是没有证据支持"。尽管有这样的措辞，上诉法院根本不允许仅仅基于陪审团的裁决有悖常理而提起上诉，只有当陪审团的裁决在某些方面是自相矛盾或不合逻辑时才能启动上诉。因此，任何试图声称陪审团不能基于证据作出合理定罪而提起的上诉，是注定要失败的。

在1980年的《刑事司法法》中，这三个支持上诉的理由被剔除了，而且被一个单一的理由所取代，那就是"误判"原则。[3]这一改变使法官的态度变得更加宽松自由，但是这并没有影响上诉法院基本维持陪审团裁决的

---

[1] 李昌盛：《禁止双重危险原则在英国的发展》，《人民检察》2006年第23期，第54—57页。
[2] See Criminal Appeal Act 2 (1926) (Scott.).
[3] Criminal Justice Act 33 (1980) (Scott.).

立场。1984年，最高法院院长、苏格兰最高级的法官对此评论道："从法律上讲，证人可靠性和可信性的问题是陪审团最本质的问题，我们知道在任何情况下法院都不能基于陪审团在对待关键证人时表现出不公正的这样一个事实而干扰其定罪。"[1]

一个叫萨瑟兰委员会的研究组织在1999年对上诉程序的各个方面进行了研究，其中包括推翻陪审团裁决的问题。该委员会同意这样的一般原则，即上诉法院不愿意干涉陪审团以法律上具有充分性的证据所达成的裁决。但也确实认为可能会有一些"例外的"情形，"任何公正的陪审团应该考虑排除合理怀疑"，上诉法院在认为裁判"不合理并导致误判时"，应该推翻陪审团的裁决。因此，该委员会建议这一权力应该在法规中被明确列明。[2]

然而，萨瑟兰委员会没有支持皇家上诉法院基于"持有怀疑"或是"直觉"而推翻陪审团裁决的做法，因为这将贬损原有的裁决，并且会导致法院被上诉"淹没"。相反，该委员会更喜欢一个更加客观的测试，并最终使得一些接近其建议的方案被1997年的《犯罪与惩罚法》所采纳。[3]该方案保留了一项上诉理由（即"误判"），即上诉是因为"在陪审团组成不合理的情况下，如果经指导改正，则可以作出裁决"[4]。

本质上，推翻不合理判决的问题对苏格兰刑事诉讼程序中的陪审团的核心角色构成了打击。陪审团存在的主要理由是其在发现事实方面比独任法官表现得更好，因此很难证明对陪审团的裁判进行司法干涉的合理性。推翻陪审团的裁判显示了对这一机构信任的缺失以及对其存在的怀疑。我们可以通过不同的方式对陪审团的裁决进行检验，但无论是"潜在的怀疑"，还是"不当的裁决"，抑或是"由一个组成不合理的陪审团作出的裁决"，这都必将对陪审团审判的合理性构成挑战。出于这个原因，新规定对苏格兰法院的这一方法不会产生很大的作用。[5]

---

[1] Rubin v. H. M. Advocate, 1984 S. L. T. 369, 370-371 (H. C. J.).

[2] Peter Duff, "The Scottish Criminal Jury: A very Peculiar Institution", *Law & Contemporary Problems*, Vol. 62, 1999, p. 198.

[3] See Crime and Punishment Act 17 (1997) (Scott.).

[4] Crime and Punishment Act 17 (1997) (Scott.).

[5] Peter Duff, "The Scottish Criminal Jury: A very Peculiar Institution", *Law & Contemporary Problems*, Vol. 62, 1999, p. 198.

2. 陪审员偏见可以成为上诉理由但没有成功先例

在苏格兰的普通程序中，提出上诉的最常见理由是法官的错误指示以及陪审团因为之前接触某些信息和人而对案件产生主观偏见。

对因庭审前的公开报道使陪审团产生主观偏见而提出的上诉至今还未成功过。因为不可避免会有一两名陪审员因为某些原因而对被告有偏见。在麦克卡登案[1]中，上诉声称陪审员在一个社交性的俱乐部发表言论表明他对被告有歧视，但这个上诉被驳回了，法院指出"不能因为陪审员涉嫌有不法行为而开启上诉……法院也永远不能受理"。在法院看来，已经有足够多的保障（比如法官指示、由 15 人组成的陪审团、多数裁决等）防止误判的发生。在格林诉 H. M. 支持者案件[2]中，尽管有明显的迹象表明在审理过程中两名陪审员和一名被撤销指控的同案被告有过接触，但最终被定罪的人的上诉仍被驳回了。

在普拉（Pullar）诉 H. M. 支持者的案件[3]中，一名陪审员是控方主要证人的雇员，他已经在抽签投票之前被通知这一情况。但是在被询问时，他却宣称不知道与被告或与案件有利害关系。这名雇员没有采取进一步的行动，且被选为陪审员。在诉讼程序开始之后，控方证人告知了其与该雇员的关系，该雇员向他保证其对于案件一无所知。在有关定罪的上诉听证中，上诉法院认为雇员应该把这一信息告知法官，因为其存在偏见的可能性，其陪审员资格应当被免除。然而上诉被驳回了，因为这种违反规则的行为没有自动使得判决无效，而且没有证据表明陪审员存在偏见或者发生了司法误判。之后，被告也未能基于规定"陪审团独立和公正的审判"向欧洲人权法院成功上诉，欧洲人权法院的理由是，没有任何存有偏见的证据，也没有陪审员更倾向于相信其雇主而不是辩方证人可能性的证据。[4]此外，陪审团的可信度有着各种不同的保障措施，主要有其他 14 名陪审员的存在、陪审员对目击者的证言冷静评估的宣誓，还有法官的指示作保障。[5]

---

[1] See McCadden v. H. M. Advocate, 1985 J. C. 98, 102.
[2] 1994 S. L. T. 1237, 1243（H. C. J.）.
[3] 1993 S. C.（J. C.）126.
[4] See Pullar v. United Kingdom, 1996 S. C. C. R. 755.
[5] Peter Duff, "The Scottish Criminal Jury: A very Peculiar Institution", *Law & Contemporary Problems*, Vol. 62, 1999, p. 201.

二、美国：因审判无效而再次追诉与凌驾陪审团

在美国，禁止双重危险是第五修正案所确立的适用于各州的基本权利。第五修正案规定，任何人不得因同一犯罪而两次将生命和身体置于危险之中，其中"危险之中"是指直到陪审团组成并宣誓之后，或者在法官审判中直到第一个证人宣誓之后。在哈德逊诉合众国案（Hudson v. United States）[1] 中，最高法院对于刑事刑罚和民事惩罚进行了区分，民事惩罚不受双重危险条款的限制。

在合众国诉兰萨案中，最高法院宣布了双重自治体规则，即准国际法规则，规定"被全国和州的自治体同时宣布为犯罪的行为同时侵犯了二者的和平和尊严，它们都可以对犯罪进行追诉和惩罚"[2]。该规则也适用于两个州进行的追诉，但是市和州对同一犯罪的追诉一般是禁止的。

禁止双重危险条款的主要目标是"保持裁判的终局性"。近年来，最高法院认为：最终引发双重危险的是"政府的压迫"。

（一）陪审团裁决被推翻的一般情况

1. 被告人申请或者同意审判无效之后的再行追诉

审判无效之后的再行追诉规则是指，"即使被告人提出了双重危险的主张，检察官也可以重新追诉"[3]。这一规则存在例外，其实，对审判无效后重复追诉的一般性禁令只有在被告人提出异议的情况下批准审判无效时才适用，如果被告人申请或者同意审判无效，禁止双重危险规则并不阻止重新审判。[4]

合众国诉迪尼茨案（United States v. Dinitz）[5] 确立了被告人同意下的审判无效的一般规则，即申请或者同意审判无效的被告人不能以双重危险为由反对启动第二次审判。

2. 无罪开释后的再次追诉

合众国诉鲍案（United States v. Ball）[6] 确立了无罪开释后的再次追诉

---

[1] Hudson v. United States, 522 U. S. 93 (1997).
[2] Heath v. Alabama, 474 U. S. 82 (1985).
[3] United States v. Scott, 437 U. S. 82, 92 (1978).
[4] [美] 约书亚·德雷斯勒、艾伦·C. 迈克尔斯：《美国刑事诉讼法精解》（第二卷·刑事审判）（第4版），魏晓娜译，北京大学出版社2009年版，第283—319页。
[5] United States v. Dinitz, 424 U. S. 600 (1976).
[6] United States v. Ball, 163 U. S. 662 (1986).

原则：被宣告无罪的被告人不能因同一犯罪再次被追诉。[1] 这个规则是绝对的，即使裁决"建立在异常错误的基础上"[2]，也禁止再次追诉；无罪判决是法官在审判中错误地排除有利于控方的证据所导致的结果，也禁止再次追诉。但是如果上诉成功后而被告人没有被要求第二次审判的话，政府方有权对无罪判决提出上诉，若上诉成功，原来的有罪判决会被恢复。对于初审法庭根据僵局陪审团宣布审判无效之后批准的无罪判决，政府方则不能提出上诉。

（二）死刑案件中法官有凌驾陪审团的权利

凌驾陪审团（Jury Override）是死刑案件中一个特别程序设置，指将陪审团的裁决视为"建议"（recommendation），而赋予审判法官在死刑案件中强大的判处被告死刑的权力，甚至在陪审团裁定判处被告终身监禁的情况下法官仍然有权改判被告死刑。

探索凌驾陪审团的历史，必须追溯到1972年联邦最高法院审理的弗曼诉佐治亚州案（Furman v. Georgia）[3]。在该案中，3名上诉人（1名来自得克萨斯州，2名来自佐治亚州）对他们各自所在的州的死刑法提出异议。经过审理，最高法院认为，根据宪法第八修正案不得施加残酷和非常的惩罚条款以及宪法第十四修正案的正当程序条款，各州现行的死刑法是违背宪法的。裁判者在决定被告人是否应当判处死刑时必须受到合理的引导以减少任意、反复无常判处死刑的风险。尽管弗曼诉佐治亚州案认为各州的死刑法无效，但是该案并不认为死刑本身是不符合宪法的。因此，各州纷纷修改了本州的死刑法。在1976年的格雷格诉佐治亚州案（Gregg v. Georgia）[4] 中，最高法院支持佐治亚州新确立的一套死刑量刑程序，主要包括定罪与量刑程序分离和对判处死刑的标准，该程序规定可以就判处死刑的情节（加重情节）和免予判处死刑的情节（减轻情节）给陪审团以指示，除非被告人放弃陪审团审判的权利，陪审团的裁判对审判法官有约束力。这表明，法官对是否判处死刑可以给予适当的指示，但陪审团的裁判具有终极效力。

---

[1] 当然，被宣布无罪的被告人可以因不同的犯罪被追诉。但是，有时候，两个不同的成文法犯罪被认为是双重危险意义上的"相同犯罪"。
[2] Fong Foo v. United States, 369 U. S. 141, 143 (1962).
[3] Furman v. Georgia, 408 U. S. 238 (1972).
[4] Gregg v. Georgia, 428 U. S. 153 (1976).

2012年4月25日，随着美国康涅狄格州宣布正式废除死刑，目前为止，美国共有33个州保留死刑。[1] 而在这33个保留死刑的州中，只有3个州承认凌驾陪审团是合法的，它们分别是亚拉巴马州、特拉华州以及佛罗里达州。[2]

在允许法官凌驾陪审团的亚拉巴马州、特拉华州以及佛罗里达州，其各自情况又有所不同。在特拉华州和佛罗里达州，凌驾陪审团受到严格的限制，凌驾陪审团通常是用来推翻陪审团的死刑裁决而判处被告终身监禁的。在特拉华州的历史上并没有出现过因为凌驾陪审团而判处被告死刑的情况。而在佛罗里达州，仅有6个人因法官的凌驾权而被判处死刑。自1999年以来，特拉华州和佛罗里达州再没有出现过废除陪审团的裁决而判处被告人死刑的情况。[3]

亚拉巴马州拥有美国最高的死刑宣判率和执行率。一方面，是因为在亚拉巴马州，陪审团作出死刑裁判的障碍要少许多。与其他许多保留死刑的州不同，亚拉巴马州并不要求陪审团达成全体一致裁决，只要有10名陪审员同意即可判处死刑。另一方面，是因为与特拉华州和佛罗里达州的情况有所不同，在亚拉巴马州法官凌驾陪审团并没有受到严格的限制。自从1976年以来，亚拉巴马州的法官共废除陪审团裁决107次，尽管法官有权废除陪审团的终审监禁和死刑判决，但是92%的废除陪审团裁决的案件是推翻陪审团的终审监禁判决而改判死刑。亚拉巴马州是目前美国唯一一个法官可以不受严格限制就可以推翻陪审团终身监禁的州。[4]

在亚拉巴马州，选举产生的法官被称为"穿着法袍的政治家"。在3个允许凌驾陪审团的州中，亚拉巴马州是唯一一个通过每六年一次的选举产生法官的州。而正是这种法官选举产生的方式，导致法官为了赢得选民的支持而在公开场合表明他们对死刑的支持。有证据显示，在选举年，凌驾陪审团而判处死刑的案件数量会明显增加。2008年是一个选举年，在这一年，30%

---

[1]《美国康涅狄格州废除死刑州内11人仍将被处决》，中国新闻网，http://www.chinanews.com/gj/2012/04-26/3849039.shtml，2012年8月4日访问。
[2] Equal Justice Initiative, The Death Penalty in Alabama: Judge Override, http://www.eji.org/deathpenalty/override, last visited, June 12, 2015.
[3] Equal Justice Initiative, The Death Penalty in Alabama: Judge Override, http://www.eji.org/deathpenalty/override, last visited, June 12, 2015.
[4] Equal Justice Initiative, The Death Penalty in Alabama: Judge Override, http://www.eji.org/deathpenalty/override, last visited, June 12, 2015.

的死刑案件是因为凌驾陪审团而作出的，与 1997 年非选举年的 7% 相比增加明显。[1] 尽管美国联邦最高法院约翰·保罗·史蒂文斯（John Paul Stevens）指出，"在选举活动中保证将严厉处罚犯罪行为，或支持死刑都是可以证明刑事法官候选人存在偏见而取消其竞选资格的证据"[2]，但是在亚拉巴马州的法官竞选活动中，这种言论仍然十分常见。正是这种政治压力的存在，给亚拉巴马州的凌驾陪审团制度注入了不公正和武断的因素。除政治因素以外，还有地理因素和种族因素也深深影响着亚拉巴马州的凌驾陪审团制度。

凌驾陪审团制度是一把双刃剑。其设计的初衷是为了防止愤怒的陪审团失控而作出不理性的裁判，并且可以在一定程度上提高司法效率。然而，由于政治因素、种族因素、地理因素的影响，凌驾陪审团制度也很可能成为法官谋求连任的政治工具，滋生出更多的歧视与不公正。从凌驾陪审团制度产生之日起，对凌驾陪审团合理性的质疑就从未平息。对于凌驾陪审团的质疑主要来自美国宪法第六修正案、第八修正案和第十四修正案。在 1976 年的普罗菲特诉佛罗里达州案（Proffitt v. Florida）中，被告以宪法第十四修正案中的正当程序保障条款质疑佛罗里达州的凌驾权法令不能充分地保障程序正当，因为该法令不能给予法官和陪审团酌情加重或减轻的事实情节的机会，尽管联邦最高法院最终以该法令能够充分地引导、规范判决而支持了该凌驾权。[3]

在 1995 年的哈瑞斯诉亚拉巴马州案（Harris v. Alabama）中，被告以宪法第八修正案"不得施加残酷和非常的惩罚"条款质疑法官凌驾陪审团的裁决而判处被告死刑。最终法院以"第八修正案并没有要求州规定法官必须遵照陪审团提议的程度"[4] 驳回了被告的主张。在 2002 年的林诉亚利桑那州案（Ring v. Arizona）中，被告以宪法第六修正案赋予被告接受犯罪可能发

---

[1] Equal Justice Initiative, The Death Penalty in Alabama: Judge Override, http://www.eji.org/deathpenalty/override, last visited, June 12, 2015.

[2] Stephen B. Bright, "Political Attacks on the Judiciary: Can Justice be done Amid Efforts to Intimidate and Remove Judges from Office for Unpopular Decisions?", *New York University Law Review*, Vol. 72, 1997, p. 330.

[3] John M. Richardson, Reforming the Jury Override: Protecting Capital Defendants' Rights by Returning to the System's Original Purpose, http://www.jstor.org/stable/3491376? seq =17, 2012-8-4.

[4] Harris v. Alabama, 513 U. S. 504 (1995).

生地的州或地区组成的公正不偏的陪审团的迅速公开判决的权利质疑法官的凌驾权。最终联邦最高法院裁定，在死刑案件中，法官不能超越陪审团的裁定而加重被告的刑罚。[1] 至此，在美国除亚拉巴马州以外的所有州都没有出现过法官超越陪审团的裁定而加重被告刑罚的案件。但是美国联邦最高法院至今仍然没有解决亚拉巴马州的凌驾陪审团制度是否有效以及如何在林诉亚利桑那州案后继续存在的问题。[2]

鉴于凌驾陪审团制度在防止陪审团非理性裁判以及司法效率方面的优越性，凌驾陪审团制度的存在也有一定的合理性。目前亚拉巴马州的凌驾陪审团制度之所以受到各方的攻击是因为其没有一个有效的标准和监督，致使凌驾陪审团制度容易受政治、地理、种族甚至随机分配法官等因素的影响而存在许多风险。[3] 借鉴林诉亚利桑那州案的裁判以及特拉华州、佛罗里达州的实践经验，对法官凌驾陪审团设置严格的标准，严格限制法官超越陪审团的裁决而判处被告死刑的情况，允许法官通过凌驾陪审团推翻陪审团的死刑建议是一条可行的发展道路。

三、加拿大：检察机关对无罪判决有上诉权

有必要首先对加拿大法律的显著特点作出说明。尽管加拿大宪法比较重视对被告人的无罪推定，但是检察机关依然拥有对无罪判决的上诉权。《加拿大刑法》规定，首席检察官有权对一项无罪判决或者因被告人患有精神病而作出的不负刑事责任的判决提出上诉。[4] 上诉的理由必须是法律问题，如陪审团不能正确地依照法律的指示作出判决。这种基于对禁止双重危险的限制性规定而提出的上诉需要法院进行全面的审查，有时候，检察机关会获得成功并取得法院对该案件的重新判决。

1986年发生了一起社会高度关注的案件，即莫林（Guy Paul Morin）对九岁的克里斯汀（Christine Jessup）的谋杀案，一审作出了无罪判决。[5] 莫林所提出的主要是不在犯罪现场的辩护，还有一项精神病鉴定的辩护，即莫林是一位严重的精神分裂症患者，他对他所犯罪行的后果和本质没有任何认

---

[1] Ring v. Arizona, 536 U. S. 584 (2002).
[2] Equal Justice Initiative, The Death Penalty in Alabama: Judge Override.
[3] Equal Justice Initiative, The Death Penalty in Alabama: Judge Override.
[4] See Criminal Code, R. S. C., ch. C-46, 676 (1985) (Can.).
[5] See R. v. Morin [1987] 36 C. C. C. 3d 50 (Ont. C. A.).

识。安大略总检察长对此案提起了上诉,理由在于检察官有理由相信法官对陪审员作出了错误的指导,即法官不能就莫林的精神病条件向陪审团作出指示。安大略(Ontario)上诉法院撤销了原审法院的无罪判决并作出了一项新的判决。[1] 加拿大最高法院基于对原审法院指示的合理怀疑支持了二审的撤销判决。[2] 在该案的第二次开庭审理中,取消了被告人精神分裂症的抗辩理由,但被告人不在场的抗辩理由则出现了扩张。尽管该案件出现了新的证据,如警察的不当行为、不可信的目击证人、对头发和纤维样品的不可靠的鉴定结论、经过了九个月的审判证词,但是陪审团在进行了一周的评议之后最终还是作出了莫林犯有一级谋杀罪的判决。莫林要求提出上诉,在上诉判决尚未做出的期间,那些在一审的两次审判中用以减轻莫林谋杀罪刑以及不得判刑的 DNA 证据并没有得到上诉法院的采纳。[3]

莫林案发生之后的二十年,加拿大的对本国的法律作出了修改,即所谓的摩根泰勒(Morgentaler)修正案。该修正案规定:上诉法院可以用有罪判决代替陪审团作出的无罪判决。[4]

四、澳大利亚:上诉可以推翻陪审团裁决

(一)对无罪判决只能因法律问题而上诉

澳大利亚的禁止双重危险原则禁止对任何无罪判决进行上诉。1995 年,新南威尔士法律改革委员会被要求考虑变更法律,允许控方对于陪审审判中的指令无罪审判进行上诉。

因此,控方如果有法律依据认为无罪开释是错误的,可以向上诉法庭提起上诉,且向上诉法庭提出的理由仅限于法律适用方面,而不包括事实裁判方面。[5] 值得注意的是,这种方法为"陪审公正"留有充足的余地。有时无罪判决并非缺乏定罪的证据,而是陪审团认为刑事法律相关原则不公正且具有压制性,因而产生了陪审团废法的情况。根据对陪审团特权的传统观点,上诉针对陪审团事实判断本身并不允许,对于陪审团采取的任何惩治性行为也不允许,因此,以法律适

---

[1] See R. v. Morin [1988] 2 S. C. R. 345, 351 (Can.).
[2] See R. v. Morin [1988] 2 S. C. R. at 361.
[3] Neil Vidmar, "The Canadian Criminal Jury: Searching for a Middle Ground", *Law & Contemporary Problems*, Vol. 63, 1999, p. 141.
[4] See Criminal Code, R. S. C., ch. C-46, 676 (1985) (Can.).
[5] See Criminal Appeal Act, 1912, 5A (2) (N. S. W.).

用问题提出上诉来推翻无罪判决,是控方唯一的补救方法。

继 19 世纪澳大利亚发生的著名"尤里卡栅栏"事件后,1855 年出现了一系列的高度政治化的判决。在对墨尔本 13 位淘金者提起叛国罪控诉一案中,陪审团在短暂商议后认为 13 名被告无罪,最终法官宣判无罪开释,这在澳大利亚成为"陪审公正"的突出实例。在首轮审判中,主审法官对于陪审团的无罪审判表示气愤但无处发泄,只能在宣布判决结束后,随意选择将热烈鼓掌的两个观众处以藐视法庭罪监禁一个星期。[1]

(二)对有罪判决因事实裁决"不安全或不令人满意"而推翻

对于陪审团作出的有罪裁决,可以事实认定、法律适用或事实与法律都有错误为理由提起上诉。通常以陪审审判的法律错误为理由,比如误报实体法、证据被错误采用或排除等。至于对陪审团所坚信的事实,依据澳大利亚刑事上诉法庭的一般原则,如果有罪判决不合理或证据不足,同样应对其判决予以推翻,但是"误判"除外。上诉法院的理由可以是"缺乏可信性的口头证词,陪审团不能判处被告有罪"[2]。相反,上诉法庭也可能因为陪审团过于看重证词而推翻陪审团的裁决。

在高等法院确立一般原则的案件中,澳大利亚的张伯伦(Azaria Chamberlain)刑事上诉案[3]最广为人知。1980 年 8 月,十周大的张伯伦在家庭露营时,在澳大利亚中部沙漠乌卢鲁失踪。其母亲林迪(Lindy)声称,张伯伦被一只野狗叼走了,至今仍未找到女儿的尸体。林迪在北领地高级法院被判处谋杀,且向联邦法院提出的上诉被驳回[4],虽然只是 3∶2 的多数,但还是上诉失败[5]。绝大多数法官认为此案不符合"不安全和不令人满意"的判决标准。

张伯伦案件只是众多关于允许对陪审审判上诉的著名案件之一。对于不公正判决最后的辩护也必须经过特殊的调查重审程序,如张伯伦案件就经过了皇家专门调查委员会的调查。不过除非迫于公众舆论压力,政府一般不愿意进行调查的问题确实存在。只有少数刑事判决能够像张伯伦案一样拥有如

---

[1] Michael Mhesterman, "Criminal Trial Juries in Australia: From Penal Colonies to a Federal Democracy", *Law & Contemporary Problems*, Vol. 62, 1999, p. 69.
[2] Chidiac v. R. (1990) 171 C. L. R. 432, 444 (Mason, C. J.).
[3] See Chamberlain (1984) 153 C. L. R. at 521.
[4] See Chamberlain v. R. (1983) 72 F. L. R. 1 (Fed. Ct. Austl.); 46 A. L. R. 493.
[5] See Chamberlain v. R. (No. 1) (1983) 153 C. L. R. 514 (Austl. H. Ct.).

此高的公众关注度，因为林迪坚称女儿是被野狗从帐篷里叼走的，从而引发了公众的想象。[1]

五、俄罗斯：上诉或者再审可推翻陪审团裁决

（一）通过上诉推翻陪审团裁决

陪审团对案件事实进行审理，是公民参与司法的体现。作为体现民意的陪审团所作出的裁决应为一次性审判，不应对其提出上诉。在英美法国家，上诉审程序为法律审，陪审团基本上不介入上诉审程序。在英国，如果被告人就事实问题提出上诉，其必须提供新证据，以证明陪审团所作出的裁决存在问题。而在实践中，上诉人一般提不出新的事实和证据，上诉审程序实际上只是对原判的法律问题进行核查。在美国，上诉审程序也只是对法律问题进行审理，而不涉及案件事实问题。不论在英国还是美国，陪审团制度设计的初衷就是认定案件事实。在一般情况下，案件事实审理是一次性的，上诉审程序对案件事实并不涉及。

在俄罗斯，陪审团审理案件的上诉法院为俄罗斯联邦最高法院上诉庭。俄罗斯联邦最高法院上诉庭可以违反刑事诉讼法、适用刑事法律不正确、刑事判决不公正为依据，将刑事案件发回一审法院，变更审判庭的组成人员重新审理。

在上诉审方面，俄罗斯陪审团制度的特殊之处在于，不仅可以对陪审团有罪裁决提出上诉，而且也能对陪审团无罪裁决提出上诉，陪审团所作的无罪裁决还可以被撤销。根据《俄罗斯联邦刑事诉讼法典》第385条第2款的规定："法院根据陪审团无罪裁决作出的无罪裁决，只有在违反刑事诉讼法的行为限制了检察长、被害人或其代理人提交证据的权利或影响了陪审团所提出问题的内容和回答时，才可以根据检察长的抗诉或被害人或其代理人的上诉撤销。"

普通法系国家严格奉行禁止双重危险原则，任何人不能因同一行为或同一罪名受两次或多次审判或处罚。在美国，根本不允许对无罪判决提出上诉，更不要说撤销陪审团作出的无罪裁决。俄罗斯允许对陪审团作出的无罪裁决进行上诉，并可撤销无罪裁决，成为其陪审团制度的特有形式。

---

[1] Michael Mhesterman, "Criminal Trial Juries in Australia: From Penal Colonies to a Federal Democracy", *Law & Contemporary Problems*, Vol. 62, 1999, p. 69.

（二）通过再审推翻陪审团裁决

《俄罗斯刑事诉讼法》中的再审所肩负的使命是，在具体刑事案件中最大限度地促进查明侦查和审判错误、适当评价这些错误，以及促进查明正在执行的或已执行完毕的刑事判决、其他法院裁判进行修正的情况，并对这类情况进行相应评价。该制度也是促进上级法院履行其保障下级民事和军事法院在审理刑事案件时统一解释和适用法律重要职能的手段。同时，该制度的实现对改善调查机关、侦查机关和检察监督机关的工作质量具有良好影响。

再审制度具有一系列特殊性，包括：(1) 检察对象可以是普通法院对刑事案件作出的已生效的交付执行的，甚至已经执行完毕的刑事判决和其他裁判；(2) 有提议审查权的刑事诉讼参加者的范围较初审程序、普通上诉程序更窄；(3) 未严格限制检察开始的期限；(4) 提出申诉（抗诉）或获得需要对已生效的刑事判决或其他法院裁判进行再审的信息，并不要求相应的审级必须自动对申诉（抗诉）中提出的问题进行实质审理或确定后果，也不要求在发现的情况致使刑事判决或其他法院裁判的合法、有据和公正有可疑时，相关的审级对此产生的后果予以确定。[1]

再审制度有两种实现方式：一种是遵守因新情况或新发现的情况而恢复诉讼的规则。另一种方式是遵守监督审法院的诉讼规则。这种情况的再审依据是刑事判决书中所叙述的法院结论不符合第一审法院和第一上诉审法院所认定的刑事案件事实情节、违反刑事诉讼法、适用刑事法律不正确、刑事判决不公正。这种情况下，法律规定了严格的限制条件——禁止不利变更（《俄罗斯联邦刑事诉讼法典》第405条）。不允许以量刑过轻为由，或者以可能导致恶化被判刑人状况为由而对法院的有罪判决、裁定或裁决进行再审，也不允许对无罪判决或法院关于终止刑事案件的裁定或裁决进行撤销。这种情况对陪审团审理的事实并没有改变。

再审程序中可以改变陪审团事实问题裁判结论的是："因新的情况或新发现的情况而恢复诉讼。"《俄罗斯联邦刑事诉讼法典》第413条规定，因新情况或新发现的情况，可以撤销已发生法律效力的法院刑事判决、裁定或裁决，刑事案件的诉讼可以恢复。

"新发现的情况"是指在"刑事判决或其他法院裁判发生法律效力前已

---

[1] [俄] 古岑科主编：《俄罗斯刑事诉讼教程》，黄道秀等译，中国人民公安大学出版社2007年版，第570—585页。

经存在,但不为法院所知悉的情况"。它包括:(1)已经发生法律效力的法院刑事判决确认,被害人或证人故意作虚假陈述,鉴定人故意提供虚假鉴定结论,以及物证、侦查行为、审判行为笔录和其他文件是伪造的,或者翻译人员故意不正确的翻译,导致作出了不合法的、没有根据的或不公正的刑事判决,导致作出了不合法的或没有根据的裁定或裁决;(2)已经发生法律效力的法院刑事判决确认,调查人员、侦查人员或检察长的犯罪行为导致作出了不合法的、没有根据的或不公正的刑事判决,导致作出了不合法的或没有根据的裁定或裁决;(3)已经发生法律效力的法院刑事判决确认,法官在审理该刑事案件时实施了犯罪行为。

"新的情况"是指在法院作出裁判前不知悉的排除行为有罪性质和应受刑罚性质的情况,包括:(1)俄罗斯联邦宪法法院认定法院在该刑事案件中适用的法律不符合《俄罗斯联邦宪法》;(2)欧洲人权法院认定俄罗斯联邦法院在审理刑事案件时因下列情形而违反了《保护人权与基本自由公约》的规定:①适用了不符合《保护人权与基本自由公约》规定的俄罗斯联邦法律;②其他违反《保护人权与基本自由公约》的行为;(3)其他新的情况,可以是法院所不知悉的任何情况,且被判刑人的行为应不符合犯罪构成要件和不受处罚。《俄罗斯联邦刑法典》第78条规定了追究刑事责任的有效时期,即自发现新情况之日起1年内。

对于新情况或新发现的情况,检察长可以进行调查或委托侦查员进行相应的调查。在检察或调查终结后,如果存在恢复刑事案件诉讼的根据,检察长应依法将刑事案件连同自己的结论、刑事判决副本和检察或调查材料一并送交法院。法院经过审查将作出如下裁判:(1)撤销原法院的刑事判决、裁定或裁决,并移送刑事案件重新进行法庭审理;(2)撤销原法院的刑事判决、裁定或裁决,并终止刑事案件;(3)驳回检察长的结论。

六、陪审团并非"上帝声音最可靠的显示"

联合国《公民权利及政治权利国际公约》第14条第7款规定:"任何已依一国的法律及刑事程序被最后定罪或宣告无罪者,不得就同一罪名再予审判或惩罚。"由此确立了禁止双重危险规则,但对这一原则的解释是有例外的。《欧洲人权公约》第七议定书第4条规定,"并不禁止在出现可能影响判决结果的新证据、新事实,或者司法程序的根本错误时,依据一国的刑事司法程序对案件重新审判"。2004年9月,在北京召开的第十七届国际刑法学大会通过的专题四《国内和国际刑事司法管辖权竞合和"一事不再理"原则决议》，确认了一事不再理原则是"司法公正、法律确定性、适当性和法院判决权威性的一项要求"，同时又指出一事之再理"只能是在符合正义的最高利益和法律明确规定的特别情况下，尤其是在有利于被告的情况下才可以被允许"。

陪审团的裁决不能被推翻，因为"陪审团裁决的公正性具有保障"，"陪审制度的重大特点，就是公民是由与他们平等的人们来审判的。它的目的是要使公民受到最公正和最无私的审判，保证他们的权利不受法院专制作风的打击"[1]。但是其局限也是明显的，因为陪审团的裁决也常常犯错误，其不但不时放纵坏人，而且也不时冤枉好人。诚如美国记者多米尼克·邓恩在他的那本畅销书《陪审团睡了：美国当代名案审判纪实》中向我们所展示的那样：由于法官的袒护、被告律师的谎言和伪证，致使陪审团常常作出错误的裁决。因为人的理性是有限的，不是全知全能的，只要是人在作判断，错误就在所难免。加之受制于诸多条件的限制和制约，陪审团的原则和精神在实务中也常常难以得到彻底的贯彻和落实，故其裁决就难免被诸如种族偏见之类的偏私所左右。而正是由于初审案件不可避免地会出现一些错误，国家才设置审级制度，赋予当事人上诉的权利，以便能纠正下级法院判决的错误。[2]

在司法的程序化演变进程中，程序的独立价值得到彰显，人们期望通过理性的、公正的程序抑制公权的恣意，保障当事人在程序中得到公正的对待，试图以正当的程序运作推演出理性的结果。于是与客观真实相对应，产生了法律真实观。所谓法律真实，是指公、检、法机关在刑事诉讼证明的过程中，运用证据对案件真实的认定应当符合刑事实体法和程序法的规定，应当达到从法律的角度认为是真实的程度。法律真实观不预设程序之外的"先验"事实，仅要求司法人员关注诉讼程序的公正性和诉讼证据的可采性，允许法律真实与客观真实发生偏离。

陪审员也是人，在现代社会，媒体的发达更使陪审团受到各种舆论和观念的影响，让其裁决成为"上帝声音最可靠的显示"只能是一种美好的理

---

[1] [法] 罗伯斯比尔：《革命法制和审判》，赵涵舆译，商务印书馆1965年版，第33页。
[2] 何永军：《陪审团事实裁决终局性的理据》，《河北大学学报（哲学社会科学版）》2012年第1期，第95—104页。

想。"由于陪审团的概括裁决不用说明裁决理由与根据，再加上裁决过程的秘密性，许多人怀疑陪审团裁决的科学性。而且陪审员像我们其他人一样，容易受到恐惧、偏见和困惑的影响。现代社会，恐惧对陪审员们的影响已经比较少，人们更加关注的是偏见因素对陪审员的影响，因为偏见一直被称作第 13 个陪审员。"[1]

在中国，"实事求是、有错必纠"是我们长期的传统，是根植于我们文化基因中的观念。司法的过程是一个回溯认识的过程，是司法人员发挥主观能动性，审查判断证据查明案件事实的过程。这是一个复杂且艰巨的过程，不仅需要办案人员有娴熟的法律知识和司法智慧，更需要他有一种依据程序规则"求是"的勇气和信念。否则，案件"半生半熟"、证据"骑虎难下"，不是"枉"，就是"纵"，且在"疑罪从轻"的结案习惯下，"枉"的可能性更大。于是，刑事诉讼法规定了以事实为根据、以法律为准绳的原则，要求公安机关提请批准逮捕书、人民检察院起诉书、人民法院判决书，必须忠实于事实真相。就再审程序而言，纠正生效裁判的错误正是"实事求是"的要求和体现。只要有充足的理由，法律真实应当是容许被推翻的。以新的"法律真实"否定旧的"法律真实"，正好体现了实事求是的实质。基于此种认识，即使是强调形式理性的某些西方法治国家，其刑事诉讼法中允许启动不利于被告人的再审情形，也是实事求是的体现。而且，纠正生效裁判的错误有利于强化司法的权威，反之则减损司法的权威。

结　语

各国陪审团的裁决纠错机制表明，即使是设计堪称完美的陪审团，也有可能犯错。于是，各国通过程序无效，或者直接授权上级法院法官确认陪审团的事实认定"不安全或不令人满意"，或者因为新的证据而再审，对于陪审团的错误裁判进行纠正。尽管方式不同，受到"禁止双重危险"的限制不同，但对于错误裁决大都可以通过独特的机制予以纠正。因为实体公正和案件真相是任何诉讼模式当然的追求。美国联邦最高法院将这一原则明确解释为包括"三项独立的宪法性保护"，即"它保障无罪判决之后不得就同一罪行进行第二次追诉；它也保障在有罪判决之后不得就同一罪行进行第二次追

---

[1]　陈珍：《陪审团的概括裁定》，《景德镇高专学报》2012 年第 4 期，第 20—24 页。

诉；它还保障不得就同一罪行施以多次惩罚"。[1] 既然该规则针对"被最后定罪或者宣告无罪者"，就肯定与再审程序有着对应关系，尤其是针对被终局判决无罪者能否重新追诉的问题，必须有合适的选择。我们应当肯定该规则的人权保障功能，在思考再审程序理念时不能简单地予以拒绝，而应考虑如何适用它。

司法公正是刑事再审程序的首要指导理念，再审程序是维护司法公正的最后一道屏障。在此基础上，再审程序应当承认实体公正的有限性，允许放纵少数罪犯，要根据具体情况区别性地处理程序公正与实体公正之间的冲突。再审程序的具体设计不能只强调实体公正，而忽视程序错误的纠正，也不能只强调程序的终局性而不注意纠正生效裁判的实体错误，特别是对无罪错判有罪的已生效裁判，在重新查明案件事实真相后，任何时候都必须加以改判平反，还无辜者以清白。

---

[1] [美] 伟恩·R. 拉费弗等：《刑事诉讼法》（下册），卞建林等译，中国政法大学出版社 2003 年版，第 1276 页。

第十章

司法改革的核心：政治巨变中的俄罗斯陪审团

19世纪中叶，克里米亚战争失败后，沙皇亚历山大二世推行了一系列的政治经济改革以改变俄国在国际社会上的被动落后的处境。在司法改革领域，改革最大的创新就是在吸取英、法等国司法实践经验的基础上确立了陪审团制度。1864年，沙皇亚历山大二世颁布了《法院宪章》，将陪审团制度化。1917年十月革命后，布尔什维克政党夺取政权，废除了陪审团制度，取而代之的是社会主义人民陪审员制度。1991年，俄罗斯联邦最高苏维埃颁布了《司法改革的构想》，为陪审团制度的重建奠定了基础。1993年12月，以追仿美国陪审团为主的新陪审团制度写入《俄罗斯联邦宪法》，在中断77年后，俄罗斯陪审团制度得以重新确立。这对于俄罗斯推行司法改革，实现司法独立，遏制司法腐败，实现司法公正，具有里程碑的意义。

源于英美法的程序公正的刑事诉讼原则，是从对抗式诉讼机制中发展而来的，并得到世界各国宪法及国际人权公约的一致认可，有学者认为其主要包括以下原则：(1) 无罪推定原则；(2) 反对自我归罪原则；(3) 诉讼双方地位平等原则；(4) 公开审判、直接言词原则；(5) 控诉分离原则；(6) 司法独立原则。[1] 具有纠问式诉讼传统的大陆法系国家，承认上述刑事诉讼基本原则，但由于上述原则所依托的陪审团制度、对抗式诉讼与大陆法系纠问式诉讼的一些基本原则矛盾比较突出，陪审团制度和对抗式诉讼最终被抛弃或难以有效践行。[2] 就陪审团而言，大陆法系国家注重对真相和实体公正的追求，既不能容忍陪审团因个人感情因素作出无罪裁决，也不能容忍诉讼双方主导进行辩诉交易。

---

[1] Stephen C. Thaman, "Europe's New Jury Systems: The Cases of Spain and Russia", *Law & Contemporary Problems*, Vol. 62, Spring 1999, p. 233.
[2] Stephen C. Thaman, "Europe's New Jury Systems: The Cases of Spain and Russia", *Law & Contemporary Problems*, Vol. 62, Spring 1999, p. 233.

俄罗斯在传统上属于大陆法系国家，而其目前实施的陪审团制度却是英美法系的产物，法律文化背景的不同必然引发法律移植的不适症。按照俄罗斯改革者的观点，引进陪审团制度是整个司法改革的核心组成部分。[1] 俄罗斯能否引进英美陪审团制度，能否实现司法改革的预期目标，值得认真观察。

一、俄罗斯陪审团的由来

（一）沙俄时期"有一定原创性"的陪审团（1864—1917年）

1864年，基于沙皇亚历山大二世对"快速、公正、仁慈"法庭的要求，近代俄国在吸取英、法等国司法实践经验的基础上确立了陪审团制度。正如俄国法学家弗尼茨基（Foinickii）所言："1864年俄国司法改革引入的陪审团制度既不是英国模式，也不是法国模式，而是在借鉴二者基础上的创新，有一定原创性，是具有俄罗斯特色的陪审团。"[2]

根据沙俄1864年的《刑事诉讼规章》第201条规定，在区法院审理法定刑为剥夺或限制公权的危险犯罪案件，由3名职业法官和12名陪审员组成的陪审团共同审理。与英美陪审团制度中陪审团和职业法官分别负责案件事实和适用法律做法不同，俄国陪审团在确定被告人是否有罪的同时，还要解决部分量刑问题。

另外，英美国家由1名职业法官担任陪审团审判中程序上的主持人；而俄罗斯这个年代的陪审团由3名职业法官担任主持人，在人数上非常特殊。英美陪审团中的1名职业法官并不参与实质审判，而这时俄罗斯陪审团中的3名职业法官有权参与调查案件事实，以帮助12名陪审员了解案件事实，但这3名职业法官最终并不参与表决，因而没有裁判权。自陪审团制度产生以来至今，除俄罗斯之外的其他国家都未曾出现过职业法官这一"只审不判"的做法。也正因为职业法官并无裁判权，其审理中的调查和提问有代为陪审团提问的目的，因而俄罗斯陪审团本质上仍然与英美陪审团一样：职业法官只行使主持审判的权力。

沙俄时期的俄罗斯陪审团与法国、日本目前的由3名法官和9名陪审员共同组成的合议庭也是不同的，因为法国和日本有陪审员参加的合议庭中，

---

[1] 陈瑞华：《俄罗斯司法改革的核心——重建陪审团制度》，《人民检察》1999年第6期，第59页。

[2] I. Fojnickij, Kurs ugolovmrgo sudoproizvodste (St. Petersburg, 1896), I, p. 43.

职业法官和陪审员都有审理和裁判的权利，不管陪审员的数量有多少，其本质仍是参审制，而不是纯粹由陪审员裁判的、英美普通法传统上的陪审团。

沙俄1864年通过的《审判机关章程》对陪审员的资格进行了规定。凡是俄罗斯臣民，20—70周岁的男性，在所在地区居住2年以上，拥有不动产或者有固定收入的，就可担任陪审员。[1]侵犯公民人身财产的案件，如谋杀罪、强奸罪、抢劫罪和盗窃罪，都必须交由陪审团进行审理。

在普通法系国家，陪审团经过评议所作裁决为概括性裁决，即陪审团宣布诉讼结果即可，不必给出裁决理由。沙俄在引入陪审团制度时，并没有借鉴英美陪审团的概括性裁决，而是引入法国的问题列表制度。经过法庭调查和法庭辩论后，由法官席上的3位职业法官共同讨论拟定出问题清单，交由陪审团回答。在对问题清单上的问题进行讨论后，陪审员应对问题清单上的所有问题作出"是"或"否"的回答，以多数表决形式作出裁决。在英美法系国家，为保证陪审团所作裁决的公正性，要求相对严格，陪审团一般需要作出一致裁决。相比之下，沙俄陪审团裁决没有那么严苛。如果陪审团表决的票数恰好相等，则依照有利于被告人的原则，作出无罪裁决。陪审团参与所做的刑事裁决是具有拘束力的最终裁决，对它不服只能向元老院提出上告。

陪审团制度引入沙俄后，最初赢得民众的普遍认可。后来由于沙皇的高压专制统治，反对司法改革的呼声不断。1878年5月9日、1889年7月7日，沙俄政府相继颁布法令，缩小陪审团审理案件的范围。[2]陪审团所作裁决的高无罪判决率更是遭到保守派的反对，反对陪审团审理案件的呼声越来越高。自1864年引入陪审团制度，到十月革命之前，陪审团一直是司法改革争议的焦点。正如俄罗斯学者马利纳·尼姆提纳（Marina Nemytia）所言："十月革命之前，对待陪审团的态度分为两种：支持者认为，陪审团代表民意，是理性判断的象征，是源自普通民众的真理。相反，反对的一方称其为'暴民审判'，没有任何意义可言。陪审员们只是充当公诉机关的玩偶

---

[1] Gennady Esakov, "The Russian Criminal Jury: Recent Developments, Practice, and Current Problems", *American Journal of Comparative Law*, Vol. 60, Summer 2012, p. 667.

[2] John W. Atwell, "The Russian Jury", *The Slavonic and East European Review*, Vol. 53, Jan. 1975, p. 54.

罢了。"[1]

沙俄时期的陪审团并没有直接照搬照抄英国做法或是法国做法，而是对二者进行融合，使陪审团制度俄罗斯化。陪审团制度在运行的过程中曲折多艰，但这并没能阻挡其发展的脚步。十月革命爆发前，作为民主社会象征的陪审团制度得到大多数民众的认可与支持，增强了庭审的对抗性，培养出了一大批杰出的出庭律师和刑法学者。最重要的是，在等级森严的沙皇统治时期，陪审团能够做到对贵族和贫民一视同仁，这对于司法平等的实现意义重大，得到不同阶层民众的大力支持。

（二）苏联时期的社会主义人民陪审员制度（1917—2002年）

苏联统治时期，陪审团制度出现了断层。1917年11月22日，苏维埃人民委员会通过了《关于法院的第1号法令》，将包括陪审团制度在内的沙俄时期的立法全部废止。1922年5月25日通过，1923年实施的《苏俄刑事诉讼法典》，改实行社会主义人民陪审员制度。人民陪审员制度由1名职业法官和2名人民陪审员组成合议庭。与沙俄时期的陪审团不同的是，在法庭审理过程中，人民陪审员与职业法官拥有同等的权力，其不仅要解决案件事实问题，还要解决法律适用问题。

在大多数情况下，人民陪审员从属于职业法官，因而被戏称为"点头者"。在案件的侦查阶段，由于侦查人员多为布尔什维克党的党员，为了保证公诉质量，侦查人员多屈服于布尔什维克党的施压，采取非法手段进行侦查。而在案件审理阶段，作为"陪衬"的人民陪审员也不可能真正履行陪审职责，无罪判决率也极低（无罪判决率不到0.5%）。[2] 人民陪审员制度大多流于形式。

直到苏联后期，特别是20世纪50年代到70年代，人民陪审员制度的优越性才真正得到体现。苏联法院多选择接受过教育、在当地有声望的公民担任人民陪审员，甚至是刑法领域的著名学者也曾担任过人民陪审员。人民陪审员在案件的审理及对公民的普法教育中发挥了重大作用。人民陪审员制度不仅存在于苏联的司法制度之中，而且在苏联解体后继续运行了11年。2002年7月

---

[1] Marina Nemytina, "Trial by Jury: A Western or a Peculiarly Russian Model?", *Evue International De Droit Penal*, Vol. 72, 2001, p. 365.

[2] Gennady Esakov, "The Russian Criminal Jury: Recent Developments, Practice, and Current Problems", *American Journal of Comparative Law*, Vol. 60, Summer 2012, p. 669.

1日,新的《俄罗斯联邦刑事诉讼法典》正式生效,宣布废除人民陪审员制度,实行80余年的人民陪审员制度彻底终结。隶属大陆法系参审制的人民陪审员制度在全球影响深远,成为东欧各国、中国、越南等效仿的典范。

(三) 美国影响下的俄罗斯现行陪审团制度(1993年至今)

随着苏联的解体,俄罗斯原有国家机构和社会制度都在苏联解体中分崩离析。在政治体制方面,叶利钦总统一改苏联时期的社会主义政治体制,转而建立了以联邦制、多党制和三权分立为特征的资本主义总统共和制。政治体制的变革必然会引起司法体制的改革,俄罗斯司法系统也面临重建与改革。20世纪90年代初期,司法改革与政治体制改革一同展开。司法改革的初衷是扭转苏联时期政治强权束缚司法、司法腐败、法官权力滥用的局面,从而使得司法决策更科学,重拾民众对司法的信心。

1991年10月,俄罗斯最高苏维埃通过了《司法改革的构想》法案,主要目的在于改革法院与司法制度,并将刑事陪审团制度作为司法改革的核心。[1] 1992年5月23日,《陪审团法》通过。1993年7月16日,《俄罗斯联邦刑事诉讼法典》通过,转换诉讼结构,采取当事人主义,确立了无罪推定、控辩双方辩论制、保障犯罪嫌疑人和刑事被告人辩护权等一系列刑事诉讼基本原则。陪审团制度也被纳入《俄罗斯联邦刑事诉讼法典》,独立为一章,并逐步在萨拉维夫、伊万诺夫、阿尔泰等9个联邦地区试行。同年12月12日,《俄罗斯联邦宪法》通过,陪审团制度被宪法所确认。

以美国为代表的西方国家对俄罗斯政治体制的重建施加过不少影响,联邦制、多党制、三权分立都体现出美国影响俄罗斯的痕迹。在司法改革领域,虽然美国国际发展局(USAID)和美国律师协会(ABA)就陪审团制度与俄罗斯同行进行过广泛的接触和讨论,甚至以美国刑事诉讼程序为模式,为俄罗斯起草了一部旨在帮助法官引导陪审团审判的法律手册,但这些在现行《俄罗斯联邦刑事诉讼法典》中并没有明确的规定。[2] 美国在俄罗斯陪审团制度的重建中提供了很大帮助,但是,两个国家的陪审团制度存在较大差异。从现行《俄罗斯联邦刑事诉讼法典》的规定中可以看出,俄罗斯现行陪审团制度与1864年司法改革引入的陪审团制度有较多的相似点。从某种程

---

[1] 米铁男:《俄罗斯刑事陪审团制度刍议》,《中国刑事法杂志》2011年第5期,第121页。
[2] 陈瑞华:《陪审团制度与俄罗斯的司法改革》,《中外法学》1999年第5期,第112、第113页。

度而言，俄罗斯现行陪审团制度是在十月革命前沙俄陪审团制度基础上的制度重建。可以说，现行俄罗斯陪审团制度是 150 年前以英国和法国陪审团制度为蓝本的陪审团制度、美国陪审团制度、俄罗斯自己的司法传统三者结合的产物，是具有俄罗斯特色的陪审团制度。

二、现行陪审团制度的立法设计

目前，主要有两部法律对俄罗斯陪审团制度进行了系统规定，分别是 2004 年的《俄罗斯联邦普通法院陪审员法》和《俄罗斯联邦刑事诉讼法典》。《俄罗斯联邦普通法院陪审员法》对候选陪审员名单的产生和陪审员的资格进行了详细的规定。陪审团审理案件的启动、庭审、裁判、上诉部分，则主要集中在《俄罗斯联邦刑事诉讼法典》第十二编第四十二章规定的"陪审法庭审理的刑事案件的诉讼"中。

（一）陪审团的适用条件

《俄罗斯联邦普通法院陪审员法》第 1 条规定："联邦普通法院陪审员参加俄罗斯联邦最高法院，共和国、边疆区（州）高等法院，联邦直辖市法院，自治州法院，自治区法院，军事法院和专业法院一审刑事案件的审理。"[1] 依照该法条的规定，整个联邦层级法院的一审刑事案件，都可由陪审法庭进行审理。

《俄罗斯联邦普通法院陪审员法》第 3 条第 2 款、第 3 款对不能担任陪审员的情形进行了规定：陪审员、候选陪审员列入候选人名单时不满 25 周岁；有犯罪前科；无行为能力人、限制行为能力人；因酗酒、麻醉瘾、吸毒、长期和间歇性精神失常而接受治疗者；犯罪嫌疑人或者实施了犯罪行为的被告人；不掌握诉讼程序应用的语言；具有生理缺陷妨碍正常参加法庭庭

---

[1] 俄罗斯法院体系实行的是"双轨制"，联邦法院体系与联邦主体法院体系并行。根据《俄罗斯联邦法院体系法》的规定：区法院隶属联邦法院体系，是按照行政区划与行政层次设置的基层法院，除受理刑事、民事、行政案件外，还受理对治安法院的判决或裁定提出上诉的案件，是治安法院的直接上级法院；共和国、边疆区（州）、直辖市、自治州、自治区法院也隶属联邦法院体系，作为第一审和第二审法院，审理监督和再审程序的案件。为了行文的方便，下文把共和国、边疆区（州）、直辖市、自治州、自治区法院统称为"地区法院"。相对于联邦主体相对应的区法院而言，地区法院是其直接上级法院。

审。[1] 除此之外，即使有陪审员资格的公民，也可向法院提出申请，有条件地免除其担任陪审员的义务。《俄罗斯联邦刑事诉讼法典》第 326 条第 7 款规定："根据陪审员的口头或书面申请，审判长可以免除以下人员履行陪审员责任：年龄超过 60 岁的人；有 3 岁以下子女的妇女；由于宗教信仰认为自己不能参加审判的人员；暂离职务可能对社会利益或国家利益造成重大损失的人员；有正当理由不出席审判庭的其他人员。"此外，对于候选陪审员也有严格的限制，具有陪审员资格的公民在 1 年之内最多只能 1 次作为陪审员出席审判庭。

与英美法系国家不同的是，自俄罗斯重建陪审团制度以来，陪审团只能审理刑事案件。1993 年通过的《俄罗斯联邦宪法》第 20 条第 2 款规定："只有特别严重的犯罪才为被告人提供陪审员参加审理案件的权利。"第 47 条第 2 款规定的陪审团可以参与审理轻微的刑事案件，仅仅停留在立法表述上，在实践中并未真正实施。2001 年修改后的《俄罗斯联邦刑事诉讼法典》第 30 条第 2 款第 2 项规定："普通管辖的联邦法院法官 1 名和由 12 名陪审员组成的陪审团根据被告人的请求，审理本法典第 31 条所列的各种犯罪。"虽然之后对陪审团审理案件的范围进行了一系列的修改和补充，但仍是以列举罪名的方式进行。由于陪审团能够审理的犯罪较多，限于篇幅，这里就不一一列举。

在俄罗斯，陪审团审理案件，除了符合以上法条的明确要求，还必须符合一个至关重要的条件——被告人必须提出由陪审团对其案件进行审理的申请。《俄罗斯联邦宪法》第 20 条规定："俄罗斯公民有获得陪审法庭审判的权利。"《俄罗斯联邦刑事诉讼法典》第 325 条第 2 款、第 3 款进一步细化："有几名受审人的刑事案件，只要其中一名受审人申请陪审法庭审理刑事案件，则对所有受审人均应由陪审法庭进行审理。""如果受审人未申请由陪审法庭审理他的案件，则该刑事案件由组成人员不同的法庭按照本法典第 30 条规定的程序审理。"

综上所述，俄罗斯陪审团审理案件必须符合两个条件：其一，陪审团审理的刑事案件必须为《俄罗斯联邦刑事诉讼法典》中明确列举的罪名。其二，被告人必须提出申请，把案件交由陪审团审理。二者缺一不可，缺少一个都不能启动陪审团审理案件的程序。

---

[1] 2004 年 8 月 20 日 N113-FZ 号联邦法，http：//www.rg.ru/2004/08/25/prisyazhn.html，2014 年 5 月 26 日访问。

（二）陪审法庭审理案件的前期准备

如上文所言，被告人提出申请，是启动陪审团审理案件的必要条件。根据《俄罗斯联邦刑事诉讼法典》第 217 条第 5 款第 1 项的规定，审查终结后，针对陪审团可以审理的刑事案件，侦查人员应告知被告人有权交由陪审团进行审理，被告人享有选择权。如果被告人拒绝陪审团审理，则由侦查人员分立刑事案件并对被告人进行单独审理。萨曼（Thaman）教授指出，被告人选择放弃陪审法庭对其案件进行审理，多半是出于侦查人员、公诉机关对其施压或逼迫。[1]

此外，在刑事被告人同意对其提出的指控时，才可以适用法院判决的特别程序。根据《俄罗斯联邦刑事诉讼法典》第 314 条第 1 款规定："在刑事案件中，如果《俄罗斯联邦刑法》对该犯罪规定的刑罚为不超过 10 年剥夺自由，在国家公诉人或自诉人同意的情况下，刑事被告人有权表示同意对他提出的指控并申请不经过法庭审理即对刑事案件作出判决。"特别程序中，独任法官应询问被告人是否明白对其指控，是否同意指控，以及是否意识到不经法庭审理作出刑事判决的后果。对于陪审团可以审理的案件，通常不能选择适用特别程序。当然，被告人可以先选择陪审团审理案件，之后同意公诉机关对其提出的指控。这种情况下，被告人作出有罪答辩也不会影响陪审团审理案件的进行。在实践操作中，这种情形很少出现，1993 年以来仅出现过几例。[2]

一旦刑事被告人选择由陪审团对其案件进行审理，陪审法庭就应开展庭前听证。在庭前听证中，法官关于刑事案件由陪审团审理的裁决为最终裁决。如果受审人之后再提出拒绝陪审团审理案件的要求，则不予接受。

庭前听证决定由陪审团审理案件后，则进入选择组成陪审团环节。根据《俄罗斯联邦刑事诉讼法典》第 326 条之规定，首先由法庭书记员或助理法官根据审判长的指令从法院的候选陪审员总名单和候补名单中用随机选择的方式进行候选陪审员的遴选。候选陪审员到庭之后，根据第 328 条的规定，审判长应向陪审员报告应审理案件的情况以及陪审员面临的任务。在此期

---

[1] Stephen C. Thaman, "The Resurrection of Trial by Jury in Russia", *Stanford Journal of International Law*, Vol. 61, 1995, pp. 87-88.

[2] Gennady Esakov, "The Russian Criminal Jury: Recent Developments, Practice, and Current Problems", *American Journal of Comparative Law*, Vol. 60, Summer 2012, p. 673.

间，候选陪审员有权指出妨碍他履行陪审员职责的原因并有权申请自行回避。在候选陪审员自行回避的申请得到批准后，由控辩双方对剩下的候选陪审员进行提问，查明可能妨碍其作为陪审员参加刑事案件的情况，并申请其回避。动议完成之后，确定14名陪审员名单，名单上前12位民众组成陪审团，最后2名作为预备陪审员参加刑事案件的审理。《俄罗斯联邦刑事诉讼法典》第330条规定："在陪审员宣誓前，控辩双方有权提出声明：由于所审理刑事案件的特点，已经组成的陪审团总体上不能作出客观的裁决。如果声明有依据，审判长可因陪审团的倾向性解散陪审团，重新回到陪审团审理案件的准备工作中。"

前期准备阶段是陪审团审理案件的重要环节之一。法院不能主动援引《俄罗斯联邦刑事诉讼法典》第四十二章的规定，组成陪审团审理案件，而只能依据被告人提出的申请，启动陪审团审理案件的程序。陪审团审理案件的程序启动后，经过回避、动议、宣誓等步骤组成陪审团，进入法庭调查环节。

（三）陪审团审理案件的运行及裁判

陪审团审理案件，与职业法官并无本质区别。2001年《俄罗斯联邦刑事诉讼法典》通过，实现了由大陆法系纠问式诉讼向英美法系对抗式诉讼的转变。对抗式诉讼强调控辩双方的平等，这一点在2001年《俄罗斯联邦刑事诉讼法典》中也有多处体现。陪审团审理案件与普通程序一样，也要遵守无罪推定原则、控辩双方辩论制原则、保障犯罪嫌疑人和刑事被告人的辩护权原则等刑事诉讼基本原则。除此之外，陪审团审理案件的程序又有其自身特点。

普通刑事案件的法庭调查阶段以国家公诉人、自诉人宣读对受审人的指控为开端。而陪审团审理案件与普通程序并不相同。根据《俄罗斯联邦刑事诉讼法典》第335条第1款的规定，陪审团审理案件进行法庭调查从国家公诉人和辩护人的首次发言开始。较之普通程序，陪审团审理案件则是开门见山，控辩双方直接摆明立场，庭审的对抗性明显增强。

在法庭调查阶段，陪审员有权对被告人、受害人、证人等进行提问，但提问必须通过审判长进行。根据《俄罗斯联邦刑事诉讼法典》第335条第4款的规定："陪审员有权通过审判长在双方询问受审人、被害人、证人、鉴定人以后向他们提出问题。问题由陪审员用书面形式叙述并通过首席陪审员交给审判长。这些问题由审判长宣布，审判长也可以将它们作为与指控无关的问题予以排除。"

证据的可采性则由审判长单独决定。根据《俄罗斯联邦刑事诉讼法典》

第 335 条第 5 款的规定，在法庭审理过程中，不论是控辩双方提出申请，抑或是审判长自己发现问题，都由审判长根据自己的内心判断，将其认为不可采信的证据从刑事案件中排除。同时，第 6 款、第 7 款作出规定，陪审员在场时只负责刑事案件事实情节的调查。审议证据可采性时，陪审员不应在场，审判长在听取控辩双方的意见后，作出是否排除证据的决定。第 8 款对品格证据的问题进行规定，关于受审人个人情况的资料，只有出于确定受审人被指控的犯罪构成要件之必须时，才能在陪审员在场的情况下进行审查。禁止在陪审员在场的情况下审查受审人有前科、认定受审人为慢性酒精中毒和吸毒成瘾者等事实，而且禁止审查能够引起陪审员对受审人成见的其他资料。

法庭调查结束后，进入法庭辩论阶段。控辩双方的辩论仅限于由陪审员解决的问题。之后，审判长向陪审团提出其应解决的问题。这一阶段也是陪审团审判中最为关键的环节。《俄罗斯联邦刑事诉讼法典》第 338 条对法官形成问题列表的过程予以详细规定。第 339 条规定了法官拟定问题列表的内容：行为的发生是否已经得到证明；该行为系受审人实施是否得到证明；受审人对该行为的实施是否存在罪过。除三个基本问题外，诉讼双方可以建议提出新的问题，法官无权拒绝受审人及其辩护人提出关于刑事案件中存在排除受审人刑事责任或受审人应对较轻犯罪承担刑事责任的事实情节问题。

根据《俄罗斯联邦刑事诉讼法典》第 339 条第 8 款的规定，问题列表所提问题应该是没有经过法律专业训练的普通民众就能回答的问题。1994 年 12 月 20 日，俄罗斯联邦最高法院全体会议发布的《第 9 号关于各法院适用陪审团刑事诉讼规范若干问题的决议》第 18 条第 2 款进一步说明："在问题清单中所提出的问题不允许使用诸如故意杀人、过失杀人、情节特别恶劣的故意杀人、出于流氓动机或贪利动机的故意杀人、激情杀人、防卫过当杀人、强奸、抢劫等字眼。"这一规定在法律实践操作中困难重重，在解决涉及有罪、无罪、有无刑事责任能力、主犯、从犯等问题方面，职业法官很难把握提问的分寸。遇到这种情形，职业法官通常会请示联邦最高法院，以避免不当提问。

问题列表制作完毕，审判长向陪审团致辞后，陪审团就进入评议室进行秘密评议。如果不少于 6 名陪审员对问题清单中的任何一个问题作出否定回答，即为无罪裁决。在作出有罪裁决时，陪审员还有权变更指控，使之更有利于受审人。作出裁决后，陪审团就立即返回审判庭，由审判长宣布陪审团所作裁决。如果审判长发现陪审团裁决不清楚或者有矛盾，可建议陪审团退回评议室进行进一步说明。

在陪审团作出受审人有罪或者无罪的裁决后,由审判长对陪审团裁决进行评定,形成最终的刑事判决。审判长依据陪审团对案件事实的裁决,评定受审人的行为,决定对其作判处刑罚的有罪判决或是宣告受审人无罪。

三、俄罗斯陪审团制度的特点

俄罗斯最初隶属斯拉夫法系,之后仿效法国,19世纪后逐步发展成为大陆法系国家的一员。十月革命后,苏联成为第一个社会主义国家,创设了社会主义法律体系。苏联解体后,俄罗斯在政治体制和司法体制上进行了大刀阔斧的改革,逐渐向现代资本主义国家转型。在政治制度方面,俄罗斯参照美国,实行联邦制,建立起立法、执法与司法"三权分立"的国家权力体系。在司法改革方面,俄罗斯确立了司法独立,创立联邦法院制度,采用当事人主义,重建陪审团制度,确立法官终身制,司法制度在很大程度上得到完善。

具体到刑事诉讼领域,《俄罗斯联邦宪法》和《俄罗斯联邦刑事诉讼法典》明确规定俄罗斯实行当事人主义及对抗式诉讼。但从传统意义上讲,俄罗斯刑事诉讼程序的纠问性仍大于对抗性,俄罗斯重视探究案件真实性的本质尚未改变。[1] 俄罗斯现行陪审团制度与英美陪审团制度存在较大的差异。英美陪审团强调控辩双方的对抗互动,法官消极中立。在俄罗斯,出于对案件真实性的追求,职业法官不甘恪守中立,反而居于主导地位,驾驭庭审。俄罗斯探究案件真实性的司法传统又赋予其陪审团制度一定的纠问色彩。

(一)法官主导刑事审判

英美法系国家采用的对抗式程序中,法官秉持消极,居中而断。2001年《俄罗斯联邦刑事诉讼法典》通过后,俄罗斯转而实施对抗式诉讼,法官在庭审中的积极作用有所下降,诉讼双方的对抗性有所增强。在法庭调查阶段,审判长不会再像苏联时代那样,充当"公诉人"宣读起诉书,也不会询问被告人是否明白指控及是否承认犯罪,而是直接从国家公诉人和辩护人的

---

[1] Pamela A. Jordan, "Criminal Defense Advocacy in Russia Under the 2001 Criminal Procedure Code", *The American Journal of Comparative Law*, Vol. 53, Winter 2005, p. 159.

首轮发言开始。此外，审判长不再主导对证人、被告人进行的询问，不再干涉公诉机关的撤诉，更不会随意把案件退回侦查机关进行补充侦查。[1] 尽管如此，由于俄罗斯天然缺乏对抗式诉讼的土壤，诉讼双方对抗性明显不足，审判长仍然主导庭审的进行。

法庭审理过程中，控辩双方可对证人进行交叉询问。审判长只有在诉讼双方结束交叉询问后才能进行追问。但控辩双方进行交叉询问的过程中，审判长可以随时打断证人，甚至不等反方提出反对，审判长就可直接打断其不当询问。[2] 这种做法缺乏正当性，与陪审团制度设计的初衷相左。此外，俄罗斯法官先让证人陈述，后由控辩双方进行交叉询问的做法也受到学者们的批评，因为证人陈述在先容易使陪审团头脑中根据其完整陈述形成印象，使之后的交叉询问流于形式。[3] 英美国家陪审团审理案件时，采用证人不进行完整陈述，而直接由控辩双方对证人进行交叉询问的做法，这对于陪审团印象形成更加具有科学性。

在普通法系国家，职业法官也享有询问证人的权力。然而，英美法官向证人提问的目的仅仅是澄清事实，让陪审团更好地理解证人所作的回答。在陪审团参与审理的案件中，法官如对证人进行提问，则必须更加谨慎，避免询问中含有暗示性的语句，误导陪审团对证人证言的评价。若法官的问题具有相当的"偏见"，或者询问过多，就会出现一种风险，即上诉法院会认为他超过了审判与控诉、辩护的界限，从而推翻其审判。[4]

在陪审团作出裁决方面，英美法系国家的做法是，职业法官对陪审团作出法律指示，然后陪审团作出有罪或是无罪的裁决。俄罗斯采用的是问题列表制度，由审判长拟定一定数目的问题，要求陪审团进行回答。英美传统陪审团所作裁决称为"概括性裁决"。长期以来，俄罗斯学者一直认为，简单作出有罪或是无罪裁决的做法无异于程序上的斯芬克斯（procedural Sphinx），

---

[1] Stephen C. Thaman, "Europe's New Jury Systems: The Cases of Spain and Russia", Law & Contemporary Problems, Vol. 62, Spring 1999, p. 243.

[2] Gennady Esakov, "The Russian Criminal Jury: Recent Developments, Practice, and Current Problems", American Journal of Comparative Law, Vol. 60, Summer 2012, p. 678.

[3] S. A. Nasonov, Sudebnoe sledstvie vsude prisiazhnykh: zakonodatel'stvo, teoriia, praktika, 3 VESTN. SAR. GOS. AKAD. PRAVA, pp. 170, 174.

[4] [美]约翰·W. 斯特龙主编：《麦考密克论证据》（第5版），汤维建等译，中国政法大学出版社2004年版，第18—19页。

"其裁裁结果令所有人迷惑不已"[1]。采用问题列表制度，使陪审员的思维更加清晰，进而作出准确的裁决。

对抗式诉讼中，法官不应主导庭审的进行。与英美法系陪审团相比，俄罗斯的职业法官在陪审团审理案件中的主导性更强。在法庭调查阶段，审裁长可以直接打断证人陈述或是诉讼双方的提问。在陪审团作出裁决时，审裁长又可通过制作问题列表对陪审团进行引导。在俄罗斯，纠问与对抗因素并存于同一制度这一状态是由纠问式诉讼向对抗式诉讼过渡之必然，同时也成就俄罗斯陪审团的独特之处。

(二) 陪审团可询问证人

英美传统陪审团审判中，陪审团成员坐在专门的陪审团席位上，庭审中只能保持沉默，不能发问，也不能做笔记。而在俄罗斯，允许陪审员向证人发问，但不以陪审员直接发问的形式进行，而是陪审员以书面形式形成问题通过首席审裁员交给审判长，由审判长进行宣布。

陪审员对证人进行提问的做法与对抗式诉讼本身并不矛盾。在法庭调查阶段，如果陪审员没有听清证人的陈述，或是没有理解证人想要表达的意思，那么陪审员的发问就显得尤为重要。陪审员询问证人，能够增强陪审员对案件事实的理解，为之后作出公正的裁决奠定基础。

在俄罗斯，陪审员通过书面方式形成问题，交给审判长发问。根据《俄罗斯联邦刑事诉讼法典》第335条第4款之规定，如果审判长发现陪审员所提问题与指控无关，则可以直接予以排除。从追求实体正义的角度来看，陪审员为澄清心中疑问向证人发问毫无错处，与对抗式诉讼理念并不相悖，但为了保证法庭审理的效率，避免陪审员随意提出一些与诉讼不相关的问题干扰诉讼的进行，由职业法官对其提出的问题进行过滤则十分必要。对于陪审团的提问，法官具有绝对的裁量权。目前，尚无法律对法官这一裁量权进行细化规定，算是制度设计上的纰漏。

俄罗斯陪审员可向证人发问的做法与大陆法系参审制度有相似之处。在法国、德国的参审制中，职业法官和陪审员共同组成合议庭，陪审员也享有向证人发问的权利。与英美传统陪审团中陪审员不能发问，只能保持沉默的做法相比，俄罗斯陪审团的制度设计能够增强陪审员对案件事实的理解程度，同时也能激发控辩双方进行积极对抗，在对抗中发现案件真相。这种做

---

[1] 施鹏鹏：《陪审制研究》，中国人民大学出版社2008年版，第148页。

法与英美陪审团的对抗式诉讼理念也是相吻合的。

（三）陪审团解决定罪和部分量刑问题

陪审团对问题清单进行回答后，除了作出裁决，还要解决部分量刑问题，是一项"特别裁决"。

在解决被告人是否有罪的基本问题之后，问题列表中还可以提出关于可能影响罪责程度或改变罪过性质、使受审人免除刑事责任的情节等局部问题。在必要时，还可以单独提出关于实现犯罪意图的程度、犯罪行为未进行到底的原因，以及共同犯罪中每个受审人共同参与实现犯罪意图的程度、犯罪行为未进行到底的原因、每个受审人共同参与实现犯罪的程度和性质等问题。在受审人承认有罪的情况下，应当提出他是否值得从宽处罚的问题。

按照俄罗斯学者的观点，陪审团可以在裁断被告人实施了刑法典所明确禁止的某一行为的情况下，裁决被告人在法律上无罪——也就是不应受到刑事处罚。[1] 在对被告人作出有罪裁决的情况下，陪审团可向审判长提出从宽处罚的建议，对量刑施加影响。

与英美陪审团相比，俄罗斯陪审团不仅需要对案件事实作出裁决，解决被告人是否有罪，还要在此基础上决定部分量刑问题。就裁决事项而言，俄罗斯陪审团所裁决的事项比英美陪审团更多。对于俄罗斯陪审团为什么会解决量刑问题，达马斯卡给出的解释是：陪审团担心法官会给出比陪审员们预想更为严厉的刑罚而经常作出无罪裁决，为了防止不当的无罪裁决，立法者赋予陪审团影响量刑的权力。[2]

（四）一致裁决与多数表决相结合

俄罗斯陪审团在做出裁决时，实行的是"多数表决"机制。根据《俄罗斯联邦刑事诉讼法典》第343条的规定，陪审员在讨论向他们提出的问题时应该力求形成一致裁决。如果在讨论时陪审员未能在3小时内达成一致意见，则裁决用表决形式做出。如果12名陪审员中有7人对问题列表中的每一个问题做出肯定回答，则成立有罪裁决。反之，如果不少于6名陪审员投票对问题清单中的任何一个问题做否定回答，则作出无罪裁决。

在陪审团裁决方式方面，英美法国家多采用"一致裁决"规则，也就是

---

[1] 陈瑞华：《陪审团制度与俄罗斯的司法改革》，《中外法学》1999年第5期，第113页。
[2] [美] 米尔建·R. 达马斯卡：《漂移的证据法》，李学军等译，中国政法大学出版社2003年版，第40页。

说全体陪审员必须做出一致裁决。英美陪审团之所以采用一致裁决规则，是因为一致裁决具有更高的权威性，能够更好地排除合理怀疑，从而提高所作裁决的公正性。以美国为例，依照美国《联邦刑事诉讼规则》第5条的规定："陪审团裁决必须一致通过，陪审团在公开的法庭上递交给法官。"如果陪审团难以达成一致意见，则会成为僵局陪审团，从而另组陪审团对案件进行审理。在州法院层面，当陪审团的规模是12人时，除5个州之外，其余各州陪审团必须达成一致意见才能作出裁决。[1] 当陪审团的规模下降至6人时，全美国只有2个州允许陪审团作出不一致的裁决。[2]

1967年之前的英国，陪审团所作裁决也必须是一致裁决。一致裁决具有双面性，其在提高裁决的权威性的同时，也极有可能出现因一名陪审员被威胁或贿赂而难以得出一致结论的情况。因此，1967年英国《刑事法令》引入多数裁决，背离了一致裁决的传统。1974年的《陪审团法》第17条规定陪审团必须在2个小时内作出一致裁决，如仍未能达成一致意见，再延长2个小时。这次延长时间之后，如果陪审团仍未作出一致裁决，则允许陪审团作出11∶1或10∶2的多数裁决，或者陪审团被削减至12人以下时，以10∶1或9∶1的多数通过，9∶2的多数是不能被接受的；如果陪审团被减至9人以下时，他们必须一致同意。[3] 如果陪审团仍无法达成一致意见时，法官就会解除他们作出裁决的职责，重新组成陪审团对案件进行审理。

同英美相比，俄罗斯陪审团"多数裁决"机制的设置略为粗糙，标准相对较低。当然，为了防止陪审团作出错误裁决，审判长有两项特殊权力对其进行限制。根据《俄罗斯联邦刑事诉讼法典》第348条第5款的规定，如果审判长认为陪审团对无罪的人作出了有罪裁决，则可以作出裁判，解散陪审团交给组成人员不同的法庭重新审理。此外，根据《俄罗斯联邦刑事诉讼法》第459条之规定，如果审判长认为被告人的行为缺乏犯罪构成，也可以在陪审团作出裁决的情况下作出无罪判决。

---

[1] 马跃：《美国刑事司法制度》，中国政法大学出版社2004年版，第309页。
[2] [美] 伟恩·R. 拉费弗、杰罗得·H. 伊斯雷尔、南西·J. 金：《刑事诉讼法》，卞建林、沙丽金等译，中国政法大学出版社2003年版，第1120页。
[3] [英] 约翰·斯普莱克：《英国刑事诉讼程序》，徐美君、杨立涛译，中国人民大学出版社2006年版，第457页。

四、俄罗斯陪审团遇到的挑战

自1993年重建陪审团制度以来,俄罗斯刑事诉讼的对抗性有所增强,社会民众的法律素养也有所提高,陪审团制度的影响力也不断增大。在看到陪审团制度诸多优势的同时,俄罗斯陪审团在运行中也面临诸多挑战。陪审团是一项昂贵的事业[1],由于缺乏国家财政资金的有效支持,加之受陪审团审判诉讼效率较低、无罪判决率较高等因素的困扰,陪审团制度的发展遭遇瓶颈。

(一)陪审团组成困难

早在1823年,剧作家亚历山大·格里鲍耶托夫(Alesksander Griboedov)就曾质疑:"到底谁才是案件的审理者?"[2]这个问题放到现在回答,答案依旧是失业人员、退休人员和嗜酒者。公民不热心履行陪审义务,这一国民性格至今没有发生变化。算上企图通过担任陪审员收受贿赂的公民,当今俄罗斯只有16%的民众愿意履行陪审义务。[3]

大多数公民把履行陪审义务当作补贴家庭收入的一种方式,对于陪审团所作裁决是否公正则漠不关心。[4] 如今,俄罗斯财政预算严重不足,外加陪审团审理案件的成本较高,法院拿不出足够的金钱来支付陪审员的报酬,致使普通民众履行陪审义务的积极性有所下降。出于安全因素的考量,公民害怕因担任陪审员而遭到打击报复,也不愿履行陪审义务。此外,陪审团所作的无罪裁决率较高,也与俄罗斯民众对实体正义的追求相抵触,陪审团的社会认可度急剧下降。为此,总统普京表示:"这不意味着我们要终止陪审团制度,相反,我们要加以改进陪审团运作,大力强化陪审团制度,保障陪审

---

[1] [英]麦高伟、杰弗里·威尔逊主编:《英国刑事司法程序》,姚永言等译,法律出版社2003年版,第349页。
[2] Sergei Tokmakov, Jury Trials in Modern Russia, The Institute for the Study of Conflict, Ideology, and Policy Analyst(Russian Federation), Vol. XVI, Number 7, 2010, via www. bu. edu/phpbin/news-cms/news/? dept =732&id =55374.
[3] Sergei Tokmakov, Jury Trials in Modern Russia, The Institute for the Study of Conflict, Ideology, and Policy Analyst(Russian Federation), Vol. XVI, Number 7, 2010, via www. bu. edu/phpbin/news-cms/news/? dept =732&id =55374.
[4] Sergei Tokmakov, Jury Trials in Modern Russia, The Institute for the Study of Conflict, Ideology, and Policy Analyst(Russian Federation), Vol. XVI, Number 7, 2010, via www. bu. edu/phpbin/news-cms/news/? dept =732&id =55374.

员的独立性与人身安全。"[1]

候选陪审员人数不足的另外一个原因是,选民登记表中登记的公民信息与实际情况不符,更有甚者,已经死亡的公民信息在选民登记表上尚未被注销。抛掉因家庭住址、联系方式错误而无法联系到的公民、已经死亡的公民,真正回应法庭召唤,成为候选陪审员的公民人数十分有限。2003年,莫斯科地区法院在针对某一具体案件召唤候选陪审员时,1200名具有候选陪审员资格的公民中只有60名回应了法庭的召唤,回应率只有1/200。[2] 相较于陪审团,职业法官更倾向于选择由独任法官或3名职业法官组成的合议庭对案件进行审理。这样可以避免因陪审团审判造成的诉讼拖延以及大量诉累的产生。

俄罗斯学者马利纳·尼姆提纳(Marina Nemytia)曾经指出,在俄罗斯恢复重建陪审团制度的过程中,加大财政资金的投入远比在全国范围内进行广泛宣传来得更为有效。[3] 在财政资金不足的情况下,即使建立起来陪审团制度,也是缺乏资金支持,是非常不稳固的。社会民众在考虑工作、报酬、安全等因素后,大都不愿履行陪审义务。在候选陪审员人数有限,陪审员素质不高的情况下组成的陪审团,并不能最大限度地代表社会公众的意志。

(二)无罪判决率较高

陪审团审判的高无罪判决率一直都是俄罗斯政治领域争议的焦点。在陪审团制度重建之前,传统职业法官所作判决的无罪判决率约为0.5%,相比之下,陪审团在审理的案件比例尚不足刑事案件总数0.05%的情况,而无罪判决率居然高达20%,几乎为传统职业法官所作无罪判决率的40倍,二者的无罪判决率相差太大。[4]

---

[1] 俞飞:《陪审团制度的历史变迁》,http://www.legaldaily.com.cn/zmbm/2009-08/20/content 1140794.htm,2014年6月16日访问。
[2] Sergei Tokmakov, Jury Trials in Modern Russia, via www.bu.edu/phpbin/news-cms/news/? dept =732&id =55374.
[3] Irina Dline & Olga Schwarts, "The Jury is still out on the Future of Jury Trials in Russia", *East European Constitutional Review*, Vol. 11, Issues 1 & 2, Winter/Spring 2002, p. 105.
[4] 司法统计数据来源于俄罗斯联邦最高法院相关部门的公开信息,http://www.cdep.ru/index.php? id =5&item =34,2014年6月16日访问。

一审法院陪审法庭审理案件统计表[1]

年份	移交法院审理的刑事案件总数	地区法院审理的刑事案件总数/地区法院审理被告人的总数[2]	陪审团审理刑事案件总数（占地区法院审理刑事案件比重）/陪审团审理案件人数（占地区法院审理案件被告人总人数比重）	所有法院作出无罪判决的总人数（占被告人总人数的比重）/地区法院依普通程序所作无罪判决的人数（占普通程序被告人总人数比重）	地区法院陪审法庭所作有罪判决总人数（占陪审法庭的被告人人数比重）	地区法院陪审法庭所作无罪判决总人数（占陪审法庭的被告人人数比重）
2004	1059000	5500/—	572（10.4%）/1212（—）	7700（0.7%）/（—）	1008（83.2%）	204（16.8%）
2005	1164000	5100/8722	531（10.4%）/1159（13.3%）	8200（0.7%）/108（1.2%）	955（82.4%）	204（17.6%）
2006	1225000	5145/8464	611（11.9%）/1306（15.4%）	8700（0.6%）/96（1.1%）	1079（82.6%）	227（17.4%）
2007	1174000	4300/7333	535（12.4%）/1158（15.8%）	10216（0.8%）/80（1.1%）	919（79.4%）	239（20.6%）
2008	1123449	3690/6746	467（12.7%）/1131（16.8%）	9975（0.8%）/85（1.3%）	894（79.1%）	237（20.9%）
2009	1119361	3519/6087	551（15.6%）/1304（21.4%）	9277（0.8%）/46（0.8%）	1060（81.3%）	244（18.7%）
2010	1054890	3828/6794	571（14.9%4%）/1384（20.4%）	9138（0.8%）/48（0.7%）	1157（83.6%）	227（16.4%）
2011	989231	3639/6090	472（12.9%）/1228（20.2%）	8855（0.8%）/33（0.5%）	1046（85.1%）	182（14.9%）
2012	947631	4775/（—）	583（12%）/820（—）	5164（0.4%）/（—）	818（83.9%）	157（16.1%）
2013	946474	3966/5745	609（15.3%）/765（13.3%）	5624（0.5%）/22（0.3%）	569（74.8%）	191（22.2%）

注："—"表示数据无法获知。

---

[1] 数据图表整理自俄罗斯联邦最高法院相关部门的公开信息，http：//www.supcourt.ru/second.php。

[2] 截至2009年，所有案件可交由陪审团审理。2009年缩小陪审团审理案件管辖范围后，该数据约降低至90%。

从上述统计数据中可以看出，从 2004 年到 2009 年[1]，每年移交法院审理的刑事案件数量整体上在增多，2010—2013 年则明显减少，而地区法院审理的刑事案件数量整体上却呈减少态势。虽然陪审团审理刑事案件的数量偶有增多，但其占刑事案件总数的比重没有大的变化。以近三年司法统计数据为例，陪审团审理案件的数量占刑事案件总数的比重分别约为 0.048%、0.062% 和 0.064%。陪审团审理的刑事案件仍占少数，占刑事案件的比重不足 0.1%。究其原因，是近年来不断限制陪审团审理案件范围所造成的。

2004 年，地区法院审结刑事案件为 5500 件，到 2013 年下降至 3966 件，地区法院审结的刑事案件数量整体上呈减少态势。但是陪审团审结刑事案件数量并没有太大的变化。2004 年，陪审团审结案件为 572 件，虽然 2005 年、2007 年、2008 年、2011 年有所回落，总体上仍呈缓幅增长趋势。此外，陪审团审理案件涉及的被告人人数 2004—2011 年总体增多，占地区法院审理案件被告人总数的比重也总体提高。2005 年，陪审团审理刑事案件人数占地区法院审理案件总数的比重为 13.3%，在 2009 年比重达到最高，占到 21.4%。陪审团所做有罪判决的状况也相对稳定。2013 年陪审团所做有罪判决的比重为 74.8%，与 2012 年的 83.9% 相差 9.1%。相反，无罪判决率维持在 14.9%—22.2%。

根据俄罗斯学者的观点，陪审团所作无罪判决率高，是因为侦查机关和检察机关无法达到陪审团对其取证要求的标准[2]。《俄罗斯联邦刑事诉讼法典》明确规定排除以非法方式取得的证据。在实践操作中，排除非法证据只会出现在陪审团审判中。传统审判模式中，职业法官通常忽略程序上的细小瑕疵，如缺少签名、注明日期等。陪审团审判则十分重视程序的正当性，因程序问题造成非法证据排除一项，陪审团就会作出大量的无罪裁决，从而使侦查机关和检察机关的努力付诸东流。同时，俄罗斯沿袭苏联以来被告人口供定案的做法，也致使陪审团倾向对被告人作出宽大处理。如果把公诉机关尚未适应对抗式诉讼及缺乏公开辩论的能力等因素考虑在内，陪审团审判所

---

[1] 2004 年 1 月 1 日起，俄罗斯所有联邦主体（车臣地区除外）全部实施陪审团制度，此前 10 年的司法统计数据无法全部统计。因此本章选取 2004 年作为陪审团审理案件情况数据统计的第一年，列出近 10 年陪审团审理案件的司法统计数据。

[2] Irina Dline & Olga Schwarts, "The Jury is still out on the Future of Jury Trials in Russia", *East European Constitutional Review*, Vol. 11, Issues 1 & 2, Winter/Spring 2002, p. 108.

作无罪裁决的数量则更多。[1]

除程序违法、定案过分依赖口供之外，许多法官、检察官把高无罪裁决率归咎于普通民众。在司法职业者看来，陪审团制度并不存在问题，只是社会民众尚未对履行陪审义务做好准备。根据俄罗斯学者的观点，普通民众不了解复杂的法律适用问题，高素质的公民通常逃避履行陪审义务，只剩下不能胜任陪审员工作的公民来履行陪审义务，而这些人更倾向于选择宽恕他们的"同类"。

(三) 陪审团审判效率不高

俄罗斯司法改革推行者深知，美国陪审团制度能够实现正常运转，很大因素上归功于辩诉交易制度的存在。通过辩诉交易审结的刑事案件比重达到69%，陪审团审议前被驳回的刑事案件比重达到10%，陪审团真正审理案件的数量十分有限。[2] 而俄罗斯并没有辩诉交易制度，陪审团审判所作无罪裁决率之高，也使得被告人更倾向于选择由陪审团对其案件进行审理。陪审团审理案件数量的不断增多，加之陪审团审判耗时较长，陪审团审判效率自然不高。

20 世纪 90 年代，俄罗斯司法改革之初，裁判委员会主席兼法官亚历山大·施托夫（Alesander Shturnev）就提议设立辩诉交易制度。该项提议遭到自由派和保守派的一致反对。自由派认为辩诉交易制度建立在被告人认罪的基础上，而刑讯逼供在俄罗斯又十分普遍，这决定了俄罗斯缺乏辩诉交易制度运行的环境基础；保守派则认为辩诉交易制度剥夺了被告人当庭质证和法庭辩论的权利，同时败坏了社会道德，是应受到谴责的虚伪行为，绝不应该对其加以推广。[3] 是否引入辩诉交易制度陷入了两难境地。

2001 年，俄罗斯接受美国司法部的帮助，引入美国辩诉交易制度，起草

---

[1] Irina Dline & Olga Schwarts, "The Jury is still out on the Future of Jury Trials in Russia", *East European Constitutional Review*, Vol. 11, Issues 1 & 2, Winter/Spring 2002, p. 108.
[2] 本资料由州法院国家中心陪审团研究中心（Center for Jury Studies）的葆拉·汉纳福德－阿戈尔（Paula L. Hannaford-Agor）收集整理，http://www.america.gov/st/peopleplace-chinese/2009/July/20091001145454ebyessedo5.695742e-02.html，2009年7月1日访问。
[3] Irina Dline & Olga Schwarts, "The Jury is still out on the Future of Jury Trials in Russia", *East European Constitutional Review*, Vol. 11, Issues 1 & 2, Winter/Spring 2002, p. 106.

了刑事被告人同意其指控的特别程序,提交俄罗斯杜马(下议院)。最初,特别程序适用范围设计为不超过3年剥夺自由的犯罪。随后,特别程序纳入2001年《俄罗斯联邦刑事诉讼法典》,适用范围为不超过5年剥夺自由的犯罪。2003年第92号联邦法对《俄罗斯联邦刑事诉讼法典》进行修订后,特别程序的适用范围进一步扩大至不超过10年剥夺自由的犯罪。

从《俄罗斯联邦刑事诉讼法典》第31条列举的陪审团可以审理的刑事案件可以归纳出:陪审团审理案件的范围为可能超过3年剥夺自由的严重犯罪,而特别程序的适用范围为不超过10年剥夺自由的犯罪,二者在适用范围上存在一定重合。特别程序的适用因其节约案件审理的时间,减少因证人不出庭的开销的优势,得到许多法官和律师的支持。[1] 特别程序究竟能否实现对案件的分流,减轻陪审团审理案件的压力,尚需时日加以检验。

五、对俄罗斯陪审团的前景展望

自1993年重建陪审团制度以来,俄罗斯陪审团制度已经实施了近30年。实践表明,陪审团审理案件的意义重大。陪审团制度的理念是公民不应只参与立法,而且还要参与到司法的运行中来。只有公民真正参与司法决策,才能真正避免政府以立法的方式实施暴政。下面就结合俄罗斯陪审团的特点及其在实践操作中遇到的问题,对俄罗斯陪审团制度的未来进行展望。

(一)陪审团制度俄罗斯化

众所周知,陪审团制度是英美对抗式诉讼的产物。在普通法系国家,陪审团制度至少有800年的历史。而截至2021年,俄罗斯陪审团制度仅运行了二十多年。陪审团制度的重建也是出于推行司法改革的需要。俄罗斯司法改革的推行者以重建陪审团制度为契机,引入英美对抗式诉讼,让法庭审理模式的构建向英美国家靠拢,最终实现同西方国家政治法律体系的接轨。

司法改革的初衷是好的,但从属于大陆法系的俄罗斯缺乏英美陪审团制度运行所需的政治背景和法律文化背景。沙俄时期,陪审团制度仅在社会变

---

[1] Irina Dline & Olga Schwarts, "The Jury is still out on the Future of Jury Trials in Russia", *East European Constitutional Review*, Vol. 11, Issues 1 & 2, Winter/Spring 2002, p. 107.

革时期才会被强调。由于缺乏制度运行的稳定性，陪审团始终处于一种将要被取缔的状态。在同为大陆法系国家的西班牙，陪审团制度的重建则与宪法的变革相关联，而且在实施的过程中也遇到一系列的问题。迈克·奥特齐案件（Mikel Otegi）就显示出西班牙陪审团制度的脆弱性。迈克·奥特齐是一名年轻的巴斯克民族主义者，他因谋杀了两个巴斯克警察而接受陪审团的审判。陪审团对该案件审理后作出无罪裁决，依据是先前警察的袭扰行为导致被告人控制能力减弱。社会民众对陪审团作出的无罪裁决深感不解，甚至提议修改、废除陪审团法，或是在巴斯克地区推迟陪审团制度的实施。[1]

重建陪审团制度之初，不论是在俄罗斯还是西班牙，都出现过陪审团制度与大陆法系传统水土不服的问题。司法机关工作人员不太适应陪审团带来的对抗式诉讼，公民也不愿履行陪审义务，陪审团审判成本昂贵、耗时长，陪审员凭个人感情因素作出的无罪裁决，使陪审团制度一时间成为社会各界争议的焦点。究其根本原因，是大陆法系国家与英美法系国家的法律文化传统不同。在普通法系国家，法官角色的定位是诉讼双方外的"第三方"，强调从诉讼双方的对抗中发现案件事实，由普通民众组成的陪审团对案件事实进行裁决，防止检察机关同审判机关形成密切的联系。相比之下，在大陆法系国家，法官处在诉讼构造"金字塔"的顶端位置，在案件审理过程中起主导作用。出于探究案件真相的传统，职业法官根本不能容忍陪审团作出较多无罪裁决"放纵犯罪"。因此，对陪审团制度进行改造，使之更适合俄罗斯的法治传统，也即实现陪审团制度的俄罗斯化，成为未来陪审团制度在俄罗斯发展的趋势。

俄罗斯司法改革时期，司法的职权性和对抗性必定会同时体现在同一部法律当中。具体到陪审团制度，在强调无罪推定原则、控辩双方辩论制和保障被告人的辩护权的同时，又赋予职业法官积极主导庭审的权力。职权主义与当事人主义并存，是俄罗斯向对抗式诉讼过渡的重要阶段，同时也是实现陪审团制度俄罗斯化的必经过程。只有经过过渡期的成功转型，陪审团制度优越性才能得到最大程度的发挥。

（二）陪审团审理案件范围会缩小

自1993年俄罗斯恢复陪审团制度以来，要求限制陪审团审理案件范围的

---

[1] Stephen C. Thaman, "Europe's New Jury Systems: The Cases of Spain and Russia", *Law & Contemporary Problems*, Vol. 62, Spring 1999, p. 236.

呼声就一直不断，这种提议是有宪法依据的。根据《俄罗斯联邦宪法》第20条第2款的规定，针对谋害生命的特别严重的犯罪，刑事被告人有获得陪审团参加审理案件的权利。限制陪审团审理案件范围的主要呼声是把陪审团审判限制在谋杀罪、侵害国务活动家和社会活动家的生命罪、妨碍进行审判和进行审前调查罪、侵害执法机关工作人员的生命罪和种族灭绝罪五种犯罪之内。

随着要求限制陪审团审理案件范围的呼声愈演愈烈，2008年12月30日，时任俄罗斯总统的梅德韦杰夫签署了下议院提出限制陪审团审理案件范围的议案，取消陪审法庭对恐怖主义犯罪（《俄罗斯联邦刑法典》第205条）、劫持人质犯罪（《俄罗斯联邦刑法典》第206条）、组建或参加非法武装队伍犯罪（《俄罗斯联邦刑法典》第208条）、聚众骚乱罪（《俄罗斯联邦刑法典》第212条）、背叛国家罪（《俄罗斯联邦刑法典》第275条）、间谍活动罪（《俄罗斯联邦刑法典》第276条）、暴力夺取政权或暴力掌握政权罪（《俄罗斯联邦刑法典》第278条）、武装暴乱罪（《俄罗斯联邦刑法典》第279条）和破坏活动罪（《俄罗斯联邦刑法典》第281条）的审理，对以上犯罪改由3名职业法官组成的合议庭进行审理。[1] 2008年12月30日，规定上述内容的第321-FZ号联邦法于2009年1月11日正式生效。

2010年12月29日，第433-FZ号联邦法通过，自2013年正式生效。第433-FZ号联邦法主要涉及对刑事上诉程序的调整，缩小了地区法院审判管辖的范围。先前由联邦地区法院一审的危害交通安全和交通运输运营安全类犯罪（过失致人死亡）与妨碍司法公正类犯罪，交由区法院审理。陪审团审理刑事案件必须在地区层级法院进行，将原本属于地区法院一审的刑事案件下放到区法院，相当于变相缩小陪审团审理案件的范围。

陪审团制度的有效性和普遍性取决于公民法治意识和法律水平的提高以及社会民主、道德建设的发展程度。[2] 目前，俄罗斯正处于转型阶段，民主传统植根未深，公民法治意识也有待提高。特别是2010年俄罗斯宣布彻底废

---

[1] See Federal 'nii zakon' O vnesenii izmenenii v otdel 'niye zakonodatelniye akti Rossiyskoi Federazii po voprosam protivodeistviaya terrorismu', enacted on Dec. 30, 2008, No. 321-FZ.

[2] [俄] 伊·列·彼得鲁辛：《俄罗斯陪审团制度：问题与前景》，汤火箭译，俄罗斯联邦杂志《国家与法律》2001年第3期，http：//criminal00. cai. swufe. edu. cn/jswc/t/eluosipeishentuanzhidu%20yiwen. htm，2005年12月23日访问。

除死刑后，缩小陪审团审理案件的范围也在情理之中。如果不对案件加以区分，所有的案件都可交由陪审团进行审判，必定会造成诉讼拖延、效率低下，反而制约了司法公正的实现。缩小陪审团审理案件的范围，将其定位在故意杀人、抢劫、强奸等刑事案件，是俄罗斯陪审团发展之必然，待陪审团制度运行到一定阶段，可以再根据其运行状况作出相应的调整。

（三）职业法官的权力会加大

从原则上讲，陪审团所作裁决具有强制性与稳定性。如果陪审团作出无罪裁决，审判长也必须遵从陪审团所作裁决作出无罪判决。相反，如果陪审团所作裁决为有罪裁决，职业法官则要作出有罪判决。只有在特殊情况下，职业法官才可推翻陪审团的裁决。

职业法官推翻陪审团所作裁决的权利称为凌驾陪审团。"凌驾陪审团"是美国法律中的表述。在美国，凌驾陪审团只适用于对死刑案件的判决，立法者设计此项制度是为了使法官能够通过撤销暴躁的陪审团执意判处的死刑以维护死刑判决的公正性。[1] 在英国，法官有权终止指控薄弱的案件并指导陪审团作出无罪裁决，这一权力的行使曾多次引起关于陪审团与法官作用界限的争论。在1981年的一个著名判例中，上诉法院对法官过于频繁地越权行使陪审团的职能表示了忧虑，指出法官的这种权力职能应限定在"那些控诉证据从最好的效果看仍是过于薄弱，以至于在适当地指导下也不能就此定罪的案件中"[2]。

在俄罗斯，也存在类似英国、美国的做法。根据《俄罗斯联邦刑事诉讼法典》第348条之规定，陪审团所作无罪裁决对审判长具有绝对的强制力，同时对于陪审团所作有罪裁决规定了两种情形，陪审团的有罪裁决对审判长并不具有强制力，即审判长可以推翻陪审团所作的有罪裁决。这两种情形分别是："如果审判长认定受审人的行为不具备犯罪要件"；"如果审判长认定陪审团对无罪的人作出了有罪裁决，并且由于犯罪事实没有查清或者受审人参与实施犯罪没有查实而有足够的根据作出无罪裁决，则他可以作出裁决，解散陪审团并将刑事案件交给组成人员不同的法庭从庭前预审阶段开始重新审理。对这一裁决不得进行上诉或者抗诉"。

---

[1] Court: Judges Can't Impose Death Penalty, Only Jury May Decide to Execute Defendant, By Charles Lane, Washington Post Staff Writer, http://www.vermontlaw.edu/media/emp_mednew_template.cfm?doc_id=504, 2002-10-17.

[2] R. v. Calbraith [1981] 2 ALL ER 1060.

通过研习法条，我们可以发现俄罗斯陪审团所作的有罪裁决对审判长的强制力要明显弱于无罪裁决。基于"宁纵不枉"的司法理念，即使出现被告人实施了犯罪的情况，职业法官也可以"凌驾陪审团"，作出无罪判决。这种做法体现了大陆法系国家在作出有罪判决时的严谨性。大陆法系国家注重对案件实体正义的追求，审判长在作出有罪判决时，不仅要对陪审团认定的已经得到证实的案情进行法律评价，而且要亲自评价证据，评价陪审团所作裁决，防止民主暴政的出现。也就是说，如果陪审法庭要想作出对受审人有罪的裁决，必须经过两道程序进行核准——陪审团所作有罪裁决和审判长作出的有罪判决。基于大陆法系国家追求真相的传统，可以预见，今后陪审团审判中，法官推翻陪审团所作裁决的权力会加大，凌驾陪审团的规定也会逐步细化和完善，以方便法官在实务中进行裁量。

（四）特别程序的适用范围将扩大

在俄罗斯，陪审团审理案件后所作无罪裁决远在职业法官之上，因此被指控人通常选择由陪审团审理案件，以期待获得相对从轻的处罚。如此一来，陪审团审理案件的数量就会不断增多。陪审团审判是一项昂贵的事业，选择组成陪审团、陪审团评议表决、支付陪审员的报酬等，都需要投入大量的人力、物力和财力。以美国陪审团为例，29%的美国民众一生中曾担任过陪审员，陪审员每天的酬劳平均为22美元（约为每天人均国民收入的25%），陪审团对刑事案件进行庭审的平均时间为5天，审议时间平均为4小时。[1] 在美国，维持陪审团制度的成本之高使得大多数案件通过辩诉交易解决，陪审团仅裁决一小部分案件。俄罗斯陪审团制度也面临与美国陪审团相同的问题。近年来，俄罗斯一直处于转型期，刑事犯罪率较高，案件数量的激增决定了必须出台相应的机制以提高司法效率，减轻刑事司法的负担。

2001年，俄罗斯引入了美国辩诉交易制度，经过立法的修改，俄罗斯特别程序的适用范围不断扩大，从适用于刑罚不超过5年剥夺自由的犯罪扩大至适用于刑罚不超过10年剥夺自由的犯罪。特别程序适用范围的扩大对于缓解案件压力、提高司法效率、节约司法投入，意义重大。隶属大陆法系的法国、意大利等国也引入美国辩诉交易制度，来缓解司法压力，提高司

---

[1]《陪审团庭审面面观》，《美国电子期刊》（e Journal USA）2009年7月号，http://www.america.gov/mgck/publications/ejournalusa/jury_0709.html, 2009-7-1。

效率。

虽然俄罗斯特别程序的适用范围不断扩大，但与美国大范围适用辩诉交易制度相比，特别程序的适用范围相对较窄，这是因为俄罗斯引入对抗式诉讼，实行陪审团制度的时间较短，对辩诉交易制度仍持一种保守的态度。任何制度的产生、发展都不是一蹴而就的，而是经过实践不断加以修正的过程。扩大特别程序的适用范围是今后俄罗斯"辩诉交易"制度发展的趋势，同时也会更好地配合陪审团制度的运行。只有扩大特别程序的适用范围，实现对案件的分流，才能真正减轻陪审团审理案件的压力，寻求司法公正和效率的最佳结合点。

推行陪审团制度是俄罗斯政治体制转型的产物，同时也是俄罗斯司法改革的重要内容。与陪审团制度历史悠久的英美法系国家相比，俄罗斯陪审团尚处于初步探索阶段。就近期而言，俄罗斯陪审团制度的发展趋势则是缩小陪审团审理案件的范围、扩大法官的最终自由裁量权以及扩大特别程序的适用范围。陪审团制度也会进一步与俄罗斯历史传统相融合，体现出俄罗斯特色。

结　语

陪审团制度在历史上曾经发挥过巨大的作用，进入 20 世纪后，陪审团制度在世界范围内出现明显衰落的趋势。在陪审团制度衰落的大背景下，俄罗斯反而逆流而行，引进陪审团制度。现在，俄罗斯仍处于改革过渡期，各项民主法治建设尚未完成。与转型期其他政治法律制度相同，俄罗斯陪审团制度在重建的过程中也面临重重障碍。

陪审团制度设计的初衷是在政府和被告人之间设置中间地带，以普通人的常识判断充当防止政府压迫的堡垒。同时我们不能忽视，立法本身就是民主的产物。如果一味强调陪审团废法，则有放纵犯罪、破坏法制统一、损害立法权威之嫌。即使在陪审团制度发达的美国，陪审团制度也受到很多批评。批评陪审团的理由有：陪审团缺乏评价证据和判断关键争点的必要的专业知识或者智慧；陪审团构成的性质使他们"不可预测、感情用事，比掷色子好不到哪去"；与法官相比，他们解决正义成本高、效率低。[1]

---

〔1〕 ［美］约书亚·德雷斯勒、艾伦·C. 迈克尔斯：《美国刑事诉讼法精解》（第二卷·刑事审判）（第4版），魏晓娜译，北京大学出版社2009年版，第196页。

大陆法系国家与英美法系国家的司法传统差别巨大，主要是由于大陆法系国家历史上战乱频繁、民族分裂、国家不稳定等因素造成的。出于维护国家稳定、法制统一、打击犯罪的需要，大陆法系国家更强调法制的统一性，自然不允许由普通民众组成的"陪审团废法"[1]挑战法律的权威。从属于大陆法系的俄罗斯在引入陪审团制度的同时，对陪审团制度仍持一种保守态度。在俄罗斯，陪审团审理案件的范围比美国小，制度的设计也比较粗糙，职业法官在陪审团审判中仍居于主导地位，裁量权较大。此外，大陆法系国家追求真相的历史传统也赋予俄罗斯法官推翻陪审团所作裁决的权力。

　　尽管俄罗斯陪审团制度在运行的过程中出现了这样或者那样的问题，甚至不断缩小陪审团审理案件的范围，但在建立民主法治国家、提高国民法律素养方面，俄罗斯陪审团仍旧承载着重要价值。截至2021年，重新恢复的俄罗斯陪审团制度已经运行了28年，制度运行逐步走向成熟。但与普通法系完备的陪审团制度相比，俄罗斯陪审团还有很大的发展空间。俄罗斯陪审团制度虽已"成年"，但仍是"青年"。从属大陆法系国家的俄罗斯是否适合陪审团制度的运行，以及陪审团制度今后运行的走向，还有待观察。

---

[1] 高一飞、贺红强：《美国陪审团废法的正当性考察》，《学术论坛》2013年第6期，第92页。

第十一章
艰难的平衡：西班牙陪审团中的公正与人权

西班牙在历史上归属于大陆法系，但是，在两大法系融合发展的过程中，西班牙历史上曾多次在宪法中确立陪审制，不过最终于1939年被废止。西班牙现代陪审制度建立于1978年，为便于保护司法人权而在宪法中重建陪审制，不过直到1995年颁布《陪审法院组织法》，陪审团审判才在实践中落实。现行西班牙陪审制度仍然采用了英美式陪审制而非混合法庭模式，陪审团对特定罪名的刑事案件行使管辖权。

在当今世界各国，具有大陆法系传统而推行英美式陪审团制度的国家只有两个：俄罗斯和西班牙。俄罗斯于1993年引进和推行陪审团制度[1]，西班牙陪审团立法很大程度上参照了俄罗斯立法模式[2]。西班牙在1995年恢复陪审团制度，至今运行已有二十多年。但是，对西班牙这一重要法律移植实践，在中国没有著作进行过专门研究。在中国知网以"西班牙陪审团"为篇名、关键词、主题词进行搜索，只有西南政法大学刘婷的一篇硕士论文[3]在研究陪审员说理时附带论述过西班牙陪审团裁判说理问题。

为此，本章将对西班牙引进陪审团在引进过程和程序设计上对打击犯罪和保障人权所作的努力进行介绍和分析，为陪审制的各国互鉴提供实证样本和理论参考。

一、以保护人权为目的引进陪审团

西班牙陪审制度的发展十分坎坷，一直处于立法确立与废止的不断变动

---

[1] 高一飞、吕阳：《俄罗斯陪审团制度：观察与展望》，《俄罗斯学刊》2015年第1期，第1—18页。
[2] Jeffrey Abramson, "Four Models of Jury Democracy", *Chi.-Kent L. Rev.*, Vol. 90, 2015, p. 861.
[3] 刘婷：《刑事案件陪审员裁判说理研究——以欧洲人权法院判例及欧陆国家陪审制改革实践为视角》，西南政法大学2018年硕士学位论文。

当中，其历史发展大致可以分为三个阶段：一是动荡中不断的循环发展；二是近代以来的重新确立；三是争议中的再度恢复。

（一）动荡中的存与废（1812—1939年）

在1812—1939年的一百多年里，西班牙陪审团处于动荡发展之中，且最终被废止。就其立法路径而言，西班牙通过在宪法以及普通法两个层面规范陪审团制度，每一阶段先在宪法中确立陪审制度，再通过普通法立法将陪审制度予以明确规范。

这一阶段西班牙共制定过四部宪法，分别是1812年宪法、1837年宪法、1869年宪法、1931年宪法，在四部宪法中都规定过陪审团制度，但反复被确立和废除。

一是1812年3月19日颁布的《卡迪兹宪法》（Constitution of Cadiz）。该宪法第307条规定"在适当时机，如果议会认为应区分事实法官和法律法官，则应以最佳的方式如此为之"，《卡迪兹宪法》率先以立宪方式引入陪审制度，确立了陪审团审判的合宪性。

在1812年宪法确立陪审制后，1820年10月22日出台了《新闻法》，该法首次规定了陪审团的具体规范。[1]《新闻法》允许基于试验目的在某些刑事诉讼中使用陪审团审判，但是实验并未获得成功。[2] 制定该法的立法者们明确表示，他们最关心的是在政治和司法上"防止权力滥用所造成的不幸后果"，保障公民言论自由。[3] 所以，该法主要目的是防止以刑事犯罪迫害自由言论人士，并不是为了全面规范陪审团，《新闻法》也并非诉讼方面的法律。

1823年西班牙再次回归专制统治，仅存三年时间的陪审团被废除，直到1837年推行君主立宪制才得以恢复。

二是1837年颁布的《皇家宪法》。该宪法第2条规定"新闻犯罪的认定应完全交由陪审员负责"，将陪审团审判的范围限定在与新闻相关的犯罪。

---

[1] Diario de las Actas y discusiones de las Cortes, Legislatura de los anos de 1820 y 1821 (Imprenta especial de las Cortes) (1820).

[2] George E. Glos, "The New Spanish Constitution, Comments and Full Tex", *Hastings Const. L. Q.*, Vol. 7, Fall 1979, p. 68.

[3] Diaro de Sesiones de las Cortes 14 (Madrid) (September 15, 1820). 这是一个西班牙Las Cortes（议院）发表的记录第14卷，可以参见以下网址：ttps：//books.google.com.ec/books?id=RBQ6AQAAMAAJ&printsec=frontcover&hl=zh-CN&source=gbs_ge_summary_r&cad=0#v=onepage&q&f=false，2021年4月7日访问。

在君主立宪制度下，陪审团的命运也经历了多次波折：1844 年被削减；1845 年被废除；1852 年恢复；1853 年再次被废除；1864 年再次被恢复；1867 年再次被废除。[1]

三是 1869 年宪法。1869 年宪法第 93 条规定，"陪审团审判是为法律规定的所有政治犯罪和普通犯罪设立的"，将陪审团审判范围扩大到包含政治犯罪及法律规定的涉及宪法权利的特定犯罪。该部宪法的特殊之处在于第一次以专门章节的形式列举了一系列的宪法权利目录，包括公民在刑事案件中的宪法权利。[2] 在该部宪法实施期间，还颁布了最重要的机构组织法和诉讼法，即 1870 年的《司法权力机构组织法》和 1872 年的《刑事诉讼法》。《司法权力机构组织法》进一步明确了陪审团的管辖范围，如法定量刑为徒刑以上的刑事案件、涉嫌亵渎君主罪、叛乱罪及煽动暴乱罪。[3] 1872 年 12 月 22 日的《刑事诉讼法》是第一部详细规定陪审制度的法律，该法第 658 条至第 785 条详细规定了陪审团审判的规则。[4] 这部法律对 1888 年《陪审团审判法》影响较大。

1888 年通过的《陪审团审判法》专门就陪审团进行立法，对西班牙陪审制度的发展具有较大意义。该法明确在刑事诉讼中实施陪审制度，并对陪审团的构成及职责进一步予以明确。该法规定应由 12 名公民组成陪审团，对事实问题作出裁决，另由 3 名职业法官对案件中的法律问题作出裁决。[5] 由陪审团和职业法官分担事实和法律问题的裁判权。

1888 年《陪审团审判法》使陪审制在西班牙发生了重大变化：在陪审员的选择上，该法第 10 条第 8 款明确提出要挑选一批精英陪审员，并排除穷人担任陪审员；陪审团审判范围进一步扩大，包含恐怖主义和经济欺诈等各种犯罪。1888 年的《陪审团审判法》直到 1923 年失去效力，随后又于 1931 年第二共和国期间被恢复，一直沿用到 1936 年内战开始。

---

[1] Carmen Gleadow, "Spain's Return to Trial by Jury: Theoretical Foundation and Practical Results", *Saint Louis-Warsaw Transatlantic Law Journal*, 2001-2002, p. 57.
[2] Francisco Tomas Y Valiente, Manual De Historia Del Derecho Espanol, 1995, p. 451.
[3] Jose Manuel Pugnaire Hernandez, *Comentarios Y Formularios A La Ley Del Tribunal Del Jurado*, Bosch (Publishing Company), 1996, pp. 35-36.
[4] Jose Manuel Pugnaire Hernandez, *Comentarios Y Formularios A La Ley Del Tribunal Del Jurado*, Bosch (Publishing Company), 1996, pp. 35-36.
[5] George E. Glos, "The New Spanish Constitution, Comments and Full Text", *Hastings Const. L. Q.*, Vol. 7, Fall 1979, p. 68.

四是 1931 年颁布的《共和党宪法》（Republican Constitution）。该宪法最能够密切反映当今宪法发展历史，其中第 103 条规定："公民可以通过陪审团制度参与司法管理。"这一阶段，1888 年《陪审团审判法》予以沿用，陪审制变化不大。但最终在 1936 年至 1939 年内战期间，西班牙民族主义政府在全国范围内废除了陪审制，一直到 1978 年才重新建立。

在这一百多年里，西班牙陪审制的发展历程也有着较为明显的特征：一是不断在宪法中确立陪审制，明确将陪审制视为公民参与司法的重要宪法权利，而且伴随宪法的制定，一般会在普通法中建立相应的配套制度或者对陪审制予以进一步规范；二是通过成文法，不断拓展陪审团在刑事案件中的审判范围，从新闻犯罪扩展到政治犯罪、恐怖主义犯罪、经济欺诈等犯罪，为后来确立陪审团审判范围奠定了基础；三是不断在司法实践中落实陪审制，积累实践经验，强化公民认同感，促使大陆法系职权主义诉讼传统下的公民更易于接纳陪审团制度。

（二）重新确立陪审团制度（1995 年至今）

西班牙陪审制度自 1939 年被废止，直到 1978 年才重新建立。1978 年的《西班牙宪法》第 125 条规定："公民可通过陪审制度，按照法律规定之形式和刑事审判之内容，行使司法权利并参与司法行政"，在宪法中确立陪审制度。但是，陪审制一直到 1995 年颁布《陪审法院组织法》后才得以具体落实。《陪审法院组织法》决定自 1996 年开始在巴塞罗那、帕伦西亚、帕尔马以及巴伦西亚等四个地区对某些刑事案件实行陪审团审判。至此，已经废止近 60 年的陪审制度又在司法实践中得以重新运行。

在宪法中确立陪审制到明确在司法中予以实践，间隔 18 年，可见西班牙国内对陪审团在司法中如何实践也存在较大的疑虑，各种观点上的分歧以及实践障碍都制约着陪审制度的重新运行。

为何西班牙要重建陪审团制度呢？有学者进行了分析，综合起来可以概括为以下几点：[1] 一是公民权利意识的觉醒。参与公共事务是公民的权利，而司法领域属于公民参与公共事务重要的一环，通过参与司法审判，可以充分行使公民权利。二是权力制约的目的。随着美国"三权分立"、权力制约理论向全世界的传播，西班牙不可避免地受到影响。通过恢复陪审制度，旨

---

[1] Los Jueces Contra La Dictadura, Justicia Y Politica En El Franquismo, 1978, Ruiz, pp. 249-267.

在使公民参与审判、行使司法权力，达到抑制司法权力滥用的目的。三是其他国家的影响。美国陪审制度的不断发展，欧洲其他国家特别是英国、法国、德国、俄罗斯等国陪审制度（参审制）的运行及改革，使西班牙意识到陪审团审判可以在司法领域发挥重要作用。四是国内法律从业人员的推动。从20世纪70年代开始，西班牙国内有少数法官、检察官和法院书记员意识到公民与法律制度间存在着鸿沟，他们积极地寻求能够改变这种情况的办法，便成立了一个名为"司法民主"的团体，该团体一些成员后来在司法行政部门担任了重要职位，并在以后陪审团的发展过程中发挥了关键性作用。

（三）在争议中确立九人陪审团制度

自1978年宪法重新确立陪审制度以来，西班牙法律界就对陪审团的设计、运行等一系列问题开展讨论。直到1995年，通过制定《陪审法院组织法》，才对陪审员的选任、陪审团的规模、形式、管辖权、职责划分、裁决方式等作出具体规定。

西班牙国内曾对采取陪审制还是参审制进行过讨论。[1] 支持传统陪审制度的学者提出，依据严格解释，宪法更倾向于英美陪审团而非混合法庭，其中平民参与者和负责主持工作的职业法官之间有着严格的职责分工，陪审员分析事实并作出裁决，而法官适用法律并实施处罚；而且认为英美陪审团制度是"典型的民主制度"，其裁决被视为"人民的声音及其参与性民主制度的方法论"。反对传统陪审制而支持采取混合模式的学者认为，宪法第125条的内容允许陪审团被解释为包括公民陪审员在内的混合法庭；混合法庭可以克服陪审团的弊端，因职业法官的突出表现可以使公民陪审员参与混合法庭的效果更好；混合法庭模式为法国、德国等提供了一种解决方案，是传统陪审团模式的进步，西班牙也应当遵循历史的经验。

西班牙最终采用的是陪审团制度而非参审制。西班牙《陪审法院组织法》第2条第1款规定的陪审团类型是"纯陪审团"，即由普通公民组成的陪审团，他们通过提交最终裁决的方式对直接影响被告人有罪或无罪的事实提出意见。

西班牙采取纯陪审团模式之后，确立了陪审团规模。历史上，西班牙陪

---

[1] Mar Jimeno Bulnes, "Lay Participation in Spain: The Jury System", *International Criminal Justice Review*, Vol. 14, 2004, pp. 170-172.

审团可以由 8 名、12 名甚至 48 名陪审员组成。1872 年《刑事诉讼法》第 658 条规定陪审团应由 12 名陪审员和 3 名专业法官组成；1874 年颁布的一项立法草案（后未被通过）规定，陪审团应由 48 名陪审员组成；1888 年《陪审团审判法》又将陪审团人数缩减到 12 名陪审员和 3 名专业法官；1931 年 4 月 27 日颁布的法令又将陪审团人数缩减为 8 名陪审员、2 名候补陪审员和 3 名专业法官。[1]《陪审法院组织法》第 2 条规定，陪审团包括 9 名陪审员，2 名候补陪审员，1 名负责主持工作的省法院的专业法官。采用九人陪审团模式，是西班牙总结历史经验、充分考虑现实需要的结果，陪审团规模适中，既能保证公民参与，又不至于人数过多而无法作出裁决，兼顾了公正与效率。

《陪审法院组织法》第 8 条明确规定担任陪审员必须符合五个方面的要求：必须是西班牙籍公民，年满 18 周岁；充分享有政治权利；具备读写能力；陪审员必须是犯罪行为发生地省市的居民；无任何妨碍其履行陪审员职能的残疾或精神疾病。

陪审团年龄的规定，一般有两种选择：一类为英美国家陪审团，如美国规定公民只要年满 18 周岁即可担任陪审员；一类规定年龄较大才能担任陪审员，如俄罗斯要求公民年满 25 周岁才可担任陪审员，我国规定陪审员需要年满 28 周岁，日本法律规定年满 30 周岁才能担任陪审员。

在陪审员年龄的界定上，西班牙虽然为欧洲国家，且其对陪审团的立法很大程度上参照俄罗斯的立法模式，但在年龄确定上却选择了英美模式，规定公民只要年满 18 周岁即可担任陪审员。在英美国家，理想的陪审团应该是一个"社区缩影"，故陪审员的选择应来自社区的普通大众，能够反映社区各种成员的情况。对于理想的陪审团，最常见的描述之一是"真正代表社区的机构"。"哪个会是审判案件最好的法庭呢？坐在法官席上的与民众没有共同语言的这些人跟那些与社区休戚与共的人相比谁才是更好的审判人？"[2]

当然，在《陪审法院组织法》还未制定时，西班牙国内也对陪审员年龄

---

[1] Jose Manuel Pugnaire Hernandez, *Comentarios Y Formularios A La Ley Del Tribunal Del Jurado*, Bosch (Publishing Company), 1996, pp. 55-56.
[2] Jeffrey Abramson, "Four Models of Jury Democracy", *Chi. -Kent L. Rev.*, Vol. 90, 2015, p. 861.

进行过探讨，有人建议最低年龄为30周岁，还有提议最低年龄为24周岁[1]，但最终确立为18周岁。这一点吸收了英美国家陪审团是"社区缩影"的理念，因为陪审团中应当有18岁这个年轻群体的代表。

上述两种确立陪审员年龄的模式代表了各国追求不同的价值。第一类，公民年满18周岁即可担任陪审员，使陪审团的组成中包含各个年龄阶段，且注重年轻人的看法，陪审员的组成更具有代表性。第二类，公民需有一定的生活阅历才能担任陪审员，更加注重人的理性与谨慎性，是寄希望于提升陪审员年龄使裁决更符合客观事实。这两种模式没有好坏之分，只在于各国的价值观和国内实际司法状况不同。英美法系注重程序正义，更加注重个人权利，对年龄尽量施加更少限制。而大陆法系更加追求实体正义，在陪审员年龄的选择上，自然持谨慎的态度，以提升裁决的准确性和合理性。当然，西班牙将公民参与陪审团审判视为参与司法的权利，注重的是公民的参与性，而非谨慎和理性，所以选择了18周岁作为陪审员年龄的下限。

不仅如此，法律还从反面详细规定了不适合担任陪审员的情形：

第一，陪审员不适格。《陪审法院组织法》第9条规定以下三类人员不能担任陪审员：被判故意犯罪且尚未恢复公民权利的人员；正在被起诉、被逮捕、被拘留、被临时监禁或正在监狱服刑的人员；因刑事诉讼而被暂停公职的人员。

第二，职责不兼容。《陪审法院组织法》第10条规定了三类人群因职责不适合担任陪审员。政治职责：西班牙国王和皇室成员；总统、副总统、部长、国会的秘书长和副秘书长、总司令及其他类似职位；自治区首长；众议院和参议院的成员；自治市政府代表。司法职责：宪法法庭的院长和审判长；司法权力机构总理事会主席及其成员；国家总检察长；公诉人；司法和税收部门的在职成员；在任何宪法机关、公共行政机关或任何法院任职的法律代理人；律师和检察官；法学或医学教授。其他特殊职责：军队成员、警察和外交官；任何军事或安全部队、监狱机构的在职成员；外交人员。

第三，职责禁止。《陪审法院组织法》第11条还列举了构成陪审员"职责禁止"的五个具体情况：陪审员候选人涉及刑事诉讼当中，包括作为原

---

[1] Manuel Miranda Estrampes, El Jurado, Revista Del Poder Judicial, 2006, pp. 419, 426.

告、被告、附带民事诉讼当事人；参与审讯的法官和审判长；存在应当回避的情形，如与审判长、司法秘书长或参与审判的律师和检察官之间存在密切联系或家庭关系的人员；已经作为证人、专家辅助人、担保人或翻译人员参与审判的；与审判有直接或间接利益关系的人员。

第四，职责豁免。根据《陪审法院组织法》第12条，如果被选任陪审员的西班牙公民有效提出以下七项"职责豁免"条件中的任何一项，则可以取消其履行陪审员的责任：年满65岁以上的老人；前4年曾担任过陪审员的；由于家庭原因遭遇沉重负担的；从事"相关公益事业"的人员，而担任陪审员可能会给"公共利益"带来严重后果；居住在国外的人；正在服役的军人；能够陈述并证明"任何其他严重妨碍其履行陪审员职能"的人员。职责豁免的主张由陪审员提出申请，审判长予以决定。

西班牙陪审团的遴选包含两个步骤：一是在选举人口中随机挑选出陪审员名单；二是在具体的案件中，由审判长在合格的候选陪审员名单中随机选择陪审员组建陪审团。两个步骤都体现了随机选择的特点。

一是总候选人的确定。《陪审法院组织法》第13条对陪审员的遴选有明确规定。陪审员的遴选每两年进行一次，从选举人口普查中随机抽选产生，候选人的总数为上一年度陪审团审判的刑事案件数量乘以五十，再加上一个合理的增量，最后计算出总人数。随机抽选出的名单由市政厅予以公示，并且在省级官方杂志上公布。候选陪审员认为自己不符合陪审员资格条件的，允许他们提出反对意见，并由高级法官进行处理，再由每个省列出最终的"陪审员候选人双年度名单"送交省法院。

当属于陪审团管辖案件的犯罪由调查法官提交至省法院后，便开始陪审团的遴选过程。[1] 特定案件的陪审员从陪审员候选人名单中随机抽选。《陪审法院组织法》第18条规定，在陪审团审判日前至少30天，审判长须要求书记员公开从相应的省陪审员候选人名单里随机抽选36名陪审员。随后，书记员应向这36名被选中的候选陪审员逐一发送正式通知、专项调查问卷和陪审团手册。调查问卷包含是否存在不适格、职责不兼容和职责禁止等相关信息，每位候选陪审员必须在5天内填写并返还该问卷。审判长收到问卷回函后，应当向检察官及律师提供调查问卷副本。随后法官召开职责豁免听

---

[1]《陪审法院组织法》第24—28条。

证会[1],探讨有关各方当事人对候选陪审员的意见,控辩双方可以"有因回避"为由排除候选人。

所有合格的陪审员候选人均应在审判长规定的时间出席陪审团审判法庭候选(至少有20人)。审判长应对每个候选陪审员进行询问,以确定每个候选人均符合法律规定的陪审员资格。在听证会上,候选陪审员还可以继续提出职责豁免申请,但很有可能会遭到拒绝。如女性候选陪审员以履行家庭责任为由拒绝履行陪审义务,除非需要对96周岁以上老人、婴儿以及6到8周岁的儿童家庭护理,通常情况下得不到各方当事人和审判长的认可。有的陪审员基于《陪审法院组织法》第12条第7款"任何其他严重妨碍其履行陪审员职能"提出申请,如一名候选陪审员提交了一份公共交通时刻表的副本,证明他因地理原因不能出庭,被法院驳回。还有候选陪审员以"我觉得个人没有能力担任陪审员"以及"我不是一个合适的陪审员"为由拒绝担任陪审员,布尔戈斯省法院予以驳回,认为没有证据证明存在任何障碍阻止或妨碍他们履行陪审义务。[2]但是,根据《陪审法院组织法》第40条的规定,候选陪审员根据以上相同理由提出的职责豁免有时会达到让双方将其作为无因回避对象的效果。《陪审法院组织法》赋予检察官、被告人及其律师各自提出4次无因回避的权利,双方当事人和审判长希望避免不情愿出任陪审员的人出席,因为按照以往的经验,他们出任陪审员会"令人不安"。[3]控辩双方可以据此排除不愿担任陪审员的候选人。

在确定候选人之后,将所有候选人的名字放进一个盒子里,随机抽取9个人组成陪审团,再抽取2名候补陪审员。最后,审判长要求被选任的陪审员进行宣誓。法律规定,如果没有作出宣誓或承诺,不得担任陪审员。宣誓仪式结束后,审判长将召开陪审团的首次庭审。

通过陪审团制度确立的过程可以发现,西班牙引进陪审团制度的方式是首先确定为宪法上的基本人权,再通过专门立法规定实施机制,目的是保障新闻自由和政治权利,九人陪审团的模式充分考虑了陪审团的代表性和人民

---

[1] 在某些情况下,可以书面程序代替听证会,并与当事人共享信息。虽然这被认为不正规,但最高法院允许这种可能性存在。参见西班牙最高法院文件(STS 837/2009)。
[2] Mar Jimeno-Bulnes, "Jury Selection and Jury Trial in Spain: Between Theory and Practice", *Chicago-Kent Law Review*, Vol. 86, 2011, p. 585.
[3] Manuel Miranda Estrampes, El Jurado, Revista Del Poder Judicial, 2006, p. 428.

参与司法的权利。可以说，西班牙引进陪审团的根本目的是改善司法系统的保障人权机制。

二、严格限制陪审团适用的范围和条件

西班牙全国共划分为17个自治区、50个省。但是，如前所述，《陪审法院组织法》决定只在巴塞罗那、帕伦西亚、帕尔马以及巴伦西亚等四个省对某些刑事案件实行陪审团审判。另外，还对陪审团的适用层级、案件范围、适用条件等方面进行严格限制。与英美法系国家公民在可能判处监禁以上刑罚中都有要求陪审团审判的基本权利[1]不同，西班牙陪审团制度体现了适用范围上限制陪审制适用的职权主义诉讼传统：一方面，立法可以把陪审制的适用限制在较小的范围之内；另一方面，在审判程序中，法官有较大的自由裁量权选择适用陪审团或者解散陪审团。

（一）适用于省法院审理的严重刑事案件

首先，陪审团审判只适用于省法院。《陪审法院组织法》第1条第3款提出了"属地管辖权"问题。该条款规定了两项规则：一是特定级别管辖原则，规定"陪审团审判仅限于省法院的管辖范围"。《陪审法院组织法》第1条第3款规定，最高法院不适用陪审团审判，同时规定："如果在对被告人提起正式刑事诉讼的地方法院审理案件，则其分庭也可以适用陪审团审判。"因此，最高法院刑事分庭也可以对特定案件行使属地管辖权。二是属地管辖原则。《陪审法院组织法》第5条第4款还对陪审团审判的属地管辖权进行了进一步明确，即案件的管辖法院为犯罪行为地省法院。

其次，陪审团审判只适用于七类刑事案件。《西班牙宪法》第125条规定，陪审制仅适用于刑事案件，不得扩及民事案件、劳动争议案件及行政诉讼案件。对哪些类型的刑事案件适用陪审制，法律采用了列举式。《陪审法院组织法》第1条第1款规定："采用陪审团审判的刑事案件应由本法、刑法典或其他法律予以专门规定。"《陪审法院组织法》规定以下七类犯罪由陪审团审判：侵犯人身安全的犯罪；公职人员基于职务的罪行；侵犯名誉罪；玩忽职守罪；侵犯隐私和住所罪；侵犯自由罪；危害环境罪。陪审团审理的是严重侵犯人权的刑事案件。

《陪审法院组织法》第1条第2款明确《西班牙刑法典》中规定的下列

---

[1] 高一飞：《上帝的声音：陪审团法理》，中国民主法制出版社2016年版，第4—16页。

罪行属于陪审团管辖：杀亲罪；谋杀罪；凶杀罪；协助或唆使自杀罪；杀婴罪；监狱守卫的玩忽职守罪；文件保管中的玩忽职守罪；受贿罪；盗窃公款罪；诈骗和非法支付罪；非法与公职人员的谈判罪；妨碍交通罪；违背协助义务的不作为罪；非法进入或侵入私人住宅罪；恐吓罪以及森林纵火罪。与历史上陪审团审判言论自由案件等政治性犯罪不同，1995年后由陪审团审判的犯罪行为都是那些不太复杂的传统犯罪，或犯罪成因特别容易被非专业人员在履行司法职能时评估的犯罪，以便于陪审团能顺利作出裁决。

《陪审法院组织法》采取列举式限定陪审团的审判范围，但由于列举的局限性，法律对陪审团的审判范围亦留有开放的空间。《陪审法院组织法》前言部分规定，基于过去经验和陪审制度的完善，陪审法庭的权限可以扩大到除第1条所列以外的犯罪行为。[1]《陪审法院组织法》第5条建立了可以将陪审法庭的权限扩大到"关联犯罪"的规则。[2] 关联犯罪包含两个方面：一是同一被告人被指控有多种犯罪行为，其中一些犯罪行为由陪审团审判，另一些也可以在陪审团的审理范围之内；二是多个被告人，其中一些被告人的罪行属于陪审团审判，另一些被告人的罪行本来不属于陪审团审判范围，但是不同被告人所犯罪行存在联系的，几个被告人都可以由陪审团审判。

具体来说，关联犯罪包含三种情形：两人或多人同时犯罪；在不同地方犯相同罪行的几个人之间有预谋的犯罪；教唆他人犯罪。[3] 然而，即使管辖范围得以拓展，但是司法实践中对"关联犯罪"的解释却受到限制。西班牙最高法院在一项审判规程中已经明确了对"关联犯罪"的限制性解释，甚至刑事分庭全体会议于2010年2月23日签订了一项限制陪审法庭处理关联犯罪的共同准则。[4] 由此可见，对于陪审团管辖案件的范围，除法律明确规定外，可以依照"关联犯罪"原则在一定范围内拓展，但是拓展范围被司法领域予以限制性解释。"关联犯罪"属于程序性和管辖权的问题，需要由陪审团在审前程序中作出决定。

---

[1] 《陪审法院组织法》第2章第4段，陪审法庭的职权范围在第1条中有规定。
[2] Eduardo de Urbano Castrillo, El Jurado Y El Delito Conexo, La Ley., Vol. 1, 1997, p. 2030.
[3] Eduardo de Urbano Castrillo, El Jurado Y El Delito Conexo, La Ley., Vol. 1, 1997, p. 2030.
[4] T. S., Feb. 23, 2010 (J. T. S., No. 142593).

(二) 三种情形下可以解散陪审团

法律规定属于陪审团审判范围的案件，按理说均应由陪审团审判，但是存在三种例外情形，可以不适用陪审团，具体包括：预先解散、双方合意解散和撤诉解散。

《陪审法院组织法》第49条规定了预先解散制度。预先解散是指在庭审调查中，如果审判长认为控方并未提供足够的证据证明被告人罪责成立，可因辩方的申请或依职权主动解散陪审团，终止诉讼程序。预先解散的前提条件在于控方证据不足，为了维护《西班牙宪法》中明确规定的被告人无罪推定权利而终止审判程序。审判长在作出预先解散决定后，3天内应当作出无罪判决并说明理由。

《陪审法院组织法》第50条规定了双方合意解散制度。双方合意解散是指刑事诉讼的控辩双方就特定案件判处的刑罚达成一致意见，且施加的处罚不超过6年监禁时，审判长有权解散陪审团。在这种情况下，审判长将根据双方当事人认可的事实做出量刑判决。[1] 法律对双方合意解散适用条件予以限制，一是刑期限制，达成一致的案件刑期不应当超过6年；二是适用程序，即在陪审团组建后，因控辩双方达成一致而由审判长予以解散。

双方合意解散源自控辩双方的协议，其产生的原因在于司法实践中对诉讼效率、诉讼经济的追求。合意解散的应有之意是在组建陪审团之后，因控辩双方达成一致意见，经审判长同意决定不再继续由陪审团进行审判。在实践中，对法律规定的合意解散的适用范围进行了拓展：一是拓展了合意的内容；二是拓展了适用的程序，形成了实践中的辩诉交易。

就第一个方面而言，控辩双方的合意并非仅就特定案件的刑期达成一致，还包括对特定案件是否适用陪审团审判达成一致。实践中，控辩双方合意对某一类型的案件回避陪审团审判，缩小了陪审团对案件的管辖权。根据司法机构总理事会发布的报告，如果被告人与检察官之间达成特殊协议，就会出现回避陪审的现象。[2]

就第二个层面而言，《陪审法院组织法》规定双方合意解散适用的程序为审判程序的一部分。但是，在实践中，不断出现检察官与被告人在审前程

---

[1] 在《陪审法院组织法》第50条第2款和第3款规定的某些案件中，审判长可以决定不解散陪审团并继续审判。

[2] 司法机构总理事会（CGPD）于1999年5月5日发布第5/1995号报告，Report On Ley Organica Del Tribunal Del Jurado (1999).

序、陪审团遴选之前就达成不适用陪审团合意的案件。阿斯图里亚斯省法院成为在陪审团组建之前达成一致协议这一司法实践的先驱，其在1996年、1997年和1998年作出的一些判决已经对此作出了明确规定。如1998年2月6日的第68/1998号判决[1]显示，在陪审团遴选之前控辩双方已经达成一致意见。本案是一起涉及非法入侵居民住宅的案件，两名被告人及其辩护律师同意检控方的指控，接受检察官提出的处罚，并向调查法官和陪审法庭的审判长提交双方协议，审判长根据协议作出判决。在本案中，没有必要再组建陪审团进行审判，也就不需要遴选陪审员。1998年9月10日，加泰罗尼亚地区最高法院第11/1998号判决[2]宣布一致性协议适用于陪审团审判程序和陪审团遴选程序。

双方合意解散制度不断发展，被现行西班牙各省级法院沿用并且适用范围继续扩展。如：布尔戈斯省法院2006年2月22日第6/2006号判决[3]，该案的被告人被指控犯有谋杀罪，但因被告人存在精神异常，符合《刑法典》第20条第1款所列的豁免条件，检控方申请将其送入精神病院看管15年；2010年9月24日第53/2010号判决[4]，被告被判处《西班牙刑法典》第138条规定的杀人罪，以及第139条规定的暗杀罪，鉴于被告人在谋杀时行为完全失常，分别被判处13年和18年的监禁。这些案件的合意达成均发生在陪审团遴选之前或陪审团审判开始之前。

这样的发展趋势是否会导致陪审团审判范围进一步萎缩成了一个令人担心的问题。根据诉讼裁量权和诉讼经济原则，由案件当事人之间达成一致，是一个伟大而积极的进步。但是，合意解散也让学者提出了以下担忧：[5] 一是就协议本身而言，协议可能是被迫达成的，而且在达成协议的过程中没有受到任何程序的约束；二是由于在任何阶段均可达成一致协议，严重破坏了审判程序的稳定性；三是一致协议的合法性问题，以"诉讼裁量权和诉讼经济"为由剥夺公民的宪法和法律权利，损害了正当程序。

---

[1] 1998年2月6日 S. A. P. （R. J.，第841号）。
[2] 1998年9月10日 S. T. S. （R. J.，第3942号）。
[3] 2006年2月22日 S. A. P. （J. T. S.，第111296号）。
[4] 2010年9月24日 S. A. P. （J. T. S.，第348617号）。
[5] Informe Del Consejo General Del Poder Judicial (CGPJ), Sobre La Experiencia De La Aplicacion De La Vigente Ley Organica Del Tribunal Del Jurado, 1998, p. 18.

《陪审法院组织法》第 51 条规定了撤诉解散制度。撤诉解散是指控方在审判前的任何阶段或者是在最终的意见书中决定撤销对被告人的刑事指控，审判长会解散陪审团并作出无罪判决。

三种不适用陪审团审判的情形中，预先解散和撤诉解散均为控方原因导致，属于本来就不应当交由陪审团审判的案件。而双方合意解散则是控辩双方主动达成，是程序上的辩诉交易制度，可能会产生随意性等问题。是否适用陪审团的辩诉协商，类似于美国的辩诉交易，但是，西班牙本身并没有辩诉交易程序，合意解散协议仅仅是关于是否适用陪审团的交易。西班牙立法设计的陪审团适用协商本来是一种审判程序，但实践中出现扩大到审前的趋势，这是设计者没有预料但也是应当预料到的。陪审团审判程序正当化和复杂化必然导致程序的简化，这是一种世界性趋势。

（三）陪审团适用比例为千分之一左右

西班牙历年法院工作报告所载的统计数据显示：2003 年至 2019 年，西班牙陪审团审判案件数量长期处于低位，基本维持在每万件刑事案件中陪审团审判案件数量不超过 10 件。只有 2018 年和 2019 年的适用比例超过了千分之一，其他年度都维持在千分之一以下。

2003—2019 年西班牙陪审团审判案件情况统计表[1]

年份	总案件数量/件	刑事案件数量/件	陪审团审案数量/件	陪审团审判在刑案中占比/%
2003	7323773	5601675	415	0.00741
2004	7454280	5689167	414	0.00728
2005	7725120	5859774	336	0.00573
2006	8043809	6099785	323	0.00530
2007	8362587	6308445	327	0.00518
2008	9044995	6611756	300	0.00454
2009	9567280	6739748	281	0.00417
2010	9355526	6639356	339	0.00511
2011	9041442	6542545	338	0.00517
2012	8972642	6442718	361	0.00560

---

[1] 资料来源于西班牙 2003 年至 2019 年法院工作报告，http://www.poderjudicial.es/cgpj/es/Temas/Estadistica-Judicial/Estudios-e-Informes/Justicia-Dato-a-Dato/，2020 年 8 月 14 日访问。

续表

年份	总案件数量/件	刑事案件数量/件	陪审团审案数量/件	陪审团审判在刑案中占比/%
2013	8636016	6304949	328	0.00520
2014	8653160	6173019	297	0.00481
2015	8478698	5806074	289	0.00498
2016	5813137	3365927	325	0.00966
2017	5873689	3232678	272	0.00841
2018	5993828	3151698	356	0.01130
2019	6279302	3213114	394	0.01226

西班牙对陪审团适用法院、适用范围和条件的限制，体现了西班牙立法者对陪审团是否适合国情、是否妨害打击犯罪的疑虑，将陪审团适用于最适合陪审团发现真相的案件。在适用主体上，只适用于省一级法院审理的重大刑事案件；在适用案件上，只适用于不需要专业知识就能理解的七类传统刑事案件；在适用的程序上，通过多种方式解散陪审团，不适合陪审团发现真相的案件被排除；在适用的数量上，陪审团审判的案件极少，只有千分之一左右。

三、庭审程序对真相发现的追求

一般来说，西班牙的庭审程序包括以下三个阶段：庭审调查阶段，即通过庭前听审或者简易听审对被指控的犯罪事实进行调查；临时辩论阶段，即控辩双方进行临时性辩论，并将证据提交法庭；口头辩论阶段，在这个阶段，通过展示证据及询问、诘问，控辩双方尽力说服陪审团相信他们所支持的论断具有事实和法律的正当性。[1]

在庭审程序方面，西班牙遵循了大陆法系的庭审调查程序。大陆法系的诉讼程序以阅读检控方的起诉书和被告人的答辩词为开端，接着讯问被告人，出示证人证言、鉴定结论等，被告人最后陈述后结束。

西班牙陪审团在整体上与英美陪审团有相似之处：以听审为主，根据法庭上听到和看到的证据进行事实问题裁判。但是，与英美陪审团不同的是，它增加了亲自提问程序、被害人和书记员的发问程序、问题列表制度来辅助

---

[1] 施鹏鹏：《陪审制研究》，西南政法大学 2007 年博士学位论文，第 132 页。

陪审团对证据和事实进行了解，体现了职权主义传统下审判人员（陪审员）的主动积极特征和被害人的当事人地位，目的是全面发现真相。

（一）审判长和陪审员直接发问体现职权作用

《陪审法院组织法》第46条赋予陪审员直接调查的权力：陪审员有权自行对证据进行评估，有权在法庭上直接向证人、专家和被告人发问，并审查所有证明文件和材料。[1] 陪审团在庭审中扮演积极角色，促使陪审团能够更加清楚案件事实，有利于作出裁决，体现了大陆法系传统下裁判者的积极角色。

与英美陪审团审判一样，西班牙陪审团审理中有1名专业法官作为审判长。与俄罗斯不同的是，俄罗斯有3名法官。与英美国家专业法官只是程序主持人不一样的是，西班牙陪审团制度借鉴了俄罗斯的做法，审判长扮演着积极的角色，在审判中可以直接发问，进行法庭调查。所以，专业法官虽然没有"判"的权力，却有"审"的权力，可以说他是"审而不判"的法官，充分利用其法律专家的特点，帮助陪审团了解案件事实。

除此以外，西班牙陪审团中的陪审员还可以直接自己提问，这是不同于任何国家的独特的法庭调查程序。在英美法系的陪审团中，陪审员是不能发问的。俄罗斯也不允许陪审员直接向证人发问，而是由陪审员以书面形式将问题通过首席审判员交给审判长，由审判长进行宣布，如果审判长认为陪审员询问的问题与案件无关，可以自行决定不进行发问。[2] 西班牙陪审团与英美陪审团中陪审员保持只听不问的沉默、消极状态不同，也与俄罗斯通过专业法官提问不同，目的是使陪审团能充分了解案件事实。

以上的做法使西班牙陪审员与大陆法系下陪审员与法官"同职同权"的庭审调查方式相同，充分吸收了大陆法系国家参审制的优点，体现了职权主义的特征。

（二）被害人的发问权和书记员的积极作用

被害人可以发问。在《陪审法院组织法》通过之前，西班牙刑事审判也许是欧洲大陆上最强调对抗式诉讼的国家。审判以阅读检控方的起诉书、被

---

[1] Lopez Jimenez, R. (2002). La prueba en el juicio por jurados. Valencia, Spain: Tirant Blanch, p. 97.

[2] Gennady Esakov, "The Russian Criminal Jury: Recent Developments, Practice, and Current Problems", *American Journal of Comparative Law*, Vol. 60, Summer 2012, p. 678.

告人和自诉人（包括被害人、被害人的家人、近亲属）的应诉书为开端。[1]
俄罗斯和西班牙的陪审团审判制度都很大程度上受到"扩大受害人权利"思想的影响。在这两个国家，检察机关提出的撤诉请求只有在被害人（自诉人）同意的情况下才被允许。[2] 在西班牙，审判中律师通常陪同被害人一方到场，而且对陪审团审判有重大的影响，诉讼双方包括被害人在内都可以在宣读起诉书后作出公开的陈述。陈述能给诉讼双方机会来解释他们的诉求，列出他们认为能够证明的事实，他们也可以提议听取新证据。萨曼教授认为，这一做法与美国陪审团审判的开头陈述（Opening statements）很相似。[3] 在权利方面，被害人的权利有很多已经与公诉人相同，被害人显然已经不是英美两国的证人地位，而是具备了当事人地位，这与中国刑事诉讼法中的被害人地位相同。

书记员发挥指导作用。在西班牙陪审团审理中，有一项既不同于英美陪审团，又不同于俄罗斯陪审团的特色：除陪审团和法官之外，书记员在审判中也起到了很大的作用。一是法院书记员负责监督和管理整个陪审团的遴选过程。书记员全程参与陪审团的遴选过程，且必须出席职责豁免听证会。在确定陪审员时，由书记员在陪审员候选人名单中随机挑选并寄送问卷及其他文件。在听证会上，书记员确认陪审员的身份，并就每个候选陪审员向审判长提供相关资料。二是书记员可以在陪审团的裁决过程中发挥积极作用，协助陪审团完成裁决。根据《陪审法院组织法》第61条第2款规定，西班牙允许法院书记员进入审议室，根据裁决对象参与撰写推理。书记员可以在第一时间阅读陪审团对裁决对象的表决与推理，有利于帮助陪审团纠正裁决中的不合理之处，防止裁决被审判长发回。可以看出，西班牙陪审制度中，书记员与中国法院的法官助理地位类似，从陪审员的产生直至形成裁决，都发挥着积极作用，且缓和了法律的严肃性、专业性和平民法官之间的矛盾，在陪审制的发展中影响深远。

（三）吸纳大陆法系的问题列表制度

问题列表制度，即指在陪审团审判中，审判长依法律规定将案件事实进

---

[1] See L. E. CRIM. art. 649.
[2] Stephen C. Thaman, "The Resurrection of Trial by Jury in Russia", *Stanford Journal of International Law*, Vol. 31, 1995, pp. 107-108.
[3] Stephen C. Thaman, "Europe's New Jury Systems: The Cases of Spain and Russia", *Law & Contemporary Problems*, Vol. 62, Spring 1999, p. 233.

行细化分解，制作一定数量的问题，要求陪审团作出"是"或"否"的回答，以决定被告人行为是否构成犯罪，是否存在减刑情节等。[1] 在英美陪审团中，陪审团依据良知对案件作出裁决，他们可以不受法官约束，甚至可以不顾证据证明的事实而得出自己的结论。陪审团正是通过这样的"违法"宣布法律无效，这种现象被称作"陪审团废除法律"。[2] 因此，问题列表与陪审团追求自由和防止政府压迫的精神不符。在英美陪审团中，只存在法官对陪审团给出法律指示，而不存在问题列表制度。

陪审制中最早实行问题列表制度的是法国，在 1796 年由梅兰（Merlin）起草的《犯罪与刑罚法典》中便论及了问题列表制度。[3] 俄罗斯 1993 年在重建陪审制时也引进了问题列表制度。[4] 西班牙借鉴法国及俄罗斯的模式，在立法中确立了该制度，体现了其混合大陆法系陪审制与英美法系陪审团制的特点。

西班牙陪审团需要对三方面的问题进行表决：一是问题列表上的各项案件事实是否成立；二是被告人具体犯罪行为是否构成相关犯罪的事实；三是"有条件减刑"和"罪责豁免"问题。因此，审判长在制定问题清单时，也应当包含这三方面的内容：第一类是关于案件基本事实的问题；第二类是根据案件事实结合法律加以判断是否构成犯罪，以及构成何种犯罪的问题；第三类问题是有关刑事责任的问题。这三类问题是层层递进的关系。

西班牙在《陪审法院组织法》中对问题列表应包含的内容有所明确。第 52 条第 1 款规定，问题列表应当包含：（1）陈述各方当事人所主张的事实问题，明确区分"不利于被告人的事实问题和有利于被告人的事实问题"。（2）所主张的事实问题可能会决定是否存在"责任豁免事由"。（3）陈述能够确定"各被告人参与犯罪的程度及共犯责任分担"的事实问题。（4）被告人"被宣布有罪或无罪"的法律依据。（5）根据现有证据，审判长可以补充有利于被告人的事实或法定减刑情节，但这些事实或情节不会导致陪审团裁决事实发生实质性的变化。这些规则明确了列表中应当包含哪几部分的案件事实，确立了列表制度的整体框架、结构和内容，但是该规则仅是原则性的

---

[1] 施鹏鹏：《陪审制研究》，西南政法大学 2007 年博士学位论文，第 101 页。
[2] 高一飞：《陪审团一致裁决原则的功能》，《财经法学》2018 年第 6 期，第 114 页。
[3] 根据《犯罪与刑罚法典》规定，审判长对每一个情节都要向陪审员提问三个问题：行为是否已被证实；被告人是否为行为实施者；被告人是否有意为之。参见施鹏鹏：《陪审制研究》，西南政法大学 2007 年博士学位论文，第 101 页。
[4] 《俄罗斯联邦刑事诉讼法典》第 338 条、第 339 条对问题列表制度进行了详细规定。

规定，并不能很好地指导实践。

在法律规定的基础上，也有学者对问题列表的制定提出看法。萨曼教授提出了列表中问题的来源及形式，他认为"西班牙法官在运用《陪审法院组织法》时面临的难题是如何将双方当事人的辩护词转换成平民法官可以理解的问题，还要对被告人已被证实或未被证实的案件事实以及对被告人罪行减轻、加重、辩护或豁免等情况提供足够的问题"[1]。列表中问题可以来自双方当事人公诉书和辩护词中所包含的犯罪构成要素的事实依据与量刑事实，且审判长在制作问题列表时需要将专业的法律术语转化为平民法官可以理解的语言。问题列表制度在不断变化，司法实践也促进问题列表不断发展完善，其内容从简单直接向全面具体转变。[2] 通过问题列表制度指导陪审团，避免陪审团被相互矛盾的问题困扰。

就西班牙问题列表制度而言，其制度设计比较粗糙，实践中出现了陈述事实复杂、法律术语界定模糊、不能明确区分对被告人有利或不利的问题、提出的问题不连贯、主审法官在判决中掺杂个人因素等情况。[3] 这些问题的存在说明，问题列表制度应当进行改革和完善。

以上三个方面的程序特征说明西班牙陪审团在发挥陪审团人权保障功能的同时，特别注重其发现真相、打击犯罪的功能。通过审判长和陪审员直接发问体现其调查的职权作用；通过被害人的发问权和书记员的积极作用避免打击犯罪的证据在辩护人的作用下被忽视；通过引进大陆法系的问题列表制度提高陪审团发现真相的能力。西班牙庭审程序兼顾了保障人权和发现真相的双重功能。

四、裁决程序对实体公正的保障

西班牙陪审团裁决制度同样具有既不同于英美陪审团，也不同于另一个大陆法国家俄罗斯陪审团的特点，其基本特征是：在保障人权的同时，特别重视保障实体公正。

---

[1] Stephen C. Thaman, "Spain Returns to Trial by Jury", *Hasting International and Comparative Law Review*, Vol. 21, 1998, p. 323.
[2] Stephen C. Thaman, "Spain Returns to Trial by Jury", *Hasting International and Comparative Law Review*, Vol. 21, 1998, p. 323.
[3] Memoria Del Consejo General Del Poder Judicial (CGPJ), 1999, p. 20, https://www.atelierlibros.es/libros/memoria/9788489230125/, last visited, April 6, 2021.

(一) 陪审团解决定罪和部分量刑问题

法官负责召集陪审团、控制审判流程、解决审判中的程序性问题、制作案件事实问题列表、解散陪审团等。根据《陪审法院组织法》第67条、第68条规定，在陪审团对案件进行裁决后，起草判决的职权只能由审判长行使，因此，法官还需要对有罪裁决制作量刑判决，对无罪裁决制作无罪判决。

陪审团的职责包含两个方面：一是参与案件审判，并根据案件事实作出有罪与否的裁决；二是对"有条件减刑"及责任豁免问题作出裁决。

与大多数普通法国家的陪审团只需口头作出有罪或无罪的裁决不同，西班牙陪审团需对《陪审法院组织法》第52条规定的"裁决对象"给予明确的书面答复。审判长会将与案件有关的量刑事实制成问题清单，据此明确裁决对象，并将其他司法指令和案件总结与问题列表清单一并交给陪审团，陪审团在此基础上进行裁决。

(二) 陪审团裁判并不要求一致裁决

在庭审完毕之后，陪审团会在专门设计的特殊房间内秘密审议并进行表决。

鉴于一致同意规则审判失败的可能性较大，西班牙立法者确立了简单多数的表决规则。在对具体的案件事实进行投票之前，需要投票选择出陪审团负责人。《陪审法院组织法》第55条规定，陪审团的首次投票是选举负责人（该职位最初在9名陪审员中随机产生），负责人产生后履行其职责。负责人职责包含：要求陪审员投票、警告陪审员弃权的后果、对事实问题进行投票。

在对案件事实进行投票时，《陪审法院组织法》第58条规定，陪审团成员按照姓氏字母顺序进行投票，所有陪审员均不得弃权。一般陪审团需要在结束庭审之后的两天内作出裁决。如果两天后陪审团还没有作出裁决，审判长可召开听证会，向陪审团提供有关指导或补充信息以避免不必要的延长审议时间。

从根本上说，陪审团就三方面的问题进行表决：一是问题列表上的各项案件事实是否成立；二是被告人具体犯罪行为是否构成相关犯罪的事实；三是"有条件减刑"和"罪责豁免"问题。

关于事实问题，陪审团必须对案件事实"是否被证实"进行表决。《陪审法院组织法》第52条第1款规定，在口头辩论阶段结束后，审判长将制作问题列表明确"裁决对象",将明确列举的案件事实提交给陪审团。第59条第1款要求,证实对被告人不利的事实至少需要有7名陪审员投票,证实对被告人有利的事实则需5票。

在确定被告人的行为构成犯罪后,陪审团会对被告人的具体犯罪行为进行表决,以明确被告人实施的犯罪行为是否构成被指控的罪名。根据《陪审法院组织法》第55条、第56条、第60条第2款规定,陪审团合议在完全秘密的状态下进行,主审法官不允许参与合议,陪审团成员也不能泄露任何关于合议的信息。《陪审法院组织法》第57条规定,陪审团可以对判决要求更多的法官指示或说明,如果陪审团在合议后两天内没有作出裁决,法官就可以把陪审员们召集到法院来审查他们在对判决理解上是否存在问题。

当被告人被判有罪时,陪审团还会继续对"有条件减刑"和"罪责豁免"问题进行投票表决。同样,对被告人不利的表决需要7票,对被告人有利的表决需要5票。

在陪审团裁决方式方面,英美法系国家多采用"一致裁决"规则,也就是说全体陪审员必须作出一致裁决。英美陪审团之所以采用"一致裁决"规则,是因为一致裁决具有更高的权威性,能够更好排除合理怀疑,从而提高所作判决的公正性。但是,一致裁决具有两面性,其在提高判决的权威性的同时,也极有可能出现因一名陪审员被威胁或贿赂而难以得出一致结论的情况。因此,1967年《英国刑事法令》引入多数裁决,从而背离一致裁决的传统。[1]

西班牙并未采取"一致裁决"规则,而是采用了类似于俄罗斯的制度设计。《俄罗斯联邦刑事诉讼法典》第343条规定,在不能达成一致裁决时,如果12名陪审员中有7人对问题列表中的每一个问题都作出肯定回答,则成立有罪裁决;如果不少于6名陪审员投票对问题列表中的任何一个问题作否定回答,则作出无罪裁决。西班牙在区分有利于、不利于被告人事实的基础上,确立不同的投票规则:证实对被告人不利的事实至少需要7票,证实对被告人有利的事实则需5票。

西班牙的投票规则与其特色的问题列表制度是息息相关的。每一个案件可能制定出几十甚至上百个问题,陪审员需要对每个问题一一进行投票表

---

[1] [美]肖恩·多兰:《陪审团审判》,载[英]麦高伟、杰弗里·威尔逊主编:《英国刑事司法程序》,姚永吉等译,法律出版社2003年版,第362页。

决,如果采取一致裁决的模式,可能无法顺利作出裁决,严重影响司法效率,甚至对司法公正也会造成不利影响。并非只有"一致裁决"规则才能作出公正的裁决,况且,就连一直采取一致裁决的英美国家,对这一制度都逐渐动摇,可见一致裁决也并非完美。西班牙虽然没有采取"一致裁决"规则,但是其制定的特定多数投票规则更符合其司法实际。

在投票结束后,陪审团负责人需要起草投票备忘录,以此记载与审议有关的投票情况。《陪审法院组织法》第61条第1款规定,备忘录应包括以下事项:已被证实的事实;未被证实的事实;对每个被告人及其每项罪行宣布有罪或无罪的判决(陪审团还应就是否考虑"有条件减刑"和"罪责豁免"的权益提出意见);用于支持有关事实问题有罪或无罪的证据;在审议期间发生的事件。陪审团全体成员签字后,备忘录便送至审判长处。

当提交给审判长的备忘录存在瑕疵时,审判长可决定发回陪审团予以修正。这时,审判长将启动特殊听证会,召集各方当事人,解释发回原因及瑕疵应如何更正。一般而言,可以发回裁决的瑕疵包含:裁决没有包括全部事实;裁决没有提及被告人的罪责;没有满足多数投票要求;不同事实问题的回答之间有矛盾;等等。

如果备忘录没有瑕疵,由审判长召集各方当事人参加公开听证会,陪审团负责人会在听证会上宣读裁决。之后由法官负责起草判决书。如果备忘录存在瑕疵或者没有达到必要的多数票,则审判长将下令解散陪审团甚至于最终宣布被告人无罪释放,下文将详述。

(三)陪审团裁判需以适当方式说理

在英美陪审团的传统中,陪审团是不需要说理的。在采用传统陪审团审判模式的国家,陪审团对作出的裁决不需要说明理由是除西班牙和瑞士(日内瓦州)外所有国家的惯例。[1] 法国学者认为,陪审员无须说理的奇特现象起源于英国陪审制,英国创设陪审制度时陪审员是以证人的身份出现的,只需陈述其所见所闻而无须说理。[2] 也有人认为这是陪审团作为中世纪神明裁判的替代物的结果,"陪审团审判继承了神明裁判身上的神秘性,即无须为其裁决给出理由,不需要为其认定的事实提供书面上的论证,这被英美学

---

[1] 刘婷:《刑事案件陪审员裁判说理研究——以欧洲人权法院判例及欧陆国家陪审制改革实践为视角》,西南政法大学2018年硕士学位论文,第5页。
[2] 施鹏鹏:《陪审制研究》,西南政法大学2007年博士学位论文,第98页。

者看作维护陪审团独立性和防止恶法统治的有力举措"[1]。但不管起源如何，陪审团不需说理是传统陪审团的重要基因。

在英国，"陪审团不需要，确切地说是不允许说明裁判的原因"[2]。陪审团不说理，是自由心证和保护其独立裁判的基本机制。在美国1969年的莫伊伦案（United States v. Moylan）[3]中，联邦第四巡回法院法官指出："我们承认……陪审团有宣告无罪的无可争议的权力，即便它的裁决与法官指示的法律相左，与证据不一致……如果陪审团觉得指控被告所依据的法律不公正，或者某种紧急情况使被告的行为具有正当性，或者有任何理由影响到他们的逻辑与感情，陪审团都有权宣告无罪，而法院一定要服从这一裁决。"美国存在特殊的"陪审团废法"制度[4]，这一制度的理论基础是"因为国会将是制定压迫人民立法的永远实体"[5]，目的是用陪审团废法的方式保障人权。因此，陪审团最终仅需作出概括性的裁决（"有罪"或"无罪"），而不需要解释理由。陪审团能够开释他们确信实施了犯罪的被告人，而不用解释开释的原因。[6] 正是陪审团裁决无须说明理由的裁决方式给了陪审员不适用他们不喜欢的法律的权力、裁决"与证据不一致"的权力，专业法官不能以陪审团超出权力范围为由而不接受裁决结果。陪审团裁决不需要说理，才使陪审团审判成为人权的捍卫者。

但是，西班牙陪审团的裁决必须说理。1990年西班牙宪法法庭对《西班牙宪法》第120条第3款作出解释，宣布赞成"法官依据法律作出合理的判决而不是运用必须抵制的司法专权作出肆意行为"，直接禁止了陪审团废除法律的权力。1995年《陪审法院组织法》序言中提到："西班牙1888年刑事诉讼法的起草者认识到将陪审团的权力扩大至定罪，就意味着事实与法律的混淆，并意味着陪审团对立法者权限的侵犯……而在我们的制度中，陪审团应当毫不动摇地受制于立法授权，但这种限制应当控制在此范围内：裁决将

---

[1] 李昌盛：《论对抗式刑事审判》，西南政法大学2008年博士学位论文，第89页。
[2] [英] 麦高伟、杰弗里·威尔逊主编：《英国刑事司法程序》，姚永吉等译，法律出版社2003年版，第362页。
[3] United States v. Moylan, 417 F. 2d. 1002, 1006 (4th Cir. 1969).
[4] 高一飞、贺红强：《美国陪审团废法的正当性考察》，《学术论坛》2013年第6期，第92—99页。
[5] United States v. Datcher, 830 F. Supp. 411 (M. D. Tenn. 1993).
[6] [美] 约书亚·德雷斯勒、艾伦·C. 迈克尔斯：《美国刑事诉讼法精解》（第二卷·刑事审判）（第4版），魏晓娜译，北京大学出版社2009年版，第278页。

争论过程具体化。"随后，在 2001 年的一项决定中，宪法法院进一步解释指出：(1) 每一项定罪判决必须表明认定刑事责任所依据的证据；(2) 这些依据必须由真实的证据构成，并符合法律与宪法的规定；(3) 必须在法庭上提出，除非宪法规定的可接受的例外；(4) 由法庭根据逻辑和经验进行充分的审查和评估。[1]

虽然西班牙和俄罗斯对陪审团给出详细问题清单的做法能使法官揣测其推理过程，但根据《陪审法院组织法》第 61 条，西班牙还要求陪审团成员对于他们的裁决书提供一份简明的裁决理由，指出裁决所依据的证据和证明理由。萨曼教授评价说，这是迄今为止要求陪审团说明裁决理由的唯一立法尝试。[2] 因为英美陪审团是不需要说明裁决理由的，要求陪审团说理，违背了"无罪推定原则"和"自由心证原则"。

在审查裁判说理的充分程度方面，西班牙最高法院在两种不同的标准之间摇摆不定：一种是较为灵活标准，只需陪审团列出证明裁决结果的证据；另一种是严格标准，要求陪审团具体详细说理，类似于法官判决书的要求。具体采用哪种标准由法官决定。[3] 一般情况下，陪审团采用"灵活标准"说理即可；但对于依据间接证据定案的案件，西班牙最高法院要求陪审员"不仅应当列举证据还应当说明是如何从这些证据中推断出被告人有罪的"[4]。在万宁夫（Wanninkhof）一案[5]中，西班牙高等法院以说理不充分、证据不足撤销了该陪审团裁决，避免了一名无辜者受到不公正的处罚。

在沙利克（Saric）一案[6]中，欧洲人权法院裁决认为，陪审团作出的裁决缺乏理由本身并不违反公约的规定。但是，在贝莱琳·拉加雷斯诉西班牙案（Bellerin Lagares v. Spain）[7]中，欧洲人权法院发现引起质疑的西班牙

---

[1] Stephen C. Thaman, "Spain Returns to Trial by Jury", *Hastings International and Comparative Law Review*, Vol. 21, Winter 1998, p. 360.
[2] Stephen C. Thaman, "Europe's New Jury Systems: The Cases of Spain and Russia", *Law & Contemporary Problems*, Vol. 62, Spring 1999, p 233.
[3] Mar Jimeno-Bulnes, "Lay Participation in Spain: The Jury System", *International Criminal Justice Review*, Vol. 14, 2004, pp. 164-185.
[4] S. T. S. Mar. 12, 2003 (279/2003) at para 5.
[5] Stephen C. Thaman, "Spain Returns to Trial by Jury", *Hastings International and Comparative Law Review*, Vol. 21, Winter 1988, p. 660.
[6] ECHR: Saric v. Denmark, Judgment of 02/02/1999.
[7] ECHR: Bellerin Lagares v. Spain, Judgment of 04/11/2004.

陪审团的裁决书（陪审团的评议记录附在裁决书后）中包含了陪审团的详细说理，对此做法它表示支持，因为有关裁决包含了为实现《欧洲人权公约》第6条第1款的目的所需具备的充足理由。而在塔克特诉比利时案（Taxquet v. Belgium）[1]中，2009年的欧洲人权法院普通审判庭支持了陪审团裁决说理的观点，但2010年欧洲人权法院大审判庭改变了这一观点，进一步重申了陪审团无须为其裁决说明理由的主张，同时又强调被告人享有理解裁判的权利，法院应当通过一系列措施防止恣意裁判并保障被告人和公众理解陪审团作出的裁决。这两次内容矛盾的判决表明了欧洲人权法院在陪审团是否需要说理问题上的立场是：支持陪审团不说理的独立审判权，又支持通过一系列措施防止恣意裁判，增加被告人对判决的理解，即陪审团可以不说理，但如果能够说理更好。

也许，关于陪审团是否应当在裁判时说理的问题还会争论下去，但西班牙这一做法非常独特，它所涉及的问题在欧洲人权法院有很多看来矛盾的判例，但在上述贝莱琳·拉加雷斯案中显然也受到了欧洲人权法院的赞赏。西班牙要求陪审团说理这一违背陪审团审判传统的做法值得关注。

（四）职业法官对陪审团裁决有双重否决权

陪审团作出的裁决可能会被推翻。《陪审法院组织法》第61条第1款（d）项规定，要求陪审团在裁决中附上"对已被证实或未被证实的特定事实的简要推理"。实践中，控辩双方认为不合理的或依据不充分的裁决被称为"异常裁决"（deviant verdicts），可能被推翻。可能推翻陪审团裁决的方式有两种：

一是审判长因陪审团说理不足而解散陪审团，从而实际上推翻其裁判。如前所述，西班牙要求陪审团裁判说理，目的是防止陪审团的无理裁判。但在实践中，只有一些陪审团对他们如何发现指控被证明给出详尽的说明，大多数陪审团只提供一些例如"证人证言""鉴定结论""证据、专家、被告供述"等短语。某一案件中，陪审团在裁决理由部分只写了"根据证人"这样简单四个字作为全部裁判理由。为了避免裁决中出现瑕疵，陪审团可以请求法院助理来帮助他们起草裁决。[2] 受过职业训练的法院助理对陪审团提出的专业法律问题都会进行回答，但仍然存在裁决书说理不够的问题。

---

[1] ECHR: Taxquet v. Belgium, Judgment of 16/10/2010, at para 80.
[2]《陪审法院组织法》第61条（2）。

《陪审法院组织法》第 65 条规定，接到陪审团的裁决书后，法官必须找出其中的不足，并要求陪审团作出必要的修改。如果法官三次重返裁决书让陪审团修改，在陪审团不予修改或者修改仍然存在瑕疵的情况下，法官可以解散陪审团，组成新的陪审团继续案件的审理。如果新组成的陪审团不能就上一陪审团遇到的相似问题作出裁决，法官本人就可以作出无罪判决，但是不能直接作出有罪判决，即法官改变陪审团裁决不得作不利于被告人的变更。

二是上诉法院推翻陪审团的裁决。根据西班牙《刑事诉讼法》第 846 条规定，被告人或检控方可以向区域最高法院提起上诉，上诉法院可用宣布裁决无效的方式推翻陪审团裁决。[1]《刑事诉讼法》第 847 条规定，控辩双方一旦上诉成功，只有向马德里最高法院提出取消上诉的申请才可能阻止区域最高法院作出"陪审团裁决无效"的裁决。西班牙上诉审法院在审理案件时，对案件进行全面审理，包含事实审和法律审，如果上诉法院认为陪审团的裁判不是根据证据或者是根据不合理的证据作出的，就可认定其为"异常裁决"而予以推翻，既可以推翻陪审团作出的不当有罪裁决，也可以推翻陪审团作出的不当无罪裁决。

陪审团运行第一年，上诉审法院推翻陪审团作出的奥特吉无罪裁决案就是异常裁决中的一个。[2] 因为公众一致认为一审中的陪审团裁决没有依据证据作出，原因是陪审员可能出于对巴斯克民族主义者的同情，也有可能担心民族主义者报复，最终上诉法院推翻了陪审团裁决，该案甚至导致了巴斯克地区陪审团制度暂停运行的结果。在西班牙陪审团上诉案件中，50% 以上的裁决被推翻[3]，陪审团审判的权威性受到严重挑战。

普通法系国家严格奉行禁止双重危险原则，任何人不能因同一行为或同

---

[1] Maria Luisa Garcia Torres, El control judicial de los defectos del veredicto, Tribunales De Justicia, Vol. 3, 2003, p. 65.

[2] 米克尔·奥特吉（Mikel Otige），一位年轻的巴斯克民族主义分子，谋杀了两个巴斯克警察。他在 1997 年 3 月 7 日被释放，理由是先前警察袭扰导致其行为能力减弱和狂热激情愤怒从而造成其控制能力减弱。该案的无罪释放在西班牙引起很大反响，大众提议修改或废除《陪审法院组织法》，至少在巴斯克地区暂停其使用。Stephen C. Thaman, "Europe's New Jury Systems: The Cases of Spain and Russia", Law & Contemporary Problems, Vol. 62, Spring 1999, p. 233.

[3] Manuel Serra Dominguez, El Jurado: dxito o fracaso, in Problemas Actuales De La Justicia Penal, 2001, pp. 59, 62.

一罪名受两次或多次审判或处罚，陪审团只因裁判程序违法而被推翻。俄罗斯通常可以对有罪判决提出上诉，也可以对无罪判决提出上诉，但是对无罪判决的上诉作了限制，根据《俄罗斯联邦刑事诉讼法典》第385条第2款的规定："法院根据陪审团无罪裁决作出的无罪判决，只有在违反刑事诉讼法的行为限制了检察长、被害人或其代理人提交证据或影响陪审团提问内容及回答时，才可以根据检察长的抗诉或被害人及其代理人的上诉撤销。"[1] 但是，西班牙不同于俄罗斯的是，上诉法官对案件事实、适用法律均进行全面审查，对一审的有罪裁决和无罪裁决都可以因其为"异常裁决"而被推翻发回重审。

西班牙陪审团制度形成了独具特色的专业法官对陪审团的双重否决机制。西班牙并没有照搬英美陪审团"事实审一次性"和"人民不会犯错"的教条，制度设计者在发挥陪审团保障人权功能的同时，也设计了一套促进陪审团发现真相、维护实体公正的机制。

西班牙陪审团在裁决方面的特征表明，它在实现保障人权功能的同时，把追求实体公正当作同等重要的目标。陪审团解决定罪和部分量刑问题，其本质是解决量刑事实，使量刑建立在他们认定的事实基础之上；陪审团裁判并不要求一致裁决，目的是防止少数人的意见导致被告人无罪，实现打击犯罪的公正高效；陪审团裁判需以适当方式说理，防止陪审团的非理性裁判和以废除立法为目的的裁判；职业法官对陪审团裁决有双重否决权，以专业理性防止了陪审团的激情裁判，通过司法权的内部制约实现实体公正。

结　语

西班牙在重建陪审团时，并未采取欧洲各国普遍采用的参审制，而是选择了陪审制。在陪审制度式微的今天，西班牙为何逆流而上？究其原因，可以总结为以下两个方面：

第一，西班牙具有运行陪审团的历史传统。虽然为大陆法系国家，但早在1812—1939年，西班牙就断断续续存在过陪审团，这一阶段，因政治上的风云诡谲，导致西班牙的陪审团制度处于不断建立、废止的循环当中，发展较为缓慢，陪审团审判尚未在司法实践中发挥较大作用。不过，

---

[1] 高一飞、吕阳：《俄罗斯陪审团制度：观察与展望》，《俄罗斯学刊》2015年第1期，第12页。

有着一百多年的立法与实践，使陪审制在西班牙的法律发展史中留下了浓墨重彩的一笔，为陪审制度的重建奠定了厚实的文化基础。因此，西班牙是历史上较早适用陪审团的国家，1995年的陪审团只是恢复传统而已。而在今天，对寄希望于重建陪审制以提升司法民主、推进司法人权的西班牙来说，意义重大。

第二，西班牙的陪审团设计了符合国情的配套措施。以列举方式限制陪审团的审判范围，使陪审团审判局限于一些比较容易理解的案件，不会对司法产生过大的冲击；通过建立问题列表制度，使陪审团作出裁决时说明理由，弥补陪审团裁决不说理的缺陷；通过专业法官的双重否决机制使陪审团非理性裁判得到控制。

以上两个方面也反映了大陆法传统国家移植英美陪审团时在惩罚犯罪与保障人权上的艰难取舍。移植与改造的结果是西班牙陪审团看起来是"四不像"，但是，"四不像"才是具有本国特色的、符合国情的选择，这应当是法律移植的常态。

1995年以来，西班牙通过立法及实践，使陪审团制度不断健全与完善。尽管西班牙陪审团适用极少、矛盾之处颇多，但其在保障人权、促进人民参与司法方面仍具有独特的象征意义。我们也许可以引用萨曼教授的评论作为本章的结尾：

"尽管到目前为止陪审团裁决的数量相对较少，但是，欧洲大陆法系纠问制土壤能孕育出陪审团制度这一现象本身就值得关注。陪审团制度为过分书面化、官方化的欧洲刑事司法体系注入了生机和活力，也使欧洲法学家重新思考刑事司法系统依据的程序性和实体性原则。"[1]

---

[1] Stephen C. Thaman, "Europe's New Jury Systems: The Cases of Spain and Russia", *Law & Contemporary Problems*, Vol. 62, Spring 1999, p. 259.

第十二章
昨日辉煌：风雨中的美国大陪审团

2014年8月，美国密苏里州的弗格森市发生了一起轰动世界的枪击案件。该市的一名白人警察纳伦·威尔逊（Narren Wilson）开枪射杀了未携带武器的黑人青年迈克尔·布朗（Michael Brown），但负责此案的大陪审团经过长时间的调查后却认为没有足够的证据证明警官实施了犯罪行为，作出不起诉的决定。这个不起诉决定再一次刺激了美国民众种族主义的神经，最终引发了全国范围内的大规模骚乱。[1] 美国的大陪审团制度也因为这起案件重新进入全球公众的视野。

其实，在美国的司法体系中，有两种类型的陪审团：一类是大陪审团（Grand Jury），一般由16到23人组成，任期1个月到6个月不等，主要用于刑事案件的审查起诉；另一类是小陪审团（Petit Jury），一般由12人组成，根据案件的需要临时召集，主要用于刑事或民事案件的审判。[2]

在众多的影视剧和书籍中，小陪审团已为公众所熟知，大陪审团则提及相对较少，相关的著述和研究也不够丰富。本章将就大陪审团制度的历史、特色、运行以及现状等方面对这一重要制度进行系统、全面的介绍和分析，试图再现一个真实的美国大陪审团。[3]

---

[1] 参见杨玉生：《美国迈克尔·布朗案全景透视》，http://www.dffyw.com/faxuejieti/zh/201412/37637.html，2015年6月10日访问。

[2] 参见宋英辉、孙长永、朴宗根等：《外国刑事诉讼法》，北京大学出版社2011年版，第82页。

[3] 历史上，英国、加拿大、澳大利亚都曾不同程度地使用过大陪审团制度，后又在不同的历史时期废除。目前，世界范围内真正意义上还在继续使用大陪审团的国家就只有美国。See G. D. Woods, *A History of Criminal Law in New South Wales: The Colonial Period*, 1788-1900, Federation Press, 2002, pp. 56-59; Greg Taylor, "The Grand Jury of South Australia", *American Journal of Legal History*, Vol. 45, October 2001, pp. 468-516.

一、美国大陪审团制度的产生和发展

在美国,大陪审团制度是一个特殊的存在,赞美者称之为"自由的堡垒",反对者则指责其为"纯粹的恶作剧和野蛮时代的残余"。[1] 不了解大陪审团历史的人,似乎很难理解美国人民的这种复杂的情感。概括而言,大陪审团制度在美国的历史上可以分为三个时期:

(一)源于英王亨利二世时期

历史上,法兰克人、斯堪的纳维亚人和罗马人都曾用过类似于大陪审团这样的机构,但通常认为,真正意义上的现代大陪审团制度源于12世纪英王亨利二世的一系列司法改革。[2]

1164年,亨利二世颁布在其改革生涯中具有重要意义的《克拉灵顿宪章》,规定法官在审理土地纠纷和重大刑事案件时应找12名了解案情的当地居民担任陪审员,陪审员有义务就案情及被告人是否有罪宣誓作证。[3] 而且《克拉灵顿诏令》进一步规定,对凶杀、抢劫、窝藏罪犯等案件的指控必须由陪审团提起。[4] 在随后的1176年,亨利二世又颁布了《北安普顿诏令》,进一步强化了陪审团的起诉职能。

根据上述法令的规定,同一个陪审团既要负责提起指控,又要负责审理案件。同时肩负着起诉和审判两种职能有违司法公正,遭到了英国民众的强烈质疑和反对。因此,在1352年,当时的英王爱德华三世发布一项诏令,规定在原陪审团之外另行设立一种陪审团,专门负责案件的审判,而原来的陪审团则只负责案件的起诉,不再参与审判。由于负责起诉的原陪审团人数可以多达23人,而负责审判的陪审团则始终固定为12人,所以习惯上将前者称为大陪审团,后者称为小陪审团。

大陪审团在创立之初,主要是为封建王权服务,但在其后的数百年间,

---

[1] See Kathryn E. White, "What have you Done with my Lawyer: The Grand Jury Witness's Right to Consult with Counsel", *Loyola of Los Angeles Law Review*, Vol. 32, April 1999, p. 917.
[2] See Anna Offit, "Ethical Guidance for a Grander Jury", *Georgetown Journal of Legal Ethics*, Vol. 24, Summer 2011, p. 771.
[3] 何家弘:《陪审制度纵横论》,《法学家》1999年第3期,第41页。
[4] See Kathryn E. White, "What have you Done with my Lawyer: The Grand Jury Witness's Right to Consult with Counsel", *Loyola of Los Angeles Law Review*, Vol. 32, April 1999, p. 914.

其逐渐充当了"反对专制，使无辜者免受不当追诉"的角色，受到英国民众的赞誉。

（二）17—19世纪在美国的兴起与发展

17世纪初，伴随着英国的殖民统治，大陪审团制度传入美国。在殖民统治时期，大陪审团在美国社会中扮演着看重要角色。根据各州的法律，大陪审团主要承担控诉职能，对于证据充足、符合起诉标准的案件，向法院提起公诉。此外，在有些州，大陪审团还享有部分案件的调查权和监督公共事务的权力，如监督公共支出、税收和市政工程建设等。[1]

18世纪30年代，北美殖民地的反抗斗争开始加剧，大陪审团因为享有提起指控的权力，逐渐担负起了反抗殖民当局司法暴政的重任。大陪审团经常被殖民地人民用来对抗英国统治，拒绝殖民当局不合理的起诉要求。如：1734年，纽约当地的两个大陪审团就先后拒绝起诉批评殖民总督的约翰·P. 曾格（John P. Zenger）。在1765年的"印花税法暴乱案"中，波士顿的大陪审团同样拒绝起诉当地的民众领袖。在随后的多起案件中，大陪审团都有类似的做法。另外，大陪审团还经常在审查起诉当中拒绝执行殖民当局制定的不公正或带有压迫性的法律。当时，殖民当局的众多法律或法令，如邮票法、税收法等，都因为大陪审团的抵制而无法顺利实施。

正是因为大陪审团在英国殖民统治时期"反对专制""保护民众不受任意起诉"的一系列举动，为大陪审团赢得了"自由堡垒"的声誉，受到美国民众的珍视。最终在1789年，大陪审团制度以第五修正案的形式被写入美国宪法。该修正案规定："非经大陪审团提起公诉，人民不受死罪和不名誉罪的审判，唯发生于陆海军部队的案件，或者在战时和国家危机时发生于服现役的民团的案件，不在此限。"这意味着在美国联邦层级法院，除法律规定的特殊管辖以外，所有的死刑和重罪案件，都必须经过大陪审团提起公诉。值得注意的是，尽管美国宪法并不要求各州使用大陪审团提起公诉，但其后美国各州在制定州宪法的过程中，也都相继确立了大陪审团起诉的制度。[2]

（三）19世纪中期在美国的衰落

19世纪中期，大陪审团制度在美国开始遭遇一系列的信任危机，大陪审

---

[1] 王禄生、张昕：《转型中的美国大陪审团制度——由弗格森枪击案谈起》，《中国党政干部论坛》2015年第1期，第89页。
[2] See Hurtado v. California, 110 U. S. 516, 538 (1884).

团的独立性和公正性受到质疑。大批美国民众认为大陪审团已经丧失了自身的独立性，不仅不能防止不当起诉，反而成为任意起诉的帮凶，而且大陪审团起诉制度既浪费时间又浪费金钱。

因此，美国的一些州开始废除大陪审团制度，大陪审团的起诉职能也逐渐被专业的检察官所取代。目前，全美仅有4个州要求所有的犯罪案件，15个州要求所有重罪案件必须经过大陪审团提起公诉。其余的绝大多数州，都不再要求大陪审团起诉。[1] 大陪审团制度经过这一系列的调整或废除，自身的职能和适用范围双双萎缩，在美国的发展遭遇重重危机，开始由盛转衰。

二、大陪审团的种类与功能

大陪审团在美国绝对是一个特殊的存在，特别是历史上，有着多种类型，承担着不同的职能。它可以根据自己的独立调查提出指控，也可以根据当地检察官移送的案件决定是否提起公诉，还可以对市政工程、公共支出等公共事务进行监督，在美国社会中扮演着重要角色。

（一）起诉大陪审团

起诉大陪审团（Indicting grand jury）最主要的职能是提起公诉，即起诉。在美国联邦和绝大多数州，大陪审团的首要职责就是审查检察官移送的案件，决定是否最终将案件移交法院，提出起诉。对检察官移送的案件和提出的起诉建议，大陪审团经过审查，认为有足够的证据支持指控的，会在检察官提交的起诉建议书上签署"准予起诉"（true bill），提起公诉，反之签署"不予起诉"（no true bill; not a true bill; not found），驳回指控。

（二）调查大陪审团

在美国，大陪审团在调查犯罪方面享有一定的特权，常常调查政治舞弊、敲诈勒索、贿赂等特殊类型的案件，这个功能由调查大陪审团（Investigating grand jury）完成。[2] 在对上述案件进行调查时，大陪审团可以不受宪法第四修正案、第五修正案等宪法或法律的限制，自由传唤证人，扣押物证、书证。

担负调查职能的美国大陪审团在联邦和各州又有不同。在联邦，这种调

---

[1] 王禄生、张昕：《转型中的美国大陪审团制度——由弗格森枪击案谈起》，《中国党政干部论坛》2005年第1期，第89页。
[2] 参见甄贞、王丽：《美国大陪审团与人民监督员制度比较》，《人民检察》2007年第9期，第61页。

查型大陪审团被称为"专门大陪审团"。专门大陪审团可以主动调查犯罪行为，享有广泛的权力。如，根据美国1970年《有组织犯罪控制法》的相关规定，大陪审团如果有合理根据相信某人实施了有组织犯罪，就有权调查该犯罪行为，然后形成调查报告，提出指控。[1]

在美国各州，调查型大陪审团根据其职权的不同可以分为三类：第一类是依申请启动调查的大陪审团。此类大陪审团不能自行启动调查程序，只能根据检察官或法官的要求，调查由其交付的犯罪案件。第二类是可以自行启动调查的大陪审团。此类大陪审团的调查职权较为广泛，有权调查违反州刑法或其辖区内的任何犯罪行为。第三类是专门调查特定犯罪的大陪审团。此种类型的大陪审团与联邦层级的"专门大陪审团"较为类似，是为了调查那些特殊种类或犯罪涉及面较广的犯罪案件而专门设置的，一般又被称为"专门大陪审团"、"全州大陪审团"、"州大陪审团"或"县际大陪审团"等。[2]

（三）公民大陪审团

大陪审团还负有监督公共事务的职能，这部分大陪审团也被称为"公民大陪审团"（Civil Grand Jury）。公民大陪审团可以对政府的公务行为、公务支出以及市政状况等进行监督，并提出报告。但在其后的过程中，联邦层级大陪审团的此项权力在1946年《联邦刑事诉讼规则》颁布后被废除。[3] 不过仍有许多州继续保留了大陪审团监督公共事务的权力，其中，最常见的就是检查地方监狱和其他监禁设施的情况。当前，有一半的州要求或允许大陪审团检查服刑机构及其相关事务。[4] 还有部分州的大陪审团还同时负责监督当地的政府官员，或是负责监督对社会公益或安全有影响的领域。[5] 如，在加利福尼亚州，大陪审团享有广泛的监督权，可以对监狱设施、贫困病人的治疗、会计账目、税收、公共事务和法律执行等问题进行监督并提出书面意见。

---

[1] See 18 U.S.C. §§ 3332-33 (1970).
[2] See Susan W. Brenner, "The Voice of the Community: A Case for Grand Jury Independence", *Virginia Journal of Social Policy & the Law*, Vol. 3, Fall 1995, p. 112.
[3] See Susan W. Brenner, "The Voice of the Community: A Case for Grand Jury Independence", *Virginia Journal of Social Policy & the Law*, Vol. 3, Fall 1995, p. 116.
[4] See Ala. Code § 12-16-191 (1986).
[5] See Susan W. Brenner, "The Voice of the Community: A Case for Grand Jury Independence", *Virginia Journal of Social Policy & the Law*, Vol. 3, Fall 1995, pp. 117-118.

三、大陪审团的人员结构

大陪审团是一个集体决策机构，其成员的来源及其挑选、组成等是整个大陪审团履行职能、发挥作用的基础和前提。

(一) 大陪审团成员的来源与挑选方式

大陪审团由美国当地居民组成，一般要求符合一定的年龄、心智健全、无犯罪记录、在当地有选举权。比如，加利福尼亚州要求大陪审团成员须年满18周岁，是美国公民，在大陪审团所在的县至少居住1年以上。[1] 此外，还须具有适当的英语语言能力，正常的身体、智力、听力和公平的品质等。

至于大陪审团成员的挑选程序，联邦和各州有所差别。在联邦层级，根据1968年颁布的《联邦陪审员挑选及服务法案》的规定，联邦大陪审团成员的挑选一般需要经历以下三个步骤：第一步，先由地区法院发布大陪审员挑选的书面方案，明确大陪审员的任职资格和挑选程序，由各地制作大陪审员名册。第二步，由相关机构从大陪审员名册中随机选出候选大陪审员并通知他们任职。第三步，在排除可能导致司法不公或不能履行职责的大陪审员后，由法院将相应人员列入大陪审团名单，组成大陪审团。美国各州挑选大陪审团成员的方式主要有两种：一种是"抽签法"，即由相关人员在符合条件的候选人中用抽签方式确定大陪审团组成人员；另一种是"评选法"，即由一名或数名法官从符合条件的候选人中通过评议的方式来确定大陪审团组成人员。[2]

美国大陪审团成员的挑选没有小陪审团那么严格，但也要遵循基本的程序，保持公正。在人员构成上，根据美国联邦最高法院的判例，大陪审团的组成人员应当满足多样性的要求，要能代表当地的大多数居民，否则即违反了美国宪法的"正当程序"和"平等保护"条款，构成撤销刑事指控或定罪的有效理由。[3]

(二) 组成人数不确定

大陪审团是由一定数量的人员构成的，但没有固定的组成人数。在联邦系统，根据《联邦刑事诉讼规则》第6条的规定，大陪审团的组成人数要多

---

[1] See CAL. PENAL CODE § 893 (a) (1) (West 1985).
[2] 甄贞、王丽：《美国大陪审团与人民监督员制度比较》，《人民检察》2007年第9期，第61页。
[3] See Rose v. Mitchell, 443 U. S. 545, 557 (1979).

于16人且少于23人。与此相同，美国的许多州规定了大陪审团开会时必需的人数，但却都没有规定大陪审团的法定组成人数。各州的大陪审团组成人数相当不固定，具体的操作主要依当地的司法习惯而定。[1]

（三）不限制大陪审员的替换人数

在美国，大陪审团的任期是不固定的，一般是1个月、3个月、6个月，甚至是1年不等。在此期间，大陪审团成员要定期参加大陪审团会议，根据检察官的请求进行案件调查或审议，以决定是否最终提出起诉。大陪审成员因故不能履行职责的，可以由其他人员接任，继续大陪审团的工作。并且，对于替换的人数，立法也没有作出特别的限制或要求。因此，大陪审团成员替换人数的多少并不影响起诉的效力。也就是说，在同意起诉的大陪审员中，即便只有少数人是最初被召集的，起诉也是合法有效的。如，在1981年的美国诉朗案（U.S. v. Lang）中，23名最初被召集的大陪审员中有15人被替换，但并没有影响起诉效力。[2]

类似的做法在小陪审团审判中是绝对不允许的。对于小陪审团审判的案件，如果庭审过程中有陪审员因故不能履行职务时则由候补陪审员替补，当需替补的陪审员数量超过候补陪审员时，则需重新组成陪审团另行审判。就此而言，大陪审团在人员组成和替换上不够规范和严谨。

四、大陪审团的审议程序

审议程序是美国大陪审团制度的核心和关键。在几个世纪的发展中，美国殖民时期的历史以及特殊的司法环境也造就了大陪审团独特的审议程序。

（一）大陪审团工作内容对外保密

近代以来，刑事或民事案件的审判程序都是公开进行的。但美国大陪审团的工作程序，特别是工作内容，是严格对外保密的。在大陪审团开展工作时，不允许旁听，也不允许报道和报道，只有陪审员、证人和检察官等少数人员被允许出席大陪审团会议室。在必要的情况下，速记员、电子记录操作员或翻译人员也可以在场。当大陪审团成员评议和投票时，则全程不允许任何其他人员在场。

---

[1] See Susan W. Brenner, "The Voice of the Community: A Case for Grand Jury Independence", *Virginia Journal of Social Policy & the Law*, Vol. 3, Fall 1995, pp. 82-83.
[2] See U.S. v. Lang, 644 F. 2d 1232, 1234, 1239 (7th Cir. 1981).

此外，立法还对上述人员的保密义务进行了规定。根据美国《联邦刑事诉讼规则》第6条e款第2项的规定，大陪审员、检察官和协助检察官的政府官员以及为大陪审团提供服务的翻译人员、速记员等，必须对"大陪审团开庭期间的一切情况"进行保密，违者将会面临藐视法庭罪的处罚。这里的"大陪审团开庭期间的一切情况"一般包括提交给大陪审团的文件、政府备忘录、会议内容、传票、证人名单及大陪审团工作记录等。[1]

秘密性一直是美国大陪审团坚持的历史传统。该制度之所以这样设计，主要是考虑到：第一，可以保证大陪审团的权威，避免其受到公众的无端指责。第二，可以保护大陪审员免受外部的压力或恐吓，自由地表达意见。第三，能有效避免被调查对象因得知大陪审团的工作信息而逃避调查的情形。第四，能防止被调查对象在最终被判无罪的情况下，因大陪审团程序的调查对其名声产生的不必要损害。

但大陪审团的保密性也不是绝对的，根据《联邦刑事诉讼规则》第6条e款第3项的规定，在特定情形下也可以适当披露大陪审团信息，如向检察官或协助检察官的政府官员披露，根据法庭的指示披露等。这在一定程度上保证了大陪审团的传统和其他犯罪侦查、审判等工作的需要。

美国各州的情况与联邦类似，均要求大陪审团程序秘密进行，一般情况下，禁止向外界披露大陪审团的工作内容。

（二）大陪审团会议的频率不固定

美国大陪审团的主要工作形式就是开会，在联邦层级，大陪审团实行定期会议制度，但各辖区开会的频率却有很大不同。如在大的市区，大陪审团可能每天都要开会，而在一些小的市镇，大陪审团可能一周甚至一个月才会开一次会。[2] 各州的大陪审团也是如此，没有固定的开会频率，一般都是基于检察官的需要才召集相关的会议。

（三）投票的大陪审员无须出席每次会议

在刑事案件中，为了保证法官的亲历性，负责审理案件的法官或陪审员必须全程出席案件的庭审活动。但是，美国的大陪审团程序并没有这样的要

---

[1] See James F. Holderman & Charles B. Redfern, "Preindictment Prosecutorial Conduct in the Federal System Revisited", *Journal of Criminal Law and Criminology*, Vol. 96, Winter 2006, p. 561.

[2] See Susan W. Brenner, "The Voice of the Community: A Case for Grand Jury Independence", *Virginia Journal of Social Policy & the Law*, Vol. 3, Fall 1995, p. 81.

求。同一个案件，即使有大陪审员缺席一次或几次会议仍然可以参与最终的投票环节，不影响投票结果的法律效力。如：在1982年的美国诉普罗旺扎诺案（U. S. v. Provenzano）中，12名投票赞成起诉的大陪审员当中，有3人参加了每次会议，4人缺席一次会议，3人缺席两次会议，2人缺席了三次会议，起诉决定一样有效。[1] 在1990年的美国诉奥梅尔案（U. S. v. Overmyer）中，全程参与大陪审团会议的大陪审员只有不到12人，起诉书仍然有效。[2]

（四）大陪审团拒绝起诉的决定无终局效力

对于检察官移送审查起诉的案件，大陪审团可以作出起诉或不起诉的决定。大陪审团的起诉决定，原则上具有终局效力，不允许检察官或被起诉对象提出异议。只有少数情况下，如大陪审团组成程序不合法、严重侵犯宪法权利等，被起诉人员才可以向法院申请撤销案件。与之相比，大陪审团的不起诉决定则完全不具有法律上的终局效力。大陪审团拒绝起诉某一案件只能代表该大陪审团对此一案件的决定，并不妨碍其他地区的大陪审团或下一任期的大陪审团作出相反的决定。美国联邦法院的判例也表明，如果第一个大陪审团没有作出起诉的决定，则地区法院可召集另一个大陪审团，检察官也可以寻求另一份起诉书，如2005年的美国诉纳瓦罗·瓦尔加斯案（U. S. v. Navarro Vargas）[3] 就是如此。

五、大陪审团程序的局限

在美国，大陪审团被誉为"自由的堡垒"。大陪审团通过对检察官移送起诉的案件进行调查和审议，以最终决定是否向法院提起公诉。但就现在的运行程序而言，美国的大陪审团还是有很大局限的。具体表现在以下四个方面：

（一）检察官只向大陪审团提交控诉证据

在美国，大陪审团的主要职责是审查检察官移送的案件是否有足够的证据提出起诉，而不是要解决被调查对象有罪、无罪或是罪轻、罪重的问题。正如美国著名的斯卡里亚大法官所言："大陪审团从来就不是为听取双方立

---

[1] See U. S. v. Provenzano, 688 F. 2d 194, 202-03 (3d Cir. 1982).
[2] See U. S. v. Overmyer, 899 F. 2d 457, 465 (6th Cir. 1990).
[3] See U. S. v. Navarro Vargas, 408 F. 3d 1184 (2005).

场而设立的，大陪审团的任务就是审查检方有没有证据显示嫌疑人的确有犯罪可能性。这是个远比普通陪审团'疑罪从无'来得容易的标准。"[1] 如果强制要求大陪审团审查被调查对象无罪、罪轻的证据，辩护律师极有可能利用这一规定来无限地拖延案件的处理，反而进一步影响大陪审团的起诉职能。

因此，在整个审议程序中，大陪审团都只会听取检察官的建议和陈述，调查其提交的证据材料。检察官作为控诉方，全程只需要提交指控被调查对象的证据，促使大陪审团作出起诉的决定，而不需要向大陪审团提交任何对被调查对象有利的证据。

在联邦层级，检察官没有义务向大陪审团提交对被调查对象有利的证据。各州对此有一定的区别，部分州紧跟联邦的实践，不要求提供对被调查对象有利的证据，还有一些州则要求检察官提供相关证据。[2] 但有一点是肯定的，那就是检察官在审议程序中基本上只会向大陪审团提交对指控有利的控诉证据，促使大陪审团提起公诉。

（二）被调查对象极少出席大陪审团会议

在美国，正是因为大陪审团程序本质上是一个调查程序而不是对审程序，大陪审团的主要职责是审查检察官的起诉是否有合理根据，而不是判断被调查对象的罪行。因此，大陪审团程序在制度设计上就只允许检察官出席会议，接受检察官提交的证据材料，而被调查对象除作为证人作证以外，是没有权利出席大陪审团会议的，更无权向大陪审团提交对其有利的证据。

被调查对象可以证人身份出席大陪审团会议，但事实上，被调查对象没有多少向大陪审团作证的动力，正如一位评论家所言："有见识的辩护律师不会同意其当事人向大陪审团作证……因为很少有调查对象能通过作证而不

---

[1] 叶帆：《为何密苏里州弗格森大陪审团不起诉威尔逊警官》，http：//mp.weixin.qq.com/s?__biz=MzA5ODYyNzcxOQ==&mid=201762530&idx=1&sn=eae8fcae9e5b671c2bd1f487e30bbafd&3rd=MzA3MDU4NTYzMw==&scene=6#rd，2015年9月15日访问。

[2] 截至2011年，一项针对美国所有使用大陪审团的23个州的非正式调查表明：大多数州不要求检察官向大陪审员提交辩解证据，明确要求提交辩解证据的州有9个，分别是亚利桑那州、加利福尼亚州、马萨诸塞州、北达科他州、新泽西州、纽约州、俄克拉荷马州和犹他州。See Anna Offit, "Ethical Guidance for a Grander Jury", *Georgetown Journal of Legal Ethics*, Vol. 24, Summer 2011, pp. 764, 765.

被起诉的。"[1] 此外，大陪审团也可以签发传票强制被调查对象出庭作证，但实践中这种情况很少见，因为该对象很可能成为将来的刑事被告人，这样做显然是不公平的。

(三) 被调查对象获得律师帮助的权利非常有限

不得自证其罪和获得律师帮助权是美国宪法第五修正案和第六修正案规定的两项特别重要的宪法权利。第五修正案规定："不得在任何刑事案件中被迫自证其罪。"不得自证其罪特权同样适用于大陪审团程序。美国联邦最高法院早在1892年的康塞曼诉希区柯克案（Counselman v. Hitchcock）中就确认了这一点[2]。1943年，在美国诉莫尼亚一案（United States v. Monia）中，联邦最高法院重申了这一观点，认为反对自我归罪的特权条款适用于大陪审团程序，否则该特权将会因为证人（包括被调查对象）回答大陪审团的提问而被永久放弃。"大陪审团调查的是刑事案件，修正案提到了强迫，它并不阻止证人在可能自我归罪的问题上自愿作证。因此，如果他要求特权保护的话，他必须提出主张……"[3] 因此，在回答大陪审团的提问时，被调查对象可以主张不得自证其罪的特权。

但何时何地主张不得自证其罪的特权，对于被调查对象来说是一项非常艰难的任务。被调查对象不仅可能不清楚什么可使其归罪，也可能不愿在大陪审员和检方占主导地位的会议室中主张特权。因此，被调查对象的另一项宪法特权——律师帮助权，就显得格外重要。律师能够在大陪审团程序中为被调查对象提供专业的法律建议，告知被调查对象在什么情况下该怎样主张或行使不得自证其罪以及其他方面的宪法性权利。律师还能够协助被调查对象向大陪审团提供对其有利的信息。律师出席大陪审团程序同样有助于减轻被调查对象在回答大陪审团提问时的压力和紧张情绪。

在以往的判例中，联邦最高法院一直强调律师的帮助对犯罪嫌疑人、被告人、证人等的宪法特权至关重要。但在大陪审团程序中，被调查对象的律师帮助权仍然受到极大的限制，律师能够发挥的作用非常有限。在1976年的

---

[1] See James F. Holderman & Charles B. Redfern, "Preindictment Prosecutorial Conduct in the Federal System Revisited", *Journal of Criminal Law and Criminology*, Vol. 96, 2006, p. 553.
[2] Counselman v. Hitchcock, 142 U. S. 547 (1892).
[3] See United States v. Monia, 317 U. S. 424, 427 (1943), citing Counselman, 142 U. S. at 562 (1892).

美国诉曼杜贾诺案（United States v. Mandujano）[1]中，联邦最高法院强调："作为一项宪法权利（指宪法第五修正案规定的不得自证其罪的特权），向大陪审团作证的证人不能要求由其律师代理，也无权要求其律师出席大陪审团会议。"[2]

当前，在美国的大陪审团程序中，律师帮助主要有三种模式，分别是联邦模式、州模式和夏威夷模式。联邦模式允许被调查对象退出大陪审团会议室与律师交谈；州模式允许被调查对象的律师待在大陪审团会议室内，为其提供指导；夏威夷模式允许大陪审团在整个程序中获得独立律师的指导。

1. 联邦模式

联邦模式适用于联邦层级的大陪审团。在联邦体系，立法没有授权被调查对象的律师出席大陪审团会议，但并不禁止被调查对象在程序中途离开大陪审团会议室与其律师进行交谈。[3]这在事实上间接承认了大陪审团程序中被调查对象的部分律师帮助权。关于被调查对象可多久与律师交谈一次，各辖区的做法也有很大的不同。多数联邦法院允许被调查对象在每次提问后与律师交谈，以便及时获得律师的帮助。但也有一些地区比较严格，有的会限制被调查对象与律师交谈的时间，有的则将两者谈话的内容限定在宪法特权的问题上。[4]

在联邦模式下，大陪审团程序仍然保持着较为浓厚的调查色彩，程序中允许被调查对象寻求律师的意见，但并不允许律师提出异议或有其他破坏大陪审团程序连贯性的行为。

---

[1] 该案中，曼杜贾诺被通知在毒品犯罪案件调查中向大陪审团作证。在初步陈述后，检察官问曼杜贾诺他是否已与律师接触。曼杜贾诺回答他还未与律师接触，因为他没钱请不起律师。然后检察官作出如下提议："好的，如果你想要一名律师，他也不能出现在这间房子里。他只能在外面。只要你喜欢，你可自由地与他交谈。现在，在我们讯问你的过程中，如果你想有一名律师在外面可与之交谈，告诉我们。" 参见 United States v. Mandujano, 425 U. S. 564 (1976).

[2] See United States v. Mandujano, 425 U. S. at 581.

[3] See Kathryn E. White, "What have you Done with my Lawyer: The Grand Jury Witness's Right to Conslt with Counsel", *Loyola of Los Angeles Law Review*, Vol. 32, April 1999, p. 934.

[4] See Kathryn E. White, "What have you Done with my Lawyer: The Grand Jury Witness's Right to Conslt with Counsel", *Loyola of Los Angeles Law Review*, Vol. 32, April 1999, p. 934.

2. 州模式

州模式主要是在夏威夷以外的各州大陪审团程序中适用。相比联邦，州模式的律师帮助权更为充分。有超过12个州的立法允许被调查对象的律师出席大陪审团会议，并允许其与被调查对象交谈。[1] 不过，这样的交谈也不是完全自由的，要受到立法的限制。比如：有些州规定，"律师不可与其当事人之外的任何人联络"；有的州规定，律师"不得提出异议、主张或向大陪审团陈述意见"；还有的州规定，律师不得"以大陪审团的成员听得见的方式交谈"；等等。[2] 在州模式下，大陪审团程序中被调查对象的律师帮助权得到了更为充分的保障，律师可以出席大陪审团会议，为被调查对象提供法律上的帮助。

3. 夏威夷模式

夏威夷模式主要适用于美国夏威夷州的大陪审团。与上述两种模式不同，夏威夷模式并没有涉及被调查对象的律师帮助问题，而是选择为大陪审团配备独立的律师。早在20世纪70年代，夏威夷就开始为大陪审团配备独立的律师，目的是为大陪审团提供合理的法律建议，从而弱化检察官的影响，强化大陪审团的独立性。[3]

大陪审团的律师由州首席法官指定，任期1年，职责是为大陪审团在程序中遇到的法律问题提出建议。大陪审团在得到充分、中立的法律意见后，就可以对案件作出客观的判断，以最终决定是否提出起诉。夏威夷模式通过为大陪审团配备独立律师的做法，一定程度上保证了大陪审团的独立性和公正性，客观上也有助于保障被调查对象的合法权益。

在美国，一直以来都有排斥律师参与大陪审团程序的传统，理由是大陪审团程序主要是一个行政程序、调查程序，不可能像审判程序那样有完全的律师介入和帮助。因此，直到现在，大陪审团程序中被调查对象获得律师帮助的权利也非常有限。

---

[1] See Kathryn E. White, "What have you Done with my Lawyer: The Grand Jury Witness's Right to Conslt with Counsel", *Loyola of Los Angeles Law Review*, Vol. 32, April 1999, p. 935.

[2] See Michael Vitiello & Clark Kelso, "Reform of California's Grand Jury System", *Loyola of Los Angeles Law Review*, Vol. 35, January 2002, p. 565.

[3] See Susan W. Brenner, "The Voice of the Community: A Case for Grand Jury Independence", *Virginia Journal of Social Policy & the Law*, Vol. 3, Fall 1995, pp. 190, 198.

（四）调查程序不受证据规则的限制

在美国，刑事诉讼证据的调查、收集和运用都要遵循一套严格的证据规则，如非法证据排除规则、传闻证据规则等。但是，除"不得自证其罪"等极少数特权规则外，联邦大陪审团的证据调查几乎可以不受这些证据规则的约束。在证据调查程序中，大陪审团可以自由听取和采纳传闻证据以及违反宪法第四修正案以不合理搜查、扣押方式取得的证据。[1]

各州的大陪审团程序也是如此。大多数州与联邦的实践相同，对大陪审团程序的证据调查很少施加限制，允许其使用非法搜查、扣押所得的证据，也认可传闻证据的效力。[2] 只有极少数州在大陪审团程序中适用宪法保护条款和证据规则，禁止检察官向大陪审团提交不具有可采性的传闻证据。[3]

证据规则是刑事诉讼程序的核心，对查明案件真实，保障当事人合法权益具有非常重要的意义。大陪审团程序在证据调查过程不受证据规则的约束，虽然一定程度上提高了大陪审团的工作效率，但同时也损害了其程序的公正性和权威性。

六、美国大陪审团制度面临的挑战

在美国，大陪审团制度，有着深厚的民意基础，也有着辉煌的历史，但繁华过后随之而来的是无尽的评判和指责，如成本高昂、效率低下、过度依赖检察官等。美国的大陪审团制度没有像英国、加拿大等国的制度一样在质疑声中成为历史，但是依然面临着重重挑战。

（一）大陪审团制度已无往日辉煌

美国的大陪审团制度诞生于殖民地时期，当时在反对英国殖民统治，保护民众的自由、生命和财产等方面发挥了重要的作用，被誉为"自由堡垒"。正因如此，大陪审团制度在美国建国之后被写入联邦及各州宪法，成为一项重要的宪法制度。但如今的美国民众，很少有人了解大陪审团那段光辉的历史，也很少有人知晓大陪审团存在的特殊意义。美国的大陪审团制度再也没有了往日的辉煌，并且有进一步衰落的倾向。

---

[1] See Susan W. Brenner, "The Voice of the Community: A Case for Grand Jury Independence", *Virginia Journal of Social Policy & the Law*, Vol. 3, Fall 1995, p. 83.

[2] See Ala. R. Crim. P. 12.8 (f) (1).

[3] See Cal. Penal Code § 939.6 (West 1985); Idaho Code § 19-1105 (1987 & Supp. 1995); La. Code Crim. Proc. Ann. art. 442 (West 1991).

一方面，使用大陪审团的州在逐渐减少。美国建国之初，联邦以及全国50个州都在宪法中确立了大陪审团起诉的制度。但截至2015年，除了联邦，继续保留大陪审团的州已不足一半。[1] 其他各州的大陪审团制度基本上都被废除或被限制，如康涅狄格州和宾夕法尼亚州等。[2]

另一方面，大陪审团的功能严重萎缩。前已述及，美国大陪审团的职能主要集中在三大块：一是负责审查检察官的起诉建议是否有合理根据；二是对部分犯罪行为进行调查并提出指控；三是对公共事务进行监督。现如今，美国联邦及各州大陪审团上述职能基本都受到了不同程度的限制。在联邦层级，1946年美国《联邦刑事诉讼规则》通过后，大陪审团监督公共事务的职能被废除。各州的情况更甚，大陪审团提起公诉的职能相继被废除，剩下的调查犯罪和监督公共事务的职能也受到严格的限制。

（二）大陪审团制度饱受民众质疑

在全球废除大陪审团制度的背景下，美国的大陪审团制度也因为自身存在的一些问题，如成本高、效率低、独立性不够等，受到国内民众的强烈质疑。这些质疑主要集中在以下几个方面：

1. 成本高

美国大陪审团制度最受诟病就是成本问题。批评大陪审团制度的人士始终认为："无论大陪审团能带来什么利益，其成本支出都过高。"[3] 在他们看来，政府要为大陪审团提供工作场地，大陪审团工作场所还会产生照明、取暖等费用，政府还要给大陪审员一定的报酬，执法或其他安保官员还要专门为大陪审员提供保护，挑选大陪审员也会产生一定的费用。甚至有观点认为："即使大陪审团的花费并不十分突出，效率低下、严重依赖检察官的大陪审团也不值得任何投入。"[4] 直到现在，这种观点在美国仍很流行。

---

[1] 参见王禄生、张昕：《转型中的美国大陪审团制度——由弗格森枪击案谈起》，《中国党政干部论坛》2015年第1期，第91页。

[2] State v. Mitchell, 512 A. 2d 140, 144 (Conn. 1986); Commonwealth v. Webster, 337 A. 2d 914, 915 (Pa.), cert. denied, 423 U. S. 898 (1975).

[3] See Roger A. Fairfax Jr, "Grand Jury Innovation: Toward a Functional Makeover of the Ancient Bulwark of Liberty", *William & Mary Bill of Rights Journal*, Vol. 19, December 2010, p. 341.

[4] See Roger A. Fairfax Jr, "Grand Jury Innovation: Toward a Functional Makeover of the Ancient Bulwark of Liberty", *William & Mary Bill of Rights Journal*, Vol. 19, December 2010, p. 341.

2. 效率低下

除了成本高，效力低下也是大陪审团制度受到指责的一个方面。在批评者看来：首先，大陪审团是由普通民众组成的，需要经过严格的挑选程序，耗时巨大。其次，大陪审团成员一般并不熟悉法律，也没有相关的实务经验，需要在检察官的指导下询问证人、调取物证，弄清一个案件的事实和证据问题往往需要花费很长时间。最后，大陪审团是一个集体决策机构，调查结束后还需要进行集体评议，有时可能难以很快达成多数意见。作为一个起诉机构，大陪审团的工作效率和专业的检察官是无法相比的。

3. 过度依赖检察官

另一个常见的批评，就是大陪审团过度依赖检察官，沦为检察官指控犯罪的工具，不能真正代表民意。在美国，流行这样一种说法，"如果有合理根据相信火腿三明治实施了犯罪，大陪审团会对火腿三明治起诉"[1]。在批评者看来，"大陪审团就像同意检察官决定的'橡皮图章'一样，在联邦系统，大陪审团拒绝指控的案件不到全部案件的1%"[2]。

理论上，大陪审团要审查检察官移送的案件是否有合理根据，然后作出起诉或不起诉的决定。但实践中，大陪审团几乎为检察官所左右，沦为检察官指控犯罪的工具。这是因为：第一，根据大陪审团的制度安排，大陪审团只听取检察官的陈述和建议，审查其提交的证据材料，被调查对象无权出席大陪审团会议，更不能向大陪审团提交对自己有利的证据，这样一来，大陪审团成员就更容易听信检察官的建议作出起诉的决定。第二，美国的刑事法律非常复杂，还有很多的判例规则，对于来自普通民众的大陪审员来说，要理解和运用这些规定是非常困难的，他们自然要借助于检察官对法律的解释，对其形成严重的依赖。第三，检察官常常会和大陪审团成员保持着良好的合作关系，这种关系也导致大陪审员在审查检察官移送的案件时，更愿意相信并支持检察官的提议。[3]

4. 累赘

在大陪审团制度早期，美国实际上还没有专业的检察官，对于犯罪行为，只能由被害人自行提出指控，该指控经大陪审团审查同意后才可以提交

---

[1] United States v. Navarro-Vargas, 408 F. 3d 1184, 1195 (9th Cir. 2005).
[2] 参见谢小剑：《民众参与公诉权行使评析》，《法治研究》2008年第10期，第43页。
[3] See Susan W. Brenner, "The Voice of the Community: A Case for Grand Jury Independence", *Virginia Journal of Social Policy & the Law*, Vol. 3, Fall 1995, p. 73.

法院审判，大陪审团事实上被赋予了指控的决定权。[1] 由大陪审团对指控进行审查，有助于防止被害人滥用手中的指控权。同时，由于警察部门不健全，大陪审团还要在查明事实方面发挥实质作用。而在现代刑事司法体系中，美国已经建立了完备的警察和检察体系，大陪审团的上述职能完全可以由专业的警察和检察官来行使。另外，在不使用大陪审团起诉的情况下，预审法官同样也要对重罪案件进行预审，以判断检察官的起诉是否有合理根据。在这种情况下，有批评者就认为，继续让大陪审团承担起诉的职能是多余的，不合时宜的。[2]

（三）大陪审团制度的历史传统正在改变

大陪审团制度自17世纪初由英国传入北美大陆，历经数百年。其间，该制度逐步形成了自己独特的历史传统，如秘密性、非对抗性等、这些传统至今仍在大陪审团程序运行中发挥着重要作用。但是随着时代的发展，一直被视为大陪审团历史传统的这两个特征都在发生改变。

1. "秘密性"在松动

秘密性一直是大陪审团制度最为重要的历史传统。在美国，大陪审团会议都是秘密进行的，不向社会公开，参与程序的大陪审员、检察官、检察官助手以及其他工作人员等都不得泄露大陪审团的工作内容，违者将会被判处藐视法庭罪。

秘密性对维护大陪审团的运行具有十分重要的意义。但是，大陪审团工作内容保密也就意味着整个大陪审团程序是完全脱离外界监督的，这无形中为检察官和大陪审员滥用权力提供了巨大的空间，民众对大陪审团决定的合法性也因此产生怀疑。近年来，很多美国学者呼吁改革大陪审团制度，认为透明的大陪审团程序才能确保司法的公平和正义。美国著名学者约翰·吉博（John Gibeaut）提到："虽然大陪审团会依靠保密性来有效运作，但该保密性也意味着包括律师在内的美国人，很少能真正知道在那扇紧闭的门内到底发生了什么。"[3]

---

[1] See Roger A. Fairfax Jr, "Delegation of the Criminal Prosecution Function to Private Actors", *U. C. Davis Law Review*, Vol. 43, December 2009, pp. 411, 422, 423.

[2] See Roger A. Fairfax Jr, "Delegation of the Criminal Prosecution Function to Private Actors", *U. C. Davis Law Review*, Vol. 43, December 2009, p. 429.

[3] See Anna Offit, "Ethical Guidance for a Grander Jury", *Georgetown Journal of Legal Ethics*, Vol. 24, Summer 2011, p. 767.

2011年9月，美国《爱国者法案》颁布实施，改变了大陪审团长期以来的"保密"传统，将国家安全作为大陪审团保密原则新的例外。根据《爱国者法案》的相关规定，允许大陪审团将包括"外国情报或反间谍情报……或外国情报资料"在内的信息，向联邦执法官员、情报人员、移民局官员、国防部官员或国家安全官员披露。[1] 该法案不仅改变了大陪审团保密的传统，还删去了之前要求检察官将其所披露的信息告知法院且限制检察官运用该信息的规定。实际上，《爱国者法案》中"外国情报资料"等用语已经非常宽泛，可能会进一步动摇大陪审团程序的保密性。

《爱国者法案》的规定能在多大程度上削弱"被尊崇和保护了数个世纪"的大陪审团保密性传统，现在还无从判断，但可以确定的是，大陪审团的保密性传统正在松动。

2."调查性"在弱化

大陪审团一直以来被视为调查程序，程序是"调查性"的。在大陪审团程序中，大陪审团只听取检察官的陈述和建议，调查检察官提交的证据，被调查对象不仅不会被告知其被调查对象的身份，而且不能出席大陪审团会议，更无权向大陪审团提交对自己有利的证据。这种充满调查色彩的、非对抗性的程序设计非常不利于被调查对象的权利保障，也损害了大陪审团程序自身的公正性。

因此，要求改变大陪审团制度调查传统的呼声一直都很强烈。1978年、1985年、1987年，美国国会相继进行了多次大陪审团改革的尝试。比如被调查对象有权获得律师帮助、检察官要提交对被调查对象有利的证据、检察官要告知证人他们是否为被调查对象、所调查犯罪的性质，以及调查所适用的法律等。[2] 虽然上述议案提出的改革内容最终都没能顺利通过，但是立法关于进一步强化大陪审团程序对抗性的倾向已经十分明显。在美国各州，立法要求检察官向大陪审团提交对被调查对象有利和不利的全部证据。如加利福尼亚州，该州1997年通过一项法案，要求检察官在大陪审团程序中，将其掌

---

[1] See Sarah Sun Beale & James E. Feldman, *Enlisting and Deploying Federal Grand Juries in the War on Terrorism*, in GRAND JURY 2.0, Academic Press, 2011, p. 8.

[2] See Kathryn E. White, "What have you Done with my Lawyer: The Grand Jury Witness's Right to Consult with Counsel", *Loyola of Los Angeles Law Review*, Vol. 32, April 1999, p. 920.

握的对被调查对象有利的证据提交给大陪审团。[1] 此外，由美国律师协会制定的《伦理实践指南》《职业行为规范准则》《刑事司法标准》等行业规范也要求检察官向大陪审员提交"实质证据"，不能"故意地不向大陪审团披露那些明显对被调查对象有利的证据"[2]。

结　语

种种迹象表明，美国大陪审团的"调查性"传统正在弱化，被调查对象的权利保障有所加强。可以预见，在不久的将来，大陪审团程序的对抗性还会进一步增强。在过去的几个世纪里，大陪审团制度历经风雨。世界上最初使用大陪审团的国家，如英国、澳大利亚、加拿大等，都相继废除了本国的大陪审团制度。美国作为目前世界上唯一尚在使用大陪审团的国家，有其深刻的历史传统和文化背景。在一个崇尚自由、民主和法治的国家，大陪审团制度在美国虽遭遇重重挑战，但可以相信，其作为"自由堡垒""世界的灯塔"，终将会持续存在下去。

---

[1] See Anna Offit, "Ethical Guidance for a Grander Jury", *Georgetown Journal of Legal Ethics*, Vol. 24, Summer 2011, p. 765.
[2] See Anna Offit, "Ethical Guidance for a Grander Jury", *Georgetown Journal of Legal Ethics*, Vol. 24, Summer 2011, p. 763.

第十三章

非驴非马：东亚的建议性陪审团

在英美法系，陪审制度仍然是其审判的重要特征，陪审制度在美国、新西兰和英联邦国家[1]得到了很大程度的发展。尽管从英国的情况来看，统计数字显示陪审团审判在近几年正在逐渐减少，超过95%的案件在没有陪审团的治安法院审判，而大部分（约占60%）在刑事法院审判的案件，被告人作了有罪答辩，因此也没有挑选陪审团。即使陪审团宣誓后进行了听审，陪审团也不一定会作出是否有罪的裁判，因为许多案件中法官都会指导陪审团作出无罪开释。[2] 在美国，尽管刑事陪审团平均审理一个案件的时间需要4天，但是仍然有39%的刑事案件由陪审团审理。[3] 香港回归中国后，仍然保留了传统上的陪审团制度。加勒比海的牙买加、特立尼达、特克斯和凯科斯群岛仍然是使用刑事陪审制度的国家，英美法系陪审制度在超过25个国家内存在变化。[4] 虽然除了美国和加拿大，民事陪审团实际上已经消失了，但是陪审制却在刑事案件中得到复苏。欧洲具有职权主义传统的俄罗斯与西班牙两个非英美法系的国家分别于1993年和1995年在一些刑事案件的审理中重新引入陪审制度[5]，2002年《俄罗斯联邦刑事诉讼法典》和《俄罗斯联邦民事诉讼法典》相继取消了传统上的人民陪审员制度。《俄罗斯联邦刑

---

[1] John D. Jackson, et al., "The Jury System in Contemporary Ireland: In the Shadow of a Troubled Past", *Law & Contemporary Problems*, Vol. 62, Spring 1999, p. 203.

[2] [英]麦高伟、杰弗里·威尔逊主编：《英国刑事司法程序》，姚永吉等译，法律出版社2003年版，第346页。

[3] 本资料由美国陪审团研究中心（Center for Jury Studies）的葆拉·汉纳福德－阿戈尔（Paula L. Hannaford-Agor）收集整理。参见 http://www.america.gov/st/peopleplace-chinese/2009/July/20091001145454ebyessedo5.695742e-02.html，2009年7月1日。

[4] Neil Vidmar, "Foreword for 'The Common Law Jury'", *Law & Contemporary Problems*, Vol. 62, Spring 1999. p. 1.

[5] See Stephen C. Thaman, "Europe's New Jury Systems: The Cases of Spain and Russia", *Law & Contemporary Problems*, Vol. 62, Spring 1999. p. 233.

事诉讼法典》规定，从2003年1月1日起由陪审团取代人民陪审员审理较复杂的刑事案件。由陪审法庭审理的案件，一般为可能被判处3年以上徒刑的严重犯罪或特别严重的犯罪案件。

1975—1999年，虽然一系列实证研究得到了发展并倾向于表明英美法系陪审制度的作用受到不公平的责难，但是陪审制度生存下来的原因在核心层面上很简单，即他们是依靠自身的经验伸张正义并为法律制度提供合法性的机构。[1] 于是，在中国司法改革的过程中，不停地有声音主张引进陪审团制度。有人主张中国现行的人民陪审员制度需要改革，应该建立由人民陪审团、人民陪审员、专家陪审员构成的"三元一体"的陪审制度；有人强烈呼吁在中国全面引进陪审团；而有人主张至少应当在死刑案件中引进陪审团。[2]

1992年颁布的俄罗斯《陪审团法》和1995年颁布的西班牙《陪审法院组织法》实施后，不论在俄罗斯还是西班牙，都出现过很多由陪审团审理的臭名远扬的案件，如米克尔·奥特吉（Mikel Otegi）案件就显示出新的陪审团制度的脆弱性。米克尔·奥特吉，一位年轻的巴斯克民族主义分子，他谋杀了两个巴斯克警察，在1997年3月7日被释放，依据是先前警察袭扰导致行为能力减弱和狂热、激情、愤怒所引起的控制能力减弱。该案的无罪释放在西班牙引起很大反响，大众提议修改或废除《陪审法院组织法》，至少在巴斯克地区暂停其使用。[3] 由此可见，英美式陪审团在大陆法系传统国家是否存在水土不服的问题还有待观察。

在东亚国家的历史上，从来没有出现过英美式的陪审团，但出现过建议性或者参考性的陪审团，这是为什么呢？有没有可以挖掘的共同原因呢？在此，笔者从东亚国家文化传统和建议性陪审团的发展情况来讨论我国及其他东亚国家是否适合陪审团制度的问题。

---

[1] Neil Vidmar, "Foreword for 'The Common Law Jury'", *Law & Contemporary Problems*, Vol. 62, Spring 1999, p. 1.

[2] 这三种观点分别参见何家弘：《中国陪审制度的改革方向——以世界陪审制度的历史发展为借鉴》，《法学家》2006年第1期，153—154页；何兵：《司法的民主化需建立陪审团制度》，http://news.sina.com.cn/pl/2012-12-02/213225712625_5.shtml，2012年12月2日；张明、崔佩玲：《我国死刑案件陪审团制度的构建》，《社会科学家》2009年第7期，第58—61页。

[3] See Stephen C. Thaman, "Europe's New Jury Systems: The Cases of Spain and Russia", *Law & Contemporary Problems*, Vol. 62, Spring 1999, p. 237.

一、建议性陪审团是东亚的特产

建议性陪审团,只有在东亚出现过,在其他国家和地区没有看到这一现象。尽管其具体的名称不同,但因其"陪审团"的决定最终只对真正的裁决者即专业法官具有建议性或者参考性,所以统称其为"建议性陪审团"。

(一)日本历史上的"参考性"陪审团

日本陪审团法的起草工作始于1920年,该草案进行了数次修改,在1923年3月21日众议院最终通过了适用于刑事诉讼的《陪审法》,并于1928年实施。该法适用于死刑、无期徒刑之罪的案件。但由于《陪审法》自身存在的缺失及本国文化特征对国民接受程度的影响,日本陪审制度的作用发挥得并不理想。1929年,日本适用陪审审判的案件有143件,但以后呈逐年减少的趋势。1938年以降,每年陪审的案件数最多不超过4件。《陪审法》最终于1943年4月终止实施。[1] 但是,特别应当指出的是,1928年至1943年间,日本在刑事案件中由被告人选择是否适用陪审团的做法,并非真正意义的英美式陪审团,因为这个陪审团的裁决,对职业法官作出的有效裁决并无拘束力,因而被日本学者称为提供"参考性"意见的陪审团[2],笔者在此简称为"日本的参考性陪审团"。该参考性陪审团制度的主要特点是,陪审团的成员并不能最终决定被告人有罪或无罪,法官就事实争点向陪审团提问,陪审团就这些问题给出答案。法官可以作出如下选择:不理会陪审员的回答,或召集另外的陪审团。[3] 日本陪审团制度的这一特征使其与当事人主义的陪审团制度区分开来。这些制度设计的作用在于确保法官保持积极的指挥诉讼的角色,而非对抗制下法官发挥相对消极的作用。

日本的参考性陪审团在实施之初受到了普通公众和职业律师的支持。尽管陪审团制度在推行之初赢得了公众的支持,然而从1929年开始,陪审制的局限性就开始受到批评。事实上,通过陪审团审理的案件比司法部预想的案

---

[1] See Lester W. Kiss, "Reviving the Criminal Jury in Japan", *Law & Contemporary Problems*, Vol. 62, Spring 1999, p. 261.

[2] 在中国学者中,有不少的文章认识到了日本陪审团的这一特点。崔竹:《日本陪审制重建之探究》,《日本问题研究》2009年第3期,第16—20页;任容:《日本重建刑事陪审制度的启示》,《南昌航空大学学报(社会科学版)》2008年第2期,第6—10页。

[3] Baishin Hō [Jury Act], Law No. 50 of 1923, as last amended by Law No. 51 of 1929 and Law No. 62 of 1941, suspended by Law No. 88 of 1943, art. 2.

件要少得多，这使得一些记者认为，陪审制不适合日本的国民性格[1]，另外一些参与讨论者关注的重点是《陪审法》的内在问题。1936年，日本京都帝国大学校长、法学家泷川幸辰（Yukitoki Takigawa）认为，日本的陪审团是无力的，根据《陪审法》的规定，民众参与陪审仅仅是一种形式。泷川幸辰强调，日本陪审团权力太有限是该制度缺乏普及性的主要理由。他得出结论说，《陪审法》的未来是灰暗的，像他一样的法学家无能为力，只能"悲伤地看着《陪审法》从这个世界消失"[2]。泷川幸辰教授一语成谶，日本《陪审法》在1943年暂停了，理由是：该制度不是太普遍，不太受欢迎；维持成本过高；在战争的形势下，绝大多数超过三十岁的日本男性公民参军了，缺乏陪审员。

（二）韩国的咨询性陪审团制度

韩国2008年1月1日开始实施的独特的咨询性陪审团制度（consultative jury system）非常引人注目。长久以来，韩国有独裁主义的传统，然而在20世纪80年代末期完成了政治民主化的转变，政治民主化对司法过程民主化提出了要求。2007年6月1日，国会制定颁布了《关于国民参与刑事诉讼的法律》（法律第8495号），启动了从2008年到2013年为期5年的咨询性陪审团试验。试图通过总结试验效果，建立更加长久的民众参与司法的制度，并融入韩国独特的文化因素以及兼顾韩国当代社会的发展情况。[3]

韩国陪审团审判局限于特定类型的刑事案件，并且只有依被告人的选择才适用。[4]《关于国民参与刑事诉讼的法律》规定，陪审团审理的案件范围是谋杀罪、一般杀人罪、强奸罪、抢劫罪、贿赂罪、绑架罪以及涉及毒品的犯罪。当然，也预留了灵活适用的空间，不属于上述犯罪本应由3名法官组

---

[1] Ryōichi Yasushi, Baishin Hō no Kekkan, Jury Trials in Hiroshima: Jury Trials as Seen through the Articles of the Geibi Nichinichi Shinbun, the Chūgoku Shinbun as well as through Original Criminal Verdicts of the Beginning of the Shōwa Period, 29 SHŪDŌHŌGAKU 45, 144-150 (2007).

[2] Ryōichi Yasushi, Baishin Hō no Kekkan, Jury Trials in Hiroshima: Jury Trials as Seen through the Articles of the Geibi Nichinichi Shinbun, the Chūgoku Shinbun as well as through Original Criminal Verdicts of the Beginning of the Shōwa Period, 29 SHŪDŌHŌGAKU 45, 144-150 (2007).

[3] See Jerome A. Cohen, South Korea's Evolving Citizen's "Jury": A Model for China and Taiwan?, http://www.usasialaw.org/? p =5720, 2012-8-11.

[4] Act for Civil Participation in Criminal Trials, Law No. 8495, June 1, 2007, art. 5 (2).

成合议庭审判的案件,在满足特定条件时,也可以适用陪审团审判。根据司法部对 2008 年和 2009 年采用陪审制审理案件进行的实证调查显示,陪审团审理的最多的三种犯罪是:谋杀案占 27%,抢劫导致身体伤害案占 21.4%,性侵犯案占 17%。[1]

司法改革支持者预期每年有 100 到 200 件案件进行陪审团审判。尽管 2008 年没有达到预期,2009 年陪审团审理的案件数量增加了百分之五十。从 2009 年 1 月 1 日起到 12 月 31 日,申请由陪审团审理的案件有 569 件,其中 159 件案件(约占 27.9%)最终由陪审团审判。在申请陪审团审理的案件中,被告人撤回陪审团审理要求的案件有 228 件,法院拒绝陪审团审理要求的案件是 136 件。法院拒绝陪审团审判的案件中,法院认为 76.5% 的案件不适合由陪审团审判。

咨询性陪审团具有独特性,陪审团裁决的效力和效果是公众和学者最关注的部分。韩国陪审团评议是秘密的,陪审员首先讨论被告人是否有罪并试图达成一致裁决。如果陪审员不能达成一致裁决,他们必须听取法官的意见。在法官和陪审员一起讨论了被告人是否有罪之后,在法官不参加的情况下,陪审员以简单多数原则作出裁决。韩国陪审员也讨论量刑事宜,并上交意见给法官。在 2008 年和 2009 年的案件中,法官同意陪审团裁决并采纳其意见作为正式判决的占 90.6%。[2] 从 2009 年 7 月 1 日《量刑指南》生效起到 2010 年 3 月 31 日,有 38 件案件根据《量刑指南》进行陪审团审判。在这些案件中,陪审团的量刑建议和《量刑指南》一致的占 35 例。值得注意的是,相较于《量刑指南》,法官的判决更接近于陪审团的量刑建议。在所有的案件中,当陪审团的量刑建议和《量刑指南》不一致时,法官的判决结果和陪审团的量刑建议呈现出相同的方向(或都高于或都低于《量刑指南》)。[3]

对 2008 年和 2009 年韩国的陪审制度的有效性有不同的评价。一些人批

---

[1] National Court Administration, Gukmin chamyeojaepan seonggwa bunseok [An Analysis of the Performance of the Civil Participation Trials] (2008-2009), at 16.

[2] National Court Administration, Gukmin chamyeojaepan seonggwa bunseok [An Analysis of the Performance of the Civil Participation Trials] (2008-2009), at 23.

[3] In-seok Lee, Gukmin chamyeojaepanui donghyanggwa yanghyeong [The Current Status and the Sentencing of the Civil Participation Trial], a paper presented at a seminar hosted by the Civil Participation in the Judicial Decision-making Research Group, April 30, 2010, at 43.

评说，韩国陪审员比较感性，没有经过处理法律事务的培训；另一些人声称，普通民众缺乏法律思维，厌讼、以和谐为导向的文化传统可能和陪审制不相容。[1] 然而，许多参加陪审的职业律师见证了新的陪审制度在对检察官和法官的行为方面和在提高民众法治意识方面的积极效果。对引入陪审制的预期是通过提高司法过程的透明度，增强审判制度的民主性、合法性，以此增强民众对司法裁决的信任。2008年和2009年的实证资料显示，许多预期的变化已经实现。选择陪审团审判的案件在不断增加。在多数案件中，陪审团裁决和法院的判决在定罪和量刑方面都一致。在很短时间里，在陪审团审判中明显实现了公开审判、集中评议。法庭适用的法言法语更加精练，易于民众理解。参加陪审团审判的公诉人和律师在新制度中更加熟练、有经验。最高法院对陪审制的成功推行给予了很大支持，陪审团实证研究也在不断增多。[2] 韩国陪审制还在实验期，陪审制的成功需要民众对陪审团裁决的支持和尊重。

（三）我国台湾地区的人民观审制

我国台湾地区一直以来都是由职业法官独立审理案件。"司法院"院长赖浩敏在上台之际启动新一波的司法改革，提出建立人民观审制，落实司法为民，重新赢回人民对司法的信任，以便更好地实现"干净、透明、便民、礼民、高效"的司法目标。[3] "司法院"司法改革策进委员会于2011年7月26日通过人民参与审判的建议案，探行人民观审制。"司法院"为落实上述结论，于2011年8月初组成"人民观审试行条例草案研究制定委员会"，进行"人民观审试行条例草案"的研制，并先后召开11次会议对制定"人民观审试行条例草案"进行探讨。2013年2月18日，"司法院"院长赖浩敏表示"人民观审条例草案"经"行政院"会衔后已送"立法院"。

观审法庭由3位职业法官与5位公民观审员组成，如遇案件需要方得增

---

[1] See Chulwoo Lee, "Talking about Korean Legal Culture: A Critical Review of the Discursive Production of Legal Culture in Korea", *Korea Journal*, Vol. 38, Autumn 1998, p. 45.

[2] Jae-Hyup Lee, Korean Jury Trial: Has the New System Brought about Changes?, http://blog.hawaii.edu/aplpj/files/2011/11/APLPJ_12.1_lee.pdf, 2012年9月20日访问。

[3] 参见《"司法院"赖浩敏院长专访——落实司法为民——建立干净、透明、便民、效能的司法制度》，资料来源于财团法人扶助基金会网站：http://www.laf.org.tw/tw/b3_1_2.php?msg1=29&msg2=345，2013年4月5日访问。

置1—4人之备位观审员，在观审员不能执行职务时依次递补为观审员。职业法官与观审员同列而坐，一起合作认定案件事实、适用法律及量刑。法官在审理案件中能真正做到亲近民众，与民众沟通，并听取民众的意见。人民观审制只适用于重大刑事案件。观审制限于被告所犯最轻本刑为7年以上有期徒刑和最重本刑为死刑、无期徒刑的案件。观审员从普通民众中选取。凡年满23岁且在试行地方法院管辖区域内继续居住4个月以上高中毕业以上学历的公民都可被选任为观审员，但褫夺公权、人身自由依法受拘束、行为能力受限者除外。

就观审审判案件的程序而言，观审员只能参与审判程序。观审员、备位观审员在第一次审判期日前应进行宣誓。"宣誓后，审判长应向观审员说明观审审判程序、观审员的权利义务及违背义务的相关处罚、案件的争议点、被告被诉罪名的构成要件及法律解释。如果审判过程中，审判长认为有必要向观审员、备位观审员说明上述事项时，应当进行中间讨论。"举证阶段由检察院负责向法院说明待证事实、举出证据并指出调查证据与待证事实之间的关系。"证人、鉴定人、通译或被告经当事人、辩护人或辅佐人诘问或询问完毕后，观审员请求审判长同意后可以询问上述几类诉讼参与人。如果审判长认为恰当，也可由观审员直接进行询问。"调查证据完毕后，由检察官、被告、辩护人依次就案件事实及法律分别辩论。前项辩论结束后，依同一次序就科刑范围进行辩论，原告、被害人或其家属可以就科刑范围进行相关建议。辩论终结即开始终局评议。审判长应详尽说明案件事实和法律争点，整合各项证据，给予观审员、法官充分讨论案件的机会，并保证观审员在作评议时不会受到职业法官及备位观审员的干扰，自主独立地就案件事实认定、法律适用、量刑发表意见。观审员5人中只要有3人以上形成一致意见，即为观审员多数意见。观审员在评议中只有表意权，没有裁判权。法官在案件事实、相关证据的基础上形成自由心证对案件作出最终判决。如果法官所作判决没有采取观审员的多数意见，就必须在判决书中说明不予采纳的理由。由此可见，观审员的多数意见对于法官有一定的约束力。

为了最终通过"人民观审试行条例草案"，"司法院"选定在士林、嘉义两个地方法院试行人民观审制三年（2012—2015年），并定期进行检讨，评鉴其成效。嘉义地区法院于2013年3月25日及26日举办第一次观审模拟审判，此次特别强调公判中心主义、选择必要关联之证据等，使准备程序益加精致,与后续公判审理程序顺利接轨。[1]截至目前,进行模拟观审的案件仅有10例。由此可以看出,要把"人民观审试行条例草案"转变为实实在在的法律条文,"司法院"还有很长一段路要走。

前述日本、韩国、我国台湾地区,在法律传统上都可以归入东亚法律文化圈。文化史研究表明,在人类历史的不同时期,总是存在着若干个文明与科学的中心。以这些中心为内核,在文化地理学上便出现若干个板块,文化史家称其为文化圈。中国是四大文明古国之一,由于地理的、民族的和历史的诸方面综合原因,长期以来,以中国为中心,渐次形成包括现今中国、日本、朝鲜、韩国在内的东亚文化圈。[2] 19世纪中期以来,东亚诸国被西方列强拉进了世界性的现代化进程,普遍经历了或正在经历着巨大的社会变革。这一过程在法律上的表现就是亚洲各国法治的百年实践,学者们通常称之为外发型或追赶型的法制现代化进程。而东亚国家法的近现代化,与欧美法密不可分,这也是一个不争的事实。当前,东亚地区,特别是中、日、韩三国法律体系中的各项制度、原则和用语,许多都是从欧美(中、韩两国后来遭受日本侵略,又全面借鉴了日本法)移植或改变而来,只是又考虑到本国的国情和文化传统而有所变化,原本来自外域的法律已然成为现代东亚法不可分离的重要的组成部分。[3] 在推进政治经济体系的现代化过程中,东亚社会以日本开始接受西方法律制度并正在推广。政治经济体系的现代化需要法律体系的现代化,而且作为社会规范的法同各个社会结构和文化之间具有密切联系。[4] 可以说,当今的东亚法律文化是东亚文化传统与西方法律整合的结果,和所有的文化移植一样,固有的文化具有顽强的生命力,其移植的法律文化表现在具体的制度上理所当然是"非驴非马"。

(四)建议性陪审团是追仿英美式陪审团的结果

日本、韩国和我国台湾地区产生建议性陪审团的背景和过程,都体现了学习西方英美国家的陪审团,但是文化传统又使其无法全盘引进陪审团,从

---

[1] 佚名:《推动人民观审制度——嘉院强化观审模拟审判之准备程序》,《司法周刊》2013年3月7日。
[2] 李梅花:《东亚文化圈形成浅析》,《延边大学学报(社会科学版)》2000年第3期,第89—92页。
[3] 冯玉军:《论东亚共通法治的建构》,《中国人民大学学报》2008年第3期,126—133页。
[4] [日]酒匂一郎:《正在现代化的东亚法律的若干问题》,《法制现代化研究》1999年卷,第370—388页。

而形成了参考性陪审团、咨询性陪审团、人民观审团这种表面上有陪审团的形式特征,但实质上又没有裁判权的"非驴非马"的土洋结合的建议性陪审团。

从日本来看,参考性陪审团是明治维新学习西方的产物。从大化革新至1868年明治维新,是日本长达一千二百多年的封建社会时期。日本封建法从体系到内容都深受中国隋唐法律的影响,明显、集中体现了对中国封建法的模仿。[1] 因此,大部分日本法学家都认为日本封建法是中华法系的组成部分。1868年,日本爆发了以新兴资产阶级和封建贵族为主要推动力的、具有资产阶级革命性质的明治维新,将西方国家作为其实现富国强兵的样板而全盘效仿,对西方法律体系全面引入。由于英、法是当时的殖民大国,法律体系也最为发达,因此,英、法的法律就成为当时日本政府主要追仿的对象。

自19世纪70年代初东京开成学校建立以来,授课的讲义就以英语为主,且开设的课程主要是英国法,英国法占有的比重明显超过法国法。在众多的日本学者中,穗积陈重是英国法学派最具代表性的人物,他在1876年赴英留学3年,后又转赴德国柏林留学1年,因此,对德国法和英国法具有很深的理解。穗积陈重从比较法的角度,对欧洲各国的法律进行了研究,他先后著有《英、法、德法学比较论》《英国普通法原论之序》《英国法的特质》等文,这些研究后来形成日本学者理解英国法的传统观点。[2] 在英美法律的影响下,1900年,两名律师建议在日本律师联合会(Japan Federation of Bar Associations)的会议上讨论引入陪审团制度。他们递交了一个文件,申请在日本律师联合会的第30届顾问会议讨论"关于建立陪审团制度"的议题,该提议在该次顾问会议中被接受。1909年,日本律师联合会全体大会赞成在日本引进陪审团制度。1910年2月,立宪政友会(Rikken Seiyūkai)提交了在日本建立陪审团制度的议案,众议院通过了该议案。[3] 该议案称,民众参与

---

[1] 方旭:《东亚法律文化的历史发展及特性》,《湘潭师范学院学报(社会科学版)》2009年第6期,第25—28页。

[2] 赵立新:《日本法的现代化与英美法的影响——兼论普通法的精神》,载何勤华主编:《混合的法律文化》,法律出版社2008年版,第134—150页。

[3] Nobuyoshi Toshitani, Shihō ni taisuru Kokumin no Sanka: Senzen no Hōritsuka to Baishin Hō [Lay Participation in the Judiciary: Legal Professionals in [the] Pre-War [Period] and the Jury Act], in 6 IWANAMI KŌZA: GENDAI HŌ [IWANAMI LECTURES: CONTEMPORARY LAW] 375 (Toshitaka Ushiomi ed., Iwanami Shoten 1966).

司法审判可以确保司法独立，可以达成司法公正。[1] 可见，日本参考性陪审团是学习和模仿英国陪审团的结果。

韩国在历史上是朝鲜的一部分，在古代曾是中国的附属国。封建时期朝鲜的法律从形式到内容都深受中国封建法制的影响。19世纪下半叶起，沦为日本殖民地的朝鲜主要接受了日本法。第二次世界大战以后，朝鲜分裂为南北两部分。韩国建立后，开始重视借鉴西方的立法经验，20世纪50年代进行了大规模的法典编纂工作，创建了六法体系，并颁布了一系列单行法律。现在的韩国法律从总体上属于大陆法系，但也受到英美法系的一些影响。[2]而韩国人民陪审团则是英美法影响的结果。1992年，韩国大法院出版了十卷本《司法制度研究报告》，确立了进行司法改革的理论框架。为了进一步推进司法改革进程，1995年2月，作为总统咨询机构的"世界化促进委员会"与大法院、法务部共同进行了司法改革问题的研究，于1995年12月发表了《法律服务及法学教育的国际化方案》。2000年，为了使司法改革的成果得到制度化，大法院提出了《21世纪司法发展计划》。韩国的司法改革是在国际化的背景下进行的，从改革目标的设定、改革内容的确定及其改革方法的选择都充分考虑了国际化背景下司法制度的变革与新的角色问题。司法改革适应国际化和社会发展需求是韩国司法改革的重要特点之一。[3]

像很多东亚国家一样，韩国看起来不太像那种实行大众参与司法决策制度（即公民陪审制度）的国家。然而，虽然具有集权主义的传统，但韩国80年代在从独裁向民主的急剧转型中萌发了要求在司法领域实行民主化的强烈呼声。1999年，（在民主运动中）被军事法庭先判处监禁后判处死刑的金大中总统，任命了一个委员会，研究在法庭中实行公民参与制度。陪审制度支持者们希望陪审团审判制度加强旨在结束纠问式"书面审判"的全面改革。他们的目标是创立公开的、对抗的、有听证会特征的法庭内（in-court）质证制度，这种制度要求公诉方和辩护方平等竞争，在无偏见的专业和业余仲裁

---

[1] BAISHIN TEBIKI: HŌTEI SAN'YO NISSHI TSUKI [THE JURY GUIDEBOOK: INCLUDES JOURNAL OF TRIAL PARTICIPATION] 98 (Satoru Shinomiya ed., Gendaijinbunsha 1999).

[2] 方旭：《东亚法律文化的历史发展及特性》，《湘潭师范学院学报（社会科学版）》2009年第6期，第25—28页。

[3] 韩大元：《东亚国家司法改革的宪政基础与意义——以韩国司法改革的经验为中心》，《浙江社会科学》2004年第3期，第53页。

者面前进行交互审查。[1] 从这一改革的具体目标来看，韩国人民陪审团是学习英美对抗式诉讼的具体表现，当然是学习和模仿英美陪审团的结果。

在向"立法院"作的口头报告中，赖浩敏指出，当前司法目标，不再是排除不当政治干预，而是如何赢得人民信任，改革必须从人民角度看问题及解决问题，在程序上要开放社会参与。他所提出的建议就是引进"观审"制度，也就是让一般人参与审判过程，甚至在评议时发表意见，供专业法官判决参考，也作为台湾是否适合采取参审制度的参考。[2] 赖"院长"观点甫一抛出，学界纷纷表示不解。"由于观审一词，在法学文献上未有所闻，在比较法上亦无可考据，因此究竟内涵为何?"[3] 其实"观审"这一词汇在清末就有。按中英《五口通商章程》及其后一系列不平等条约，涉外诉讼一般由被告一方国家司法管辖。但涉外诉讼不仅有外国人是被告的情形，还有外国人是原告的情形。1876年中英《烟台条约》第2条第3款规定了原告所属国领事官员可以"赴承审官员处观审"，有不同意见"可以逐细辩论"的"观审"制度。也就是说如果观审官员认为审判、判决有不妥之处，有权提出新证据，再传原证，甚至参与辩论。当然，"司法院"所采行的观审制与不平等条约下的观审有实质区别，但是借由审理时，引入监督者，来防止法官滥权这点，却有其共通性。[4]

民众对职业法官垄断刑事司法不满，"司法院"对人民参与司法的重要性也早有认识。事实上，推动人民观审制度之前，"司法院"曾三次推动相关立法，但三次均以失败告终。早在1988年11月，"司法院"举行司法会议，讨论应否采行参审制。会后作成决议：研拟适合台湾地区具体之参审制度予以试行。之后"司法院"依据该决议，于1991年3月模仿德国参审制完成"刑事参审试行条例草案"。但在送请"行政院"表示意见时，遭到"行政院"以"合宪性"疑虑退回。1999年7月，"司法院"举办"全国司

---

[1] 孙杰荣（Jerome A. Cohen）:《韩国改进公民"陪审团"制度》，http://article.yeeyan.org/view/81577/208206，2011年7月23日。

[2] 赖浩敏:《引进观审制度，致力司法改革》，中评网，http://www.chinareviewnews.com，2012年11月15日访问。

[3] 台北律师公会:《台北律师公会退出"司法院"人民观审试行条例研究制定委员会之声明》，台北律师公会网站，http://www.tba.org.tw/news_detail.asp?id=304，2012年11月10日访问。

[4] 吴景钦:《观审制可以抑制法官专断?》，今日新闻网，http://www.nownews.com/2011/07/02/142-2724406.htm，2012年11月15日访问。

法改革会议","法务部"与民间团体提案"人民对司法审判之参与",建议引进参审制。之后"司法院"于2006年7月模仿德国专家参审制提出"专家参审试行条例草案",送"行政院"表示意见,又遭"行政院"以"合宪性"问题退回。2006年到2007年,"司法院"又模仿日本裁判员制度,制定了"国民参审试行条例草案",该草案也因有"合宪性"问题无疾而终。三度挫折已迫使"司法院"对参审制度的设计作比较务实的考虑[1],由此"司法院"设计出了人民"有表意权而无表决权"的人民观审制度。为此,"司法院"在2011年邀请日本、韩国、德国、意大利学者来台研讨,以兼采众家;同时成立"人民观审制度研议委员会""人民观审试行条例草案研究制定委员会"等组织,进行草案的制定、修改工作。另外,通过召开各种形式的研讨会、说明会、公听会以及委托政治大学选举研究中心进行民意调查等方式,听取各界对草案条文的意见。2012年6月14日,"人民观审试行条例草案"经过"行政院"会衔后,送请"立法院"审议,并于现在进行试点。

近年来日本、韩国引进人民参与审判制度是人民观审制度提出的外部原因。台湾地区与日本、韩国法治均继受自欧美,且经济、法治发展水平相近。而日本、韩国相继于近年引进人民参与审判制度,在给台湾提供制度借鉴的同时,也无形中给台湾以压力。"司法院"也承认"构思中的人民观审制度,其原型近似于德国、日本的参审制,但也有若干韩国制的精神"[2]。

从前述东亚国家建议性陪审团产生、发展的过程可以看出,东亚地区的几个法域,都曾经努力追仿英美陪审团,但是,由于固有的文化并不适合英美式陪审团生存,最后产生了折中的杂交产品——建议性陪审团。可以说,这一方面说明英美陪审团确实有值得学习之处,但另一方面也说明,在东亚文化背景下,全盘移植英美式陪审团是没有成功的经验的。

二、东亚文化为什么难以接受英美陪审团

在东亚,全盘移植英美式陪审团没有成功的经验,这是历史事实。从逻辑上来看,东亚地区的文化也不具备移植英美陪审团的条件。由于东亚文化

---

[1] 苏永钦:《司法改革新纪元——"司法院"苏永钦副院长谈"人民观审制"》,《军法专刊》57卷第4期,第8页。
[2] 我国台湾地区"司法院刑事厅":《"司法院"构思中人民观审制度Q&A进阶版》,《军法专刊》2011年第6期,第203页。

深受中国文化的影响,有共通之处,在这一部分,笔者将主要以我国为例来探讨为什么东亚文化难以接受英美式陪审团。

审判中的陪审制有两种模式:一是参审制,即由普通公民作为陪审员享有与法官同等的权力与法官一起参与案件的审理;二是陪审团制,即全部由普通公民组成的陪审团就案件的事实问题即犯罪是否成立作出裁决,量刑问题由专业法官作出,在陪审团审理中的法官一般为1名,只是一个主持人的角色,他对案件的看法即使与陪审团相反也不能对陪审员们进行暗示或者引导。

由于我国陪审制是参审制,存在一些与陪审制的初衷无法调和的矛盾:陪审员不懂法却要进行法律问题的裁判;陪审员必然受到与其一起审理的专业法官的经验与权威的影响而成为"陪衬";由于其只占合议庭中的一定比例,难以对裁决结果发生实质性的作用;等等。《瞭望》新闻周刊曾经刊登有关中国司法体制改革的文章。文中提到,司法体制改革下一步将酝酿对疑难案件试点实行陪审团制度。由陪审团对案件事实的认定行使决定权,法官只负责适用法律,以减少涉法上访。[1] 期望从根本上解决司法不公与司法腐败的问题。

产生上述改革设想,其原因在于陪审制具有民主、公正、自由、人道这四种基本价值。从民主价值来看,作为"社区缩影"的陪审团,是从本地区成千上万的符合选民资格的普通公民中随机挑选,一案一组团,能够反映一般人对事实问题的理解;从公正价值来看,由于潜在陪审员的基数很大,所以一个人一生很难有超过一次的机会被选为陪审员,审完一案便消失于茫茫人海,难以贿赂,而且由于责任的分散使当事人更能服判;从自由价值来看,分散的普通公民能够顶住政府的压力而保护公民自由,而"一致裁决"或者绝大多数同意才能作出一个裁决的要求使过半数就可裁决的做法得以改变,有利于防止多数人的暴政而侵犯少数人的自由;从人道价值来看,普通人的情感与冷静的专业法官相比,更能体会案件中的人情与法理,避免类似于许霆案件中违背常理的裁判,又由于死刑裁判作为陪审团不能量刑的例外,可以在是否处死刑的问题上更有能力把握什么叫"不是必须立即执行的"这样的微妙的情节。

---

[1]《中国将酝酿对疑难案件试点实行陪审团制度》,中新网,http://news.163.com/08/0108/23/41NJ7SAT0001124J.html,2008年1月8日。

这样的一个"好东西",我国是不是可以立即引进,以"一了百了"地解决司法公正与司法腐败的问题呢?同样,为什么大陆法系国家长期不引进,有的国家如法国在历史上曾经引进过,为什么还要废除而代之以参审制呢?这是因为,陪审团的存在需要有一些必要的前提,而这些前提在大陆法系国家不存在或者不完善,需要先建立这些作为前提的相关制度,才可以引进陪审团。然而这些"前提"是否最终可以建立起来呢?

(一)陪审团需要对抗式审判对案件事实进行生活化处理

虽然我们以上讨论的大多数原则已被以前采用纠问式刑事诉讼程序的大陆法系国家所接受,但同刑事审判过程中其他原则相比,孕育产生上述原则的陪审团对抗式诉讼模式已被大陆法系国家所抛弃,例如:(1)国家(检察官、法官和预审法官)负有查明案件真实情况的义务;(2)为了查明有罪或者无罪的需要进而审查判决的必要;(3)强制起诉原则(法定原则)。罪刑法定原则不仅反对那些拥有自由裁量权的陪审团因为同情怜悯作出无罪裁决或废除严酷惩罚条款,而且也反对神化政党所控制的刑事审判——辩诉交易(一种与英美陪审团审判有相同产生环境的实践典范)。因此,陪审团制度已经在很大程度上被废除或是为了依旧贯彻上述原则而改变运行的形式转化为更容易实施的外行陪审员参与制——由职业法官和"外行"审判参与者所组成的"混合法庭"共同对所有的法律问题、事实问题、罪与非罪及判决负责。上述法律原则与大陆法系国家中的司法体系结构之间的对抗关系引申出了很多思考。对于那些对抗制陪审团审判中以传统分权为中心的英美法系刑事诉讼程序,大陆法系国家到底能借鉴吸收多少呢?在审判程序开始之前,如果法官已经研究过相关侦查文件并发现此文件包含足够证据来证明有罪,他还能够说服自己假设犯罪嫌疑人无罪而作出公正的审判吗?为了作出客观公正的审判,把法官从行政和调查的分支中解脱出来保持其独立,传统陪审团真的能发挥催化剂的作用吗?如果法官有揭示事实的职责,而且被告声明其有沉默权,那么当法官也是犯罪事实查明者时,这种揭示事实的权力怎么才能做到有效?有罪判决的含义是什么?法文中的翻译是"在一个'混合法庭'中根据自己的良心作出判决"。在"混合法庭"中,主审法官有权翻阅卷宗并负责起草判决书的情况下,其还要经受上诉审查的各种正式要求吗?

英美法系具有不同于大陆法系国家的对抗制背景,很多所谓"对抗"的具体制度是在有陪审团对抗式审判背景中逐步发展起来的,包括:(1)无罪推定原则;(2)反对强迫自证其罪的权利;(3)诉讼双方地位平等;(4)获得公开审判、言词审判的权利；（5）控审分离原则；（6）法官独立审判，不受行政部门及相关调查机构的干涉。传统对抗制刑事诉讼分权理论是：中立的法官负责决定涉及法律和审判的相关问题，由普通人组成的陪审团负责犯罪事实认定。在这种分权理论中，有关证据的普通法律规则得以产生。例如，分权促进了传闻证据规则及相关性原则的发展，排除非法收集的证据规则的产生，自由心证原则从传统的证据规则中分离出来。这些重要的发展影响了刑事实体法中对证据的出示和评价，事实问题与法律问题的分离，对刑事犯罪的主客观构成要素的分离，这些是由法官指导陪审团如何把法律条文运用到具体的案件中这样一种事实认定方式所决定的。[1]

陪审制存在的第一个前提是审判的充分对抗化。在全部由平民组成的陪审团中，公民假定只有日常经验而无审判经验，甚至于假定他们是不懂法的，因此，只有通过对抗制审判，让控辩双方将案件事实通过辩论进行"生活化处理"，陪审员才有对事实的判断能力，而大陆法系国家的职权主义审判不能达到案件事实"生活化处理"的效果。在我国，很多法官对复杂的案件也是一个上午就审理完毕，除了法律专业人士，其他人是很难听懂的。陪审团审案必须要在每一个案件都有律师作为辩护人或者代理人，必须全部以法庭上调查、听审的事实作为依据才能作出裁判。这就需要保障所有请不起律师的人都有国家为其提供的律师；要确立直接言词原则，未经证人在法庭当庭作证的证据不能使用；由于专业水平与中立立场的限制，陪审员不能提问，只是一言不发的听审人。而这些在我国是不存在的，我国没有确立完全的国家法律援助制度、没有确立排除传闻法则、没有禁止法官（包括非专业法官）的事实问题提问权。

中国和谐司法的传统，使中国诉讼文化中缺少对抗制的基因。朱苏力教授认为：自20世纪90年代以来，中国司法改革的基本导向是职业化和专业化，突出审判和审判方式改革，强调法官消极和中立，律师扮演积极角色，取得了重大进展，但也留下了许多不能不面对的问题——这种司法模式在许多地方，特别是农村基层社会，缺乏适用性和有效性。在宏观层面需要适度调整。有鉴于此，从宏观层面看，能动司法和大调解的实验和推广是必要的，有积极意义。若放在中国经济社会发展的整个过程中看，这其实既是中

---

[1] Stephen C. Thaman, "Europe's New Jury Systems: The Cases of Spain and Russia", *Law & Contemporary Problems*, Vol. 62, Spring 1999, p. 233.

国司法改革的延伸,也是司法改革的调整。[1] 在笔者看来,为什么同一个案件,不同的法官审理,都是依法裁判,人民群众接受的程度会不一样,就是因为法官对人的态度不一样,人民喜欢的好法官,往往是那些与人民打成一片的法官,而不是法律知识高深却与人民格格不入的法官。司法要获得人民的认同,必须走司法民主化的道路,而人民陪审员正是中国传统文化和现代群众路线背景下的一种创举。

(二)陪审团存在的权威性需要事实审一次性

在英美国家的审判中,对案件事实裁判只能是一次性的,除非因程序违法导致程序无效而更新程序进行一次"新的审判"(new-trail),不能在原审的基础上进行续审(re-trail)而认定原判"事实不清,证据不足",进行改判。这就提出了以下几个要求:一是英美法上的所谓心证公开和判决书说理只针对专业法官,陪审团为什么这样判是不需要说理的。这是他们"自由心证"的权力,他们这样判,可以是他们对事实感受基础上的认定,可以是对被告人的同情,可以是对可能适用的国家法律的不满,在更新审判中判无罪,还可以是对原来那次审理国家机关违背程序的"报复"。二是在二审、再审中也不能对事实问题提出异议,除非在刑事案件中作有利于被告的裁决。程序违法的情况下进行的"更新程序",则是当原来裁判没有发生。我国的二审和再审中,本来不同人可以感受不同的"事实清楚""证据确实充分"的问题都可以进行审查,因为世界各国都只在一审中适用陪审团审理,如果在二审再由非陪审团改变原来由陪审团所作的裁决,那么陪审团的一审裁判就没有意义。

然而,实事求是、有错必纠的理念存在了几千年,深植于中国文化之中。有人主张我们也有"彻底的事实审"[2],以此强调一审的重要性笔者是同意的,但是如果说我们也可以由此引进西方式的一次性事实审则是难以想象的。"实事求是、有错必纠"的理念,作为一种哲学认识论,已深深沁入中国人的世界观,只能随着时代的发展赋予其新的内涵,而不能简单地抛弃。法律移植的最为关键之处,不在于域外法治如何先进,而在于能否本土化。如不顾本土实情盲目移植,则只会产生"南橘北枳"的结果。把英美法

---

[1] 苏力:《关于能动司法与大调解》,《中国法学》2010年第1期,第5—16页。
[2] 陈瑞华:《论彻底的事实审——重构我国刑事第一审程序的一种理论思路》,《中外法学》2013年第3期,第517页。

系的禁止双重危险规则和事实审一次性也予以简单移植,难以获得社会的认同。如果没有事实审一次性,在一审中由普通人中选出来的陪审团审理得出的案件事实结论,在二审中可以由几个法官推翻,那么,陪审团审判的意义又何在呢?因此,只要有事实性的二审、三审程序存在,陪审团就没有存在的余地和空间。

在传统上,中国的审判是通过多重监督、反复检测来达到公正的。协商民主是20世纪90年代以来在西方政治学界兴起的一种民主理论。协商民主理论的兴起,是为了回应西方社会面临的诸多问题,特别是多元文化社会潜藏的深刻而持久的道德冲突,以及种族文化团体之间认知资源的不平等而造成的多数人难以有效地参与公共决策的状况,但这种文化与中国的协商、和合文化却有共通之处。"和合"是中华民族的文化精髓,和谐文化必然带来协商民主,协商民主早就成为中国文化的一部分。如:孔子强调"礼之用,和为贵",提出"君子和而不同,小人同而不和",要"推己及人""克己复礼"。孟子认为:"天时不如地利,地利不如人和。"儒家经典《中庸》指出:"和也者,天下之达道也。"这些都体现了中国协商文化的基础。

在中国司法中,我们可以看到协商民主的具体表现。法院判案时面对的各种监督也体现了协商,如一个案件判决过程和结果都要面对检察机关的监督、党的监督、人大的监督、当事人的监督、人民群众的监督和媒体的监督。与陪审团的"无理裁判"[1]不同,法院的裁判实际上是各种价值、各种利益平衡的结果,也是各种力量协商的结果。协商民主也体现在上下级司法机关之间的依法定程序的协商。在中国不可能存在美国式"事实审一次性"的做法,甚至不可能接受上诉审分流[2],将大部分案件在第一审完美地审一次而拒绝其在第二审进行事实审理。"全面审理"是实事求是理念下的必然结果,只有这样当事人和国家才可以放心,才会对公正的司法有信心,在一次审判中就达到"事了"的状态,那不可能发生在中国。

上级法院将来可以就事实问题改变下级法院的裁判,下级法院在裁判时要顾及上级可能出现的改判,而上级也要顾及下级法院的判决的理由。中国的裁判可以反复进行再审,并无次数的限制。这典型地体现了中国司法中协

---

[1] 人们津津乐道的西方国家的法官说理,并不适用英美陪审团制的国家的陪审团审判,陪审团的裁决是并不说理的裁判,判决书说理体现在专业法官在上诉审时就法律解释上的说理。

[2] 孙远:《论刑事上诉审构造》,《法学家》2012年第4期,第128页。

商民主的意义,即法官在裁判时并非像西方陪审团一样每一个人按照自己的感受(尽管这种感受也是建立在辩论等协商式民主的基础上的)进行裁判,而是考虑到裁判后可能接受以后反复出现的重复检测,法官在裁判时必须考虑整个社会的道德观念,考虑是否严格按照上级将来要解释的法律进行裁判。在中国传统文化中,人们更愿意接受通过协商和各种力量的制衡达到的公正,这种建立在协商基础上的中国式审判模式,才能在中国成为现实。

(三)陪审团审判需要宁纵不枉的实体公正理念

在中国人的法治理念中,"司法公正包括实体公正和程序公正两个方面,两者相互依存,不可偏废,努力兼顾两者的价值平衡。追求实体公正,不能以违背或破坏程序为代价,防止那种只求结果、不要过程、省略程序、违反程序等问题;强调程序公正,绝不意味着放弃对实体公正的追求,不能脱离实体公正搞所谓'程序至上'或者'程序优先',避免只求过程不重结果"[1]。其实,重实体公正并不是"社会主义法治理念"所特有的,而是中国文化和东亚文化所特有的。中国文化中,在中国刑事诉讼法学界,有人主张程序正义优先于实体正义。实际上这也是不符合国情的,正义是一种人们的内心需要,一个国家的人民需要什么样的正义是有很大的差别的。在美国,人们能够接受"辛普森'做了此事',但在法律上以及正义上,可以合理地判决他无罪"[2]。但是,在中国,人们自古以来就有"善有善报、恶有恶报、不是不报、时候没到"的观念,在实现实体正义上,不应当有时间的限制,这是中国人能够接受的正义观。可以看到,中国很多上访民众从黑发告到白发,几十年上访路,要的就是一个公正的结果,如果这个时候,你以美国的"禁止双重危险""不得作不利于被告人的变更"来说服他,他一定会认为这样的司法是邪恶的。

《人民司法》上有一篇"特约评论员"文章,对上述观念提出了批评,文章说:"大批高学历人才进入法院,但缺少经验辅佐的学理难以应对丰富复杂的司法实践,秀才办案、机械司法引起了人们对高学历的怀疑;程序正义的普及带来了诉讼证据的完善,逾期举证证据失权时,国人还一时难以接

---

[1] 中共中央政法委员会编:《社会主义法治理念读本》,中国长安出版社2009年版,第172页。
[2] [美]艾伦·德肖维茨:《合理的怀疑:从辛普森案批判美国司法体系》,高忠义、侯荷婷译,法律出版社2010年版,第7页。

受'时间可以改变事实'的规则；慎刑和宽大变成了钱权交易的盾牌。"[1]在民事领域的"证据失权"，仅仅因为没有举出应当提供的证据，这个证据以后就不能用了，只能看到法院作与事实相违背的裁判，与刑事领域的"禁止不利于被告人的变更"一样，中国民众是无法接受的。

王胜俊也看到了上述问题，他说："人民群众希望有错必纠，我们的再审工作就要处理好依法纠错和维护生效裁判既判力的关系，不能固守所谓绝对的'既判力'和'一事不再理'的观念，及时依法依程序纠正错案。"[2]这也是很有针对性的，2002年《最高人民法院关于规范人民法院再审立案的若干意见（试行）》第12条规定："人民法院对民事、行政案件的再审申请人或申诉人超过两年提出再审申请或申诉的，不予受理。"第15条规定："上级人民法院对经终审法院的上一级人民法院依照审判监督程序审理后维持原判或者经两级人民法院依照审判监督程序复查均驳回的申请再审或申诉案件，一般不予受理。"第16条规定："最高人民法院再审裁判或者复查驳回的案件，再审申请人或申诉人仍不服提出再审申请或申诉的，不予受理。"这些解释就是以"既判力"和"一事不再理"为由，对实体上错误的裁判不再纠正。这不符合中华民族关于正义的传统理解，不符合人民群众追求实体正义、有错必纠的现实要求，人民是根本不可能接受的，司法实践中当然也就无法推行。

而在一审时就由一个所谓完美认定事实的陪审团进行一次性的事实审理，不仅其一系列的配套性程序措施不可能实现，而且中国的民众也不一定能接受这样一个结果。我们看到在实践中有些案件审理后作无罪判决，公民反复上诉、申诉，时间长达10余年，这就是中国文化，中国人的正义观。

（四）东亚文化更接受"上面的人"而非其同伴来审判

陪审制度的精神中包含了这样一种理念："在民主社会中，陪审团的精英化特点已经被看作对其合法性的威胁，并声称应该为这个体制注入常识以保护普通公民远离国家的伤害。"[3]汉德法官主张，陪审团是唯一适合这种

---

[1] 贺小荣：《大法官下基层》，《人民司法》2008年第13期，第1页。
[2] 董瑞丰：《访王胜俊：保障公平正义是司法工作生命线》，《瞭望》新闻周刊，2008年9月22日。
[3] Lloyd-Bostock Sally & Cheryl Thomas, "Decline of the 'Little Parliament': Juries and Jury Reform in England and Wales", *Law & Contemporary Problems*, Vol. 62, Spring 1999, p. 25.

角色的。与专业法官不同的是，陪审员的顾虑较少，没有职位带来的负担，受到外界压力也更少。不像法官和检察官需要对其行为作出解释，陪审员没有直接或间接义务需要解释其行为，他们来自社区，又自动融合到社区之中。[1] 认定犯罪不仅仅是确定被告人实施了指控的行为，它还代表陪审团的一种判断——"社会良知"和"平民们的圣谕"——被告人应当受到源自定罪的谴责和正式惩罚。[2] 陪审团是社区的良心，当发现法律和正义之间存在差距时，保证不因法律而牺牲正义。但是，在东亚文化的传统中，却存在信官不信民的传统。

有日本学者在研究中指出，从日本的经验来看，陪审团在日本文化中是不受欢迎的。日本社会经常被描述成"垂直的"或"层次的"，这意味着社会关系是由一定阶层的"地位"所决定的。这种"地位"往往取决于诸多因素，其中包括年龄和职业。阶层存在于日本社会可以通过日本的语言加以证明，可以通过人与人之间相互介绍时鞠躬的行为加以证明，还可以通过在正式场合的座位情况加以证明。许多学者都确信，日本社会等级分层的结果之一是，日本人宁愿由"上面的人"而不是由"他们的伙伴们"进行审判，这导致了日本人从一开始就不信任陪审团。人们相信法官，因为他们在审理案件时有一种特殊的责任感并且试图保持他们高度的道德标准以确保公正的审判。因此，民众参与司法的过程不适合日本民众。学者们对该问题到底多大程度上导致了日本陪审团制度的失败存在争议，但是大多数人都同意文化扮演了一个重要的角色。[3]

这位学者特别举出了日常生活中的一些例子来加以说明：一个日本人在第一次遇见别人时所表现出的语言和行为很大程度上是由双方在日本社会中的地位所决定的。这在商业场合和私人场合中是同样适用的。举个例子，如果 A 是部门的领导而 B 是一个新的员工，那 A 说的日语比较中性化而 B 的说话方式将特别有礼貌。同样，在私人场合中，一个学生会用类似的敬语对一个教授说话，一个更年轻的人会用同样的敬语对比他年长的人说话。可见，在每个私人的交流中，参与者的相对地位影响了他们的行为。

---

[1] See McCann v. Adams, 126 F. 2d 774, 776 (2d Cir. 1942).
[2] [美] 约书亚·德雷斯勒、艾伦·C. 迈克尔斯：《美国刑事诉讼法精解》（第二卷·刑事审判）（第4版），魏晓娜译，北京大学出版社2009年版，第278页。
[3] See Lester W. Kiss, "Reviving the Criminal Jury in Japan", *Law & Contemporary Problems*, Vol. 62, Spring 1999, p. 261.

许多学者指出，日本人比任何其他社会的人对权威人物都有着更深的信任。这些学者通常认为这种信任的基础是日本的儒家传统。他们认为这种对权威的信任的例子是普通日本公民对政治缺乏兴趣并且对推动令他沮丧的制度变化的冷漠。

这些情况在中国也是同样存在的。我们看到，在美国，总统和普通公民可以平等排队，在笔者参加过的美国学术研讨会上，市长、国家部长和普通教授、学生一起排队取饭、圆桌吃饭是很正常而不会引起任何人心理不安的现象；而在中国，吃饭时按主客、尊卑、长幼等次序排位，是最正常的现象，偶尔没有遵守，这是少数的例外而不是常态。日本的"集体意识"同样可能是对日本陪审团制度的实际运作产生深刻影响的文化特征。维护群体的和谐是日本文化的另一重要组成部分。在日本理想的传统家庭中，家庭成员的观点通常忽视问题（不同）而保持一致，这通常意味着所有成员必须接受家庭家长的意见，甚至不能讨论存在的问题。对家庭家长的观点的反对意见被认为是失礼的表现，破坏了群体秩序的和谐性。[1] 在审判中，东亚文化更接受"上面的人"而非其同伴来审判，这让东亚文化对陪审团裁判难以信任，使东亚国家对陪审团的引进缺乏群众基础。

（五）全面殖民化背景下的香港陪审团并非东亚审判制度的常态

香港陪审团制度沿袭英国，并在其发展过程中变得独具特色。香港回归之后，陪审团制度在"一国两制"的基本原则下得以保留。对香港陪审团制度进行规定的主要是《香港特别行政区基本法》和《陪审团条例》，在《高等法院条例》和《死因裁判官条例》中亦有所涉及。香港陪审团的存在是东亚文化的特例，这一情况似乎反证在东亚也是有陪审团存在的基础的。但笔者的看法是，这并不能成为其他地区也可以推行陪审团制度的理由。原因如下：

第一，香港陪审团的存在是香港在完全殖民化的情况下，政治法律制度移植英国的结果。这种法律移植伴随着英国的殖民统治，因而带有"强权政治"的色彩，并表现为"种植式"的模式，即"香港对于英国强行推行的法律是没有选择的，陪审团制度在香港刑事诉讼中存在并不是香港社会自然发

---

[1] See Lester W. Kiss, "Reviving the Criminal Jury in Japan", *Law & Contemporary Problems*, Vol. 62, Spring 1999, p. 261.

展的结果"[1]。可以说，没有政治制度和其他法律强行、全盘"种植"，香港就不会有英国式的陪审团存在的基础。

第二，陪审团的移植是以文化殖民为前提的。最明显的一个例子是，在香港，成为陪审团成员须是21周岁至65周岁的香港居民，同时必须满足以下三个条件：精神健全而无任何使其不能出任陪审员的失明、失聪或其他无行为能力的情况；具有良好品格；熟悉审讯时采用的语言。在英国的殖民统治时期，要求用英语进行陪审团审判，对陪审员的英语水平要求很高，须由一定的英语考试资料所证明。香港回归后，根据《香港特别行政区基本法》，法庭审判的语言才改为可以由中文或者英语进行审判，要求陪审团成员必须懂英语的要求才随之改变。众所周知，语言是文化的载体，甚至可以改变人的思维方式，使用方块字的人与使用字母语言的人的思维方式当然会有重大差异。

第三，可以在殖民统治之下弥补种植式法律本身的不足。法律是地方性知识，"种植式"的法律本来就是违背法律产生的规律的，弥补种植式法律的不足，陪审团恰恰能够发挥作用。陪审团的最大的特点是不需要说明裁判的理由，可以使原则性的法律灵活运用于个案，也可以对一些明显不合理的法律通过"陪审团废法"的方式予以废弃不用。"由于少数的英国人统治着多数的华人，英国人无法很清楚地知道华人社会的利益需求及传统习惯，又没有民主程序来反映民意，这样，其制定和执行法律时很容易偏离民意，同时还会引起其他的社会矛盾，所以，英国为了保持香港的稳定与收拢人心，必须采取一定的措施来弥补香港民主的不足，一方面在香港引入了广泛的咨询制度，另一方面，通过陪审制来使人民实现具体的政治意愿，作为反映民意的一个渠道。"[2] 这个问题在香港尤为特殊，香港大部分法官是外籍人士，而在98%的华人社会中，他们对于华人社会的价值观念、风土人情，对于任职的"本土"，几乎是一无所知。在这种情况下，必须要陪审团的地方性知识来给予补充和协调，陪审团的本地化知识与法官的专业化知识相互补充、相得益彰，使判决不会出现难以理解，难以接受的情形。同时，也通过陪审团本地化知识的补充，实现一种普遍的社会正义，让人们真正感受到法律是正义的，提高判决的可执行性。这样，陪审团为英国法律在香港的实施

---

[1] 郭天武、何邦武：《香港刑事诉讼法专论》，北京大学出版社2009年版，第141页。
[2] 郭天武、何邦武：《香港刑事诉讼法专论》，北京大学出版社2009年版，第143页。

起到了磨合剂的作用，避免了殖民地人民对移植的殖民国家法律的反抗和抵触，这对殖民者是有好处的。

第四，殖民地人民即香港本地的民众也可以利用陪审团作为保护自由的武器，最大限度地保护无辜者，防止殖民者合法利用法律进行的压迫。刑事案件中，由于国家可以合法地使用权力对公民的自由甚至生命进行剥夺，个人自由更容易受到来自政府的迫害。陪审团与法官享有不适用于政府的法律特权，这项特权称为"陪审团废法"（jury nullification）或者叫"陪审团的不遵守法律之权"（jury lawlessness）。如果在陪审团看来，某项法律规范的适用将会导致对手头案件的非正当结果，那么，陪审团就可以不管这个法律的现实规定，而作出其认为适当的裁决。[1] 在殖民地社会里，由于法律是移植的，殖民者可能用来压迫人民、维护稳定。陪审团最重要的作用之一是阻止政府的压迫，通过保护刑事被告人免受检察官或法官的武断权力，保护人民免受政府压迫。[2] 从本地人占98%的选民中随机挑选出来的陪审团，代表了本地人的民意，他们可以通过对某些不合理的英国法律置之不理，而适用本土社会可以接受的方法来作出裁决，反抗殖民者利用法律进行的压迫[3]，实现香港人民能够接受的社会正义。

由上可见，香港的陪审团的存在，是全盘殖民化的结果。可以说，没有政治、法律、文化的殖民化，就没有香港的陪审团，这是一个历史的选择，是一种无奈的选择，也是香港人民在被动接受殖民统治的情况下乐意接受的一种保护自己的工具。可以说，在东亚，除非像香港一样长期为英国或者美国的殖民地，否则，就不可能如香港一样移植英美式陪审团。所以，香港的陪审团不能成为东亚文化背景下的审判制度的常规例证。

（六）为什么不能引进陪审团的地区可以接受陪审员参审制

一个不得不回应的问题是，参审制中也有普通公民陪审员的参加，为什么不能引进陪审团的地区却可以容纳参审制？这可以从以下几个方面进行解释：

第一，参审制中由于有专业法官的参加，不必遵循"人民不会犯错"的政治教条，因而可以对案件事实不必遵循事实审一次性的规则。如前所述，陪审团审判中，陪审团解决事实问题，专业法官决定法律问题。陪审团是按

---

[1] 郭天武、何邦武：《香港刑事诉讼法专论》，北京大学出版社2009年版，第145页。
[2] See Batson v. Kentucky, 476 U. S. 79, 86 (1986).
[3] 高一飞、贺红强：《美国陪审团废法的正当性考察》，《学术论坛》2013年第6期，第127页。

照社区的镜子来组织的,基于"人民不会犯错"的观念,其所作裁决中的事实问题具有终局效力,当事人只能就法律问题提出上诉。而参审制规避了陪审团所作事实问题的裁决具有终局效力的危险,可以对案件判决的事实和法律部分都提起上诉。参审制中的上诉制度是协调人民民主与纠正案件审理错误之间矛盾的平衡器,符合东亚国家坚持实体正义和有错必纠的文化观念。

第二,参审制中有专业法律知识的职业法官能够进行裁判说理,防止陪审团废法,维护法制统一。在参审制中,职业法官是有深厚法律知识和法律从业经验的专业人员,也是国家意志的代表,更能从国家治理的角度对案件审理与判决进行宏观把握和综合考量。在陪审团审理中,陪审团的事实审部分是不说理的"无理裁判"。而参审制中,专业法官要代表整个混合式合议庭审撰写判决书并对事实问题充分说理,所以不可能出现所谓"陪审团废法"的问题,这与东亚国家要求司法维护法制的统一性和权威性的文化传统是契合的。

第三,参审制中专业法官的存在能够维持职权主义审判模式的运行。东亚国家不适合陪审团制度,一个重要的理由是审判方式上由法官主导,法官对案件真相负责,根据自己的职权采取必要的审理方法查明案件真相。如果由全部为非职业法官组成的陪审团审理,则必然要引进当事人主义的审判模式,由双方当事人将案件事实作生活化处理,由只会静听深思的陪审得出案件事实的结论。这种根本性的变革要发生在中国和其他东亚国家,是难以想象的。而参审制中,审判方式与纯粹的专业法官组成的情况可以没有差异,因为参审制中的职业法官完全可以发挥其职权。

三、建议性陪审团在中国大陆的试验及其意义

继法院判决书上网、庭审视频直播之后,河南省高级人民法院在推进司法民主方面再出新举措,2010年在全省法院推广"人民陪审团"制度。

(一)人民陪审团的产生与发展

2009年2月,在一起社会广泛关注的死刑二审案件中,河南省法院刑一庭率先尝试邀请人民群众代表组成"人民陪审团",参与刑事审判,对案件裁判发表意见,供合议庭参考,引起了全国各界的强烈反响,各相关媒体作了大量的报道。河南省法院党组高度关注这项改革,就这项制度的命名、推行的可行性、与国外"陪审团"制度的区别等进行了反复论证,决定从2009年6月起,在郑州、开封、新乡、三门峡、商丘、驻马店等六个地市法院开

展人民陪审团制度试点工作。[1]

　　2009年6月起的半年多，在河南省法院的具体指导下，开封市两级法院建成了具有广泛代表性的拥有5201名成员的人民陪审团成员库，邀请陪审团参与审理了33件群众关注度高的案件，参与审理的人民陪审团成员268人。在这些案件宣判后，无一起引发信访事件，无一被检察机关抗诉，取得了良好的社会效果，广受社会群众的好评。[2] 自2009年6月至2010年3月，河南全省通过人民陪审团制度审理刑事案件107件，其中，郑州15件，开封33件，新乡4件，商丘39件，驻马店12件，三门峡4件。有的法院虽然不是河南省法院确定的试点单位，但也积极开展了"人民陪审团"尝试工作。各地法院的大胆尝试，为下一步在河南省法院全面推行人民陪审团制度积累了宝贵的经验。[3] 陪审团制度的主要内容体现在《河南省高级人民法院关于开展人民陪审团制度试点工作的意见（试行）》（2010年3月25日）中，根据这一意见，2012年10月31日，为进一步务实推进人民陪审团制度试点工作，河南省高级人民法院研究决定，确定在开封、安阳、漯河、三门峡、信阳等5家中级人民法院和尉氏县、三门峡市湖滨区、郑州市二七区等18家基层法院重点试行人民陪审团制度。[4]

　　实行人民陪审团制度，规定一个县区建立不少于500的成员库，强调普通民众的广泛参与；强调组成人民陪审团时要随机选取，最后由9—13名群众组成人民陪审团，就使人民陪审团代表的民意更广泛，代表性更强，民意的基础也更牢靠，更能全面反映群众的声音。[5]

　　在参加案件审理的方式上，确定人民陪审团成员后，合议庭应当及时告知各成员案件开庭的时间和地点，并通报案件有关情况，将起诉书、被告人辩护意见、一审判决书、上诉状、检察机关抗诉书、再审案件的终局裁判文书等复印件发送人民陪审团成员。人民法院至迟在开庭3日前，告知公诉机关、被告人及其辩护人、刑事附带民事诉讼当事人、行政案件当事人人民陪

---

[1] 田立文：《人民陪审团试点工作情况通报》，河南省高级人民法院法院公开发布材料，2010年3月25日。
[2] 谭萍等：《郑州引入陪审团参与断案》，《人民日报》（海外版）2010年4月6日，第2版。
[3] 田立文：《人民陪审团试点工作情况通报》，2010年3月25日。
[4] 谢建晓：《河南省23家法院重点"试水"人民陪审团制度》，《河南日报》2012年11月1日，第1版。
[5] 张立勇在全省法院人民陪审团试点工作现场会暨"制度创新年"活动动员会上的讲话，2010年3月25日。

审团组成情况。如以上人员认为人民陪审团成员与本案有利害关系并提出异议的，由合议庭决定是否调整。人民法院应当在审判台一侧或两侧设立"人民陪审团专席"。庭审过程中，人民陪审团成员有疑问的，应当以书面形式提出，由审判长决定是否进行法庭调查。人民陪审团会议召开前，合议庭可以就庭审争议焦点、适用的法律及证据规则等，给予必要的指导和释明。人民陪审团会议召开前，人民陪审团成员不得与案件当事人、诉讼代理人接触。庭审休庭后，人民陪审团应当立即召开会议。人民陪审团会议由全体成员自行推选或由审判长指定一名团长主持。

在人民陪审团意见的效力上，陪审团成员可以就案件证据认定、事实认定、法律适用、裁判结果等发表意见、进行讨论，形成陪审团书面意见并经全体人民陪审团成员签名。人民陪审团可以形成一致意见，也可以形成多种意见。人民陪审团会议结束后，由团长将书面意见提交审判长。人民陪审团书面意见应当存入案卷副卷。根据案件情况和条件，可以尝试当庭发表人民陪审团意见。合议庭评议案件时，应当将人民陪审团意见作为重要参考。

（二）人民陪审团的优势正在于其非驴非马

美国法官波斯纳曾经指出："如果独立性仅仅意味着法官按照他们的意愿来决定案件而不受其他官员的压力，这样一个独立的司法机构并不显然会以公众利益为重；人民也许仅仅是换了一套暴政而已。"紧接着，他追问道："一旦法官获得了独立于显贵的政治干涉之后，法官将从何处寻找指导？他们将仅仅作为不受一般的政治约束的政客来活动，还是将受到职业规范的某种约束？有没有一套客观的规范（或者是实在法，或者是自然法）或一套分析方法（'法律推理'）将保证司法决定客观确定、非人情化？如果没有，法官是否就难以通过命令来裁决，而这些命令之所以令人难忘，只不过是因为审判中神圣的舞台技巧——高高的审判席、法官袍、法庭誓言以及律师术语和雄辩？"[1]

在确保司法独立确立之时，必须构造一种有效的司法制约机制，防止司法暴政之出现。[2]

有一些人认为，"司法就是司法"，"法律就是法律"，不能受任何其他因

---

[1] [美]波斯纳：《法理学问题》，苏力译，中国政法大学出版社1994年版，第8—9页。
[2] 左卫民、周长军：《变迁与改革——法院制度现代化研究》，法律出版社2000年版，第48页。

素的影响。其实，这是一种似是而非的观点：首先，从"司法就是司法"来看，那种认为普通民众不应当影响司法的想法，是对司法与民意关系的误解。简单地说，司法不可避免要受到司法以外的影响[1]，民众要施加好的影响、避免坏的影响，除维护本案的司法公正之外，通过案件的裁判实现其他善的目的。其次，从"法律就是法律"来看，那种认为司法不包括其他价值的体现的观点，是不了解司法基本规律的观点。"通过司法实现正义"，但不仅是实体正义，而且还包括程序正义，也就是说司法程序体现的人道、平等、人权等价值。

不仅在事实审理中法官难以避免受民意的影响，在量刑程序中，立法的本意就容忍民意对司法的影响。在量刑方面，法院考虑被告人的犯罪原因和民众评价去量刑，是一种正当的做法。各国法院的"量刑调查"制度就是考虑了"社会评价"的结果。[2] 案件的裁判，从来都是一定背景下的社会各种正义观和价值观平衡的产物。

当为了防止民主的暴政，基于"宁纵不枉"和宽容司法理念前提，俄罗斯法律赋予了专业法官以"凌驾陪审团"的权力，即使犯罪行为确已发生，通过陪审团法庭调查也证明为受审人所为，但专业法官仍可判决受审人无罪，理由是受审人没有罪过，在法律上无罪，不应受到刑事处罚。这在实践中便出现了受审人实施了犯罪行为，法院却判决受审人无罪的现象。

河南省的做法是将人民陪审团的建议作为合议庭审判的重要参考。可以说，合议庭一方面会考虑陪审团的意见，但另一方面却又可以作出不同于陪审团的意见。这是一种中国特色的合议庭凌驾陪审团的做法。

人民陪审团的历史可以追溯到马锡伍审判方式。马锡伍审判中，有一个突出的特征是"干部与群众共同断案"，但是这一种断案方式并非人民陪审员参与审判，因为其特征是"通过对内开放把行政干部吸收为审判者，又通过对外开放把社会成员引入到审判结构中"[3]。一方面承认"真正群众的意见比法律还厉害"；另一方面，司法干部并不盲目听取群众的意见，也不是

---

[1] Gregg Barak, Media, *Criminal Justice and Mass Culture*, Monsey, New York, U. S. A, 1999, p. 7.

[2] 在美国之所以要把量刑程序分离出来，原因之一是量刑时会考虑包括犯罪人犯罪原因、身世、受教育状况、社区评价在内的"量刑调查报告"（The Pre-sentence Investigation and Report，PSI）。

[3] 梁洪明：《马锡伍审判与中国革命》，《政法论坛》2013 年第 6 期，第 147 页。

不加区分地采纳群众的意见,"群众不是法律专家……所以不是无条件地采用,必须以政策法令作依据,看其是否与之相合"。[1]

(三) 人民陪审团的本质是有组织地听取旁听公民的意见

公开审判的一个重要内容是允许旁听,这是司法公开中庭审公开的基本内容。在旁听的具体方式上,最高人民法院《司法公开示范法院标准》规定:"对影响重大、社会关注度较高的案件,应根据旁听人数尽量安排合适的审判场所。定期邀请人大代表、政协委员和社会组织代表旁听庭审。"

当前,我国《刑事诉讼法》或其他法律暂时还没有规定旁听人员评论听审,在一般情况下,公民旁听案件只能旁听,不能发表意见。人民陪审团制度可以将旁听与发表意见相结合,即邀请特定代表旁听,同时允许其发表意见供法院裁判时参考,另外增加了一种特殊公开的内容,即向人民陪审员公开庭审案卷材料。其差别在于:旁听代表的遴选不是一般的邀请,而是以类似于陪审团成员选择的方式进行;一般旁听公民是可以在庭审结束后通过口头或者书面的方式向法庭提出意见,而人民陪审团则是通过讨论、投票这种正规的方式向法庭提出书面、正式的意见。当然,其效力是相同的,都是法院裁判时的一种参考。这种司法公开与听取意见的方式可以表现为:向特邀代表公开、庭审资料的公开,以及听取意见的结合。

人民法院旁听庭审公民对审判的评论是司法主动吸纳舆论的表现,便于法院在裁判案件时考虑民众的意见,是司法公开、司法民主的体现。在当今社会,法院判决必然都会导致各种各样的批评。特别是刑事案件,只要有媒体的报道和评论,就会导致各种议论,无处不在的媒体将会通过各种途径将不同的批评意见灌输到审判人员的耳朵,与其被动接受各种议论,还不如主动听取来自民众的声音,接受人民的监督。[2]

人民陪审团的意见对法官处理案件有参考意义。旁听庭审公民意见和建议与媒体报道评论相比,其好处在于,旁听人员的意见并非根据道听途说的材料,而是对案件进行了全程旁听,真正了解案情。而从媒体了解到的案情,必然经过媒体的选择、加工,因为媒体的报道除了追求真实的动机,媒体人员的价值观也会影响事实的描述,媒体的商业利益动机也会影响其对案件的客观描

---

[1] 《在中共解放区人民身体财产所得到的保障——陕甘宁边区司法及保安制度考察记》,陕西省档案馆档案,卷宗号:15-66。转引自梁洪明:《马锡伍审判与中国革命》,《政法论坛》2013年第6期,第147页。

[2] 高一飞、贺红强:《庭审旁听权及其实现机制》,《社会科学研究》2013年第1期,第79页。

述。旁听人员能够获取关于案件的最真实、最直接的信息,对案件的意见和建议更有参考价值。旁听人员的意见能够起到补充法官的思维空档、提醒法官避免思维失误的作用。人民陪审团制度,符合我国的司法体制和民风民俗,是人民司法的又一创举,是人民司法监督权的一次重要的提升。

(四)人民陪审团所给建议的价值不容忽视

当然,前述"人民陪审团的意见对法官处理案件有参考意义"恰恰会成为很多人质疑人民陪审团的理由。在实践中,确实有不少的批评是针对其没有强制效力的。在台湾,一些学者认为观审制"不伦不类,非驴非马""四不像",讽刺观审制在比较司法上"独步全球""举世罕见"[1],最终仍是落入法官恣意决定的窠臼里[2]。但是台湾地区"司法院"则持不同看法,并认为观审员的意见仍具有"事实上的拘束力"[3] 这种事实上的拘束力,主要体现在判决书的制作上。根据台湾地区"司法院刑事厅"的设想,法官对于观审员形成的多数不同意见,于判决书中以不表明意见分布情形(以防泄露评议秘密)的方式说明不采纳的理由[4]。而在我国大陆,针对人民陪审团,也有学者认为,"虽然他们所表达的意见'将作为二审合议庭的合议依据之一',但是这种意见是否能对刑罚的确定产生影响,能在多大程度上产生影响以及这种影响的作用路径等问题都有待进一步明晰"[5]。更有甚者直接提出,要赋予人民陪审团决定对案件的强制效力,认为"陪审员的决策要产生一定的法律拘束力。一定的法律拘束力是对陪审员参与审判的作用的认可,没有这种拘束力,就不能产生陪审员参与审判的动力,也不能调动其参与审判的积极能动性"[6]。还有人建议修改我国现行法律,使人民陪审团的决定具有相应的法律拘束力,直

---

[1] 王兆鹏、黄国昌、林裕顺:《是司法改革还是司法骗局?》,《司法改革杂志》2011年第85期,第29页。

[2] 吴景钦:《观审制可以抑制法官专断?》,http://www.nownews.com/2011/07/02/142-2724406.htm,2012年11月15日访问。

[3] 我国台湾地区"司法院刑事厅":《"司法院"构思中人民观审制度Q&A进阶版》,第204页。

[4] 我国台湾地区"司法院刑事厅":《"司法院"构思中人民观审制度Q&A进阶版》,第214—215页。

[5] 汪建成:《非驴非马的"河南陪审团"改革当慎行》,《法学》2009年第5期,第15—22页。

[6] 汤维建:《人民陪审员制度试点的评析和完善建议》,《政法与法律》2011年第3期,第8页。

接发挥陪审团在事实认定和法律适用方面的裁判职能。[1] 这些说法的本质，就是让建议性陪审团改变为英美式陪审团，而对此，我们已经论述，不适应东亚文化，在中国行不通。

但是，我们应当看到的是，由于人民陪审团由官方组织，得到各级法院的认可，全程参与案件的听审并给出正式的意见，其给出建议的协商民主价值和对法官的约束力是不可低估的。

建议没有强制性效力，但并不是没有效力，这是政治法律领域的常识。严格来说，有的时候没有强制力的东西其实施的效果可能是最好的。举一例来说，我们生活中邀请饭局时并没有强制力，但正式邀请饭局后，其最后实施的效果如果单纯从实现率来看，则远远超过了任何有强制性的法律的实施效果。从这个例子可以说明，简单否定建议性决定的效力是没有依据的。根据沟通主义法律观，"法律人之间的一种合乎理性的对话是'正确'地解释和适用法律的最终保证"，"有效的制裁即实际的强制在法律中只具有有限作用，大多数规则在大部分情形中由于不同的原因而被自发地遵守"。[2] 建议性陪审团的建议像其他非强制性规范性一样，其得到采纳是基于人的基本理性和法官对建议本身产生的过程的了解和信任而实现的。

对于法官为什么会认真对待、认可和采纳人民陪审团的建议，在中国背景下，笔者考虑以下几个因素：一是担心民众对法官的评价。这是最重要的，因为中国的法官是强调群众路线和群众满意的，对于普通群众全程参与听审后给出的结论，如果法官不采纳，必须要给出建议者当时不理解但在解释后能够接受的理由。二是建议本身具有启发法官思维和弥补法官思维缺陷的作用。立法不可能针对个案说明具体能否适用的理由，而人民陪审团的建议则不一样，它具有普通陪审团在案件真实发现方面的价值。三是人民陪审团制度已经制度化，法官采纳人民陪审团建议的比率必然会成为司法管理者考核法官和审判组织的指标之一。试想，一个对人民陪审团的建议采纳率不到50%的审判组织，必然会引起上级机关的特别关注和监督。四是没有强制效力并不是没有约束力，如河南省的做法要求人民陪审团意见不一致的，合议庭应当全面考虑各种意见的事实和法律依据，认为合理的予以采纳。合议

---

[1] 许乐：《论人民陪审机制的构建——以S省F县人民法院创设人民陪审团的探索为基础》，《中国刑事法杂志》2013年第4期，第63—68页。
[2] [比] 马克·范·胡克：《法律的沟通之维》，孙国东译，法律出版社2008年版，第238页、第47—49页。

庭向法院审判委员会及上级法院汇报案件时，应当如实报告人民陪审团意见。人民陪审团一致意见或多数人意见与合议庭意见不一致的案件，应当提交法院审判委员会讨论。制作裁判文书时，不显示人民陪审团意见。人民陪审团意见未被采纳的，合议庭应当予以必要的解释。

在法律制度中，存在某些制度的效力是建议性而非强制性，但其制度的活力却不可否认。且不说以我国政治协商会议为标志的政治协商制度，在司法领域也是有先例的，如日本的检察审查会制度和我国的人民监督员制度，其作出的决定对检察机关而言就是建议性和参考性的。只有有强制力的规范才是有意义的，这样的说法"在面对不计其数的非强制性规范时显得苍白无力。既然在国家法的体系之内，也都有不依靠命令、强制、逼迫，却依靠说服、激励、信奉，而得以实际执行的规范，且此类规范不在少数，那么，仍然坚持以上说辞，不免过于牵强"[1]。

从各国实施建议性陪审团和河南实施人民陪审团的情况来看，陪审团建议得到采纳的比率也是很高的。在日本，虽然没有看到统计的数字，但在审判中，参考性陪审团的成员有足够的勇气和意愿在法庭表达他们的意见，甚至斥责侦查此案的警察。

在2010年出现的韩国人民陪审团中，法官采纳陪审团建议的比率高达90%以上。[2] 在河南，询问河南省法院后，缺乏全省法院人民陪审团建议采纳率的统计，但从其某些地方来看，采纳率是很高的。据信阳中院的报道，试点工作开展以来，信阳全市法院人民陪审团共参审案件22件，已结案件20件，人民陪审团意见与裁判意见一致或基本一致案件20件，人民陪审团意见与裁判意见一致率为100%；上诉、抗诉案件0件，上诉、抗诉率为0，没有上访因素。[3]

建议性陪审团能够发挥独到的作用，在不具备采纳英美陪审团条件的国家，能够吸收陪审团的优点，实现审判民主和审判的民众参与。建议性陪审

---

[1] 沈岿：《软法概念正当性之新辩——以法律沟通论为诠释依据》，《法商研究》2014年第1期，第3页。
[2] In-seok Lee, Gukmin chamyeojaepanui donghyanggwa yanghyeong [The Current Status and the Sentencing of the Civil Participation Trial], a paper presented at a seminar hosted by the Civil Participation in the Judicial Decision-making Research Group, April 30, 2010, at 43.
[3] 董王超：《司法工作走群众路线的新探索——人民陪审团试点工作略记》，http://www.hncourt.org/pu，2013年10月30日访问。

团的作用要得到充分发挥，需要提高制度的正式性和规范性，使听取建议的法官更加重视建议的内容。在我国，为此可以做的就是学习其他东亚法域的做法，将人民陪审团制度进行正式立法，全面推广，并将其实施纳入对法官的考核指标。

四、中国只适合建议性陪审团

中国有自己特有的历史文化传统。"我国法治正在从以偏重于学习和借鉴西方法律制度和理论为取向的追仿型法治进路，转向以适应中国具体国情、解决中国实际问题为基本目标，立足于自我发展和自主创新的自主型法治进路。"[1]

为什么一个国家的司法必须走自己的道路，同样是一个被无数人论证过的问题。笔者常想，很多从事法律实践与研究的人在进大学校园时就看《论法的精神》，但恰恰忘了"法的精神"是什么，忘了《论法的精神》第一部分就是"法和一切存在物的关系"，它告诉我们："法律应该和国家的自然状态有关系；和寒、热、温的气候有关系；和土地的质量、形势与面积有关系；和农、猎、牧各种人民的生活方式有关系。法律应该和政制所能容忍的自由程度有关系；和居民的宗教、性癖、财富、人口、贸易、风俗、习惯相适应。最后，法律和法律之间也有关系，法律和它们的渊源，和立法者的目的，以及和作为法律建立的基础的事物的秩序也有关系。应该从所有这些观点去考察法律。"[2] 这就是法的精神。法是一切存在物的结果，每一个国家和民族都不可能有相同的法律。尽管因为人类的共同性——我们都是人，所以一定有普适价值的存在，但是司法和法治都只能走自主型的道路，法治和司法本质上都是每一个国家和民族自己的事情。

很多人言必称美国的民主，认为美国才是典型的法治国家，但我们应当记住曾考察美国的托克维尔（他1831年5月9日到达美国，在美国考察9个月零几天，于1832年2月22日离开美国）在他的名著《论美国的民主》中说的话："美国的宪法虽好，但是不能夸大它对民主的贡献。"他还说："美国的联邦宪法，好像能工巧匠创造的一件能使发明人成名发财，而落到他人

---

[1] 顾培东：《中国法治的自主型进路》，《法学研究》2010年第1期，第1页。
[2] ［法］孟德斯鸠：《论法的精神》（上册），商务印书馆1997年版，第7页。

之手就变成一无用处的艺术品。"[1] 因此，墨西哥照搬美国的宪法，并未使墨西哥富强。托克维尔认为，有助于美国维护民主制度的原因有三：自然环境、法制和民情。"但按照贡献对他们分级……自然环境不如法制，而法制又不如民情。"[2] 因此，他认为应当用缺乏民主的民情去解释墨西哥照搬美国宪法而没能使国家出现民主的安定政局的缘由。

结　语

我国对待陪审团制度的态度，也应当考虑中国的国情，笔者有以下的结论：我国的"实事求是、有错必纠"的实体正义文化和审判方式上的职权主义文化决定了我们不可能引进陪审团；这一点在深受儒家文化影响的东亚其他国家的历史经验中也得到了证明；但是陪审团制度在民意吸纳、司法监督方面的作用在中国可以得到发挥；人民陪审团制度是吸收英美陪审团优点，又克服其缺陷的一个最好的方法，值得推广。

当然，在推广建议性陪审团时，具体的制度构建是很重要的，如：

建议性陪审团的组织人员数量和结构。在韩国可以是9人、7人或者5人，特定职业的人被排除或被认为不适合成为陪审员，并且法庭将要选用的陪审员会当庭由公诉方和辩护方进行审查，他们各自可以不需要任何理由驱逐一两名陪审员并在有理由的情况下排除剩下的陪审员。河南省高级人民法院在试点中确定的则为9至13人。

裁决是否需要如美国一样必须是一致裁决。在韩国，原则上，陪审团独立讨论，不受司法机关的干涉，而他们的裁决必须是全体一致的。

陪审团成员的权利是否包括阅卷权的问题。如在我国台湾地区，对于观审员应否享有阅卷权的问题，"司法院"的意见是观审员不应享有阅卷权，理由是防止先入为主及出于诉讼经济的考虑。[3]

我国也有学者提出，应当完善现行的人民陪审团制度。包括：扩大成员规模以提高群体决策的质量；修正遴选标准来实现最大限度的广泛代表性；

---

[1] [美] 托克维尔：《论美国的民主》（上），商务印书馆1991年版，第5页。
[2] [美] 托克维尔：《论美国的民主》（上），商务印书馆1991年版，第358页。
[3] 余丽贞：《浅论"人民观审试行条例草案——是提升司法威信的良方妙药吗?"》（下），《检协会讯》2012年第75期，第22页。

人民陪审团应当适用于一审和二审；等等。[1]

以上的建议，在肯定我国推行建议性陪审团的前提下，都是有益的，不过我们的目的在于讨论中国为什么不能移植英美式陪审团，而主张推行建议性陪审团，对于建议性陪审团的具体机制构建，则留待日后探讨。

---

[1] 刘加良：《人民陪审团制：在能度与限度之间》，《政治与法律》2011年第3期，第22—24页。

后记

我开始关注陪审团，始于2005年在美国从事博士后研究期间。在落基山下的丹佛大学访学期间，我观看了不少的陪审团审判。对陪审团的近距离观察后，我写成了《我在美国法庭上看到的陪审团》并发表，被很多报刊转载。同时，我以激动的心情写成了《中美陪审制基本价值的比较——兼论我国新陪审制的出路》一文，发表于《新疆社会科学》2005年第5期。在当时我的设想也与很多学者一样，折服于美国陪审团制度的神奇与"完美"，为其在历史上完成的一次次正义审判而惊叹，认为中国陪审制度的出路在于"走美国人的路"。我说道：

> 与陪审团相比，我国现行的参审制确实难以实现"社区缩影"式的民主；在实现自由、人道价值上的作用也更加有限，但对于暂不适合实行陪审团制度的国家而言，虽然不是一种理想的陪审方式，但是对于实现民主、自由、人道价值仍然有一定的意义，特别是在我国司法独立受到行政权力的限制、司法腐败严重的情况下，仍然具有存在的必要，可以作为向陪审团制过渡的一种民众参与审判的方式。所以，2005年5月1日实行的陪审制，已经体现了陪审的一些价值，对于维护司法公正、体现司法民主、防止司法腐败具有重要的意义。但是，在没有引入陪审团的情况下，我们新出台的参审制形式没有能克服参审制固有的一些缺陷，实行参审制是一种不得已的选择，具有过渡性和暂时性。
>
> ……
>
> 参审制只是一种过渡，最终应当实行陪审团制度。随着我国司法改革的深入，审判中对抗程度的加强，在打击犯罪与保护人权关系上，国家和全民保护人权优先意识的逐步形成，维护自由、民主、人道，将与公正一样作为审判的根本价值。这时就具备了实行

陪审团制的条件，我国就可以和俄罗斯一样引入陪审团制度，从根本上实现陪审制度所体现的民主、公正、自由、人道价值。

怀着这样的心情，我开始了后来长达十多年的陪审团研究。

但是，随着对陪审团法理根据和文化背景的深入考察，我对中国引进陪审团制度的看法发生了动摇。陪审团是人民直接行使国家权力的方式，通过它可以防止和反抗政府以立法作为工具压迫人民，具有重大的象征意义，是英美法国家司法制度的重要标志，在这些国家它可能永远会存在下去。但是，具有大陆法传统的国家和地区引进这一制度需要特别慎重，西班牙、俄罗斯和我国香港地区引进了陪审团制度，与其特有的历史传统和文化背景有关，其在本地区实施的效果存在很多争议。东亚国家没有引进陪审团成功的先例；中国这样一个大国，要求维护法治统一的政治文化传统和追求实体公正的民众心理期待，使陪审团没有存在的土壤。

当然，中国是否可以引进陪审团，可以有不同的看法，也可以进行试验；但无论如何，我们首先有必要了解陪审团背后的法理，而不能仅是津津乐道于陪审团审判中那些精彩的甚至于戏剧化的故事。所以，我们不能简单地以陪审团审判的比例下降来论证其必然衰落，也不能因为陪审团在一些国家的重新确立而得出它可以进一步在其他地区推广的结论。我只是想把陪审团背后的立法目的、伦理根据以理性的方式告诉大家。

在本书写作过程中，我先后在《学术论坛》《财经法学》《俄罗斯学刊》《新闻春秋》《中外法学》发表了几篇关于陪审团的长文：《美国陪审团废法的正当性考察》《东亚文化背景下的建议性陪审团》《俄罗斯陪审团制度：观察与展望》《马戏团入城：2006美国媒体与司法故事》《网络时代的媒体与司法关系》，特别是《财经法学》和《中外法学》，对于我长达四五万字的长文，不惜版面全文刊载，在此深表感谢。其中三篇论文，《美国陪审团废法的正当性考察》《俄罗斯陪审团制度：观察与展望》《昨日辉煌：风雨中的美国大陪审团制度》分别由我作为第一作者与我指导的研究生贺红强、吕阳、王金建共同署名发表。合作发表的论文，著作权当然由合作者共享。

本书的写作经历了一个艰难的资料翻译过程，我指导的博士和硕士研究生王帅文、贺红强、莫湘益、祝继萍、丁海龙、王金建、吴鹏、张绍松、吕阳等和我一起翻译了上百万字的英文资料。在论文校对过程中，我的助理李慧带领2015级我指导的硕士研究生进行了校对和资料核实工作，在此一并致谢。

本书即将付梓，但对"陪审团法理"和其他关于陪审团问题的研究却还有很大空间，由于陪审团属于司法制度的"异域风情"，"陪审员的选择""陪审团指示""隔绝陪审团"等陪审团的特殊问题，在我国的研究几近空白，神化和误传的情况时有出现，还需要我们继续研究去揭开其神秘的面纱；由于能力和资料的原因，本书也还存在诸多缺陷甚至于谬误……这一切都是我接受读者批评和进一步深入研究的原因与动力！

在"后记"落笔之际，正值温暖的春天。窗外，西南政法大学老校区的校园里新竹破壳、樱花绽放，太阳照在楼下烂泥湾长满小草的屋顶。此时，北京召开的 2016 年"两会"刚刚闭幕。最高人民法院周强院长在向全国人大作的报告中指出，过去的一年，各级法院组织人民陪审员参审案件 169.5 万件，占一审普通程序案件的 73.2%。启动了人民陪审员"倍增计划"，增加选任人民陪审员 3.8 万人……虽然我不主张引进英美式陪审团，但其陪审团制度中陪审员的选择、陪审团审理案件的方式和流程、陪审员的权利与义务等，对于我们改革人民陪审员制度、提高人民陪审员的履职能力，可以提供重要的借鉴。

没有什么能够阻挡我们对司法公正的向往，心中那正义的世界，清澈而高远。愿我现在和将来对陪审团的研究，能为司法改革的美好春天增红添绿！

高一飞

2016 年 3 月 16 日歌乐山下